改变，从阅读开始

漢唐陽光·HTYG

[美] 丹尼尔·丹内特
Daniel C.Dennett / 著

辉格 / 译

Freedom Evolves
自由的进化

山西出版传媒集团 山西人民出版社

献给我的家庭：

苏珊，彼得，安德鲁，内森，和布兰登

目 录
CONTENTS

第四章　倾听自由意志主义
A Hearing For Libertarianism

第五章　所有这些设计是从哪儿来的？
Where Does All The Design Come From?

第六章　开放头脑的进化
The Evolution Of Open Minds

第七章　道德主体性的进化
The Evolution Of Moral Agency

序

Preface

我已为这本书工作了多久？就在我忙于最终编辑时，几个人问我这问题，而我不知该如何回答：五年还是三十年？我想三十年更接近真相，因为大约就是那么久以前，我开始热心思考这个主题，阅读相关文献，草拟观点，列出进一步阅读的书籍和文章清单，规划布局与结构，并参与争辩与讨论。

从三十年的广度上鸟瞰，我 1984 年那本书，《活动余地：值得渴望的种种自由意志》（*Elbow Room: The Varieties of Free Will Worth Wanting*），可以算是一次试水。它重度依赖于我用十页篇幅（pp.34-43）对意识进化所做的简单勾勒，同时还许下了两个承诺：为抱有怀疑的读者给出对意识和进化的更详细分析。我花了十几年时间来履行这些承诺，成果是《意识的解释》（丹内特，1991A）和《达尔文的危险观念》（丹内特，1995）。

在此期间，我继续留心那些启发并塑造了《活动余地》的模式的实例：那些试图歪曲所有社会科学和生命科学的理论化工作的幕后动机。在全然不同的领域工作的人们，有着不同的方法论和研究议程，却常共享着一种秘而不宣的反感，试图与如下两个观念保持距离：我们的心智（minds）只是我们大脑并不神秘的所作所为，以及，我们大脑的天赋只是像任何其他自然杰作一样进化而来的。

他们拒此图景于千里之外的努力，令其思考陷于停滞，为绝对主义（absolutism）[1] 的虚假招牌提供欺骗性魅力，并鼓励它们将不难跨越的微隙视为深谷巨壑。本书的目标是要揭露这一来路不正的防卫大厦是人们出于恐惧而建造的，然后拆掉它，代之以一个能够支撑我们所珍爱事物的更好基础。

2001 年，在最后冲刺阶段，我同时得到了来自机构方面和个人方面的极大帮助。我这些年来的学术老巢塔夫茨大学给了我一个休假学期。洛克菲勒基金会的赛尔贝罗尼别墅大酒店（贝拉吉奥）再次提供了完美的写作环境，半数章节的第一稿是在一个月的紧张工作中产生的，其间从其他住客的讨论和建议中得到了启发，特别是谢尔顿·西格尔、伯纳德·格罗斯、丽塔·卡戎、弗兰克·列维、埃夫林·福克斯·科勒、朱丽·巴马泽尔、玛丽·奇尔德斯和杰拉德·鲍斯特玛。此外，桑德罗·纳尼尼和他在锡耶纳大学的学生与同事，成为书中一些核心论证的初次亮相的首批精力充沛而富有学识的听众。

四月，我以莱弗尔梅客座教授的身份居住在伦敦经济学院，在那里我将前七章在每周公开讲座和次日的专题讨论会上加以发表，并得到了在伦敦经济学院和数次访问牛津时的许多非正式讨论的补充。约翰·沃勒尔、尼克·汉弗莱、理查德·道金斯、约翰·梅纳德·史密斯、马泰奥·马梅利、尼古拉斯·麦克斯韦尔、奥利弗·克里、海伦娜·克罗宁、基思·道丁、苏珊·布莱克摩尔、安蒂·萨里斯托、詹妮·曼特科斯基、瓦莱丽·波特、伊萨贝尔·戈伊什和卡特里娜·西费尔德，都提供了有价值的反馈、反驳、修正和建议。

克里斯托弗·泰勒（Christopher Taylor）的视角转换思维让我受

[1] 绝对主义（absolutism）在本书中是指这样一种哲学倾向：一种东西，只有当其定义性特征是纯粹的、完美的、毫无瑕疵的，才是真实的。比如，既然自由意志的定义性特征之一是自主性，那么一个人必须（至少在某些事情上）完全不受外部因素的影响（即处于所谓的“道德悬浮”状态），才能算是拥有自由意志。

益良多，这已体现在我们共同发表的论文中，也在本书第三章起了重要作用，他对其他各章草稿做出的深入敏锐的建议也让我受益。我也要感谢大卫·本尼迪克特（David Benedictus），一位非凡作家和三十多年的朋友，感谢他的另一种视角转换，最终为我带来了本书标题。罗伯特·凯恩（Robert Kane）和丹尼尔·魏格纳（Daniel Wegner）——他们的书将在此受到批评（建设性的，我希望！）——慷慨地评论了我对待他们思想成果的方式。

其他一些朋友与同事也阅读了各份草稿中的很大部分并提供了编辑方面和实质性的建议，按字母顺序分别是：安德鲁·布鲁克、迈克尔·卡普西、汤姆·克拉克、玛丽·科尔曼、波·达尔鲍姆、加里·德雷舍、宝琳娜·艾桑格、马克·豪瑟、艾琳·克里、凯萨琳·克斯里基、保罗·奥本海默、维尔·普罗文、彼得·里德、唐·罗斯、斯科特·舍恩、米奇·西尔维、艾略特·梭柏、马修·斯图亚特、彼得·苏伯、杰基·泰勒和斯蒂夫·怀特。

我得以继续我的传统，在我的秋季研讨会上，我用本书倒数第二稿大玩汤姆·索亚（Tom Sawyer）的刷篱笆游戏[1]，书稿被广泛阅读，并分拆成几部分交给各执己见的几大群学生和听众、本科生和研究生。詹姆斯·阿里内罗、大卫·巴蒂斯塔、马特·毕道金、林赛·贝叶斯滕、西纳蒙·比德韦尔、罗伯特·布里斯科、赫克托·坎塞科，罗素·卡波恩、里贾纳·秋道、凯瑟琳·戴维斯、阿什利·马切纳、詹妮尔·德威特、贾森·迪斯特霍夫特、詹妮弗·杜瑞特、加布里埃尔·杰克逊、安·J. 约翰逊、莎拉·恩森、托马斯·科济纳、马西·拉塔、瑞安·龙、加布里埃尔·洛夫、凯里·摩尔维吉、布雷

[1] 典出马克·吐温（Mark Twain）小说《汤姆·索亚历险记》（*The Adventures of Tom Sawyer*），波莉阿姨要求汤姆帮她粉刷篱笆，汤姆在小伙伴面前假装很喜欢干这活儿，把它描绘成一种享受而不是工作，并宣称不是谁想刷就有机会刷，结果引诱得伙伴们甘愿送东西给汤姆以换取刷篱笆的机会。丹·艾瑞里（Dan Ariely）在《怪诞行为学》（*Predictably Irrational*）第二章里也提到了这个故事。

特·穆德、凯茜·穆勒、塞巴斯蒂安·里夫、丹尼尔·罗森伯格、安珀·罗斯、乔治·A. 塞缪尔、德里克·桑格，索雷纳·沙夫达什维利、马克·史瓦德，安德鲁·西尔维、纳奥米·斯里珀尔，萨拉·斯莫利特、罗德里戈·巴内加斯、尼克·魏克曼、杰森·沃克和罗伯特·胡，都提供了评论，导致了数十处改进。遗留的错误和缺点不是他们的错，在帮我纠正想法方面，他们已尽全力。

感谢克雷格·加西亚和达尔伍德·马歇尔的原创图表；感谢认知研究中心的特蕾莎·萨尔瓦托和加布里埃尔·洛夫的无数次图书馆奔波和准备众多手稿时的文书协助；感谢布达佩斯高等研究所（Collegium Budapest），它在本书最终编辑修订期间为我提供了一次既有思想碰撞又宾至如归的接待。

最后也最重要的，再次向我妻子苏珊致以感谢和爱意，为她四十多年来的忠告、爱情和支持。

丹尼尔·丹内特

2002年6月20日

第一章

自然自由

Natural Freedom

一种广为流传的传统观点认为，我们人类是负责任的主体（agents）[1]，是自己命运的掌舵者，因为让我们真正成为我们的，是**灵魂**，用神之材料做成的那团非物质的不朽之物，它寄居于我们的物质躯体并控制着它，就像幽灵般的木偶操纵者。我们的灵魂是全部意义的来源，也是我们全部苦难、欢乐、光荣和耻辱之所在。然而拜自然科学进步之赐，这个有关非物质灵魂及其违抗物理定律能力的观念，其可信性已先于其本身而消失。许多人觉得这一结果的含义是可怕的：我们并不真正拥有“自由意志”，一切变得无关紧要。本书的目标便是要说明，为何他们是错的。

认清我们是什么

是的，我们有一个灵魂。但它是用许多微型机器人做成的。

——朱利奥·吉奥雷罗

我们不是非要拥有老式的非物质灵魂，才能不辜负我们的希望；我们渴望，作为道德存在，我们的行动和生活是有意义的，而这**根本**不依赖于我们拥有一种与自然的其他部分遵守不同物理学的心灵。我们能从科学中获得的自我理解，可以帮助我们将自己的道德生

[1] agent是自由意志哲学的核心概念，指行动（act）或选择（choice）的做出者，即“施事者”，在经济学中对应“经济人（Homo oeconomicus）”，在博弈论中对应博弈当事方；参见维基词条agency（philosophy）；该词在汉语中尚未有通行译法，本书中一律译作“主体”。——译注

活置于一个新的且更好的基础之上，而一旦我们理解了我们的自由系于何物，我们将能更好地为保护它抵御真正的威胁而做好准备，这些威胁是如此经常的被误认。

我的一位学生曾加入和平队（Peace Corps）[1]以避免在越战中服役，他后来告诉我他如何为一个生活在巴西丛林深处的部落的利益而努力。我问他是否有人向他问起美苏冲突的情况。他回答道，完全没有。这在那里是毫无意义的。他们从未听说过美国或苏联。事实上，他们甚至从未听说过巴西！

在 1960 年代，一个人仍可能生活在一个国家，受其法律管辖，却对此事实一无所知。如果我们对此感到惊奇，那是因为，不同于这个星球上的所有其他物种，我们人类是觉知者（knower）。我们是这伟大世界中唯一弄清楚了自己是什么和在哪里的物种。我们甚至已开始去弄清楚我们是如何出现在这里的。

这些关于我们是谁和我们如何出现在这里的十分晚近的发现，至少可以说是令人惶恐的。你是一个由大约一百万亿个分为数千不同种类的细胞组成的集合物。这一大堆细胞都是相互结合而产生了你的那对卵细胞和精细胞的“女儿”，但他们的数量其实还不及若干万亿个偷渡进你身体搭便车的细菌[2]，后者来自数千个不同世系（胡珀等，1998）。你的每个主细胞[3]都是个无头脑的机械，一个很大程度上自主的（autonomous）微机器人。它并不比你的细菌客人更有

[1] 美国政府于 1961 年成立的志愿服务组织，招募美国志愿者派往世界各国，服务期两年，旨在为当代人民提供技术帮助，并促进美国与各国之间的相互文化理解，迄今已有 21 万志愿者在 139 个国家提供服务。——译注

[2] 实际上，组成健康人体的细胞中，按数量计，约 90% 是寄生于体表或体内的细菌和其他微生物，不过，因为作为原核细胞的细菌通常比组成人体的真核细胞小得多，所以按重量算，体细胞仍超过寄生细胞。——译注

[3] 此处主细胞是指由最初那颗受精卵分裂而来的细胞，与寄生细胞相对，原文为“host cells”，用词不甚妥当，因为 host cell 通常是指其内部寄生了细菌或病毒的细胞。——译注

意识。这些组成你的细胞中没有一个知道或在乎你是谁。

每个万亿机器人团队聚集在一个惊人有效的政体（regime）里，那里没有独裁者，却设法让自己组织起来抵御外来者，清除虚弱者，执行铁的纪律——以及充当一个有意识自我或者叫心灵的总部。这些细胞社会是极端法西斯主义的，好在你的利益和价值与组成你的细胞的有限目标没什么关系。

有些人温文大度，另一些则残忍无情；有些是色情作家而另一些则献身侍奉上帝。历经许多时代，想象这些惊人差异必定归因于某种被安置于身体总部的额外东西（一个灵魂）的特殊性质，始终都是诱人的。我们现在知道，这一观念虽仍诱人，却没有得到我们对自身所了解到的任何东西的丝毫支持，无论是对我们生物特性的一般了解，还是对我们大脑的特定了解。

我们对自己如何进化而来了解得越多，对我们大脑如何工作了解得越多，我们就越加确信，不存在这样的额外成分。我们每个人都是由无头脑机器人所组成，没有别的，根本没有非物理的、非机器人的成分。人与人之间的差异，全都归因于他们的特定机器人团队的组成方式，后者在生命期中随成长与经历而改变。说法语和说汉语之间的差别，是工作部件的组织差异，所有其他知识与个性差异也是如此。

因为你我都是有意识的，我们必定拥有**以某种方式**由那些奇怪的小部件组成的有意识自我。这是怎么做到的？要明白这一极端复杂的工作何以能够被完成，我们需要看看完成了整个工作的那个设计过程的历史，即人类意识的进化史。我们还需要看看，这些灵魂是如何用细胞机器人造出来的，是它们真正赋予了我们重要能力和随之而来的责任，而这些正是传统的非物质灵魂据说会（通过未被说明的魔术）赋予我们的东西。

放弃超自然灵魂而换来一个自然灵魂，是笔好买卖吗？我们会放弃什么，又将得到什么？对此过早得出可怕结论的人们，犯了极大错误。我打算通过追溯自生命起源以来自由在我们星球上的成长历史来证明这一点。是哪种自由呢？不同类型的自由将随故事展开而浮现。

45 亿年前，地球形成了，那时它上面完全没有生命。它如此持续了或许 5 亿年左右，直到最初的简单生命形式浮现，在随后的大约 30 亿年里，该行星的海洋里充满了生命，但都是既聋又盲的。简单细胞复制着，相互吞噬，千方百计相互利用，却对它们细胞膜外面的世界茫然无知。接着，终于进化出了更大更复杂的细胞——真核生物——仍是全然无知和不会思考的，但有着足够复杂的内部机构从而能够开始特化。

如此又持续了几亿年，进化算法（algorithms of evolution）[1]花了这么多时间才偶然发现了让这些细胞与它们的后代细胞结队组成多细胞有机体（organisms）的好办法，这些有机体由数百万、数十亿、乃至（最终）数万亿细胞组成，其中每个执行其特定机械程序，但如今被束缚在了特化的服务功能中，成为像眼睛、耳朵、肺或肾脏这样的部件。

这些有机体（不是组成它们的团队成员个体）成了**长距离**觉知者，能够看到在中等距离上悄悄出现的一顿美餐，能够听到危险从远处逼近。但即便这些有机体，也仍不知道它们自己是什么。它们的本能确保它们能与正确种类的对象交配，与正确种类的对象聚集，但就像那些巴西人不知道自己是巴西人，没有野牛曾知道自己是一头野牛［一般而言，自然遵循着在情报界出名的“只知道需要知道的”原则（Need to Know Principle）：野牛不需要知道它们是哺乳动物中的

［1］在《达尔文的危险观念》里，丹内特将进化看做一种介质无关的搜索算法，在孟德尔库（Library of Mendel）中搜索最优设计，类似的，在《攀登不可能之山》里，道金斯也将进化视为在适应性地形图（adaptive landscape）搜索最优值的算法。——译注

有蹄类——作为野牛，它们用这信息什么也做不了；那些巴西人尚不需要对包括了他们密切了解的丛林环境的更大环境知道得太多，但作为人类的巴西人，一旦需要便可几乎毫不费力地扩展他们的认识眼界。我确信他们现在知道这些信息。——作者注］。

只有在一个物种，即我们这个物种当中，一项新技能进化了出来：语言。它为我们提供了一条在任何主题上分享知识的宽阔大道。交谈将我们联合在了一起，即便我们使用不同的语言，我们都可以知道很多事情，比如做一个越南渔民或一个保加利亚出租车司机、一个80岁老修女或一个五岁先天盲童、一个象棋大师或一个妓女，会是什么样的。

无论散布在地球上的人与人之间有多么不同，我们都可以探索我们的差异并对此进行交流。无论兽群中并肩站立的野牛之间多么相似，它们都几乎不知道关于它们之间相似性的任何事情，更不用说它们的差异，因为它们不会交换意见。它们可以肩并肩地拥有相似体验，但它们确实无法以我们的方式分享体验。

即便我们这个物种，也是经过了几千年交流，才开始发现我们自身特性的关键。只是最近几百年，我们才知道自己是哺乳动物，只是最近几十年，我们才对我们及其他生物如何从其简单开端进化而来的细节有了相当程度理解。在数量上，我们被远房表亲蚂蚁所超出，而在重量上，则被更远的亲戚细菌所超出。

虽然我们处于少数，但我们获取长距离知识的能力，赋予了我们让这星球上所有其他生命相形见绌的力量。现在，数十亿年历史上第一次，我们的星球是由有远见的哨兵守卫着，能够预见来自遥远未来的危险——一颗处于撞击路线上的彗星，或全球暖化——并制订方案为它做点什么。这颗星球最终长出了它自己的神经系统：我们。

我们也许不能胜任这工作。我们也许会摧毁这颗星球而不是拯救它，而这很大程度上是因为我们是如此自由思考、有创造性和无法无天的探索者和冒险家，如此不像数万亿个组成我们的奴性十足的工人。大脑是用来预测未来的，这种预测能力让动物能在更有利的方向上及时采取行动，但即便最聪明的野兽也只有非常有限的时间眼界，以及最多一点点想象多种可能情况的能力。

相比之下，我们人类发现自己已拥有一种喜忧参半的能力：能够思考我们自己的死亡乃至身后之事。我们在过去一万年所花费精力的极大部分，都投入到了缓解这一只有我们才有的动荡纷扰的新景象所引发的忧虑上了。

如果你燃烧的卡路里比你摄取的多，你很快就死了。如果你发现一些诀窍能为你提供卡路里盈余，你会用它做什么？你或许会投入数百人年的劳动去建造殿堂、坟墓和献祭用的火葬柴堆，并在上面销毁一些你最珍爱的财产——甚至你的几个亲生孩子。你究竟为什么想要这么做？这些奇怪而可怕的花费为我们提供了线索，去了解我们提升了的想象力所带来的一些隐秘代价。我们获取知识的过程并非没有痛苦。

那我们会对我们的知识做什么？这些发现的分娩之痛尚未平息。许多人担心，对我们是什么了解太多——放弃神秘感而换来机械论（mechanisms）——会让我们对人类可能性的想象变得贫瘠。这一忧惧是可以理解的，但如果我们真会因了解太多而身处危险之中，那些走在知识前沿的人岂不是会表现出不安的迹象？

看看周围那些正在参与这项对更多科学知识的探索活动并热切地消化着新发现的人们，他们在乐观、坚信道德、忙于生活、承担社会责任方面，显然并不逊色。实际上，如果你想要在今天的知识分子中发现焦虑、绝望、失范，就去看最近很时髦的后现代主义者（postmodernists）一族，他们喜欢宣称，现代科学只是一长串神话中的另一个，其机构和昂贵设施只是另一种宗教的仪式和配饰而已。

那些聪明人会严肃对待这种看法，这一事实说明了，尽管我们的自我知识已取得进步，那种忧惧念头仍拥有力量。后现代主义者没错，科学只是我们可能愿意在上面消耗多余卡路里的事情之一。科学已成为创造这些额外卡路里的一个主要效能来源这一事实，并未使其有资格取得它所创造的财富的任何特定份额。

但仍很明显的是，科学创新——不只是显微镜、望远镜和计算机，还有它对理由与证据的信奉——是我们物种的新感觉器官，让我们能够以过去的人类机构所无法企及的方式，去回答问题、解开奥秘和预测未来。

对我们是什么了解得越多，我们就会对自己努力成为什么洞悉到更多选项。美国人长期以来便尊敬“自力更生者（self-made man）”[1]，可现在我们才真正了解了足够多，从而能够将自己再造为某种新人，而许多人却畏缩不前。许多人显然宁愿相信传统，闭着眼睛瞎晃悠，而不愿看看四周发生了什么。

是的，这令人惶恐，是的，这可能很吓人。毕竟，现在我们被赋予了犯全新错误的能力。但这是我们这个博学物种一次伟大新冒险的开端，如果我们睁开眼睛的话，那将会更令人兴奋，也更安全。

我是我所是

我最近在报纸上读到，一位年轻父亲在上班路上忘了把他女儿

[1] 这里的自力更生者（self-made man）一词有双关之意，既是指“白手起家者”或“美国梦”的实践者，也是指作者在本书中所描绘的进化历程的最终产物：不依赖天钩的，通过自举过程一步步进化而来的，最终拥有了自由意志、因而能承担道德责任的“自我”；本书第九章和《活动余地》第四章的标题都与此有关。——译注

送去日托中心，她被锁在车里一整天，而汽车停在炎热的停车位上，晚上当他回家路过日托中心，停下车去接她时，被告知“你今天没放下她。”他冲向他的汽车，发现她仍被绑在后座她的小车座上，死了。假如你受得了的话，站到这个人的位置上想想。

当我这么做时，我不寒而栗，我为想象这一难以名状的羞愧、自我厌恶、无尽悔恨而心痛，此人现在必定正遭受着这些。而且作为一个声名狼藉的心不在焉者，一个会轻易迷失在自己思想中的人，我发现如此自问时尤为不安：我可能会做出像这样的事吗？我会不会这么疏忽大意地对待一个由我照顾的孩子的生命？

我以各种变化版本回放这些镜头，想象分心的事情——一辆消防车在我刚要拐弯驶向日托中心时呼啸而过，收音机里什么东西让我想起一个我当天必须解决的问题，而后来在停车位上，一位朋友在我下车时向我求助，或者也许我掉了几张纸在地上并不得不捡起它们。这样一连串分心事情积累起来，会不会掩埋了我将女儿安全送去日托中心这一压倒一切的重要任务？我会不会如此倒霉而跌撞进这样一种处境，各种事件在那里合谋带给我最糟糕的结果，暴露我的弱点，带我走上这条可鄙道路？

我未曾遭遇这样的事情，对此我深感庆幸，因为我不敢说，无论在什么情况下，我都不会做出这个人所做的事情。这种事情随时都在发生。我不了解这位年轻父亲的更多情况。可以想象他是个无情而不负责任的人，一个配得上我们所有人鄙视的恶棍。但同样可以想象，他基本上是个好人，一个极端坏运气的受害者。而且当然，他人越好，他现在的悔恨就越深重。他一定在怀疑，是否存在任何有尊严的方式能让他继续活下去。“我是那个把自己女儿忘在车里让她被烤死的家伙。那就是我。”

我们每个人都是其所是，包括全部优缺点。我不能成为高尔夫冠军或专业钢琴家或量子物理学家。我能泰然处之。那是我所是的一部分。我能在高尔夫球场上突破 90 杆吗？或从头到尾演奏《巴赫赋格》（*Bach fugue*）而不出任何错吗？看上去我可以试试，但如果我从未成功，那将意味着我原本就不可能成功，真的吗？“成为你能成为的全部！（Be all that you can be!）”——美军的一条激动人心的征兵口号，可它是不是隐藏着一个戏弄式的同义反复？我们不是全都自动就是我们能够成为的全部吗？

“嘿，我是个没有纪律和缺少教育的超重沙发土豆[1]，显然没有勇气加入军队。我已经是我能成为的极致了！我就是我所是。”这位伙计是在引诱自己远离更好的生活吗？或者他看清事情的要害了吗？是否存在这样一种合理的意义：在此意义上，尽管我千真万确不能成为高尔夫冠军，但我千真万确能突破 90 杆？我们中任何人能做我们最终所做之外的事吗？如果不能，尝试的意义又何在？甚至，任何事情的意义又何在？

无论如何，我们希望存在某种意义。我们已和某些论调搏斗了几千年，这些论调暗示可能不存在任何意义，因为如果世界是科学告诉我们的那样，就不存在让我们可以努力和渴望的余地。古希腊原子主义者（atomists）[2]刚刚想出世界是由大量彼此撞击的微小粒子所组成这个杰出观念，就很快想到，这种情况下，必然的结论将是，每个事件，包括我们每次心跳、撒谎和私下自我告诫，都根据自然律（laws of nature）而展开，而这些自然律决定着下一刻发生什么，具体到最精微细节，因而没有提供选项，没有真正的选择点，没有让事情这样而非那样的机会。

如果决定论（determinism）是真的，那么，尽管看上去很可能

---

[1] 沙发土豆（couch potato），美俚，指整天坐在沙发里吃着零食看电视的懒人。——译注

[2] 指原子主义创立者留基伯（Leucippus）和他的学生德谟克利特（Democritus）以及他们的追随者，后者包括伊比鸠鲁学派（Epicureanism）；留基伯的原子论是非决定论的，德谟克里特把它改造成了决定论的；从上下文看，这里主要是指德谟克里特。——译注

存在一种意义，但这是个幻觉。甚至，我们可能正是被决定而总是以为存在一种意义，但如果这样，我们将是错的。似乎往往如此。这自然助长了对自然律根本不是决定论式的（deterministic）[1]希望。遏制原子主义（atomism）之风的首次尝试来自伊壁鸠鲁（Epicurus）[2]及其追随者，他们提出，这些原子中的某个对其轨迹的**随机背离**（random swerve），或许提供了自由选择所需要的活动余地（elbow room），但因为他们假设这一随机背离的唯一根据是一厢情愿，它从一开始就遭遇了应受的怀疑。

但别放弃希望。量子力学前来营救！当我们了解到，在亚原子物理的陌生世界里，应用着不同的规则，非决定论规则，这不出所料地引发了一次新探索：展示我们如何可能利用这一量子非决定论（quantum indeterminism）[3]，去建立一个人类作为有着真正机会、有能力做真正自由决策的奋斗者的模型。

这一选项有着如此持久的吸引力，因而需要得到仔细而富有同情的评论，在第四章会有一个，但我会证明，正如许多人在我之前已

[1] deterministic 在本书中随语感需要而分别译作“决定论性质的”、“决定论式的”、“决定论的”、“决定性的”，但意思都是“决定论性质的”，其名词形式 determinacy 以及它们的反义词 indeterministic 和 indeterminacy 的处理与此类似。该词在汉语中也常被译作“确定的”（和名词形式“确定性”），但我决定把“确定”一词留给“certain”[和名词形式“确定性（certainty）”，以及它们的反义词“不确定的（uncertain）”和“不确定性（uncertainty）”]。两者的区别是，决定论性质（determinacy）是个本体论（ontology）概念，是关于客观世界如何如何的，而确定性（certainty）是个认识论概念，是关于主体信念如何如何的；比如，在一个决定论世界中，某人心目中的未来完全可以是不确定的，反之亦然。——译注

[2] 伊壁鸠鲁（Epicurus，前 341 —前 270 年），古希腊哲学家，伊壁鸠鲁学派的创始人，继承了德谟克利特的原子论和物质主义，但抛弃了他的决定论。——译注

[3] 量子非决定论（quantum indeterminism）或量子非确定性（quantum indeterminacy）是物理学中尚未有定论的一个论题，按某些观点，是指某些微观物理系统（比如原子）在某一时刻的状态只能以概率分布的方式描述，而非确切地处于某个特定状态，与此等价的另一种表述是，某一时间段中某一事件（比如某一原子发生衰变并放出 α 粒子）会以某个概率发生，但实际上是否发生，是真随机的，即不取决于之前的任何世界状态。——译注

经证明的，那根本不会管用。如威廉·詹姆斯（William James）[1]近一个世纪前就说过的：

> 如果一项“自由”行动是全然新颖的，不是从我而来，不是从先前的我而来，而是**无中生有**（ex nihilo），只是把它自己附加在我身上，我——先前的我——如何能对此负责？我如何能拥有任何持久**个性**，能长久维持从而足以接受赞扬或谴责？（詹姆斯，1907，p.53）

是啊，怎么可能？我建议我的学生留心反问句，那通常标志着任何辩护中最弱的一环。一个反问句暗含着一个归谬论证，它显而易见到无须赘言的程度，这是未经检查假设的完美藏身之所，这些假设本应被明确拒绝。对反问句的提出者，你往往只需尝试回答它，便可让他陷入窘境：“**我来告诉你是怎样的！**”

我会考虑在第四章就这么试一下，而且我们会看到，实际上在多数情况下我们都会面临詹姆斯的挑战。詹姆斯总结道：“我们那串生活的珠链，一旦那根内在必然性之线被荒谬的非决定论教条抽掉，就马上会滚成一盒相互脱离的珠子。”他的说法以多种方式夸大了情况。非决定论并不荒谬，但它对渴望拥有自由意志的人们也毫无助益，而且，我们对此问题的考察将揭示一些令人惊奇的事实：在为自由意志问题探求一个解决方案的过程中，非决定论是如何带偏我们思路的。

[1] 威廉·詹姆斯（William James，1842-1910），美国心理学家和哲学家，与查尔斯·皮尔士（Charles Peirce）共同创立了实用主义哲学。在自由意志问题上，受法国哲学家查尔斯·居维叶（Charles Renouvier）影响而成为二元论者，他首先提出了自由意志与决定论是否兼容的问题，并区分了硬决定论和软决定论，继而表达了自己的自由意志主义观点：拒斥决定论，肯定自由意志，并认为两者不相容。——译注

我们呼吸的空气

人们让自己从不祥前景上分心的本事好得出奇，而从真正问题上引开自己注意力的工作干得最出色的一次，莫过于自由意志议题了。自由意志的经典问题，已被哲学家、神学家和科学家数世纪以来的工作所定义和背书，它是问：这世界是否被如此构造，从而允许我们做真正自由的、负责任的决定。

答案似乎一直依赖于基本和永恒的事实——物理学基础定律（无论它们会是什么）和关于物质、时间和因果关系之性质的定义性真理（definitional truths），以及同样基础性的关于我们心智的定义性真理，诸如一块石头或一棵向日葵不可能拥有自由意志之类的事实——只有一些具有心智的东西才可能是这一幸事的候选者，无论那是什么。

我将尝试说明，这一传统自由意志问题，尽管根红苗正，却只是个分心者，费解却没有真正重要性，只是将我们的注意力从它旁边的真正重要的、我们应该彻夜挂念的忧虑上引开。这些关切往往被当做搅浑形而上学清水的经验性复杂因素而搁置一边，但我要反其道而行，将题外话题推入主要论题。

真正的威胁，让自由意志话题在哲学课程中长盛不衰的、潜伏于水面之下的焦虑来源，来自关于人类处境的一组事实，这些事实是经验性的，在如下意义上甚至是政治性的：它们对人类的态度敏感。这确实为我们如何看待它们带来了不同。

我们在这样一个事实背景中过日子：这些事实中有些是可变的，有些则是固定的。有些稳定性来自基础物理事实：重力定律从未让我们失望（它总是会将我们拉倒，只要我们还待在地球上），我们也可信赖光速会在我们所有活动中都保持恒定（或近乎恒定。来自外太空的一些新近且有争议的证据提示某些科学家设想，光速或许在宇宙各时间段之间有所不同。——作者注）。有些稳定性来自更基础的形而上事实：2 加 2 等于 4；毕达哥拉斯定理成立；以及如果 A=B，则无论 A 是否为真，其真假即为 B 之真假，反之亦然。

我们拥有自由意志的观念，是我们思考生活的整个方式的另一个背景条件。我们信靠它，我们信靠人们“拥有自由意志”就像我们相信被推下悬崖的人会下坠，相信需要水和食物来维生一样，但它既不是个形而上的背景条件，也不是个基础物理条件。自由意志像我们呼吸的空气，它几乎出现在我们想要去的每个地方，但它不仅不是永恒的，它还是进化来的，而且还在进化中。

我们星球的大气层，是作为早期简单生命形式的活动产物历经数亿年进化而来的，作为对赖之而进行的数十亿更复杂生命的活动做出的反应，它今天仍在继续进化。自由意志大气层是另一种环境，那是一个笼罩着生活、使生活成为可能、并塑造着生活的关于意向性行为的**概念**大气层——计划、希望、承诺，还有责备、憎恶、惩罚、尊敬。

我们都成长于这一概念大气层，我们学会用它所提供的术语去指导我们的生活。它**看上去像**一个稳定而无发展史的构造，如同永恒不变的算术，但它不是。它作为人类互动的近期产物进化而来，而且某些正是因它而首次在此星球上成为可能的人类活动，或许也正威胁着它未来的稳定性，甚或加速其灭亡。我们星球的大气层并未得到永存的保证，我们的自由意志也是。

我们已采取措施以防止我们所呼吸空气的恶化。这些措施可能太少太晚。我们可以想象弄出些技术创新（巨型空调拱顶，**大地**肺？），允许我们没了自然大气层仍可继续生活。生活将会十分不同，也非常困难，但那或许仍是值得过的生活。

可是，当我们试着想象生活在一个没有自由意志大气的世界里，会发生什么呢？那或许也是生活，但那还会是**我们的**生活吗？假如我们对自己做出自由而负责任决定的能力丧失信念，生活还值得去过吗？我们生活和行动于其中的无处不在的自由意志大气，会不会根本不是**事实**，而只是某种假象，某种集体幻觉？

有那么些人，说自由意志从来就是个幻觉，一个前科学美梦，而我们现在正被从中唤醒。我们从未**真正**有过自由意志，也从未可能拥有它。认为我们曾拥有自由意志，充其量也只是个塑造乃至改善生活的意识形态，但我们可以学着离开它而生活。有些人号称已经这么做了，不过他们这么说究竟是什么意思还不太清楚。

其中有些坚称，尽管自由意志是个幻觉，这一发现并未对他们如何思考自己的生活，他们的希望、计划和恐惧，带来显著影响，但他们不想费神详细说明这一奇怪的不一致。其他人则宽恕了持续存在于其谈论与思考方式中的信条遗迹，视之为他们不想费神去摆脱的无伤大雅的旧习惯，或视为对他们周围不那么先进的思考者的传统做派的策略性让步。

他们附和众人，接受对实际上并非真正自由的“决策”的“责任”，祈祷时谴责和赞扬着他人，内心深处则明白，没人配得上对任何事情的责任，因为发生的每件事情，不过是没有思想的原因之巨网运转出的结果，于是分析到最后，没有任何事情能有任何意义。

这些自称的摆脱幻觉者是不是犯了个大错？他们抛弃了一个值得珍爱的前景却没有个好理由，对科学的误读让他们闪花了眼而去接受一个被贬低了的自我形象？可这又有什么关系？把自由意志问题当做另一个哲学家玩的谜题、一个通过在定义组合中要花招而人为构造的难题而加以鄙弃，这种做法是诱人的。我们有自由意志吗？“好吧”，哲学家说，一边点上烟斗，“这完全取决于你说的自由意志是什么意思；好，一方面，如果你采纳一个自由意志的**兼容主义**（compatibilist）[1]定义，那么……”（于是我们走开找乐子去了）。

---

[1] 兼容主义（compatibilism）是认为决定论与自由意志可以共存的观点，详见第四章第一节。——译注

要看出这里利害攸关，看出这问题真的事关重大，将其转变为个人体验将有所帮助。现在，回想你的成年生活，并挑出一个真正糟糕的时刻，糟糕到想起那些细节就让你感到窒息（或者，如果这太痛苦的话，就设想自己处于那位年轻父亲的位置）。然后在心里牢记这个可怕行动，你确实这么做了。要是你没做过就好了！

那又怎样？在更高层次上，你的悔恨有什么意义？这件事算得上什么吗，或者它不过像是一次不自主的打嗝，被无意义世界所引发的一次无意义抽搐？我们是否生活于这样一个宇宙，在其中，努力、希望、遗憾、责备、许诺、进取、谴责和赞扬，都是有意义的？或者它们都是一个巨大幻觉的组成部分，为传统所尊崇但早该被揭露了？

有些人——你可能是其中之一——或许随时会欣然接受这样的结论：他们没有自由意志，无论是可耻罪过，还是光荣胜利，都没什么意义；这一切不过是毫无意义的发条装置的自动展开而已。或许在他们看来，这首先像是一次巨大的解脱，但随后他们或许会恼怒地发现，尽管如此他们还是禁不住去在乎，无法让自己不去担忧、努力、希望——进而又发现，他们还禁不住对自己孜孜于介意而感到恼怒，依此类推，在涉及动机的问题上，下降至一个类似宇宙热寂（Heat Death）[1]的状态：没有东西在运动，没有什么是有所谓的，没有。

其他人——你可能是其中之一——则确信自己拥有自由意志。他们不只是努力，也欣然接受自己的努力，否认所谓的命定。他们预想各种可能性，尝试尽可能利用千载难逢的机会并惊险地从灾难中死里

[1] 热寂（Heat Death）是根据热力学第二定律（second law of thermodynamics）推导出的宇宙最终状态，此时所有能量分布差都已消失，宇宙达到完全热平衡状态，即最大熵（entropy）状态，不再有任何有序结构和宏观运动，当然也不再有任何模式、物体、功能和意义；在丹内特看来，一旦我们去掉自由意志这一基础背景条件（观念大气层），构成我们生活意义的那些概念都无法被谈论，于是生活意义将消失殆尽，正如热寂状态下，世界之意义全都不复存在。——译注

逃生。他们让自己挑起生活担子并对自己的行为负责。

看来存在两类人：那些相信自己没有自由意志的（即便他们在多数时候禁不住像那些相信自己拥有它的人那样行动），和那些相信自己拥有自由意志的（即便这是个幻觉）。你在哪一组？哪组更好更快乐？但终究哪组是**对的**？是不是第一组的人未受蛊惑，透过巨大幻觉看清了真相，至少在他们反思的时刻？

或者是他们没抓住要点，被某些认知错觉所害而无视真相，恰恰抛弃了赋予生活以意义的那个观念，以至废掉了自己？［太糟糕了，但或许他们对此无能为力。或许他们被他们的过去、他们的基因、他们的养育、他们的教育所**决定**，去拒绝自由意志观念！正如喜剧演员伊莫·菲利普斯（Emo Phillips）曾嘲讽道："我不是个宿命论者，但就算我是，对此我又能做什么呢？"］

这或许引出了另一种可能性。或许存在两类正常人（撇开那些真的残疾并因其昏迷或痴呆而没有可能拥有自由意志的人）：那些不相信自由意志**因而**不拥有自由意志的人，和那些相信自由意志**因而**真正拥有自由意志的人。也许某种像"积极想法的力量"的东西真的足够强大而能造成决定性差别？

这也许不能带来太多安慰，因为看来仍可能，你在哪个组只是随机抽签结果，无论那是好是坏。你能换组吗？你想换组吗？聚焦于自由意志的这一古怪面貌是极端困难的。如果无情的形而上学事实是人们确实（或确实不）拥有自由意志，那么这不可能是受了"多数原则"或类似东西的影响，而你的唯一选项（选项？——我们真的有**选项**吗？）是，你想还是不想知道形而上学的真相，无论这真相是什么。

但人们经常在谈论或写作时表现得仿佛是在为自由意志信念**游说**，就好像自由意志（不仅是自由意志信念）是一个政治状态，而它或许正遭受威胁，要么得到传布，要么走向灭绝，结果将视人们相信什么而定。或许，自由意志就像民主？政治自由和（形而上的——暂未找到更好的词）自由意志之间的关系又是什么？

在本书余下部分，我的任务将是，结束这些看法间的混乱纠缠，并提供一个对人类自由意志的统一的、稳定的、有着良好经验基础的、自洽的看法，而你已经知道我将得出的结论：自由意志是真实的，但它不是像引力定律那样，是先于我们而预先存在的一个特性。它也不是传统所宣称的那样：是一种神一般的力量，自免于物理世界的因果网络之外。

它是一项人类活动和信念的进化产物，它和其他人类创造物一样真实，就像音乐和货币，而且更有价值。从这一进化视角，关于自由意志的传统问题可以被分解为一些相当不寻常的部分，其中每个都对有关自由意志的严肃问题具有启发价值，但我们只有在已经矫正了隐含在它们传统设定中的错误指导之后，才能进行这项再检查。

小飞象丹波的魔羽和宝琳娜的险境

在迪斯尼经典动画片《丹波》（*Dumbo*）里，有关那只学会展开它的巨耳飞翔的小象，有一段关键情节，将信将疑的——其实是害怕的——丹波被他的乌鸦朋友们哄骗，要他跳离悬崖进入空中，以向自己证明他能飞。其中一只乌鸦有个聪明想法。趁丹波没看见，他从同类身上拔下一根尾羽，然后郑重其事地递给丹波，宣称那是一根魔羽：只要丹波用鼻子抓住它，他就能飞！

这个情节很简练，没有解释，因为连小孩也无须讲解就能抓住要点：那羽毛不是真的有魔力，它是个假体装置，一根能借助积极思想的力量让丹波离开地面的信念拐杖。现在想象该场景的一个变体。想象这些乌鸦中的另一只，一个乡村怀疑论者，足够聪明而看出了诡计，却又不够聪明而没看出其功效，他正试图告诉丹波真相，而此时丹波正站在悬崖上，紧紧抓着羽毛。“让那乌鸦闭嘴！”孩子们会尖叫道。拦住那个自作聪明的家伙，快，不然他会坏了丹波的好事！

在一些人眼里，我就是那只乌鸦。留神，他们警告。此人会带来严重祸害，无论他的用意有多好。他坚持谈论本来最好留着不去探索的主题。“嘘！你会打破魔咒的。”这一劝诫不只是针对童话，它有时正适合于现实生活。

一次关于性唤起和勃起的论据翔实的生物力学专题研讨，可不是前戏中的好话题，而对仪式和装束的社会效用的反思，在一次葬礼致辞或婚礼敬酒中，也是不受欢迎的。有些时候，我们会明智地将注意力从科学细节中转移开，此时无知实乃天赐之福。自由意志话题是不是另一个此类例子呢？

丹波的飞翔只是恰好依赖于丹波相信他能飞。真相并非必定如此，如果丹波是只鸟（或只是头更自信的大象！），其才能不会如此脆弱，但因为他是他所是，他需要他所能得到的全部精神支持，而我们的科学好奇心不应被允许去妨碍他柔弱的心智状态。

自由意志也像这样吗？拥有自由意志依赖于相信你拥有自由意志，这是否至少是可能的？而如果只要可能是这样，我们难道不应该避免表达那些可能会正确或错误地削弱那个信念的学说？如果我们做不到把嘴堵上，我们是否至少有义务闭嘴或换个话题？肯定有人是这么想的。

我在这问题上工作的许多年里，已认识到一个模式。我的基本看法是**自然主义**（naturalism），即这样一种观念：认为哲学考察并不高于或优先于自然科学考察，而是与这些真相探索事业构成合作伙伴关系，哲学家的适当工作是澄清和统一常常相互冲突的看法，以获得一个单一的宇宙图景。那意味着欢迎来自良好确立的科学发现和理论的礼物，并将其作为哲学理论建构的原材料，所以，做出对科学与哲学都是有见识的建设性批评是可能的。

当我展现我的自然主义成果，展示我关于意识的物质主义（materialist）[1]理论（比如在《意识的解释》里），以及我对创造了生物圈及其全部衍生物——包括我们的大脑和脑力产物——无思想无意图的达尔文算法的解释［比如在《达尔文的危险观念》（1995）里］时，我收到了许多不安的反馈，其中充斥着与纯粹怀疑不尽相同的非议或焦虑。

通常这种不快之声是低沉的，就像远处的隐约隆隆雷声，只是无意中扰乱议题的一厢情愿。常常，在对话者抛尽他们的全部异议之后，有人便会暴露出驱使其怀疑的幕后动机："别的都好说，可那样的话自由意志怎么办？你的看法不会摧毁自由意志的前景吗？"这种反应总是受欢迎的，因为这支持了我的如下信念：对自由意志的关切是多数对物质主义（materialism）尤其是新达尔文主义（neo-Darwinism）的抵制背后的推动力。

汤姆·沃尔夫（Tom Wolfe）谙熟于如何紧跟时代精神，他在一篇文章中抓住了这一基调，并配了个与之相称的疯狂标题："**抱歉，可你的灵魂刚刚死了。**"他这是在谈论他所误称的"神经科学"，他还为该新学科指定了首席思想家：爱德华·威尔逊（E. O. Wilson）（他当然根本不是神经科学家，而是昆虫学家和社会生物学家），和他的亲信党羽，理查德·道金斯（Richard Dawkins）和我。沃尔夫

[1] materialism 一词通常被译作"唯物主义"，然而，在一个中学教科书里充斥着这一词汇的地方，该译法容易引起对某些含混拙劣的文字游戏的错误联想，为避免此类联想，我将丹内特的 materialism 一律译作"物质主义"；实际上，丹内特所自称的那种 materialism，在哲学谱系中通常被归入 scientific materialism，更贴切的称呼是物理主义（physicalism），意思是，所有存在物都遵循着同一套物理定律，因而可以被同一套物理学所描绘；在现实哲学争议中，物理主义的主要对手是二元论（dualism），后者认为在物理实体之外，还存在着非物理实体（比如灵魂或类似的东西），遵循着不同于物理定律的另一套法则。——译注

觉得自己看到了不祥之兆：

> 因为意识和思想完全是你的大脑和神经系统的物理产物——又因为你的大脑在出生时已完全铭刻（imprinted）[1]好了——是什么让你觉得你拥有自由意志？它是从哪儿来的？（沃尔夫，2000，p.97）

对此我有个答案。沃尔夫恰恰错了。别的不说，你的大脑并非“在出生时已完全铭刻好了”，这还只是对自然主义的广泛抵制背后的最次要误解。自然主义不是自由意志的敌人，它为自由意志提供了一种**肯定性**解释，它对该议题的混乱局面把握得更好，实际上，好于那些试图用一套“晦涩而惊慌失措的形而上学”（彼得·斯特劳森[2]的精辟短语）来保护自由意志远离科学之爪的观点。

在我 1984 年的《活动余地：值得渴望的种种自由意志》一书中，我展示了一个解释版本。但我发现，人们甚至常怀疑我的意思是否可能就是我说的那样。他们（包括汤姆·沃尔夫）都深信，从物质主义里当然不可能为自由意志找到空间，对此，沃尔夫至少有时还会带着讥讽表达他的愉快兴致（“我喜欢跟这些人交谈——他们表达了一种毫不妥协的决定论”），其他人则不会。比如，布莱恩·艾波雅（Brian Appleyard）就数次写书警告世人，但根据另一位危言耸听者莱昂·卡斯（Leon Kass）的说法，他自己已经不起诱惑而堕落了：

---

[1] 铭刻（imprinting），又译铭印、印记，指动物在发育过程的某个较短的敏感期中发生的不可逆学习模式；动物行为学家（ethologist）康拉德·洛仑兹（Konrad Lorenz）描述过一个著名例子：幼鹅会将它在出生后 13 到 16 小时期间看到的第一个运动物体认作其母亲，并在此后总是跟着它走。——译注

[2] 彼得·斯特劳森（P. F. Strawson，1919-2006），英国哲学家，1968 年至 1987 年继丹内特的博士生导师吉尔伯特·里尔（Gilbert Ryle）荣任牛津大学韦恩弗利特哲学教授（Waynflete Professor of Metaphysical Philosophy）。——译注

> 艾波雅（非常恰当地）讨厌基因中心主义（genocentrist）的含义，想象并表达了它或许会被发现是错误的希望，无论如何他都会坚持，那必须被抵制。但他自己并未在哲学上武装起来从而能说明它错在哪里。更糟糕的是，他看起来是这种想法的不自觉受害者，被最极端还原论的（reductionist）、最浮夸的生物学先知的夸张宣言所迷惑，这群先知包括：弗兰西斯·克里克、理查德·道金斯、丹尼尔·丹内特、詹姆斯·沃森（James Watson）和爱德华·威尔逊。（卡斯，1998，p.8）

决定论、基因中心主义（genocentrism）、还原论（reductionism）——小心这些浮夸先知，他们即将颠覆值得珍爱的一切！如此频繁地面对这些非难（和我们将会看到的曲解），我已认识到需要某种自辩（apologia）。我如此起劲地散布这些观念，是在做什么不负责任的事情吗？

在他们的传统象牙塔里，学者通常不太忧虑他们对其工作的社会影响所负责任。比如，虽然关于文字和言辞诽谤的法律并未豁免我们任何人，但我们中多数——包括多数领域的科学家——通常不会主张，与文字和言辞诽谤无关的思考，可能给他人带来即便是间接的伤害。为文学评论家、哲学家、数学家、历史学家和宇宙学家提供职业过失保险显然是个荒谬想法，这一荒谬性也是对上述事实的一个方便检验。

一位数学家或文学评论家在履行其专业职责时，到底能做什么，才会需要职业过失保险的安全保护伞？她可能在走廊上不小心绊倒一个学生，或把一本书掉在某人头上，但一般会认为，除了这些特殊副产品之外，我们的典型活动是无害的。但在那些涉及利益更重大——也更直接——的领域一直有着保持格外小心、并为确保不出现伤害后果而承担特定责任的长久传统（就像在希波克拉底誓言

（Hippocratic Oath）[1] 中明确承诺的那样）。

工程师们了解，他所设计的桥梁可能涉及数千人的安危，他们在特定约束下进行目的明确的操作，以便确定，根据现有知识，他们的设计是安全而可靠的。当我们学者有志于对“现实”（相对于“学术”）世界拥有更大的影响时，我们需要采纳那些更具应用性学科的态度和习惯。我们需要让自己对所说的话负责，认识到若我们的话被相信，可能会产生或好或坏的深远影响。

不只如此。我们需要认识到，我们的话**可能被误解**，而我们在某种程度上对自己所说的话**容易**被误解负有责任，正如对这些话的“适当”效果负责一样。原则并不陌生：工程师设计了一个若被误用就有潜在危险的产品，他就对误用的效果和对恰当使用的效果同样负有责任，因而必须采取任何必要措施以避免外行对产品的危险误用。

尽可能述说我们所能搜罗到的真相，是我们的首要责任，但只有真相还不够。真相可以造成伤害，特别是如果人们误解它时，认为真相是任何主张之充分辩护的学者，或许未曾仔细考虑各种可能性。有时候，一个人的**真确陈述**被误解（或其他误用）的可能性，和这种误解传播的可预见伤害，将是如此巨大，他最好闭上嘴。

我以前的一位学生宝琳娜·艾桑格（Paulina Essunger）构思了一个生动例子，将话题从哲学幻想之地带到了冷酷现实中。她曾从事艾滋病研究，很清楚该领域面临的危险因素，所以我把她的例子称作“宝琳娜的险境（Peril of Paulina）”：

> 比方说，我“发现”，理想境况下（病人完全遵守医嘱，完全没有诸如恶心等抑制药物作用的情况发生，完全没有外源

[1] 希波克拉底誓言（Hippocratic Oath），又称医师誓词，西方医生传统从业誓词，当今仍被许多医学院用作毕业誓词，据传说为古希腊医生希波克拉底（Hippocrates，前 460 —前 370 年）所立，但最早提到该誓言的历史文献出现于公元 1 世纪。——译注

> 病毒品系的污染，等等），实施一套四年治疗方案后，艾滋病毒可以从一个被感染个体身上被根除。在这一点上我可能是错的。我可能错的很简单很直接。比如我算错了什么东西，误读了某个数据，误诊了某位患者，或者也许外推得太远了。
>
> **因为它们的潜在社会影响，我也可能恰恰错在把结果出版了，即便它们本身是对的。**（此外，媒体可能在传达故事时犯错，可能在他们如何传达故事上犯错。但他们所负的某些责任看来会回落到我身上。尤其是如果我用了“根除”一词，那在谈论病毒的语境中常指从地球表面清除病毒，而不“只是”从一个被感染个体身上清除它。）
>
> 比如，一种非理性的沾沾自喜可能会在（好比）男同性恋者中传播开：“艾滋病现在可以治愈了，我不必再为它担心了。”由于这种沾沾自喜，这一人群中无保护高风险性行为带来的意外可能会再次上升。而且，治疗处方的广泛流传，可能会因为周期性出现的病人不遵医嘱，而导致抗药性病毒在受感染人群中的惊人扩散。（艾桑格，私人通信）

最坏情况下，你可能治愈了一例艾滋病，知道你治愈过一例艾滋病，但无法找到一种方法，能够负责任地将这项知识公开。忿忿于高风险社区的沾沾自喜或鲁莽，或责备摇摆不定的病人中途放弃治疗，都毫无益处——这些是你的出版行动的社会影响的可预见的自然（虽然可悲）后果。

你当然应该想方设法阻止这些对你的发现的滥用，并制订计划以实施任何你能采取的安全措施，但或许，在最坏情况下，你的发现的可见好处，却根本无法实现：你就是无法将它从这儿带到那儿。这不仅是个严重悖论，更是个悲剧。（她假设中的情况从某些方面看显然已经成真：对即将来临的疗法的乐观，已经在西方世界高危人群的性活动中导致了危险的松懈态度。）

所以，原则上是有这种可能性，但是，当我试图发布一个自由意志问题的自然主义“疗法”时，是否可能遭遇这种系统性的挫折来源呢？实际上，有少量这种来源，而且它们确实是破坏性的。存在各种公共利益卫士，他们——带着最良好的意图——想要**让那乌鸦闭嘴**！他们准备好采取任何可能的措施，赶在某些严重伤害产生之前，去劝阻、压制或弄臭那些被其视为正在打破魔咒（breaking the spell）[1]的人。

他们已执着于此多年，而当他们的运动变得俗套起来，当他们的简单谬论已被其科学同僚一次次揭露，这场运动中的残渣余孽却仍继续在污染着讨论空气，扭曲一般公众在此主题上的理解。比如，生物学家理查德·列万廷（Richard Lewontin）、莱昂·卡明（Leon Kamin）和斯蒂文·罗斯（Steven Rose）曾说，他们觉得自己就像

> 一支消防队，不断在半夜被叫出去扑灭最新的火灾，总是在应对燃眉之急，但从未悠闲从容地拟定真正的建筑物防火计划。这次是智商和种族，下次是犯罪基因，接着是女人的生物学次等性，然后是人性的遗传不变性。所有这些决定论大火都需要赶在整个学术界都化为灰烬之前用理性冷水去浇灭。（列万廷等，1984，p.265）

没人说过一支消防队一定会公平地战斗，而这支消防队向被其视为纵火犯的人扔了比理性冷水多得多的东西。他们并不孤单。从政

[1] 丹内特在2006年以此为标题出了本书：《打破魔咒》（*Breaking the Spell: Religion as a Natural Phenomenon*），他把宗教视为一种魔咒，就像丹波的魔羽，曾经在人类道德体系中起了作用，但如今已不再能依靠，因为首先，它的那套说辞在当今已很难让明智且受过教育的人相信，其次，我们已经有了一个更好的替代品：基于科学的、自然主义的自由意志理论。——译注

治光谱的另一极，宗教右翼也已娴熟掌握了漫讽（caricature）[1]手法的辩驳艺术，并抓住每个机会猛扑上去，用耸人听闻的过度简化代替对进化事实的慎重清晰表达，如此他们便可对之加以呵斥，并警告世人小心。

我同意来自左右两边的批评：被他们当做攻击靶子的人中，确有人曾做出过一些不幸的夸大其词和过度简化。我也同意：这种责任疏失确可能真的有其恶劣效果。而且，我不会质疑他们的动机，甚至他们的战术；如果我遇到的人在传达一个我觉得如此危险的消息，以至我不能冒险去听个明白，我至少会有强烈的冲动去歪曲它，为了公共利益去漫讽它。

我会希望给它起个好绰号，就像**基因决定论者**或**还原论者**或**达尔文原教旨主义者**（Darwinian fundamentalist），然后拼尽力气抽打这些稻草人。就像俗话说的，这是个脏活儿，可总得有人去做。我认为他们做错的地方是，把负责任的、谨慎的自然主义者［像克里克和沃森、爱德华·威尔逊、理查德·道金斯、斯蒂文·平克（Steven Pinker），还有我自己］混同于少数鲁莽的夸大其词者，并偷偷将一些我们已小心否认和批评的观点强加给我们。

这作为一种策略是聪明的：如果你真想抹脏什么东西，就用把宽刷子，只是为了安全，别让那些邪恶家伙躲在品行端正的人质盾牌后面！但这确实有一种攻击并误伤到某些天然盟友的效果，而且坦率地说，意图再好，这也是不光彩的。

我们自然主义者所面临的宝琳娜险境是，每当我们提出自己立场的慎重精确版本，公共利益卫士中的一些人便发挥其才智，把我们的谨慎主张改造成很愚蠢很不负责任的只言片语。比如我发现，我越是小心地将自己的信息表达得清楚而有说服力，这些卫士的疑心就越

---

［1］漫画式讽刺（caricature），指借助过度简化并片面夸大和渲染某方面特征而进行嘲讽的手法，广义上不限于漫画这种实现形式，也包括了文字嘲讽，本译本简略为“漫讽”。——译注

大。他们的说法大意是："别去管所有那些戴着光鲜修辞面具的警示标签和复杂细节！他真正说的只是，你没有意识，你没有心灵，你没有自由意志！我们全都只是僵尸，什么事都无关紧要——这就是他真正要说的！"

我能拿它怎么办呢？（有案可查，那不是我真正要说的。）让事情变得更糟糕的是，在我们被假定为铁板一块的"达尔文原教旨主义者"阵营中，存在着一些严重的叛变和分歧。比如罗伯特·赖特（Robert Wright），他的新书《非零年代：人类命运的逻辑》（*Nonzero: The Logic of Human Destiny*）从多数方面看，都清晰阐述了我打算在这里展示的许多主题，但我却发现他（依我看）未能接纳我们立场的核心主张：

> 这里的问题当然与意识等同于大脑物理状态这一断言有关。丹内特等人越是试图向我解释他们这么说的意思，我就越是确信他们真正的意思是，意识并不存在。（赖特，2000，p.398）

唉，在数百页坚定的自然主义去神秘化精美文字之后，赖特退避进了德日进（Teilhard de Chardin）的神秘图景[1]。［不那么激进但更具破坏性的叛变者是斯蒂文·平克（1997），他对有关意识的神秘主义教条的持续调戏，本身就是神秘的。人无完人。］

很明显，这问题事关重大。这里发生的，就像一场进化的军备

[1] 皮埃尔·泰亚尔·德·夏尔丹（Pierre Teilhard de Chardin SJ，1881年5月1日－1955年4月10日），德日进为其中文名，法国哲学家、神学家、古生物学家、耶稣会教士。20世纪二三十年代曾在中国从事考古和古生物学研究多年。在其遗著《人的现象》和《人的未来》中，他提出了一套带有神秘主义和目的论色彩的进化理论，认为复杂性和意识到进化最终将达到其顶峰——Ω点（Omega Point）——形成等同于上帝的统一"心灵圈（noosphere）"。赖特在《非零年代》的第三部分附和了德日进的观点，认为人类正接近于越过一个阈值，而进入朝向一个"统一全球意识（unified global consciousness）"的新发展阶段。——译注

竞赛（arms race）[1]，双方都在升级。但请注意，与其试图以漫讽来战胜对手，我宁愿从我这边推出一件不同的武器：我会尝试在你心里埋下怀疑的种子，怀疑针对我们的这些杰出批评家或许在内心甚至知道我们是正确的。毕竟，乌鸦是对的，他们想，可仍要让那乌鸦闭嘴！

如我们将在后面几章看到的，对自然主义版本的自由意志解释的一些最流行的反对意见，是由恐惧而非理由所推动的。这些恐惧本身是有充分理由的；如果你觉得正要递给你的盒子是潘多拉之盒，就会想尽办法将怀疑之箭搭弓上弦，在让盒子被打开之前用尽你的全部异议，因为到那时可能就太晚了。

面对这样的激烈抵制，为何我仍不懈地试图展示我的观点，尤其是在我承认并不清楚那是否有害的情况下？（当然，通过坚持将观点刻画成危险版本，批评者将威胁夸大了；他们其实是想吓退我们自然主义者。）因为我觉得这已是丹波戒断对魔羽依赖的好时机了。他不需要它了，而且他越早认识到这一点越好。

你或许还记得，在电影里，魔羽在关键时刻从丹波的手里滑落，他随即坠向末日，但在最后一刻他聪明起来，并展开耳朵从俯冲中拉升起来，从而挽救了自己。这就叫成熟，而我认为我们已经准备好成熟起来了。为何丹波离开了魔羽表现更好？因为在不受哄骗的状态下，他变得更不依赖，更有能力，更自主了。

我会尝试说明，我们关于自由意志的**某些**传统观念显然就是错的，而且实际上它们让事情倒退了，为自由意志在这星球上的未来制

[1] 在进化理论中，军备竞赛（arms race）是指（物种间或物种内）竞争双方中，一方某一特性的增强构成另一方更大的选择压力从而迫使后者的相应特性也增强，而这又反过来对前者构成选择压力迫使其相应特性增强，如此反复，形成一个正反馈，并让双方陷入“必须不断奔跑才能留在原地”的红皇后效应（Red Queen effect）之中；军备竞赛存在于捕食与被捕食、寄生物与宿主、择偶双方、争夺阳光的树木等竞争关系之中，是重要的进化加速器，理查德·道金斯在《盲眼钟表匠》里曾多有论述。——译注

造了严重问题。比如，关于自由意志的一个不受哄骗的观点，可以澄清一些关于惩罚和罪责的观念，平息一些对我称之为“潜行开脱幽灵（Specter of Creeping Exculpation）”[1]（科学正在向我们展示没人配得上他所受的惩罚或赞扬吗？）的焦虑。

它有助于恢复道德教育的适当角色，甚至解释宗教观念在过去曾扮演的维持社会道德的重要角色，一个如今宗教观念已不再能扮演好的角色，我们因抛弃这些观念而自陷于险境。如果我们坚持那些神秘主义主张，如果我们不敢交出它们以换取更可靠的科学替代品——如今已经可用了——我们可以飞翔的日子就屈指可数了。真相真的会让你变得自由。

[1] 潜行开脱幽灵（Specter of Creeping Exculpation）是丹内特发明的术语，意指随着科学进步，我们对行为的原因和机制有越来越多的了解，存在一种将这些原因归为自我之外的“外部”因素，并据此而否认相应道德责任的倾向，而按此倾向所遵循的逻辑，所有道德责任最终都将被剔除，正如丹内特反复强调的：“如果你把自己变得足够小，你可以外部化几乎所有东西”。司法实践中被称为“甜饼抗辩（twinkie defence）”的那类案件为此倾向提供了生动实例。——译注

第一章

关于我们和我们的心智如何进化而来的一个自然主义解释，看起来威胁着自由意志的传统观念，而对此前景的恐惧已扭曲了该议题的科学和哲学考察。有些觉察到这些关于我们自身的新发现之危险的人，严重错误地陈述了它们。我们有关自己起源的新知识的含义，在冷静检查之下，将被证明会支持一个比它所替代的神话更强更明智的自由信条。

第二章

我们对决定论的思考常被幻觉所扭曲，而这些幻觉可以在一个玩具模型的帮助下加以消除，在该模型中，简单实体可以进化出避免伤害和自我复制的能力。这演示了决定论与不可避免性的传统关联是个错误，不可避免性概念属于设计层次，而不是物理层次。

对来源与进一步阅读的说明

对正文中所引书或文章的完整参考指引，可在书末参考文献部分找到。每章我都会就所讨论主题提供一些进一步的注解和其他阅读材料指南。

一些读者可能会觉得，我在第三页上就开始自相矛盾，可真是个糟糕的开端。首先我否认我们在数万亿个机器人式细胞之外还拥有灵魂，然后我又愉快地察觉到，我们是有意识的：“因为你我都是有意识的，我们必定拥有由那些奇怪的小部件以某种方式组成的有意识自我。”你可能发现你自己强烈地想要同意罗伯特·赖特：我实际上是在宣称，意识并不存在。

如果你任凭这一信念扭曲你对本书余下部分的阅读，那就太遗憾了，所以，请尝试保留判断，抱一点赖特错了的微弱希望吧！我不妥协的物质主义确实是我打算捍卫的观点的一个固有特性，我渴望为它冲锋陷阵，即便冒着引来那些仍在追求一种意识的二元论解释的人的敌意和怀疑的风险。

对这一物质主义意识理论的清晰阐述和辩护，可以在前文提及的我的书里找到，并在 2001 年 11 月我在巴黎举办的让·尼可讲座上，得以针对各种新近批评作进一步详尽说明和辩护，此外，也出现在一系列已经在各种期刊或文集中出版的论文中，在我的网站上也有：http：//ase.tufts.edu/cogstud。

关于自由意志的哲学文献汗牛充栋，而只有一小部分该主题上的新近作品会在这里得到关注。那些得到讨论的文献将提供大量指向其余文献的线索。两本非哲学家的杰出著作已在本书最终定稿的那一年出版，对此主题感兴趣的每个人都应该读一读：乔治·安斯利（George Ainslie）的《意志的分解》（*Breakdown of Will*, 2001）和丹尼尔·魏格纳（Daniel Wegner）的《有意识意志的幻觉》（*The Illusion of Conscious Will*, 2002）。我已努力将这两本书的主要见解体现在我自己的书里，但他们著作的丰富性远远超出了从这些体现中所能推知的范围。

第二章

思考决定论的一个工具

A Tool For Thinking About Determinism

决定论是认为“任何时刻只有一个物理上可能的未来”［范·因瓦根（Van Inwagen），1983，p.3］的理论。有人会想，这不是个特别困难的观念，但令人惊异的是，在这个问题上出错是多么常见，即便非常深思熟虑的作家也会彻底弄错。首先，许多思考者假设，决定论意味着不可避免性。其实它没有。其次，许多人觉得，很明显，非决定论——决定论的否定——将给我们主体一些自由，一些机动性，一些活动余地，而在一个决定论宇宙中，我们恰恰无法拥有这些。其实它不会。

第三，通常假定，在一个决定论世界里，不存在真正的选项，只有表面上的选项。这是错的。真的吗？我刚刚拒斥了在对自由意志的讨论中占有如此中心地位、却又如此少受挑战的三个论题，许多读者肯定以为我是在哄小孩，或是在某种奥秘意义上使用这些词汇。不，我是在断言，缺乏论证而沾沾自喜地承认这些论题，本身是个巨大错误。

一些有用的过度简化

这些错误居于对自由意志和更一般的对自由之误解的核心位置，所以需要为自己装备一些矫正设备，一些会让我们面对这些强大幻觉的塞壬歌声（siren songs）[1]不再那么脆弱的思考工具，然后

［1］塞壬（Sirens），古希腊传说中半人半鸟的女海妖，惯以美妙的歌声引诱水手，使他们的船只或触礁或驶入危险水域；尤利西斯（Ulysses）在特洛伊战争结束后的归国航程中，为抵御诱惑，将自己绑在桅杆上，并用蜡封住水手的耳朵。塞壬海妖与尤利西斯的传说在本书中被用来隐喻短期诱惑与长期利益之间的冲突，该隐喻在第七章扮演了重要角色。——译注

才能在理解自由如何可能在（一个很可能是决定论的宇宙中）进化上取得进展。

[如果你讨厌关于决定论、因果关系、可能性、必要性（necessity）和量子力学非决定论的哲学讨论，可以跳到第五章，但这样的话你必须发誓彻底放弃对这三个“显见”命题的信赖，无论它们在直觉上如何打动你，并相信我向你做的保证：它们貌似有益，实则误导了无数讨论。然而，我几乎可以肯定，你无法维持这个决心，所以，更好的选择是细读我对这些错误的演示，它们将带给你回报和惊喜，而且无须以任何专门知识背景为前提。]

在托马斯·品钦（Thomas Pynchon）的小说《重力彩虹》（*Gravity's Rainbow*）中，一个角色发表了如下不祥的演说：

> 但你得到了更大更有害的幻觉。控制的幻觉。以为甲可以做乙事。但那是假的。彻头彻尾。没人可以**做**事。事情只是发生了。（品钦，1973，p.34）

品钦的演讲者断定，因为原子不能做任何事情，而人是由原子组成的，人也就不能做任何事情，不能真正的做事。做事和事情发生之间存在差别，这点他说对了，在我们理解这一差别的努力中，潜伏着一个有害幻觉，这点他也说对了，可是他把幻觉说反了。这幻觉不是错误地把人当做好像他们不是由许多只是发生着事情的原子所组成（他们是）那样来对待，而是几乎倒过来：错误地把原子当做好像他们是一个个会做事情的小人（他们不是）那样来对待。

当我们将适合于进化而来的主体的范畴过度延伸而用于更广阔的物理世界时，便发生了这样的错误。行动的世界是我们生活于其中的世界，而当我们试图将该世界的图景向下强加到“无生命的”物理世界时，便为自己制造了一个具有强烈误导性的问题。

弄清楚基础物理学与生物学之间复杂关系的面貌，听来令人生畏，但幸运的是，有一个这种关系的玩具版本，而那正是我们需要的。如果一件玩具能帮助我们理解那些原本对于我们过于复杂费解的事情，这玩具就变成了一件工具。

科学经常使用玩具模型而获得巨大好处。没人见过原子，但我们都知道原子“看起来像”什么：一个微型太阳系，一个紧致葡萄串般的原子核，围绕着沿轨道而行的电子，每条轨道都像个小光环。这个熟悉的助手就是玻尔（Bohr）模型（图 2.1），它当然是非常简化和失真的，但对于许多用途来说，它都是一种思考物质基本结构的极好方式。

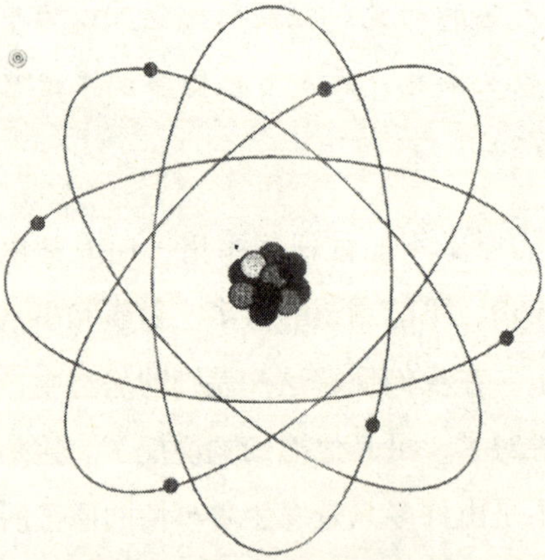

图 2.1　玻尔原子

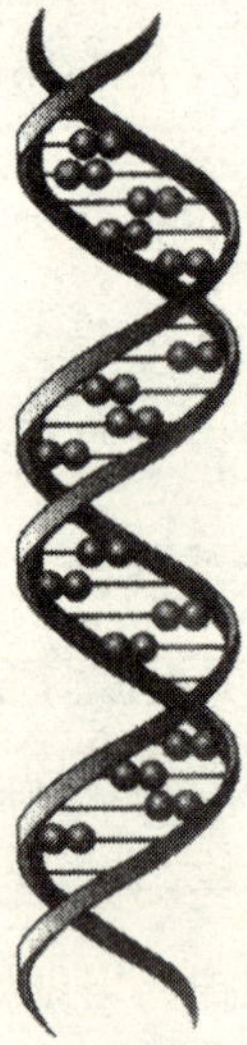

图 2.2　DNA 双螺旋

另一个日渐为人熟知的玩具，是由一个有着大量横档的双螺旋巨型装配玩具：克里克 – 沃森 DNA 分子模型（图 2.2）。它也是个有用的过度简化。

近两个世纪前，法国物理学家兼数学家皮埃尔 – 西蒙 · 拉普拉斯（Pierre-Simon Laplace）给了我们一个简单生动而有用的决定论形象，它从此型构了我们的想象、进而也型构了我们的理论与争论。

> 有一种智慧，在任何给定时刻，了解让自然动起来的全部力量和构成自然的所有存在的相对位置，如果该智慧足够巨大而能够对其数据进行分析，可将从宇宙最大物体到最轻的原子的运动，都浓缩进一个公式中：对于这样一个智慧，没有什么事情可以是不确定的；未来将如同过去一样呈现在它眼前。（拉普拉斯，1814）

这个无所不知的智慧常以**拉普拉斯妖**（Laplace's demon）之名为人所知。交给它一幅“宇宙状态”完整快照，指出每个粒子在那一时刻的确切位置（轨道、质量和速度），那么运用物理定律，该妖将能够描绘出下一时刻的每次撞击、每次反弹、每次擦边而过，更新快照而产生宇宙的一个新状态描述（state description），依此类推，直到永远。

在图 2.3 中，这张快照只聚焦了 t1 时刻世界的三个原子，而该妖利用这一信息预测了其中两个原子在 t2 时刻发生碰撞并反弹，导致它们在 t3 时刻的各自位置，等等。如果存在转换规则（物理定律），**完全确定**任何特定状态描述后面将跟着什么状态描述，那么宇宙就是**决定论的**。如果有任何松弛或不确定，宇宙就是非决定论的。

这一简单图景中有着太多敷衍蒙混因素，请看：一个状态描述必须如何确切？我们必须描绘每个亚原子粒子吗？这些粒子的哪些属性需要被包括在描述中呢？采用奎因（W.V.O.Quine，1969）提出的另一个简化观念，我们可以武断地锚定这些飘忽易变的因素：将注意力限制在简单的假想宇宙上，即奎因所称的“德谟克利特”宇宙（“Democritean” universes），以古希腊最具创造力的原子主义者德

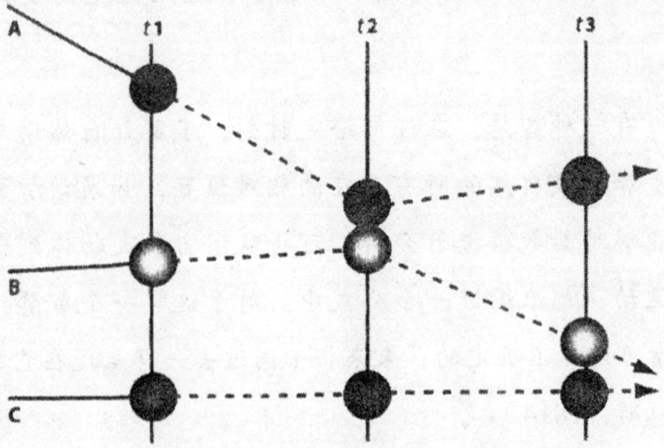

图 2.3　拉普拉斯快照

谟克利特（Democritus）命名。

德谟克利特宇宙由一些在“空间”中四处移动的“原子”组成，别无其他。德谟克利特宇宙中的原子不是充满量子复杂性的现代原子，而是真正的**不可分割**（a-tomic）的原子[1]，恒常一律、根本没有组成部分的微小物质点，就像德谟克利特所假定的那样。它们所占据的空间也必须通过**数字化**而被构造得超级简单。

你的电脑屏幕是个数字化平面的好例子，这个平面是由数百行列微小**像素**小方块组成的二维矩阵，每个像素在每一时刻有着取自某个有限颜色集的某种颜色。我要数字化的是一个三维空间，所以我们需要立方体——用计算机图形学的行话说就是**三维像素**（voxels）。想象一个由微小立方体三维像素的无限阵列所组成的宇宙，每格要么全空要么全满（含有恰好一个原子）。每个像素在阵列中有个独一的位置或地址，由其三个空间坐标所给出，{x，y，z}。

就像每个计算机彩色图形系统都有供每个像素从中取值的确切

[1] atom 一词的希腊语来源 atomos，原义即为“不可分割”，其中词根 temnō 意为切割，“a-”为否定前缀。——译注

值域——颜色的不同深浅，在一个德谟克利特宇宙中，每个非空（值不为0）的三维像素都包含一个原子，这些原子分属数量有限的类型。把它们想成不同颜色或许有所帮助，诸如金、银、黑（碳）、黄（硫）。就像我们可以将任何特定像素颜色系统的全部可能电脑屏幕图像的集合定义为用限定颜色填充像素的全排列集合，我们也可以将德谟克利特宇宙全部时刻的集合定义为对空间中全部三维像素的不同原子填充方式的全排列集合。

现在，当我们想要让拉普拉斯妖面对一幅“完整”快照而工作时，我们可以确切地说出我们需要提供的是什么：列出德谟克利特宇宙中每个三维像素在某一时刻的值的一个**状态描述**。状态描述 Sk 的片段可能是这样的：

> 在时刻 t：
> 像素 {2，6，7}= 银，
> 像素 {2，6，8}= 金，
> 像素 {2，6，9}=0，
> ……

我们不必为我们的描述有多“细颗粒度”而担忧，因为一个德谟克利特宇宙给定了最小差异，我们可以比较任何两个宇宙状态描述，并发现任何占据状态不同的对应像素。只要存在有限数量的不同元素（金、银、碳、硫……），我们便可将全部状态描述按像素和占据它的元素顺序——其实就是字母顺序——排列。

状态描述 1 是时刻 t 的空宇宙；状态描述 2 中，一个铝原子占据了像素 {0，0，0}，其余和状态 1 相同；状态描述 3 中，这个铝原子移到了像素 {0，0，1}；如此这般，直到最后一个（按字母顺序）状态描述，此时宇宙被填满了——每个像素——锌！现在加上时间这第四维度。假设在下一“瞬间”，状态描述 Sk 中位于 {2，6，8} 的金

原子向东移动一个像素。于是在状态描述 Sk+1 中，

在时刻 t+1：

……

像素 {3，6，8}= 金。

把时间的每个“瞬间”看做电脑动画中的一帧，指定这一瞬间每个像素的颜色或值。这一对空间和时间的数字化，让我们能够数出差异和相似，从而可以说何时两个宇宙或宇宙的哪些区域或哪些时间，是确切相同的。一连串状态描述（相继的每个瞬间都对应其中一个状态描述），形成了整个德谟克利特宇宙的历史，无论宇宙延续多久——从大爆炸（Big Bang）到热寂（或无论什么其他方式的开端和结束）。

换句话说，一个德谟克利特宇宙像一部或长或短的三维数字视频。只要愿意，我们可以把时间切得任意细，每秒 30 帧（像部电影）或每秒 30 万亿帧，取决于我们的意图。像素尺寸极小：每像素至多一个不可分割的原子。奎因提出了进一步的简化：想象每个原子都完全一样（就像电子），这样我们可以将每个像素处理为要么空（值为 0）要么满（值为 1）。这种做法就像用黑白屏幕代替彩色屏幕，我们会发现，在某些方面这是个好简化，但这不是必须的。

有多少种用颜色（或只是用 0 和 1）填充像素的不同方式？即便我们把宇宙尺寸保持在不仅有限而且极小的水平，可能性的数量也很快变得非常庞大。一个仅仅由 8 个像素（构成一个 2×2×2 立方体）、一种原子（空或满，0 或 1）组成，且只持续 3 个“瞬间”的宇宙，便已拥有超过 1600 万个不同变体（2^8=256 个不同状态描述，可以被组合进 256^3 个不同三元序列里）。一块方糖包含的宇宙的一秒（以每秒 30 帧的低速率，并把糖块看做只有 100 万原子宽），所

拥有的状态数量将大得无法想象。

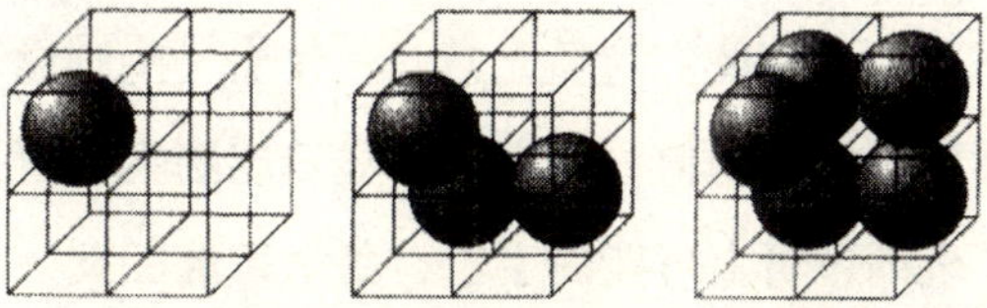

图 2.4　八像素德谟克利特宇宙的 256 种不同状态中的三个

在《达尔文的危险观念》里，我引入了“浩瀚（Vast）”这个术语，来表示那种虽然有限但比天文数字大得多的数字[1]。我用它来描绘豪尔赫·路易斯·博尔赫斯（Jorge Luis Borges）想象中的巴别库（Library of Babel）[2]——藏有全部可能之书——的藏书量，或者，包含全部可能基因组的孟德尔库（Library of Mendel）中的基因组数量这样“并非真正无限”的数字。我还创造了另一个与之相对的术语“稀渺（vanishing）”，用来描绘比如巴别库藏书中近乎不可见的可读子集。

我们不妨将全部可能德谟克利特宇宙的集合，原子在时间和空间上全部逻辑上可能的组合，称为德谟克利特库（Library of Democritus）。德谟克利特库大得令人难以置信，无论我们如何将它严格限制在特别有限的参数集（原子类型，持续时间，等等）中。当我们去看库里的特定子集时，事情变得有趣起来。德谟克利特库中的一些宇宙几乎是空的，而其他一些则塞满了物质；有些随时间推移有

[1] 此句原文为“Very much larger than ASTronomical quantities”，其中大写字母拼起来恰好为“VAST”；丹内特说，Vast 虽大得难以想象，但仍是有限的，但需要注意，就他使用该词的几个例子（巴别库、孟德尔库、德谟克利特库等）而言，这一有限性的前提是，库中实体的大小（或长度）被预先规定为是有限的；这一点丹内特没有明确指出，但显然是必须的。——译注

[2] 巴别塔（Babel），又名通天塔，据《旧约·创世记》称，人类一度打算联合建造通往天堂的高塔，为了阻止该计划，上帝让人类说不同语言，使之难以沟通，计划因此失败，人类自此各散东西。后世以巴别塔隐喻各族群使用不同语言且难以交流的事实。——译注

许多变化，有些则是静止的——相同状态描述永远重复。

在有些宇宙里，变化是完全随机的——彩屑般的原子状态瞬间一个接着一个，原子个体们隐显无常——其他一些则显示出规则图案并因而具有可预测性。为何一些宇宙会显示出图案？只是因为德谟克利特库包含了全部逻辑上可能的宇宙，每个可能图案，无论是什么，都在其中某个地方；唯一的规则是，每个状态描述须是完整和自洽的（每个像素只放一个原子）。

一旦我们开始施加额外规则，规定什么可以和什么邻接，不同状态描述应如何在时间上前后相继，我们就可以得到更有趣的子集。比如，用这样一条规则我们可以禁止“物质湮灭”：每个在时刻 t 存在的原子必须在时刻 t+1 存在于某处，尽管它可以移至一个新像素，如果该像素尚未被占据的话。

这保证了宇宙永不会随时间流逝而丢失一个原子。（更准确地说，我们只是通过忽略数量浩瀚的不遵守该规则的宇宙，并将注意力限制在数量浩瀚但比例稀渺的遵守该规则的子集，从而“禁止”了物质湮灭：“考虑宇宙集合 S，其中的宇宙总是遵守如下规则……”）我们可以设置一个速度限制（就像光速），规定一个原子在下一瞬间只能移到邻接像素，或者我们可以允许更远一些的跳跃。

我们可以规定物质在如此这般的条件下湮灭或创生：比如每当两个金原子上下相邻时，它们就在下一瞬间消失，同时下面那个像素上将产生一个银原子。这样的转换规则相当于各想象宇宙中得到遵守的基本物理定律，我们可以不无裨益地看看这些规则相同的宇宙集合，无论它们在其他方面有何不同。

比如，假设我们想要“保持物理常数不变”但改变“初始条件”——开端瞬间的宇宙状态。于是我们考虑一个或一组特定转换规则总是维持不变而起始状态描述各不相同的宇宙集合。这就像我们在巴别库中将注意力限制在那些（语法上）用英语写的书；有着从字符到字符的转换规则（除非是在“c”后面，“i”总是在“e”前面，每个问题以大写字母开头，以问号结束……），但涉及的主题可以任意不同。

博尔赫斯的巴别库和我们的德谟克利特库之间一个更好的类比是：在巴别库里，存在数量浩瀚的书，它们有个很好的开端——就像小说、历史或化学手册——但随后突然退化成无意义的词汇色拉，印刷版胡言乱语。相对于每本能被人为了娱乐或利益而从头读到尾的书，都存在数量浩瀚的徒有好开头的书，起初语法规范、词汇、故事线、人物塑造，等等产生意义的必要前提俱备，但随后就退化得无模式可循。

逻辑上并不能保证，一本开端良好的书会继续良好。德谟克利特库同样如此。这是大卫·休谟（David Hume）早在18世纪提出的观点，那时他察觉到，尽管迄今为止太阳每天升起，但在认为明天会有所不同、太阳不会再升起的推测中，并不存在逻辑矛盾。把他的意见翻译成德谟克利特库的语言就是：注意到存在一个宇宙集合A，其中太阳总是升起，还存在另一个宇宙集合B，其中太阳总是升起，直到（比如）2004年9月17日，在那一刻某些其他事情发生了。

关于这些宇宙不存在什么矛盾——只是结果表明它们不“遵守”那套集合A中的宇宙总是遵守着的物理学而已。休谟的观点可以这种方式表达：无论你搜集了多少关于你所在宇宙过去的事实，你永不能在逻辑上证明，你是身处一个属于集合A的宇宙，因为对于每个属于集合A的宇宙，都在集合B里存在数量浩瀚的对应宇宙，后者直到2004年9月17日为止的每个像素/时刻都与前者完全相同，随后两者才开始分化，以种种令人吃惊的方式或在致命的方向上！

如休谟所指出，我们期待我们世界中迄今被遵守的物理学在未来仍得到遵守，但我们不能用纯逻辑证明，它会满足我们的期待。在发现我们宇宙在过去所遵守的规律性（regularities）方面，我们已取得了显著成功，我们甚至已学会如何对季节、潮汐和下落物体做出实时预测，以及在这里挖、那里切，或把这个加热、把那个混入水时，会发生什么。

这些转换在我们经验中是如此常规，如此毫无例外，我们已能将其系统化，并富有想象力地将其投射到未来。目前为止一切顺利，它像魔咒般有效，但逻辑上并不存在它会继续有效的保证。然而，我们有一些理由去相信，我们居住的宇宙中，这一发现过程可以或多或少无限地进行下去，基于我们已观察到的规律性，产生更为明确、可信、详细、精确的预测。换句话说，我们可以把自己当成有限的、不完美的和近似的拉普拉斯妖，但我们不能在逻辑上证明，我们的成功会继续，除非预先假定存在这些我们意欲确立其普遍性和永恒性的规则。

如我们将看到的，也有一些理由去断定，对我们预测未来的能力，存在着绝对限制。至于这些限制是否对我们作为会做“自由”决策与选择——对此我们可能适当地承担着责任——的主体的自我形象有任何含义，是我们需要去对付的暗藏危险的问题之一，而我们正在小心翼翼地接近它，首先弄清楚其中较简单的议题。通过在更为浩瀚的逻辑可能宇宙的空间上包围一个浩瀚却又稀渺的邻近区域，我们正逐渐接近我们的目标——**决定论**。

一些德谟克利特宇宙集合具有决定论的转换规则，而有些则不是。考虑一个宇宙集合，我们指定，每当一个原子被空像素围绕，它就有 1/36 的机会直接消失——否则，它在下一瞬间留在原地。在这样的宇宙里，就好像每当一个原子被以这种方式孤立之后，大自然就掷一对骰子，若结果是双幺（snake eyes），这原子就“死了”；否则它就活到下一瞬间，而且除非它恰好获得一个邻居，大自然就再掷一次骰子。

这将是一种**非决定论**物理学，它并不全面地指定下一刻发生什么，而给一些转换留下了纯粹的可能性。拉普拉斯妖在继续预测未来之前，将不得不等着看骰子掷出什么结果。其他宇宙集合则遵守着不给机会留下任何余地的规则，确切指定下一刻什么像素被什么原子占据。这些是决定论宇宙。当然，存在极多种不同方式，让德谟克利特宇宙的转换规则成为决定论的或非决定论的。

我们怎么**知道**是什么转换规则统治着一个特定的德谟克利特宇宙？我们可以**规定**一条规则，然后考虑在遵守该规则的宇宙集合的所有可能成员中，我们必定或可能发现什么事实，但如果我们是在研究一个给定的德谟克利特宇宙，我们所能做的就只有检查其全部像素的整个历史，看看有什么规律性成立。我们可以把工作分解为若干自然部分，寻找在早先运行中得到遵循的规律性，并看看它们是否一路朝前继续得到遵循。

牢记休谟的不祥发现，我们永不能证明未来会像过去，尽管如此，我们仍可以去寻找那些我们找得到的规律性，并打一个巨大却诱人的赌——我们有什么可用来输掉？——赌未来**将会**像过去，赌我们并非身处那些奇异宇宙之一，它们不会带领我们走上花园小径，却只是通向失望，在一长段规则时期之后，便失控而陷于混乱。

我们现在有了一种方法将德谟克利特宇宙归类为决定论的、非决定论的和乱七八糟的——或许可以称之为**虚无主义**（nihilistic）宇宙，其中根本不存在持久的转换规律性。注意，按此分类，**所有那些**是决定论的或非决定论的宇宙，都已经展现了某种规律性——要么是一种有着不可消除的小于一的概率的规律性，要么是一种其中所有此类概率都不存在的规律性。换句话说，不可能存在两个德谟克利特宇宙，在每个像素 / 时刻完全一样，但其中一个是决定论的，另一个是非决定论的。［按定义，其实没有两个德谟克里特宇宙会在每个像

素 / 时刻完全一样。奎因简化的优点之一是，它让我们可以像清点书的版本那么清点宇宙个数：如果所有相同时刻相同位置都具有相同元素，那就确立了同一性。奎因为可能世界所设定的平淡性也避开了一个可疑观念：我们需要知道原子个体的同一性——不只是它们的类型，碳或金——以便区分不同宇宙的像素内容。（行家提示：这不是传统上关于可能世界的标准说法；它避免了跨世界同一性的类似问题。）］[1]

决定论与非决定论德谟克利特宇宙之间的区别现在清楚了，但理解它究竟意味着什么（和它不意味着什么！）的最好方法，是进一步放纵我们已经泛滥了的想象力，并考虑一个更简单的决定论玩具形象。首先，让我们从三维降到二维（从三维像素降到二维像素），也让我们用上奎因的黑白选项，这样每个像素在任一时刻要么开要么关。

我们现在降落到了康威的生命游戏（Conway's Game of Life）平面上，其惊艳图案将在此展开。这一大胆地过度简化的决定论玩具模型，是英国数学家约翰 • 何顿 • 康威（John Horton Conway）在1960年代开发的。康威的生命游戏生动演示了恰好是我们需要的那个观念，而且是以无需生物学或物理学专业知识，除了最简单算术之外也不需要数学知识的方式。

[1] 这一断言有些可疑。首先需要明确的是，什么才算"一个非决定论的德谟克利特宇宙"，是从某个初始状态按某种非决定论规则展开的各条可能轨迹所组成的整棵多杈树，还是这多杈树上的一条线（即一条特定展开轨迹）？假如整棵树算"一个非决定论宇宙"，而一个决定论宇宙展开后是一条线，两者当然不会相同，但这种比较没什么意义，而假如树中一条线算"一个非决定论宇宙"，那么，它并非不可能与一个决定论宇宙的展开轨迹完全相同。这一问题也涉及本书其他几处疑点，见第108页、119页译注。——译注

从物理学到康威生命世界[1]里的设计

生命个体的复杂性减去其预测能力（就其环境而言），等于环境不确定性减去其敏感性（就那个特定生命个体而言）。

——霍尔格·瓦根斯伯格（Jorge Wagensberg），

“复杂性对不确定性”

考虑一个二维像素网格，每个像素状态可以是开（ON）或关（OFF）（满或空，黑或白）［这里对生命游戏的介绍，取自丹内特（1991A）和丹内特（1995），有所改动］。每个像素有八个邻居：四个紧邻：北、南、东、西；四个对角相邻：东北、东南、西南、西北。世界状态随每次钟表嘀嗒而改变，并遵循如下规则：

生命物理学：对于网格中的每一格（cell），清点它 8 个邻居中在当前时刻有几个状态为“开”。如果答案是 2，该格在下一刻保持其当前状态（“开”或“关”）。如果答案是 3，该格在下一刻状态为“开”，无论其当前状态是什么。其他所有情况下，该格在下一刻状态为“关”。

就这么多。这一简单转换规则表达了康威生命世界的全部物理学。用生物学术语来考虑这一古怪的物理学或许可以帮助你记忆：把格子状态变成“开”看做出生，变成“关”看做死亡，而把相继的瞬间看做世代。过于拥挤（超过三个入住邻居）或过于孤立（少于两个入住邻居）都会导致死亡。但记住，这只是根想象拐杖：二三规则才是康威生命世界的基本物理学。想想多么少的简单初始设置就能让它登台亮相。

---

[1] 康威生命世界是指康威生命游戏（Conway's Game of Life）中那个由二值像素网格组成的二维平面，该游戏由英国数学家约翰·何顿·康威（John Horton Conway）在1970年建立，它是约翰·冯·诺依曼（John von Neumann）1950年代提出的元胞自动机（cellular automaton）模型首次以计算机程序的形式实现。——译注

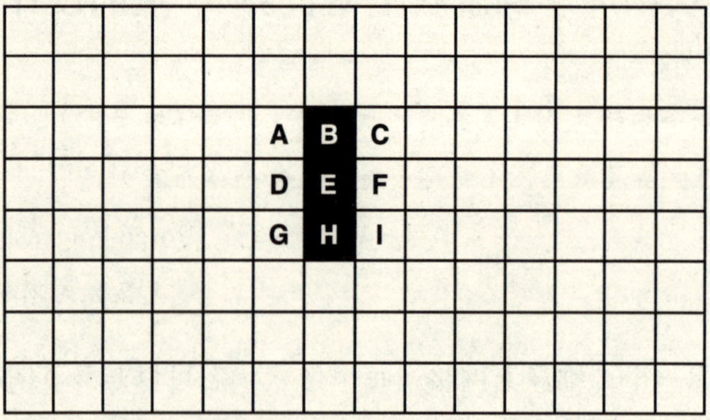

图 2.5　垂直闪光灯

首先计算新生细胞[1]。在图 2.5 显示的构形（configuration）中，只有细胞 D 和 F 正好有三个邻居活着（暗格），所以他们将是下一代的唯一新生细胞。细胞 B 和 H 各自都只有一个邻居活着，所以他们将在下一代死亡。细胞 E 有两个邻居活着，所以它继续活着。这样，下一刻将看起来像这样：

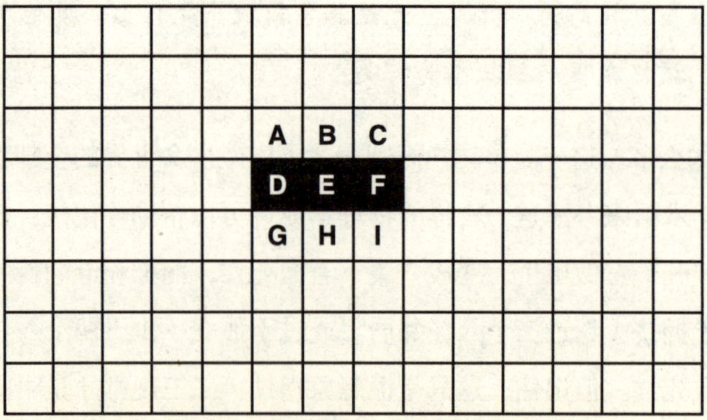

图 2.6　水平闪光灯

[1] 本节中“cell”皆指上述二维网格中的一格，或一个像素，但在涉及生命隐喻的地方，我都译作了“细胞”，后者在英语中对应的词也是 cell。——译注

很明显，图 2.6 所示构形将在下一刻恢复原状，而这个小图案将会无限来回翻转，除非某个新的活细胞不知何故被带进图中。可以叫它闪光灯或红绿灯。

图 2.7 中的构形会发生什么？

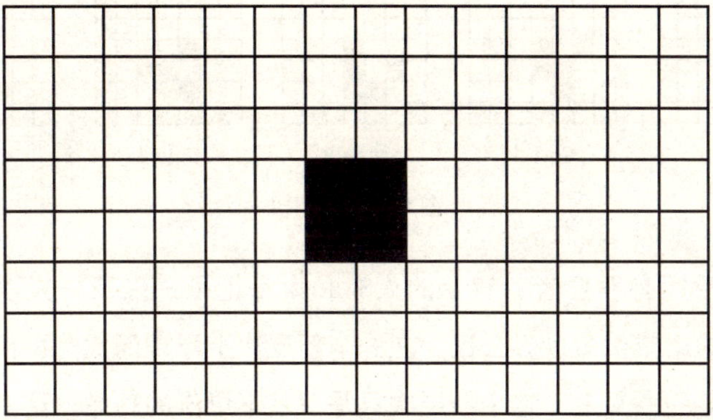

图 2.7　方块静止生命

什么也不会发生。每个活细胞都有三个邻居活着，所以它们只是不断重生而已。没有死细胞拥有三个活邻居，所以没有其他细胞会出生。这个构形可以叫做**静止生命**；存在许多不同的静止生命构形，它们随时间流逝根本不会改变。

通过仔细应用我们的简单法则，你可以完全精确地预测任何构形的下一刻细胞开关状态，以及下下刻，依此类推，因此**每个康威生命世界都是一个决定论的二维德谟克利特宇宙**。它给人的第一印象是，它完美符合我们的决定论套路：机械式，重复性，开、关、开、关，直到永远，从无惊喜，从无机会，从无创新。如果你一遍遍“倒带”重播任何构形的后续进程，结果总是完全相同。无聊！幸亏我没生活在这样的宇宙里！

但第一印象可能是欺骗性的，尤其是当你站得离新奇事物太近时。当我们后退几步并考虑生命构形的更大模式，我们一定会发现惊喜。闪光灯以两代为周期连续无限（ad infinitum）循环，除非其他构形侵入。是侵犯让生活变得有趣。在周期性构形中，有一些像阿米巴虫那样游着泳横贯平面。最简单的是滑翔机，此处（图 2.8）显示的这个五像素构形正在向东南方单向移动。

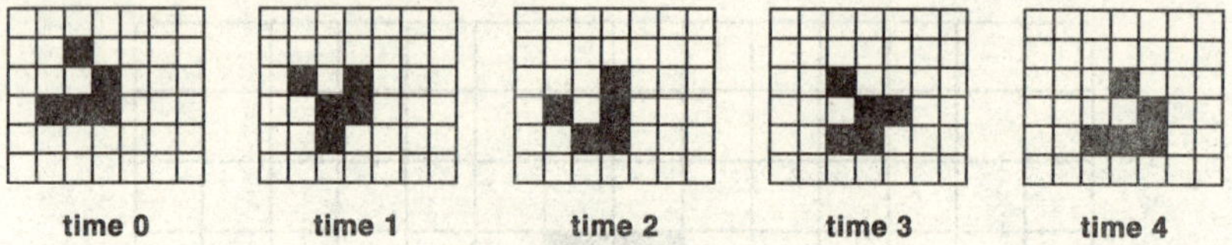

图 2.8　滑翔机

然后还有吞食者、冒烟的火车和太空耙子，以及一大群其他适当命名的康威生命世界公民，在一个新层次上浮现而成为可辨认的对象。在某种意义上，这个新层次只是对基本层次的鸟瞰，注意大像素块而不是个体像素。但妙处在于，当我们上升至这一层次，我们便获得了一个我称之为设计层次的例子；它有着自己的语言，一种若在物理层次上给出将会十分冗长乏味的描述的透视收缩。比如：

> 一个吞食者可以在四个世代中吃掉一架滑翔机。无论被消灭的是什么，基本过程是一样的。在吞食者与其猎物之间首先形成一个桥接。在下一代，桥接区域因过度拥挤而死亡，把吞食者与猎物双方都咬掉一块。接着吞食者修复自己。而猎物通常做不到。如果猎物的残余部分也像滑翔机的一样消亡掉，猎物就被消灭了。［庞德斯通（Poundstone），1985，p.38］

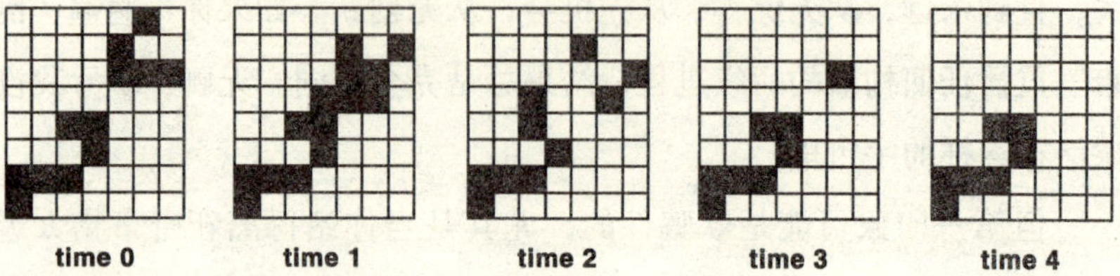

图 2.9　吞食者在吃一架滑翔机

注意，当我们在层次之间迁移时，我们的“本体论（ontology）”——我们对存在物的分类编目——发生了些奇怪的事情。在物理层次，没有运动，只有开和关，而且仅有的个体事物，像素，是按其空间位置 {x，y} 定义的。在设计层次，我们突然有了持久对象的运动；在图 2.8 中向东南方移动，随其移动而改变形状的，是一架而且是同一架滑翔机（虽然在每一代都由不同像素组成）；而在图 2.9 中当吞食者吃掉它之后，世界便少了一架滑翔机。

也要注意，在物理层次，绝对不存在一般法则的例外，而在设计层次，我们的一般化不得不有所防范：它们需要“通常”条款（“猎物通常不能”修复自己）或“倘若没有东西侵入”条款。来自早先事件的游荡残渣可能“打破”或“杀死”这一层次本体论上的某个对象。它们作为真实事物的凸显（salience）是可观的，但并未得到保证。死亡元素已被引入了进来。

鉴于个体原子——像素——忽存忽灭，或开或关，没有任何积累其变化的可能性，没有任何历史能影响其后续历史，而大构造则会遭受损害，经历结构修改，材料丢失或取得，这些都可以让未来有所不同。大构造也可能碰巧发生了改进，因发生在其身上的某件事，而变得更不易为后来的瓦解作用所破坏。历史性是个关键。由于康威生命世界中的结构存在物会长大、缩小、扭曲、破裂、移动……而且大体上随时间推移而持续，设计的机会闸门被打开了。

冲进去探索这些机会的，是一个全球生命游戏黑客圈，爱好者们开心地测试着他们的奇思妙想，在生命游戏平面上设计出更多会做有趣事情的精细格局。（如果想探索生命游戏世界，可以在这个网站上免费下载一个精致的、用户友好的“生命 32”实现：http://psoup.math.wisc.edu/Life32.html。它包括一个有趣的构形库，还有通往其他网站的链接。

我要求我的学生去探索生命游戏世界，因为我发现，它给人一组他们原本缺乏的生动而强健的直觉，并帮助他们思考这些话题。实际上，神乎其神的是，它有时会引导他们改变对自身哲学地位的想法。所以小心，它可能会让你玩上瘾，还可能导致你放弃那个影响深远的观念——对决定论的憎恨！）

要成为生命游戏黑客，你只需上升到设计层次即可，采纳它的本体论，径直去预测——大略且冒险地——大构形或构形系统的行为，**而无须操心物理层次上的计算**。你可以为自己设定任务，用“零件”去设计一些有趣的超系统，而正是设计层次让这些零件成为可用。只需几分钟就能掌握窍门，谁知道你能摆弄出些什么来。比如你要是把静止生命吞食者排成一串，然后向它们放出一群滑翔机，会得到什么？

在你构想出你的设计之后，就可以测试它，“生命 32”会很快让你了解你在设计立场上做预测时所忽略的任何问题。我有次从一个出色的生命游戏网站上找到一些语录，从中你可以一窥这一设计层次的丰富性：http://www.cs.jhu.edu/~callahan/lifepage.html#newresults。不幸的是，这网站现在关闭了，也不必再费心去弄明白这些评论，我只是想用它们展示生命游戏黑客思考和谈论的方式。

> 当面包构形自然地变形为一架赫歇尔时，它和 R 形五格构形制造的所有垃圾起反应，一段时间之后又奇迹般地再次出现，完全没有留下碎片。有必要阻止第一架赫歇尔滑翔机撞上正在消失的反应残渣，这里没有普通吞食者的空间。但幸运的是，可以用一个带尾巴的桶和一个方块代替。
>
> 达夫·白金汉发现了一种更快的稳定反射器，它不需要用保罗·卡拉汉的特殊反应。相反，飞进来的滑翔机撞击一只小船，形成一只 B 形七格构形，后者又转变成一架赫歇尔，并盘旋着

修复那只小船。这里需要119步赫歇尔导管的一种紧凑形式，正如需要一个非标准静止生命去对付64 64 77导管序列。

这些生命游戏黑客在他们的简化二维宇宙里扮演上帝，试图设计出更令人称奇的模式，这些模式会在生命平面上自我繁殖、自我改造、自我保护、自我移动——简言之，在世界上**做事**，而不仅仅是忽闪忽闪，或更糟糕，仅仅持续不变到永远（除非某个东西侵入）。正如这些评论所揭示的，任何在这世界里扮演上帝者所面临的问题是，无论你的初始模式有多好，它总是面临着湮灭、变成残渣、被吞食者吃掉和消失无踪的风险。

如果你希望你的造物持久，它们必须得到保护。物理学保持不变（不改变生命游戏的基本规则）的条件下，你能摆布的唯一事情是初始状态描述，但你的选项是如此之多！仅仅一百万乘一百万像素的生命世界集合，便给了你2的一万亿次方种不同可能宇宙去探索——康威库（Library of Conway），比它浩瀚得多得多的德谟克利特库的一个浩瀚却又稀渺的分支。

其中某些生命世界非常非常有趣，但找到它们比从草堆里找一根针更难。因为随机搜索在实践上是毫无希望的，唯一的办法是，将搜索作为一个设计问题来考虑：我如何才能建造一个生命形式，会**做**X或**做**Y或**做**Z？而一旦我已设计出某种能**做**X的东西，我如何才能在建造了**做X者**之后，保护它免受伤害？毕竟，大量宝贵的研发工作已经投入到设计**做X者**中了。如果它在能做任何事之前就撞个粉身碎骨，那就太可惜了。

你如何才能造出会在时而有毒的生命世界里存在下去的东西？这是个非拟人化的客观问题。作为其基础的物理学对所有生命构形都是一样的，但其中一些，仅仅得益于**形状**便拥有了其他构形所没有的**力量**。这是设计层次的基本事实。不妨把构形视为最非人类的、最无认知的、最不像主体的东西。如果它存在下去，关于它们的什么东西能解释这事？

一个静止生命可以一直安然无恙，直到被撞个粉碎。接着会发生什么？它能以某种方式修复自己吗？某种能灵活避让的东西或许更好，可是它怎么才能得到对逼近中导弹的任何提前警告呢？某种能吃掉逼近中的碎片并从中获益的东西或许会更好。但规则是：任何起作用的东西都是好的。这条规则下所涌现的东西，有时惊人得像主体，但这或许更多是我们想象偏见的结果——就像在云中见到动物只是因为在我们的视觉记忆中有很多动物“模板”——并不是非得如此。

无论如何，我们知道一组管用的窍门：一组强烈促使我们想起自己的生物学特性的窍门。物理学家霍尔格·瓦根斯伯格（Jorge Wagensberg）最近提出，与生命的这一为我们所熟知的相似性并非巧合。在一篇没有提到康威生命游戏的文章里，他发展了对信息、不确定性和复杂性的定义，并据此而得出了对“相对于环境不确定性的独立性”的度量，并用这些说明了，在复杂环境中的持久性或他所称的“保持同一性”，（或然的）依赖于各种维持“独立性”的方法——这些方法包括了诸如“简单化”（像种子和孢子）、冬眠、隔绝（在盾甲和掩蔽物后面）、轻巧体型等“消极”措施，以及最重要的，那些需要预测能力的“积极”措施。“一个特定环境中的生物区系，其新状态若更独立于该环境的不确定性，就能发展进步。”（瓦根斯伯格，2000，p.504）

有时一堵墙是笔好买卖，如果它足够结实从而没东西能撞碎它的话。（没东西？好吧，没有比 G 小的东西，G 是我们向它扔过的最巨大的弹丸。）一堵墙只是立在那里并承受打击，不做任何事。另一方面，一个移动保护者必须要么沿固定轨道移动，像哨兵在兵营周围巡逻；要么沿随机轨道，像游泳池真空清洁器，随机潜行，清洁池壁；要么沿制导轨道，后者需要它获取所处环境的一些信息。一堵能修复自己的墙是另一种有趣的可能性，但比一堵静态墙难设计得多。

这些更复杂的设计，能采取措施提高其生存机会，可能会很昂贵，因为它们依赖于对所处环境的有关信息做出反应。它们的紧邻环境（环绕每个像素的八个邻居）就不只是提供信息了，而是完全决定事情；当碰撞已经开始时，“做什么都晚了”。如果你希望你的造物能够避免某些迫近的伤害，它将必须被设计成要么“自动地”做正确的事（它总是在做的事情），要么有某种方法预测它，从而（被设计为）能够被某些先兆导向一条更好的路径。

这就是避免行为的诞生；是阻止、保护、指导、增强和所有其他更复杂更昂贵种类的行动的诞生。而正是在这诞生时刻，我们得以看清我们后面需要用到的关键区别：一些类型的伤害在原则上是可以避免的，而另一些类型的伤害是不可避免的。提前警告是避免的关键，而这在生命世界里是严格受限于“光速”的，后者（在现实意义上）是简单滑翔机对角穿越平面的速度。

换句话说，滑翔机可以成为生命宇宙的光子，而对滑翔机做出反应可以成为一种将纯粹的碰撞或侵入转变为一次信息提供的方式，一种最简单的通知或辨识。我们可以看出，为何以光速到达的灾难对于所遭遇的任何造物，必定是“出其不意”的，它们是真正不可避免的。以更慢速度运动的麻烦，原则上可以被任何能够从滑翔机群（或其他更慢的信息源）的迫近中提取指示信息并适当调整自己的生命形式预测到。

它可以从所遭遇的其他东西中提取有关它可以期望什么的信息，但仅当这些模式中存在对他处或他时的其他模式具有预测性的信息时，这才能做到。在一个完全混沌、不可预测的环境中，只有纯粹的运气，没有避免的希望。

注意，在此讨论中我混合了两种不同的信息采集过程，现在需要更清楚地加以区分。首先，存在我们黑客上帝们的活动，他们的眼光与心智自由地扫视着极其多样化的可能生命世界，试图估量哪些倾向于能运转起来，哪些将是健壮的，哪些将是脆弱的。我们暂且假设他们真的像上帝那样在“奇迹般地”与生命世界互动——他们没有被“滑翔机光”（glider-light）的低速所限制，只要他们喜欢，可以随时干预，伸手进去细调一个造物的设计，在碰撞中途把生命世界停下来，撤回伤害，回到绘图板前面并建立一个新设计。

无论何处当他们预见到一个麻烦来源时，可以给自己设定任务去找出对付它的办法。他们的造物将是黑客上帝之远见的无知觉、无远见的受益者，黑客上帝把它们设计得能在这样的环境中蓬勃发展。然而，黑客上帝有他们的限度，而且会尽可能地节约。比如，他们可能关心像这样的问题：能在条件 Z（而不是条件 W）下保护自己免遭伤害 X 或伤害 Y 的最小生命形式是什么？毕竟，采集信息并将它们利用起来，即便对一个黑客上帝，也是昂贵而费时的过程。

第二种可能性是黑客上帝们设计这种构形的前景：它们会在其所居住世界的物理限制之下，自行采集本地信息。可以期待，使用这些信息的任何有限造物都将是节俭的，只保留它在给定邻居变幻无常的条件下（可能）需要或（可能）会用到的东西。毕竟，设计它的黑客上帝并不是希望把它造得在全部可能生命世界中足够健壮从而能照顾自己，而只需在它有可能会遭遇的生命世界集合里足够健壮。

充其量，这一造物将处于这样的境地：它在行动时如同知道自己生活于一个特定种类的社区，击退特定种类的伤害，或确保特定种类的利益，而不是如同确切知道自己居住在哪个特定生命宇宙。

把这些最小避免者（avoiders）说得好像它们“知道”哪怕一

丁点事情，是需要很夸张的艺术想象力的，因为它们近乎于你能想象的最无知者——比如它们比现实世界中的细菌简单得多——不过这仍是一种跟踪已经投入于它们、赋予它们做事能力的设计工作的有用方法，而这种能力是任何同样大小的随机组合像素块都将缺乏的。（当然，“原则上”——用哲学家喜欢的说法——一个极其意外的意外可能会产生完全相同的像素丛集，具有完全相同的能力，但这种可能性小到完全可以忽略。只有花大力气设计的东西才能做点有趣的事情。）

仿佛构形“知道”或“相信”什么东西，并且“想要”去完成什么目标——为**设计立场**（design stance）引入诸如此类的说法，就从简单设计立场上升到了我所称的**意向性立场**（intentional stance）[1]。我们最简单的行为者已被再概念化为**理性主体**或**意向性系统**（intentional systems），这允许我们在一个更高的抽象层次上考虑它们，而忽略有关它们如何存储所“相信”的信息，以及它们如何基于自己所“相信”的和“想要”的而“琢磨出”该做什么的细节。

我们只是假定无论他们做什么，都是理性地去做的——他们根据所拥有的信息，和自己想要什么，对下一步做什么得出正确结论。这让高层次设计者的生活可喜地变简单了，正如我们全都将自己的朋友和邻居（和敌人）概念化为意向性系统，也让我们的生活变简单了。

我们可以在黑客上帝的视角和黑客上帝的造物的“视角”之间

[1] 丹内特将观察事物的方式分为三个层次：（1）物理立场：即我们看待（比如）两个同时下落的铁球或若干相互碰撞的钢珠时所采用的那种视角；（2）设计立场：在此立场上，我们假定被观察实体的活动或特性具有某种功能，而这些功能服务于某些目标或意图；（3）意向性立场：此时，我们假定被观察实体不仅其行动服务于某些目标，而且它了解和意识到这些目标，并有能力基于这些目标而调整其行为。这三个观察层次的区分，构成丹内特哲学理论的核心基础。可参见维基词条：intentional stance。——译注

来回切换。黑客上帝以某种方式去设计造物是有他们的理由（或好或坏）的。这些造物自己对这些理由可能是无知觉的，但他们是这些特性存在的理由，同时，如果这些造物持续存在，那将归功于这些特性。此外，如果这些造物已被设计为能采集信息用以指导行动，情况就变得更复杂了。

最简单的可能性是，一个黑客上帝设计了有望在所遭遇的环境中取得良好成效的一整套反应诀窍，类似于动物行为学家在许多动物中识别出的先天诱发机制（Innate Releasing Mechanisms，IRMs）和固定反应模式（Fixed Action Patterns，FAPs）[1]。加里·德雷舍（Gary Drescher，1991）称这种系统为**处境–反应机**（situation-action machine），并将其与更昂贵更复杂的**选择机**（choice machine）相对照，在后一种情况中，个体造物通过预测不同候选行动的可能后果，并按照由它代理着的目标（因为这些目标可以随时间而改变，作为对所获得新信息的反应）评估它们，从而为做 X 或 Y 产生它自己的理由。

如果我们问，"从何处起"设计者的理由变成了被设计的主体的理由，随着越来越多的设计工作被从设计者卸载到被设计的主体那里，我们可能发现存在一个由中间步骤组成的无缝混合带。意向性立场的美丽之一便是，它允许我们看清"认知负担"的分配在初始设计过程与被设计物的努力之间所发生的这一转移。

关于作为理性主体的生命像素构形的所有这些奇异说法，或许会让你觉得是骇人地夸大其词，好像我在明目张胆地企图蒙蔽你。该来个清醒的检查了：原则上，假如已有滑翔机辨识者及其同类作为设

[1] 固定反应模式（Fixed Action Patterns，FAPs），动物行为学（ethology）术语，指对特定外部刺激信号作出的本能的、一成不变的一连串不可分割固定行动序列，而先天诱发机制（Innate Releasing Mechanisms，IRMs）是产生这种反应的神经结构；引发 FAPs 的外部刺激也称"钥匙刺激"。——译注

计层次上的“分子”或者说更高层次生命形式的基础构件，一个被设计的像素丛究竟能做多少事？

正是这个问题最初激发康威创造了生命游戏，而他和他的学生所得出的答案是惊人的。他们已经能够证明，存在包含了通用图灵机（Universal Turing Machine）——即一部原则上能计算任何可计算函数的二维计算机——的生命世界——而且他们已经概略描述了其中一个。这绝非易事，但他们已经展示了，他们以如何能从较简单的生命形式开始“建造”一台可工作的计算机。比如，滑翔机流可以提供输入输出“磁带”，而磁带阅读器可以是一些吞食者、滑翔机和其他零件的巨型组合。

这其中的含义是令人眩晕的：运行在任何计算机上的任何程序，原则上也可以运行在生命世界的一台通用图灵机上。Lotus 1-2-3的一个版本可以存在于生命世界，俄罗斯方块或其他视频游戏也是。这样，该巨型生命形式的信息处理能力，便相当于我们现实中的三维计算机。任何你能“放到一块芯片上”并嵌入一个三维奇妙装置中的能力，都可以被一个相似的嵌入于一个更大二维生命形式中的生命像素丛集完美模仿。我们知道它在原则上可以存在。你所要做的只是去找出它——也就是说，你所要做的只是去设计它。

我们能得到天降救星吗？

现在是时候问这个问题了：我们是否可能从上述图景中消除创造奇迹的黑客上帝，用生命世界自身的进化代替他们精巧的设计工作？是否存在任何生命世界，无论何种规模，在其中，上面描述的那种人类研发是由自然选择所产生的？更精确地说，是否存在这样一些生命世界构形，如果你从其中一个开始启动世界，它将最终完成黑客上帝的全部工作，逐渐发现并繁殖越来越好的避免者？

转向进化视角这一步，带有一族从日常视角看可能显得悖谬或自相矛盾的观念，需要一些艰苦的思想练习才能在两种视角之间轻松切换。一位达尔文的早期批评者看出了些端倪，并且怒不可遏：

> 在这个我们不得不对付的理论中，绝对无知是能工巧匠；因而我们可以明确地将整个系统的基本原则表述为：**为了制造一部精美绝伦的机器，不需要知道怎么做它**。仔细检查之下，将可发现，以浓缩形式表达的这一命题，是该理论的实质要义，也简练地表达了达尔文先生的全部意思；达尔文先生通过奇怪的推理倒置，似乎认为绝对无知完全有资格在创造性才能的全部成就中取代绝对智慧的位置。（麦肯齐，1868，p.217）

麦肯齐识别出了他所称的“奇怪的推理倒置”，而他说的完全正确。达尔文革命从几个方面看确实是对日常推理的一次反转，正因此，它是陌生的：如同一种外语，充满了粗心者即便在可观的练习之后仍容易落入的陷阱，更何况还有着那么多被语言学家称为假朋友的用语——看似和你母语中的用语同源或同义，其实却有着欺骗性的差异。一个人的礼物是另一个人的毒药，一个人的交椅是另一个人的躯体。（提示：翻翻德英和法英词典。）[1]

在达尔文视角的例子中，假朋友的问题更加严重，因为引起混淆的那些用语密切联系，彼此相关，却不尽相同。当我们把自顶向下的传统视角颠倒过来，自底向上看造物时，我们看到智慧从“智慧”

---

[1] 德谚“Dem einen ist's Speise, dem andern Gift.”意为“一个人的肉是另一个人的毒药。”，其中德语词 Gift（毒药）与英语中的礼物拼法相同；而法语 chair 一词相当于英语 flesh（肉）。——译注

中升起，视力被“盲眼钟表匠（blind watchmaker）”[1]创造，选择从“选择”中浮现，慎重投票从无思想的“投票”中产生，等等。接下去的解释中将会有大量吓人的引号。我们会看到——来谈谈悖论吧！——整体如何可以比其部分更自由。

所以，进化过程是否可以取代黑客上帝在生命世界中的工作这个直截了当的技术性问题，有着一些深远含义。而且，答案中有些古怪的迂回曲折之处。在这样一个生命世界里，必须存在自我复制实体，而我们确实知道他们可以存在，因为康威和他的学生已将通用图灵机嵌入这一奇妙装置。

实际上，他们设计生命游戏是为了探索约翰·冯·诺依曼（John Von Neumann）关于自我复制自动机（automata）的先锋思想实验（thought experiments）[2]，而且他们成功地设计了一个自我复制结构，会通过产生自身的更多拷贝而在空平面上殖民，就像培养皿里的细菌，每个包含了一个通用图灵机。这机器长什么样？庞德斯通计算出，整个构造的规模将在 10^{13} 像素这个数量级。

> 显示一个 10^{13} 像素的图案将至少需要一块大约 300 万乘 300 万像素的屏幕。假设像素大小是 1 毫米见方（以家用电脑的标准，这是很高的分辨率了）[在庞德斯通写这段话时（1985 年）这确实算很高，但今天这已经算低了。我的便携电脑的像素尺

---

[1]《盲眼钟表匠》（*The Blind Watchmaker*）是理查德·道金斯 1986 年出版的进化生物学通俗著作，书名来自 18 世纪英格兰哲学家威廉·佩利（William Paley）教士著名的“钟表匠比喻（watchmaker analogy）”，大意是：假如我们看到一只像手表这么精密复杂的机器，可以把握十足地相信存在一位制造它的能工巧匠。所以，既然我们认识到宇宙秩序无与伦比的精妙复杂，也就不得不相信存在一位设计制造了它的最高智慧；而道金斯该书正是要说明，生物复杂性完全可以由盲目而无知觉的自然选择过程产生。——译注

[2] 这里的自我复制自动机特指“元胞自动机（cellular automata）”，是斯塔尼斯拉夫·乌拉姆（Stanislaw Ulam）和冯·诺依曼（Von Neumann）在 1940 年代在研究自我复制问题时提出的一种离散模型，康威的生命游戏是此类模型的首个具体实现。——译注

寸只有它的大约四分之一，所以按这种分辨率整个屏幕大概不到一公里宽。仍算得上大屏幕]。这样该屏幕的尺寸就需要3公里（大约2英里）见方。其面积将是摩纳哥的六倍。

远看这幅自我复制图案会使单个像素小得看不见。如果你退得离屏幕足够远，以舒适地看到整幅图案，像素（甚至滑翔机、吞食者和枪支）将小得看不出。一幅自我复制图案将朦胧闪耀，像一个星系。（庞德斯通，1985，pp.227-228）

换句话说，当你用足够多的部件建造起某个能（在一个二维世界里）自我复制的东西，它相对于其最小部件的大小，大致相当于一个生物有机体相对于其原子的大小。这不会让我们吃惊。你大概无法用复杂度低很多的任何东西来实现它，尽管这一点还未得到严格证明。

但光有自我复制还不够。我们还需要变异，而加上它将是惊人的昂贵。在《马洛特的美妙音色》（*Le Ton Beau de Marot*, 1997）一书里，道格拉斯·霍夫斯塔特（Douglas Hofstadter）提请读者注意他所称的**自发性侵扰**（spontaneous intrusions）在任何创造性过程中所发挥的作用，无论那是由一位人类艺术家、发明家或科学家的努力所取得，还是由自然选择所造就。

宇宙中的每个设计增量，都始自一个机缘偶得（serendipity）的时刻，两条轨道未经设计的交汇产生了某些东西，其结果回头再看就不只是一次纯粹的碰撞了。我们已看到碰撞探测何以是生命形式可以获得的一种基本能力，以及碰撞何以是所有生命黑客所面临的主要问题，可是在生命世界里我们经得起**多少**碰撞？当我们开始向生命构形的自我复制能力引入变异时，这变成了一个严重问题。

计算机进化模拟程序不计其数，向我们展示了虚拟世界中自然选择在一段很短时间里创造惊人有效的新颖性的力量，但它们必定总是比现实世界简单得多，因为它们总是**安静**得多。虚拟世界里所发生的，只是设计者指定其发生的事。考虑虚拟世界与现实世界的一个典型差别：如果你开始建造一座真实酒店，你不得不投入大量时间、精力和材料去安排各种事情，才不会让相邻房间的客人相互听到对方动静；如果你在建造一座虚拟酒店，你可以免费得到隔音特性。

在一座虚拟酒店里，如果你希望相邻房间的人能相互听到，你必须加入这项功能。你必须添加**不**隔音特性。你也必须加入阴影、香气、震动、灰尘、脚印和磨损。所有这些无功能特性在现实有形世界是免费得到的——而它们在进化中扮演了一个关键角色。由自然选择驱动的进化的末端开放性（open-endedness）[1]，依赖于现实世界的非凡丰富性，它持续供应着新的**非设计**元素，可以被机缘偶得地利用起来，千载难逢地成为一个新设计元素。

举个最简单例子，这世界能否存在足够多的干扰，以产生适当数量的变异，而在此过程中又不至于打破整个繁殖系统？康威通用图灵机的复制系统是无噪音的，每次产生完美拷贝。那里根本不提供变异，无论它制造了多少自身拷贝。是否可能设计一种更大更有野心的自我复制自动机，会允许间或有未被拦截的滑翔机抵达，就像宇宙射线，并在正在复制的遗传编码中产生一个变异？一个二维生命系统能有足够多**噪音**来支持末端开放的进化，而同时又足够**安静**而允许精心设计的部分不受打击地去做他们擅长的工作吗？没人知道。

一个有趣的事实是，当你把一个生命世界描绘得足够复杂因而有机会具有这种能力，它就复杂得难以被模拟运行了。噪音与碎片总是可以被加入模型，但它们有挥霍效率的效果，而正是这种效率让计算机成为如此杰出的工具。所以这里存在一种**内平衡**（homeostasis）或自我限制均衡。我们模型的简单性，**过度简单**

[1] 末端开放（open-ended）是指一件事情不可能存在一个明确的终结点。比如，一个末端开放的问题，是一个可以永远继续探索下去的问题，不会被某个特定回答所终结；类似的，一个末端开放的过程，不存在一个可明确描述的“目标”或“终点”，一旦到达就结束了。——译注

性，妨碍了它们对我们最感兴趣的东西建模，比如创造性，无论是人类艺术家或自然选择本身的创造性，因为这两种情况下，创造性都恰恰来源于真实世界的复杂性。

这没有什么神秘或迷惑的，没有陌生的新复杂性力量或原则上不可预测的东西浮现的迹象，这只是一种日常面临的实际情况：创造力的计算机建模面临着回报递减，因为为了让你的模型更加末端开放，你不得不变得更具象，不得不对现实世界中的偶然碰撞进行越来越多的建模。确实，是侵犯让生活变得有趣。

所以我们不大可能通过建构来证明，生命平面浩瀚疆域的某处，存在着一些模仿自然选择的完全末端开放性的构形。然而，我们可以一件件构造其部件，提供我们需要的存在性证明。是的，存在通用图灵机这样的构形、会自我保护的持续存在者、复制者，以及有限的进化过程。

诸如瓦根斯伯格的（或康威的、或图灵的）规范论证，带领我们越过建构工作而填补了非现实性的鸿沟，所以我们可以颇有信心地说，我们的玩具决定论世界存在所有进化出**避免者**（！）的必要元素。这正是我们需要用来破除以不可避免性来束缚决定论的认知幻觉之基础的主张。不过在转向这一点之前，从玩具世界回到现实，看看我们对避免能力在地球上的进化知道些什么，将会有所助益。

从慢速移动避免者到星球大战

我们知道，在地球生命的早期——最初十几亿年里，得益于缓慢且并不神奇的自然选择，自我保护设计出现了。花了大概十亿年的不断复制，最简单生命形式找出了基本复制过程的最佳设计——当然，它在今天仍容许修正。这一过程中存在着大量避免和阻止，但其步伐缓慢得远非我们所能辨认，除非我们在想象中人为地加速它。

比如，自然选择的连续不断探索过程，间或会喷涌出反生产力（counterproductive）[1]的DNA序列，寄生性基因或转座子（transposons），这些东西搭了早期生命体基因组的免费顺风车，没有为这些生命体的福利做出任何贡献，反而只是用自身的额外拷贝（和拷贝的拷贝的拷贝）弄乱它们的基因组。

这些寄生者带来了一个问题，必须为此做点什么。而通过差不多穷举式的搜索，不久后，自然选择的连续不断探索过程“发现”了一个（或两个或更多）解决方案：对基因组的高价值、建设性部件进行的结构设计，以阻止这些寄生者过度繁荣，做出反应以反制其行为，等等。寄生性基因通过它们自己的、在几百或几千或几百万代中发展起来的反击能力，反过来对这些新发展做出反应，对抗如此继续着，而且今天仍在继续。

这里，避免的速度限制不是光速，而是代际更替的速度。最简单的辨识“行动”——仅仅“注意到”一个新问题并准备好对之做出反应——至少需要一个世代，而“琢磨出”一个解决方案的试错（trial and error）过程，则涉及不同世系（lineages）组成的庞大群体在许多代中的牺牲性探索。

不过，好设计最终胜出——否则这个世系就会凋亡，对于一个世系的全部自我保存努力，这是远更可能的结果。少数幸运的世系恰好“找到”了好的反制手段。（他们不是在做任何事，他们只是所发生之事的一部分——幸运的部分，即刚好具有有用的变异。）这些幸运者拥有后代，它们后代中同样幸运的那些也拥有后代，如

[1] 这里的“反生产力（counterproductive）”是相对于整个基因组的利益而言的，由于最大可能的复杂自身是基因组的终极利益，因而所谓“生产力”既是促进该目标的能力，而转座子的活动特性与此背道而驰，所以说它是“反生产力”的。——译注

此继续，直到我们。我们有幸是由被精巧设计为善于提高避免能力的有用部分所组成，但现在这种避免发生在一个短暂得多的时间尺度上。

这一过程当前仍在继续。马特·里德利（Matt Ridley）描述了得到充分研究的所谓P因子的最新案例，P因子是个寄生性的“跳跃基因”，1950年代出现在果蝇（Drosophila willistoni）的一个实验室世系里，后来散布到了它们的近亲黑腹果蝇（Drosophila melanogaster）的野生种群里。

> P因子从此像野火般传播，以至现在多数果蝇都拥有P因子，但1950年前野外采集并在此后保持隔离的那些都没有。P因子是一小段自私的DNA，通过打断它跳进的那些基因来显示其存在。渐渐地，果蝇基因组中的其他基因予以回击，发明了抑制P因子跳跃习性的方法。（马特·里德利，1999，p.129）

这些基因花了多久才“注意到”问题并“予以回击”？许多代，但请注意，这里没有中心注意者，没有决定者。发生的只是在自然选择过程中总在发生的事情。P因子对各果蝇世系的影响并不一致，果蝇基因组之间存在差异，有些能更好应付这一新挑战。那些应付成功地兴旺了，他们那些应付得更好的后代就更加兴旺，于是不久后，对P因子所造成问题的“解决方案”浮现，并为自然之母（Mother Nature）（她也以自然选择为人所知）“发现”和“采纳”。

它不可能比在自然中发生得更快，探索不能先于问题而出现（那将是进化的预知），而此后的每一步至少要花费一整代。幸运的是，以在全部实际（虽不是全部可能的）果蝇世系中同时进行探索的方式，这一探索可以利用“并行处理”的优势，于是问题解决过程可以进行得很快，在这个果蝇案例中不到半个世纪。

为进化研究者准备的标准（且很需要的）矫正剂之一，是有关自然选择何等没有远见的老生常谈。这当然是真的。进化是盲眼钟表匠，对此我们必须永记不忘。但我们不应忽略自然之母有着丰富的后见之明。她的座右铭很可能是“如果我是如此短视，我怎么会变得如此富有？”而自然之母自己虽缺乏预见，但她设法创造出的一种确实拥有远见的存在——我们人类，卓绝的人类——甚至正开始将这一远见用于指导和推动这颗星球上的自然选择过程。

我时而发现，甚至十分老练的进化理论家也认为这是个悖论。一个没有远见的过程怎么可能发明一个有远见的过程？我的《达尔文的危险观念》一书的主要目标之一就是要说明，这根本不是悖论。自然选择过程，缓慢且没有远见地发明了加速进化过程本身［按我的奇特术语学，它是起重机（cranes），而不是天钩（skyhooks）[1]］的过程和现象，直到加强了马力的进化过程最终达到这样的程度，其中生物个体生命期中的探索可以影响底层遗传进化的缓慢过程，在某些环境条件下甚至越俎代庖。

今天我们人类能看见和听见相当距离以外的东西，而不必等到它们悄然逼近。得益于我们的长距离知觉器官和对它们的假体性扩展（prosthetic extensions）[2]，我们可以以接近物理宇宙限度内的最大速度——光速——提出并解决问题。任何比这更快的事情将是未卜先知，我们做不到，但我们的问题认识和问题解决能力确实逼近了光速。

---

［1］天钩（skyhooks）与起重机（cranes）是丹内特在《达尔文的危险观念》里提出的一对重要隐喻，前者是指许多人在为复杂性寻找解释时，常倾向于求诸一种其本身复杂性比有待解释的东西更高、因而需要更多解释的东西，比如在解释早期生命起源时诉诸外星人，可是外星人显然比前细胞生命更复杂，更需要解释；这种做法就像试图用一个吊钩去吊起重物，却没有为吊钩本身提供悬吊之处，而只能指望它是一个不知何故就能悬在空中的“天钩”；而丹内特认为，正确的方法是寻找比有待解释的东西更简单、也即处于复杂性阶梯下方的东西——一部起重机。——译注

［2］假体性扩展（prosthetic extensions）本意是指用来弥补、增强或扩展我们身体器官功能的人工装置，比如望远镜、助听器和 GPS，不过丹内特也将此概念延伸到了诸如道德感之类的无形“文化装置”或“信念拐杖”上。——译注

比如，得益于我们的技术，我们能在发生后几毫秒内探查到数千英里外的核导弹发射，然后利用这一宝贵的提前时间去设计一种具有大于零的机会起效果的反制措施。这是个避免——躲避飞来的砖头——的惊人绝技。[我们真的能做到吗？我自己不是经常宣称罗纳德·里根的战略防御倡议（Strategic Defense Initiative）[1]及其派生物——常被称为星球大战计划——是个技术家的幻想，系统性地缺乏成功实现它所需要的能力？但如果星球大战如我确实相信的那样目前是不可能的，那只是因为它处于当今避免能力军备竞赛的前沿，而且那些可以轻易想象得到的反制措施似乎能占得上风，它们几乎肯定会成功阻碍建立预防体系这一星球大战计划的目标，虽然肯定会有许多导弹被成功拦截。我所宣称的只是这些。我不是星球大战的拥趸，但尽管如此，我也受其启发而发现，如果仅仅作为一个哲学例子的话，这一奢侈和不负责任得简直像犯罪的系统，毕竟还是有些适当用处的！]

今天，我们是技艺超群的避免者、预防者、干预者和先发制人者。我们已设法让自己进入一个幸运境地，拥有足够多自由时间闲坐着系统性地窥探未来，并问自己接下去做什么。我们从世界榨出每一滴我们能榨出的信息，然后将它编织进关于将要发生什么的壮观新景象。我们看到了什么？我们看到，存在一些不可避免性，但实际上这份清单每周都在缩短。曾经，我们对潮汐、流感、飓风都束手无策（今天我们仍无法偏转飓风，但我们有充分的预警，这样我们可以蹲下并将伤害降至最小）。

---

[1] 战略防御倡议（Strategic Defense Initiative，SDI）是里根在1983年3月提出的一个多层次战略核导弹拦截系统，包含了陆基与空基系统；反对者用乔治·卢卡斯1977年的科幻电影《星球大战》（*Star Wars*）为其取名，以强调其技术上的不现实。作为国防政策，SDI的主要意义是在战略姿态上放弃了原先的“确保相互摧毁”（Mutual Assured Destruction，MAD）原则，后者在冷战大部分时期主导着美苏战略核平衡。SDI也代表了里根对冷战战略的巨大扭转：意图凭借西方的经济与科技优势，将维持均衡策略转变为更积极主动的进攻性策略。——译注

从前，一个人夜深人静时在大洋中从船上落水，必死无疑。现在我们可以驾驶直升机在寻的装置引导下去全球任何地方把人救上来，就像希腊戏剧里古老的**天降救星**（deus ex machina）[1]假奇迹那样。这些都是非常晚近的生物发展。有数十亿年，地球上不存在类似的东西。那时的过程要么是完全盲目的，要么充其量是近视的、懵然无知的和被动反应的，而从不是有远见的或积极主动的。

如我们所见，对我们这些根深蒂固和富有想象力的主体，很容易在许多不同时间尺度上，从超音速到冰川变化，辨别出避免和预防的模式。只要愿意，我们可以毫不费力地将其延伸到原子甚至亚原子粒子，想象好像它们也是微小主体，为它们自己的未来而担忧，希望为某项伟大事业做点贡献，在这世界的艰苦磨炼中尽其所能地存活下去。只要愿意，我们可以想象原子们在预期中的碰撞发生之前吓得发抖。

当然，这么想是愚蠢的。原子没有远见，没有利益，没有希望；它们只是事情在其中**发生**的微小地方，而没有**做事**。但这不会妨碍我们将其当做主体——非常简单专一的主体——来对待，以此简化我们的图景。碳原子紧紧粘住那两个氧原子，**防止**它们游荡而去，形成了一个稳定分子二氧化碳——一个碳原子最适当的任务。其他碳原子扮演着更令人兴奋的角色，抱在一起形成巨型的百万原子蛋白质，于是蛋白质能够**做它们的事情**，无论那是什么事。

我猜我们在追踪原子和亚原子物理世界陌生成员的复杂性时，会很自然地宁愿把它们当做微小主体对待，因为我们的大脑被设计的只要可能就把遭遇的任何东西当做主体来对待——万一它真的是呢。在人类文化早期，文明的童年，我们发现过度使用这种**泛灵论**

[1] deus ex machina字面意思是“机关里跑出的神”，古希腊戏剧中，当剧情陷入胶着，或困境难以解决时，常会突然出现拥有超凡力量的神来突破困境，制造出人意料的剧情大逆转，此时扮演神的演员会被起重机或升降机送上舞台。——译注

（animism）[1] 是有用的，把自然界所有东西都视为由各种神和精灵，恶意或善意的鬼怪妖精构成，它们掌管着我们观察到的全部自然过程。

可以说，这是一路贯穿到底的意向性系统。如今——实际上是自德谟克利特以来——这一策略已有所节制并变得曲折精致，因而我们现在可以十分适意地把原子仅仅当做无思想的弹跳小颗粒来思考。它们不会**行动**但仍会**做事**——相互排斥和吸引，四处游移，或聚或散。

我并不是说，在只是发生事情的东西和做事情的东西之间，最终存在一个截然分明的区分，尽管这种对照是有价值的。和通常一样，我们得到的是从鲜红到淡粉到不可见的逐级下降序列，以我们这样试图自我保存的主体为基准，存在一个适当性逐渐降低的概念族。毕竟，一次雪崩可以像一支劫掠军队一样确定无疑地摧毁一个村庄并杀死许多人，甚至简单的氦原子也可以对气球内壁施压，使其保持绷紧撑开。

是的，酶其实可以是忙碌的小主体。我怀疑，其实正是因为我们尚**没有能力**让这种熟悉的主体性（agency）术语对亚原子事件变得有意义，才使得亚原子物理世界成了如此陌生和难以设想的活动领域。如我们将在下一章看到的，原因与结果的熟悉概念，锚定在我们主体性宏观世界的情况，远比它锚定在下层微观物理世界的情况更好。

[1] 泛灵论（animism），又称万物有灵论，认为自然界所有实体里面都隐藏着一个人格化的灵魂或意志，因而所有自然过程皆由这些意志和它们之间的互动所支配。这种观念倾向广泛存在于较为初级的文化形态中，也构成了各种原始宗教的基础。——译注

可避免性的诞生

是时候盘点一下存货并考虑一些被我搁置的异议了。本章的要点是要说明，我们需要认真对待“不可避免”一词的词源学。它的意思是**不能被避免**。奇怪的是，没人用它的反面形式（《牛津英语词典》将“evitable”作为一个在 1502 年被最后使用的词列出，并标记为废词，除非是以其否定形式），但我们很容易新造这个术语，并注意到某些事情是**可以被某些主体避免的**，而相反，有些事情是**不能被这些主体避免的**。

我们已在像生命游戏世界这样的决定论世界里看到，我们可以设计一些东西，它们能在这样的世界里比其他东西更好地避免伤害，而且这些东西的持续存在正归功于这一非凡能力。对于我们在一个特定生命游戏平面上见到的所有东西，从现在起 10 亿步之后，还有什么会仍然存在？伤害避免者拥有最大机会。我们可以将本章要点表述为一段清晰论证的结论：

> 在一些决定论世界，存在会避免伤害的避免者。
>
> 因而在一些决定论世界，一些事情被避免了。
>
> 任何被避免了的事情都是可避免的。
>
> 因而在一些决定论世界，并非每件事情都是不可避免的。
>
> 因而决定论并不暗含不可避免性。

这个论证看起来哪里有点不对，是吗？那是因为它揭露了关于避免和不可避免性的基本上未曾被留意过的隐含假设。指出避免的特定实例作为对“可避免性（evitability）”的证明，这显得奇怪是因为它与思考不可避免性的典型方式背道而驰：

> 如果决定论是真的，那么任何发生的事情都是每一时刻存

在的原因全集的**不可避免的**结果。

这可能是一种熟悉的谈论方式，可它到底是什么意思？把它和下面这个显而易见的真陈述对比一下：

如果决定论是真的，那么任何发生的事情都是被每一时刻存在的原因全集所**决定的**结果。

如果“不可避免的”不只是“被决定的”的同义词，那么它传达了什么额外含义？不可避免的结果？不可被谁避免？不可被整个宇宙避免？那没意义，因为宇宙不是个有兴趣避免任何事情的主体。不可被任何人避免？但这是错的，我们刚刚看到如何在某些决定论世界里将老练避免者和它们才能较逊的同类区分开。

当我们说某个特定结果是不可避免的，我们的意思可能是，它不可被所有生活于此时此地的主体所避免，但这是否为真独立于决定论。它依赖于环境条件。这个问题需要进一步剖析，对此你们的调查专员康拉德［康拉德（Conrad）是奥托（Otto）的表弟，是《意识的解释》中的一个虚构人物，专门对我的意识理论提出各种反对和挑战。奥托在评论中则屡屡被描绘为我的“配角”和我的“良心”，但不论好坏，他对我在该主题上观点的普遍担忧做出了我能找到的最生动而富有同情心的表达。康拉德在本书中说的每件事情，都是提炼和（在我能做到的限度内）改进自我所遇到的对本书所提观点最普遍和最常被表达的反对和担忧。他经常为我在序言中感谢过的那些评论代言，如果我没猜错的话，你会发现他也常为你代言。］正好可以帮上忙。

康拉德：生命游戏世界中那些刚好——**看似**——避免这件或那件事的构形，当然不是**真的**在避免任何事。毕竟，它们每个都“生活”在一个决定论世界里，而如果你重放磁带一百万次，它们每个都将“做”完全相同的事——完全相同的事将要发生——无论“进化”已在这世界中持续了多久。

在生命游戏世界的进化剧本中，每个特定避免者恰处于平面上它所在之处，**走向那个它总是朝之而去的特定命运**——它要么在自我复制之前一直避免了伤害，要么没有避免。如果它在被杀掉之前遇到一千次“避免”机会，那正是它总是会拥有的生活。你前面说避免者“拥有最大机会”得以幸存，可是机会当然没有进来！那些幸存的幸存了，而那些没幸存的没幸存，这些从一开始就全都被决定了。

如我们将在下一章看到的，存在一个与决定论兼容的完美的机会概念，而且那是我们援引（连同其他工具一起）来解释进化的概念（进化不依赖于非决定论）。但同时，你说生命游戏世界里每条轨迹都是被完全决定的，这没错，可为何你坚持认为，被决定的避免不是真正的避免？

进化这一长期过程［每个此类简单避免者（或者伪避免者，如果你坚持的话）构成了其中一个无思想部分］，只是恰好出现并展开了其“命运”，该过程具有一种不寻常的力量：它逐渐产生越来越好的（伪）避免者，越来越敏捷的生命游戏问题应付者——不过，当然，问题也变得越来越严重，这是场激烈竞争。整个过程是被决定的这一事实并不能否定另一个事实：随时间流逝它将产生越来越像避免的东西。

康拉德：它或许看起来像避免，但它不是**真正的**避免。**真正的**避免涉及改变某些正要发生的事情，让它不再发生。

我猜那都取决于你说的“正要发生”是什么意思。或许你被生命游戏世界中的想象例子的简单性误导了？在简单、“硬连线（hardwired）”的避免反应和更高级的类型之间存在着差别，但你不能用它去对照现实世界的避免和生命游戏世界的避免。一个适当例子是眨眼反射，它在你内部被调制成极易触发的状态，于是多数时候当你对迅速闪现的某物做出眨眼反应时，那都只是个虚假警报。

其实没有正朝我们眼睛飞来的碎片，没有东西需要我们的眼皮充当一堵临时墙去阻挡。在浪费精力并短暂中断视线的代价与错过能以眨眼挽救眼睛的机会之间的权衡中，自然之母“宁可错慎（erred on the side of caution）”，或许是因为在实施行动前获取更多信息的（时间和精力上的）成本上升得太过陡峭。眨眼一般是不自主的，但其他反应是可以被抑制的。人类大脑将一个精心设计的子系统专门用于分析深度上的运动，

> ［其中］表征空间（representational space）的最大份额专用于与头部相交的方向锥。这一表征模式的理由在直观上是明显的——我们对快速迫近我们头部的对象最“感兴趣”。直觉上，那个即将击中你脸部的网球才是你兴趣所在，而不是即将跃过你左肩的那个球——而表征系统反映了这一事实。［埃金斯（Akins），2002，p.233］

可是在何种意义上，说那网球“即将”击中你脸部？你避开了它，你被进化在你里面建造的那个精妙系统导致而避开了它，该系统让你能对沿特定轨道迫近的发射物所反射出的光子做出反应。它“从未真的即将”刚好打到你，因为它导致你的躲避系统开始行动。但这一躲避系统比简单的眨眼反射更老练，它能对进一步的信息——如果可用的话——做出反应，并撤销其最初决策。当你注意到可以通过被飞来的棒球击中而为你的队伍赢得比赛时，你就可以决定承受这个打击。

你避免了做这次能力所及的避免——得益于（归因于）你在更大

背景中得到的提前通知。你也可以在环境条件允许时，避免去避免去避免[1]。这一末端开放的人类能力与我们曾在生命游戏世界里想象过的简单的伤害闪避构形是大不一样的，如果你禁不住想，只有简单的“硬连线反射”（也可以说它只是伪避免）能在生命游戏世界得以进化，那你就错了。我们人类所展现的各层次敏感性和反思能力，对于生命游戏构形原则上都是可得的。毕竟，生命游戏世界存在通用图灵机。

康拉德：我接受你的观点，但我仍觉得，生命游戏世界所发生的，无论有多复杂或精巧，都不算是真正的避免，那涉及结果的真正改变。被决定的避免不是真正的避免，因为它没有真正改变结果。

从什么改变到什么？改变一个结果的想法，尽管很常见，却是不自洽的——除非它的意思是改变预期中的结果，而这——如我们刚刚已看到的——正是在被决定的避免中所发生的。**实际**结果、**真实**结果，是事实上所发生的事情，而在一个决定论世界里——或在一个非决定论世界里！——没有**这样的**事情可以改变。

康拉德：但生命游戏世界里那些拥有这种种所谓避免能力的实体，仍然总是**不可避免地**只拥有它们所拥有的能力，并**不可避免地**仅仅被置于世界中它们所在的地方，这些都归因于那个世界的决定论性质，和它开始于其中的初始位置。

[1] 原文是“avoid avoiding avoiding”，意思是三阶避免，用公式化语言表示就是“避免{避免[避免（X）]}”，比如，X是“被飞来的棒球击中”，那么，

（1）一阶避免“避免（X）”的意思是：躲避飞来的棒球；

（2）二阶避免“避免[避免（X）]”的意思是：克制自己躲避飞来棒球的本能；

（3）三阶避免“避免{避免[避免（X）]}”的意思是：克制自己想要“克制自己躲避飞来棒球的本能”的念头；

（1）和（3）虽然都驱使主体躲避棒球，但想法是不一样的。——译注

不，这恰恰就是我提出来质疑的对“不可避免”的用法。如果你的意思只是，它们避免事情的能力是被过去所决定的，那你是对的，但你必须破除这个将不可避免性与决定论套在一起的坏习惯。那是需要从一开始就被关闭的反射，因为如果它不适用于你对网球的躲避——或不躲避，那它也不适用于许多显见的避免本领上，这些避免本领已由决定论的生命游戏世界中更简单的躲避者所展示。

如果我们想让生物世界有意义，我们需要一个可以自由应用到地球生命史事件上的避免概念，无论这历史是不是被决定的。我认为，这才是适当的避免概念，这一概念下的避免才最真实。

值得指出，正如可避免性最终是兼容于决定论的，不可避免性也是兼容于非决定论的。如果你对一件事什么也做不了，这件事对于你就是不可避免的。如果非决定论的雷电把你劈死了，那我们真的可以回顾性地说，没有什么事是你原本可以对它做的。你没有得到提前警告。

实际上，如果你得奔跑穿越一片雷电交加的开阔地，那么如果这些雷电的时间和位置是被某种东西决定的，你的处境会好得多，因为这样它们对你或许就是可预测的，因而也是可避免的。决定论是那些讨厌不可避免性的人的朋友，而不是敌人。

这可能有助于打破决定论与绝望之间传统的，或者也许是习惯性的联系。还有另一个熟悉的思考习惯也需要破除，或至少放到一边接受怀疑眼光的审视。在前生物或无生物宇宙中谈论阻止或避免，是在越出这一概念的原本适用范围——即我们作为主体的显明形象，这种谈论并不总是虚幻的，但至少可能引出多余含义。

我们的世界里存在多少阻止？我们谈论重力阻止动力不足的火箭进入轨道，因为这是一个吸引我们兴趣的主题。我们较少可能谈论重力阻止杯中啤酒在房间里四处飘浮，但不是因为它作为规律性的可靠度有任何逊色。当你在读这个句子时，你跳动的心脏延缓着你的死亡，你对书页的注意阻止你看见你身边环境中各式各样其他东西。

此刻不去行走可能让你避免了脚踝扭伤，但也加速了你所坐椅子的破败。我们可以轻易拼接情节，其中这些规律性被戏剧化为防止、使能（enabling）、阻挠、阻碍、撤销、反制等等之类的案例，而面对这些规律性时，采用这种视角常常是有用的，但我们应认识到这种思考习惯或策略的人类中心（或至少主体中心）特性。

> 康拉德：好吧。我知道我控制不住要以标准方式使用“不可避免”这个术语，但我仍强烈怀疑你是在糊弄我。我觉得必定存在“不可避免”的**某种**意义，在该意义上，决定论世界中所发生的是不可避免的。而且我没有看到生命游戏世界里出现的任何东西像被我称为自由意志的东西。

很好。我们将在后面各章继续寻找“不可避免”的这种难以捉摸的意义，但同时你承认，我已转移了证明责任：在展示出一个支持论证之前，不得从决定论推论出**任何意义上**的不可避免性。而我同意，我们离自由意志还有很长一段路。在生命游戏世界的物理层次上，没有任何远远看上去像自由的东西。滑翔机和吞食者丝毫也不自由，它们所做的都是它们不得不做的，每次都是。

由这种不自由部分所组成的东西不会拥有更多自由，即**整体不会比其部分更自由**，这似乎有道理，但这一直觉想法，作为对决定论的抵制力量的支柱，仔细检查之下将被发现只是个幻象。在下一章，我们将更仔细地审视主体眼中有关原因与结果、可能性与机会的景象，以便更详细地看出，为何不可避免性这一重要议题与决定论问题没有任何关系。

第二章

决定论的一个玩具模型演示了在浩瀚的可能“物质”构形空间里，存在一些构形比其他更持久，因为他们已被设计得能够避免伤害。这些实体出现的过程，使用了从环境收集到的信息，用来预测可能未来的一般特性（有时是特定特性），为有信息依据的指导提供可能。这证明了，可避免性可以在一个决定论世界中取得，因而在决定论与不可避免性之间的常见联想是个错误。不可避免性概念，如同其源概念避免一样，应当属于设计层次，而非物理层次。

第三章

因果关系和可能性的概念处于有关自由意志的焦虑中心，而分析显示了，我们的日常概念并没有它们经常被假定具有的含义：决定论并未威胁到我们关于生活中对可能性和原因的重要思考。

对来源与进一步阅读的说明

在我的“真实模式”（1991B）、《达尔文的危险观念》（1995）、《心灵种种》（*Kinds of Minds*, 1996A）和最近的“碰撞探测、缪斯抽签和胡写乱画：对创造性的一些反思”（2001A）中，对本章的结论有更多扩展论证。

一部“简单的”生命游戏世界图灵机——可扩展（想象中而非实践上）为一部通用图灵机——已由保罗·伦德尔（Paul Rendell）完成，并可以在他的网站上观看和探索：http://www.rendell.uk.co/gol/tm.htm。他的部件清单——全都从滑翔机、吞食者和它们的同类改造而来——是鼓舞人心的：1Gap3，1Gap4，1Gap8，列寻址，比较器，控制转换，扇出，有限状态机，输入门，记忆单元，变态II

号，MWSS 枪，下一状态延迟器，非异或门，输出门，输出整理器，P120 枪，P240 枪，P30LWSS 枪，P30MWSS 枪，堆栈弹出控制，堆栈压入控制，行寻址，集合复位锁存（a），集合复位锁存（b），信号探测器，堆，堆单元，自动取出装置，图灵纸带。

第三章

思考决定论

Thinking About Determinism

决定论仿佛剥夺了我们的机会，仿佛将我们的命运锁定进了延伸到过去的整体因果网络中。我们通常无视这一可怕前景。我们都花费大量时间考虑今天或明年事情**可能**将如何进展，或若如此这般，则**可能**会如何如何。换句话说，我们仿佛假定了我们的世界不是决定论的。

可能世界

我们乐意在我们的斟酌（deliberations）中区分出事情可能的走向和不可能的走向，区分出无论发生什么都不会出现的走向和若我们如此选择便很可能出现的走向。如哲学家所言，我们常想象**可能世界**（possible worlds）：

> 在世界 A，奥斯瓦尔德（Oswald）的子弹没击中肯尼迪，却击中了林登·约翰逊，并以一百万种方式改变后续历史。

我们还使用想象指导我们的行动选择，尽管只有哲学家会倾向于这么说：

> 我想象了一个恰如现实世界的世界，只是在该世界里我没吃巧克力棒糕，因而没体验到我现在感觉到的遗憾。
>
> 在世界 A，我向罗斯玛丽（Rosemary）求婚。在世界 B，我向她寄出这张我正在写的告别纸条然后加入了一个修道会。

和这个想象练习一样常见的是，当我们试图严格思考决定论与因果关系时，它常常对我们耍花招。在本章，我将论证，决定论完全兼容于这样一些假设，这些假设支配着我们对“什么是可能的”的思考。表面上的不兼容性是个简单明了的认知幻觉。不存在这样的冲突。无论是我们对接下去做什么的日常思考，还是我们对现象之原因所作的最一丝不苟的科学思考，都使用了**必要性**、**可能性**和**因果关系**的概念，这些概念是严格中立于决定论或非决定论是否为真的。

如果我是对的，那么好几位杰出哲学家就是错的，所以可以期待某些重炮会出现——但只是在远处隆隆作响，因为我在这里不打算和他们展开直接战斗。克里斯托弗·泰勒（Christopher Taylor）已极好地清晰化了我在此主题上的思考，向我展示了如何发动一次更深入更激进的战役，去支持我早先含义相当的观点，我们合写的论文（泰勒和丹内特，2001）提供了比这里所需更多的技术细节。

这里我将尝试阐述一个更易懂的版本，突出要点以便非哲学家至少能看清争议点是什么，以及我们打算如何解决它们，同时去掉了几乎所有逻辑公式。当然，对于在这一版本中略过的松垮缺漏之处，哲学家可以查阅正式完整版本，看看我们实际上是否已经填上了这些漏洞。由于接下去的部分很大程度上归功于泰勒，作者代称将暂时切换为“我们”。

这样，我们的任务是澄清有关可能性、必要性和因果关系的日常概念，当我们应付世界及其挑战时，它们出现在我们的思考、计划、担忧和想象中。通过将有关可能世界的思考限于对奎因的德谟克利特宇宙的思考，我们可以简化这一任务。对于任何严肃谈及可能性和必要性——**模态逻辑**（modal logic）的论题——的企图，奎因是著名的怀疑者，而他的德谟克利特宇宙正是构造来提供一个最大程度平顺有序的操作基础，让这些议题可以由此开始探索。

正如你会从第二章回想起的，浩瀚数量的德谟克利特宇宙中的每一个，都由一大群点原子组成，它们通过空间与时间的轨迹由其四维坐标 {x，y，z，t} 给出。世界在 t 时刻的一个完全**状态描述**是简单穷举 t 时刻被占据的地址 {x，y，z}。我们将全部**逻辑上**可能的世界的集合称为德谟克利特库，并将包含了其中**物理上**可能的世界的子集称为 Φ。

当然，我们不知道全部物理定律，也不确知它们是决定论的还是非决定论的，但我们可以假装我们知道它们。（既然我们手中有了康威生命世界，我们可以随时将议题重塑进康威生命世界以检验我们的直觉，我们**确实**完全了解那里的物理学，并且知道它是决定论的。）

给定一个可能世界，我们有很多方法对它做出断言。如我们在简单生命世界的案例中所见，通常很自然就会跳到原子层次以上，用更大物质块的术语去描述世界。就像我们可以跟踪某个特定滑翔机在生命游戏平面上从生到死的经历，我们也可以跟踪像“相连四维超立方体（hypersolids）”（四维对象）通过时间与空间的轨迹，就像跟踪恒星、行星、生物和日常用品——生活中的常见对象。

柏拉图（Plato）有一个著名的象征性说法：从关节处下手雕琢自然；而我们准备下手的关节——真正的关节，一件东西到那里为止，而另一件东西从那里开始——是一种足够凸显和稳定从而让我们能够将其识别（并跟踪和再识别）为宏观事物的模式。如我们在生命游戏世界所见，其下层基础“物理学”（状态转换规则）指示了哪些构形是足够健壮从而能随时间流逝而构成宏观（不是微观）规律性的，当我们思考原因与可能性时，将使用这些来锚定我们的想象。

在描述这样的由原子组成的中等尺度模式（middle-size

patterns）[1]时，我们可以使用常被用于这些实体的通俗谓词（informal predicates）系统，诸如（按争议热度递增排序）：“长一米”、“是红的”、“是人”、“相信雪是白的”。这些通俗谓词释放出了一大群涉及含糊性、主观性和意向性的问题，而正是这些问题——当你从基础原子与空间的层次跳上更高的本体论范畴时就会出现的问题——促使奎因怀疑，是否可能有意义的谈论可能性和必要性。

我们认为，通过突出从原子物理层次到日常层次的转移，并将所有含糊易变之处集中在该转移之中，我们可以隔离这些问题，以免它们危及我们的基本进路（approach）。然后小心翼翼地推进，当我们可以对通俗谓词取得一些尝试性的把握时，我们或许可以心安理得地构造出这样的句子：

（1）存在某些是人类的东西。

并判断它是否适用于各种不同的可能世界。任何生命游戏世界里都不存在人类，因为人类是三维生物，但其中某个世界或许存在某些二维实体，惊人地使人联想起人类。言归正传，假如一个可能世界里存在一种使用语言、利用技术、创造文化的两足动物，头上长着羽毛而不是头发，是鸵鸟的后代，这样的世界会不会是一个其中存在某些是人类的东西的世界？

或者，我们是否会将这样一种造物叫做非人类的人？“人”究竟是个生物学类别，还是如“人性”一词所暗示的，是一种社会文化或政治类别？在如何阐释通俗谓词“是人”上面，观点可能各异。你常

---

[1] 中等尺度（middle-size）是奎因（W.V.O.Quine）提出的重要认识论概念，意思是，我们都是从（相对于人类的感觉能力）中等距离上、中等大小的对象开始认识事物，并由此出发构建我们的整个概念体系；这体现了一种不同于规范认识论（normative epistemology）的自然主义认识论（naturalized epistemology）；丹内特以“Starting in the Middle”作为《达尔文的危险观念》第一部分的标题，并将奎因阐述这一观念的那段文字用作了该部分的篇首箴言。——译注

会遭遇一些处于边界地带的世界，在那里无可争议的判断被证明是难以找到的。

值得特别指出的是“是苏格拉底”这种形式的识别谓词（identification predicates）。我们会假定，“是苏格拉底”适用于任何可能世界的任何实体，只要他与真实世界里那位众所周知的公民有着那么多共同特性乃至我们乐意将其视为同一个人。

当然，“是苏格拉底”在真实世界仅仅适用于一个实体；在其他世界里，可能不存在，或也可能存在一个，或两个或更多这样的实体，该谓词可以同样好的适用于它们。如同其他通俗谓词，识别谓词遭受着含糊性和主观性之困，但这些难缠的问题可以被隔离，等它们在特定案例中冒出来时再对付。［行家提示：是的，我们绕过了严格指称（rigid designation）问题上的纷争，并自担风险。有本事就来抓我们啊。严格指称是克里普克（Kripke，1972）提出的概念，对于它在复兴本质主义上是否成功，看法有分歧。我们觉得没有，但我们不想花许多时间去捍卫我们的观点。］

现在我们已可以用可能世界的术语去定义我们所需要的基础概念——**必要性**、**可能性和因果关系**——了。就像这样的句子：

（2）苏格拉底必然是会死的。

我们可以把它翻译成：

（3）在每个（物理上？）可能世界f里，命题“如果任何东西是苏格拉底，它就是会死的”为真。

换句话说，当我们绞尽脑汁四处仔细寻找我们能想到的所有可能性时，我们发现不存在哪怕一个可能世界，里面有不会死的苏格拉底。**这才是说苏格拉底一定会死的意思所在**。这里的“是苏格拉底”和“是会死的”是刚刚介绍过的那种通俗谓词。当然，判断命题是否为真会面临许多挑战，大部分来自这些谓词不可避免的模糊性：一个会死的但也会像超人那样飞的候选苏格拉底，比一个只生活在地面但奇迹般的不会被他那杯毒堇汁伤害的候选苏格拉底[1]，更配不上“是苏格拉底”这个谓词吗？

谁说的？况且，我们还没有决定，限定 f 变化范围的可能世界集合，是整个德谟克利特库（全部世界），还是集合 Φ（物理上可能的世界），还是某个更受限制的集合 X。仅凭逻辑无法解决这个问题，但逻辑语言确实会帮助我们精确定位这样的问题，并更精确地发现我们所面对的含糊性。

现在我们可以定义**可能性**了。所谓**可能**之事，就是任何并非**必然不是**那样的事，所以

（4）苏格拉底可能曾拥有红发。

意思是

（5）存在（至少一个）可能世界 f，在其中命题“存在某物，它是苏格拉底且它拥有红发”为真。

又一次，我们不得不决定，我们正在谈论的是物理上的还是逻辑上的可能性。**物理上的可能性是指集合 Φ 中**存在一个世界，其中存在一个红发苏格拉底。否则，该可能性便从物理上被排除了，无论红发苏格拉底在逻辑（而非物理）可能世界中是多么平常。

现在我们能够澄清第二章开头给出的决定论定义了：**任何时刻，只存在一个物理上可能的未来**。说决定论为真就是说我们的真实世界属于一个具有如下有趣属性的世界子集：其中不存在两

[1] 苏格拉底被雅典法庭以引进新神祇和腐蚀青年思想的罪名判处死刑。尽管有逃亡的机会，但他仍选择饮下毒堇汁而死，因为他认为逃亡只会进一步破坏雅典法律的权威，而作为公民，他有责任维护这一权威。——译注

个开始于完全相同起点的世界（如果它们从相同起点开始，它们将永远保持相同——因而它们根本就不是不同的世界），而且如果任何两个世界完全共有任何状态描述，它们将共有全部后续的状态描述。

生命游戏世界生动鲜活地演示了这一点。它仅在一个方向上是决定论的；你一般不能像你总是可以外推后续时刻那样外推先前时刻。比如，一个生命游戏平面在时刻 t 包括了一个单独的四格方块静止物（见图 3.1），它的过去暧昧不明。下一个状态（和下下个，等等）是完全相同的——除非有什么东西侵入——但先前状态可以是这五种（或无限多种，当更远处有正在蒸发中的“开”像素时）状态中的任何一种。

图 3.1 静止生命及其曾经的可能状态

所以如果决定论——如此定义的——是真的，我们可以下结论，即便许多不同过去都可以导向我们的当前状态，我们的未来已被我们的当前状态“固定了”。从这一视角看，决定论看似恰好与我们的标准图景对立，在后者过去已“固定了”，而未来则是“开放的”。我们本可定义一种更强（和非标准）形式的决定论，排除如此暧昧的过去，不允许存在我所称的**惰性历史事实**（inert historical facts）——

即关于过去的事实，根据物理定律，可能是这样或那样的，但没留下任何后续影响。

宇宙学家“倒退着放电影”的能力和由此而计算大爆炸后最初时刻事实的能力显示，考虑到某些属性，我们可以从现在出发以惊人的精确性和延伸范围阅读过去，但这丝毫不说明不存在惰性历史事实。我牙齿里的某些金原子曾经属于尤里乌斯·凯撒（Julius Caesar）的事实——或其否定，没有原子曾是如此的事实——便是一个惰性历史事实的似真例子。

它确实在实践上是惰性的。因为我们没有恰好像我们对待伦勃朗（Rembrandt）的画作那样，保留着这些金原子的所有权链条踪迹[1]，几乎无法想象任何对世界当前原子分布状态的调查，能让人判定这两个命题中哪个是真的，但其中一个无疑是真的。

而当我们窥探未来，几乎不可能断定，一个**迄今为止**都是惰性的历史事实何时会冒出来为下一刻发生什么“带来不同”。假设决定论是真的，而我们像拉普拉斯妖那样完全了解物理定律，但是，除非我们拥有关于一个宇宙状态描述的**完全且完备的**知识，我仍不能断定集合 Φ 中浩瀚数量的微观上不同的**可能**世界里哪一个是**真实**世界。这是因为我们的知识不可避免的是不完备的，于是按可能世界来思考就成了一条好退路。

可能世界讨论的最有用应用之一，是在解释**反事实命题**（counterfactual sentences）[2]时，就像

[1] 伦勃朗·哈尔曼松·范·莱因（Rembrandt Harmenszoon van Rijn；1606-1669），荷兰黄金时代著名画家。收藏界为便于评估藏品真伪，已建立一套相当精密的档案系统以跟踪和记录艺术品与古董的来历（provenance），其中包括所有权转手历史；设于海牙的荷兰艺术史研究所（Netherlands Institute for Art History）拥有全球最大的此类档案系统，而荷兰艺术家是其重点记录对象，被视为荷兰历史上最伟大画家之一的伦勃朗自然也在其列。——译注

[2] 逻辑学中的反事实命题（counterfactual sentences）是指其逻辑值在现实世界中可能为假的命题，相当于自然语言中的虚拟语句，用于“如果…那么…”结构中。——译注

（6）如果格林斯潘（Greenspan）曾在国会里哭诉，市场就已经崩溃了。[1]

和

（7）如果你曾绊到阿瑟，他就已经倒下了。

根据大卫·刘易斯（David Lewis，1973），我们可以看到（**大致上**），当且仅当在每个与我们自己的世界**大致相仿**的世界里，若**前件**（antecedent）成立则**后件**（consequent）也成立，则命题（7）为真。换句话说，

（8）设X为与我们的真实世界相似的世界之集合：在每个属于该集合、且存在**你绊到了阿瑟**的一个实例的世界里，也存在**阿瑟倒下**的一个实例。

有时当我们做出像这样的反事实断言时，我们实际上发现自己是在通过**想象**沿此方向的少数几种变化来检查它们（"让我们看看，假设阿瑟穿着红衬衫，**那**会让他保持不倒吗？假设收音机音量被调低了，假设暖气被关了，假设他穿着护膝……不，他仍会倒下。假设那房间放满了膨胀气囊或整栋建筑处于自由下落的零重力状态，**那**会保持他不倒下……但这与真实情况太不像了，不能算"）。而在受控实验里，我们不仅想象，而且能实际审查这些变化。我们系统性地变换条件，看看什么改变了而什么没变。如我们将会看到的，这不像它初看起来那么简单明了。

无论我们是否实施任何实际实验或思想实验，我们做反事实断言的意思是，某些这种与我们真实世界相似的世界集合X，具有其规

[1] 艾伦·格林斯潘（Alan Greenspan），1987至2006年间长期担任美联储主席，经常需要向国会解释美联储的货币政策，由于其在长期任职中所树立的极高权威，其一字一句常会对市场造成重大影响。——译注

则性。更一般的，我们可以这样表达像（6）或（7）那样的反事实解释：

（9）在世界集合 X 中，A•C，

其中 A 是前件，C 是后件。

但集合 X 中的世界应该有**多大程度像**我们的世界呢？为 X 选择一个最优值并不总是容易的，但我们可以遵循松弛（loose）方针[1]：

> 在像（6）和（7）的命题中，X 应该：
>
> * 包含 A 成立的世界、非 A 成立的世界、C 成立的世界、非 C 成立的世界
>
> * 包含其他方面非常像真实世界的世界（在上一条允许的范围内）。

所以在分析（7）时，选择让 X 包含那些在其中你绊了阿瑟的世界，那些在其中你没有绊他的世界，那些在其中他倒下的世界，和那些在其中他保持站立的世界。（注意，现在我们使用更高层次本体论去将这些相似世界收集在一起。我们并不通过清点有多少不同三维像素被填充了铁或金，来对各世界的相似性分级；我们使用通俗谓词，连同它们的全部浑浊和含混，去决定包含哪些世界。如我们会看到的，最终表明，有关因果关系和可能性的许多断言所带来的困扰，都关乎我们如何选择邻近可能世界的对照集合 X。）

[1] 所谓“松弛方针（loose Guidelines）”，相当于后文所说的对“能够（can）”一词的“宽阔理解（broader notion）”，意即，在“与实际情况完全相同的条件下”谈论可能性是毫无意义的，可能性只能在条件松弛一些后才能谈论，正如休谟在《人性论》中说过，我们需要我们的世界里存在“一些松弛性（a certain looseness）”，在《活动余地》第六章第三节里，丹内特详细谈论了这一点，并引用了休谟的话。——译注

因果关系

那么因果关系呢？有些哲学家希望某一天发掘出对因果关系的一个“真正”解释，但考虑到这个术语本身的非正式、含混和经常自相矛盾的性质，我觉得更现实的目标是仅仅发展一个（或几个）规范的类似物，能帮助我们更清楚地思考这世界。我们对因果关系预先存在的直觉将提供一些指导，但我们不应信任任何装扮成“证明”的通俗论证会确认或揭穿特定的因果性教条（当然，这些是会在某些哲学家中挑起争端的言词。好吧，我们很乐意把举证责任转移给他们。如果他们能提出一些有关因果关系的整个常规概念的清晰易懂、没有反例的理论，那么我们会把我们更谦逊更概略的方案与它对照，看看我们是否遗漏了什么重要东西。而与此同时，我们可以暂且用我们对该日常概念打动我们的最重要方面的不完全解释继续我们的分析）。当我们做出像下面这样的断言时

（10）比尔对阿瑟的绊脚导致了他的摔倒。

一些因素看来在发挥作用支持着该断言。我大致上以重要性为序罗列于下：

* 因果必要性。我们对命题（10）的赞同依赖于我们确信：如果比尔未曾绊到阿瑟，阿瑟不会摔倒。使用这一反事实阐释，我们选择与我们世界相似的世界集合 X，使其包含这样的世界：（i）那些在其中比尔绊了阿瑟的世界；（ii）那些在其中比尔没有绊他的世界；（iii）那些在其中阿瑟摔倒了的世界；（iv）那些在其中他没有摔倒的世界。然后我们检查以便确信，这一集合 X 中所有那些阿瑟在其中摔倒了的世界中，比尔都绊了他。

* 因果充分性（causal sufficiency）。很可能，每当我们断言（10）时，我们这么做部分是因为我们相信阿瑟的摔倒是比尔绊脚的一个**不可避免结果**：在**任何**比尔在阿瑟行走路径上放置了障碍物的世界里，阿瑟都将跌倒。（这里有“不可避免”一词，而且这里的意思就是**无法避免**：阿瑟——因为这个或那个理由——不能**避免**摔倒，而且阿瑟的朋友们不能**阻止**他摔倒，而且没有任何其他东西正要**干预**他的摔倒，等等；重力在此场合是不受挑战的。）这第二个条件在逻辑上完全区别于第一个，但两者似乎在日常思考中发生了严重混淆。实际上，我们会看到，混乱常常正产生于此。接下来我们将以更大篇幅讨论两个条件的关系。

* 独立性。我们期望两个命题 A 和 C 在逻辑上是独立的。用可能世界术语说就是，必定存在这样的世界，无论离现实情况多远，其中 A 成立而 C 不成立，反之亦然。因此“玛丽的唱歌跳舞导致她唱歌跳舞”有个显而易见的怪圈。这一条件也帮助排除了“1+1=2 导致 2+2=4”。

* 时间优先性。区分原因与结果的一个可靠方法是注意原因出现的更早。（行家提醒）

* 各种进一步条件。尽管不如前面各条重大，若干其他条件可能会增进我们做因果判断时的信心。比如，在因果关系的教科书例子中，A 常描述一个主体的行为，而 C 表现一个被动对象的一次状态改变（就像在“玛丽导致那房子被焚毁”里）。此外，我们常期待两个当事者在他们的事务进行期间发生物理接触。

为了更好理解这些条件，让我们在一些测试案例上尝试一下它们，其中一些源自刘易斯（2000）。首先考虑神枪手在远处瞄准受害者。假设对神枪手过往记录的仔细检查显示，这种情况下成功命中的可能性是 0.1；我们可以想象（如果你觉得这么做有用的话），发生在射程内空气中或神枪手大脑中的不可化约随机量子事件，帮助决定了结果。

让我们假设，在当前情况下，子弹实际上击中并杀死了受害者。于是我们毫不犹豫地同意，神枪手的行为导致了受害者的死亡，尽管那是因果不充分的。于是，看来似乎至少在像这样的案例中，人们在对原因下判断时，将必要性置于充分性之上。

然而，充分性确实仍有些相关。假设国王和市长都关心某位年轻异议者的命运，实际上，两者都下达了将他流放的命令，于是他被流放了。这是个**过度决定**（overdetermination）的经典案例。以 A1 代表“国王下达流放令”，A2 代表“市长下达流放令”，C 代表“那位异议者被流放”。在这一情节中，无论 A1 或 A2 都不能单独成为 C 的必要条件：比如，假如国王未下达命令，异议者仍将因市长的命令而被流放，反之亦然。

相反，充分性在此解了围，并允许二选一的选择。在此例中 A2 未通过测试：容易想象一个宇宙，其中市长下达命令，但异议者逃脱了惩罚（只须把国王的命令改成赦免）。另一方面，国王的命令是真正有效的，无论我们对这宇宙做了什么小改变（包括改变市长的命令），异议者的流放遵循着国王的命令。于是我们可能将 A1 命名为“实际原因”（如果我们感觉需要去满足那一渴望）。

最后，考虑比利和苏西的故事。两个孩子在向玻璃瓶扔石头，实际上，苏西的石头飞得稍快一点，首先到达瓶子并打碎了它。比利的石头晚片刻到达与那瓶子原先所在的完全相同地方，但当然什么也没碰到就飞过去了。当需要在 A1（“苏西扔石头 S”）和 A2（“比利扔石头 B”）之间挑选 C（“瓶子碎了”）的原因时，我们把票投给 A1，而不顾如下事实：两个命题中没有一个是必要的（倘若苏西没扔她的石头，瓶子仍会因为比利而粉碎，反之亦然），同时两个又都是充分的（比利的扔掷足以造成一个碎瓶子，无论他的伙伴怎么做，苏西的投掷也是）。

这是为什么？时间优先性（与区分原因与结果有关，前面介绍过）的普遍观念让我们觉得是个关键考虑因素。正如科学、艺术和运动中的优先性争议所表明的，我们似乎很在乎谁是某项创新中的第一个，而因为石头 S 比石头 B 更早到达瓶子所在位置，我们便将结果归功于苏西。

不止如此，很清楚，尽管没有苏西的扔掷那瓶子仍会粉碎，粉碎时间将会显著不同，发生在一个较晚时刻、由一块不同石头、将碎片撒向不同方向。（注意，这个问题的出现完全是因为我们已跳到了关于瓶子和破碎的日常本体论上，以及它们争议不休的同一性条件。这里的问题是，什么才算是“某个结果”，而不是关于所发生之事的任何底层不确定性。）

我们可以选择集合 X 来反映这一事实（与松弛方针保持一致）：让它包含这样的世界，在其中要么（1）瓶子根本没碎，要么（2）它以与现实中发生的非常相似的方式碎了。这样对 X 中的每个世界，

$C \Rightarrow A1$

成立；X 中瓶子在其中碎了的无论哪个世界里，我们都发现苏西首先扔她的石头。另一方面，

$C \Rightarrow A2$

很可能在 X 中不成立；X 肯定可以包含这样的世界，在其中瓶子碎了但比利没有扔石头。简言之，A1 比 A2“更必要”，假如我们正确选择了 X 的话。X 的含糊性，虽有时很讨厌，但也能打破僵局。

这僵局并不总是一定能被打破的。我们应该镇定面对这样的前景：有时环境条件未能精确定位一个事件的单一“实际原因”，无论

我们多么努力地寻找。一个典型例子是个经典的法学院难题：

> 法国外籍军团前哨基地的每个人都恨弗雷德并想要他死。就在弗雷德开始穿越沙漠旅行前的那一夜，汤姆在他的水壶里下了毒。然后，对汤姆举动不知情的迪克把水壶里下了毒的水倒掉，代之以沙子。最后，哈里过来在水壶上戳了几个洞，这样“水”就会慢慢漏掉。后来，弗雷德醒来并出发开始他的旅程，带着水壶作为给养。当他发现水壶将空时已太晚了，而且，里面剩下的是沙子，不是水，甚至不是下过毒的水。弗雷德死于干渴。谁导致了他的死亡？［该例子的一个加倍详尽的版本源自麦克劳林（1925），最初由哈特与霍诺雷（Hart and Honoré, 1959）详细说明。哈特与霍诺雷的版本少了一个曲折：“假设 A 正要进入沙漠。B 偷偷在 A 的水壶里放进了致死剂量的毒药。A 把水壶带进了沙漠，C 在那里偷了水壶；A 和 C 都以为里面装着水。A 缺水而死。是谁杀了他？”］

许多人会禁不住要坚持，这个或其他类似问题**必定**存在一个答案。无疑，如果我们觉得必要，可以同意一个立法答案，而一些立法提议无疑比其他更具吸引力、更符合直觉，但并不清楚的是，是否存在任何事实——有关世界存在的方式，或有关我们的真正意思，或甚至关于我们真正**应该**有的意思——足以解决这一问题。

奥斯丁的推杆

我们已对可能世界有了一个更清晰的理解，现在我们可以揭示有关可能性和因果关系的三个主要混淆了，它们曾困扰着为自由意志寻求一个解释的努力。首先是害怕决定论缩减了我们的可能性。通过考虑多年前由约翰·奥斯丁（John Austin）[1]提出的一个著名例子，我们可以看到，为何这一断言看似有其优点：

> 考虑这种情况，我（在高尔夫球场上）错失了一次非常短的推杆，并因为我本可以让球入洞而懊悔不迭。这并不是说，如果我努力，我原本会击球入洞：我确实努力了，并且错失了。这也不是说，如果条件不同，我原本会将球入洞：那当然可能，但我说的就是在与实际情况完全相同的条件下，并断定我本可以将它入洞。
>
> 这里有个困难。“这次我可以将它入洞”的意思，既不是如果我努力这次我会将它入洞，也不是其他任何诸如此类的假设；因为我可能努力并失败，但仍不能确信我原本也不能做到；实际上，更多实验或许可以确认我对自己原本可以做到的信念，尽管当时我没有做到。（奥斯丁，1961，p.166）

奥斯丁没有打进洞。如果决定论是真的，他原本可以吗？基于可能世界的阐释揭示了奥斯丁思考中的错误之处。首先，假设决定论成立，并且奥斯丁失手，让H代表命题“奥斯丁击球入洞”。我们现在需要选择包含了相关可能世界的集合X，我们需要对它加以细察，看看他是否原本可以做到。

假设X被挑选成这样一个物理可能世界集合，其中每个都在那次轻击之前的某时刻t0与真实世界完全相同。由于决定论说了，任一时刻只有一个物理上可能的未来，因而该世界集合只包含一个元素，即真实世界，也就是奥斯丁在其中失手的那个世界。所以，以这种方式选择集合X，我们得到的结果便是，H对X中的任何世界都

[1]约翰·奥斯丁（John Austin，1911-1960），英国语言哲学家，牛津大学怀特道德哲学教授（White's Professor of Moral Philosophy）。经常与学生和同事在“奥斯丁周六早茶会”上讨论哲学问题。——译注

不成立。所以按此解读，奥斯丁不可能击球入洞。

当然，这种挑选X的方法——可称之为**狭窄方法**（narrow method）——只是许多种之一。假设我们允许X包括那些在时刻t0只有少许无法察觉的微观差异的世界，我们很可能发现，现在X包括了奥斯丁击球入洞的世界，即便在决定论成立的情况下。毕竟，混沌（chaos）研究的近期发展已显示：许多有趣现象可以因初始条件的一个微小改动而发生剧烈改变。所以问题是：当人们争辩说某某事件是可能的，他们真的是按狭窄方法思考的吗？

假设奥斯丁是个全然无能的高尔夫球手，而他今天四人赛中的搭档倾向于否认他原本可以进洞。如果我们让X的范围过宽，我们可能会包括这样的世界，在其中，得益于多年昂贵课程，奥斯丁最终成了一名冠军球手，推杆进洞对他来说易如反掌。那大概不是奥斯丁在宣称的。当奥斯丁坚持他"说的就是在与实际情况完全相同的条件下"，看来是采纳了狭窄方法。

然而在下一句中他似乎又取消了这一采纳，请注意"更多实验可能会确认我的如下信念，那一次我原本可以做到，尽管我没有做到"这句话。什么样的更多实验可能真正确认奥斯丁对他原本可以做到的信念？在推杆区的实验？假如他安排妥当并几近重复地连续十次短推入洞，他的信念会得到支撑吗？

如果这就是他所想的那种实验，那么他并不如他所宣称的那样对是否在与实际情况精确相同的条件下感兴趣。要看到这一点，可以假设奥斯丁的"更多实验"这么组成：拿出一盒火柴并接连点着十根。"瞧，"他说，"我原本可以完成那次轻击入洞。"

我们将正确地反对说，他的实验跟他的宣称绝对没有关系。按照对"与实际情况完全相同的条件下"这一宣称的狭窄意义上的理解，连续十次短推，（与连续点着十根火柴相比），和他的宣称并没有更多关系。我们猜，如果在那些与实际场合非常相似的情境下，奥斯丁推杆入洞了，那么他会乐意把“奥斯丁推杆入洞”看做是可能的。

我们觉得，这正是他的意思，以这种方式考虑他的推杆将是正确的。每当我们有兴趣理解涉及一种有趣现象的因果关系时，这是实施“更多实验”的常见、合理和有用的方式。我们轻微（且经常是系统化的）变换初始条件，去看看什么改变了，而什么保持不变。这是从世界获取有用信息以指导我们未来更多的避免和加强活动的方式。

奇怪的是，这一点正是奥斯丁那段引文中所批评的乔治·爱德华·摩尔（G. E. Moore）那篇文章里提出的，至少是拐弯抹角提出的。摩尔的例子很简单：猫能爬树而狗不能，一艘**现在**以 25 节速度行驶的蒸汽船，当然也能以 20 节速度行驶（但当然不是在与现在所处**完全相同**的条件下——包括其引擎被设定在全速前进状态）。

这些无争议宣称中所援引的“能（can）”的意思，被霍诺雷（Honoré，1964）在一篇重要却被忽视的文章里称为“能（一般的）”的意思，是**要求**我们不是在“与其所处完全相同的条件下”去看，而是在与这些条件稍有不同的变化中去看的。

所以奥斯丁在讨论可能性时才支吾其词。说实话，选取 X 的狭窄方法并没有他和其他许多人想象的重要性。由此看出，决定论的真假不会影响我们的这一信念：确实未成为现实的事件，仍是“可能的”——在该词的一种**重要日常意义**上。我们可以通过对一个狭窄领域的审视来支持最后这句宣称，我们确知该领域为决定论所统治：计算机下象棋程序的领域。

一场计算机象棋[1]马拉松

计算机极好地示范了拉普拉斯式、德谟克利特式的决定论观念。你轻易就可以让一台计算机执行几万亿步，然后让它回到与此前**完全**相同的（数字）状态，看着它再次执行**完全**相同的几万亿步，一次一次又一次。这台计算机所在的亚原子世界，和制造它们的亚原子零件，可能是也可能不是决定论的，但计算机本身是被绝妙的设计为决定论的，即便面对着亚原子噪音甚至量子随机性（quantum randomness），作为数字的而非模拟的系统，它能够吸收这些扰动。

借助数字化来产生决定论性质背后的基础理念是，我们可以通过设计来**创造**惰性历史事实。将所有关键事件强行归入两个范畴——高对低，开对关，0 对 1——以确保（不同的高电位之间，不同风格的开关之间，不同微量的 0 之间的）微观差异被坚决抛弃。关于真实历史差异的事实**根本没有**对计算机经历的后续状态造成**任何差别**，没有任何东西被允许随这些差异而异，于是它们消失无踪。

康拉德：计算机是决定论的？你能让它们一次次重新运行完全相同的几万亿步？让我喘口气……那为啥我的便携机老是崩溃？为啥我的字处理器周一还工作的好好的周二就僵住不动了，可我明明是在做恰恰相同的事情啊？

你不是在做**完全**相同的事情。它不是因为其非决定论性质才僵死的，而是因为它在周二并非处于与周一**完全**相同的状态。你的便携机在这期间必定做了某些事情，升起了一面隐藏的“信号旗”或唤起了字处理器中之前从未被你激活过的某些部分，从而翻转了某个地方的一个比特位，并且当你关机时被保存在一个新位置上，现在该字处

[1] 本书中 chess 一律译作“象棋”，特指国际象棋。——译注

理器不小心踩到了这个微小改变，然后崩溃了。如果你设法让它再次回到与周二上午完全相同的状态，它会再次崩溃。

康拉德：那“随机数发生器”怎么说？我想我的计算机有个内置设备可以在需要时创造随机性。

现在的每台计算机都配备了内置随机数发生器，可供运行于该机器上的任何程序在需要时随时调用。它生成的数字序列不是真正随机的，而只是伪随机的：它是“数学上可压缩的”，意思是，这一无限长序列可以被一个有限描述的机制所表达并按序输出。

无论何时你在冷启动——比如重启你的计算机——之后再启动随机数发生器，它总是会产生完全相同的数字序列，但那是一个明显无模式的序列，就像它是由真正的随机量子涨落所产生的。（它更像一盘非常长的循环录像带，记录着一个公平的赌场轮盘的百万次转动历史。每次你启动计算机，录像带就回到“开头”。）

有时这是有影响的，那些在各种“选择”点上需要随机性才能让自己变得可用的计算机程序，如果一次次地在冷启动后运行，将产生完全相同的状态序列，而如果你想要测试程序找出臭虫（bug），你将总是在测试状态的同一个“随机样本”，除非你采取措施（很容易）时而提醒程序转到别处的数字流去提取其下一个“随机”数。

假设你在电脑上安装了两个不同的下象棋程序，并用一个小管理程序把它们拉到一起，让它们对弈，在一个潜在的无穷序列中，一盘接一盘地下。它们会一次次下出同样的棋局，直到你关掉电脑吗？你可以将它设置成那样，但这样你就不能了解到有关这两个程序 A 和 B 的任何有趣事情了。假设 A 在这不断重复的对弈中击败了 B。你不能由此推断 A 总体上比 B 好，或 A 会在另一盘棋中击败 B，你也无法从完全重复中了解到有关两个不同程序的实力和弱点的任何事情。

远更能提供信息的做法，是安排一个赛程，让 A 和 B 下一系列不同的棋。这很容易安排。如果任一象棋程序在计算过程中使用随机数发生器（比如，当它在其启发式搜索过程中，没有明显的理由选择做某一件事而不是另一件事时，就周期性地“抛个硬币”来摆脱这种局面），那么在后续棋局中随机数发生器的状态将会改变（除非你安排好将它再初始化），从而不同的替代选择将被搜索，以不同的顺序，偶或导致不同棋着被“选中”。

一盘有所不同的棋局将会展开，然后第三盘又将以不同方式而不同，结果将产生一个序列，其中的棋局就像雪花，没有两片是一样的。然而，如果你关掉电脑然后重开并运行同样的程序，完全相同的富于变化的棋局序列将会依此展开。

那么，假设我们设置这样一个包括 A 和 B 两个程序的象棋宇宙，并研究一个漫长运行——比如一千盘——的结果。我们会发现大量高度可信的模式。假设我们发现，在一千盘不同棋局中，A 总是击败 B。那将是一个我们需要去解释的模式，而仅仅说“因为程序是决定论的，A 总是**被导致**去击败 B”，将完全糊弄不了我们非常合理的好奇心。

我们会想知道有关 A 的结构、方法、布局等能够解释其在象棋上的优势的东西。A 有着 B 所缺乏的技能或能力，而我们需要将这令人感兴趣的因素分离出来。当我们着手探索这个问题时，我们需要让自己站在一个高层次视角上，从那里能够看见象棋决策制定的“宏观”对象：棋子的表征（representation）、棋盘上各位置、可能后续进程的评估、选择进一步追求哪个后续进程，等等。

或者也可能，解释隐藏在较低层次上，比如最终可能发现，程序 A 和程序 B 是**完全相同**的棋着评估器，但程序 A 编码效率更高，所以它在相同时钟周期内可以比程序 B 探索得更远。结果，对于象棋，A 和 B “思考着同样的想法”，只是 A 思考得更快而已。

实际上，如果一个程序并不总是赢，那才更有趣。假设 A 几乎总是击败B，并假设A用另一组原则来评估棋步，那么我们会有些更有趣的事情需要解释。为考察这一因果问题，我们需要研究那一千盘不同棋局的历史，寻找更多模式。我们肯定会发现很多。其中一些将是在所有棋局中都很常见的情况（例如，当B比A少了一个车时，B几乎肯定会输掉这盘棋），而有些则是A和B作为特定棋手所特有的（例如，B喜欢很早就把他的后推出来）。

我们会发现象棋策略的标准模式，诸如，当B的时间快用完时，相比它在局面相同但时间更多时，对决策树的搜索会更浅。简言之，我们会发现大量的**解释性**规律（explanatory regularities），有些是无例外的（在我们运行的一千个棋局里），而另一些则是统计性的。

这些宏观模式是一出决定论大戏展开过程中的凸显片段，而从微观因果视角看，则几乎全都是一样的。我们从一个视点上看到的两个象棋程序充满悬念的对抗，而通过"显微镜"（当我们看着指令与数据流通过计算机的CPU时）所看到的，将是一个单一的决定论自动机，在以它可能的唯一方式展开，其跳跃已经可以通过检查伪随机数发生器的确切状态而得到预测。它的未来没有"真正"的分叉或分支，所有A和B所做的"选择"都已经被决定了。

看上去，在这世界里除了实际发生的之外，没有什么是真正可能的。比如，假设在时刻t一个不详的将杀网（mating net）正隐约出现在B面前，但是当A用完时间并过早（只差一个脉冲）停止其对关键棋着的搜索时，将杀网又瓦解了。这将杀网从未**即将发生**。（这是我们可以证明的，如果我们怀疑，可以改天运行完全相同的赛程。在序列的同一时刻，A会再次用完时间并在完全相同的点上停止其搜索。）

对此我们有什么可说？这个玩具世界果真是一个没有基于真正主体性的阻止、进攻和防御、丧失机会、刺击和挡避，也没有真正可能性的世界吗？诚然，像昆虫和鱼一样，我们的象棋程序是太过简单的主体，没有资格成为有道德显著性的自由意志的可能候选者，但它们世界的决定论性质并未剥夺它们的不同力量，它们让自己能够利用出现在眼前的机会的不同能力。

如果我们想要理解这世界发生了什么，我们可以——实际上必须——讨论它们基于所获信息而做的选择，如何导致它们所处环境条件的改变，以及他们**能够**和**不能**做什么。如果我们想要揭示那些能够解释我们在这一千盘棋局中所发现的模式的**因果规律性**（causal regularities），我们必须认真对待这一视角：它将世界描述为包含了A和B两个主体，它们都试图在象棋中击败对方。

假设我们将比赛程序配置成这样，每当A获胜一个铃就响起，而每当B获胜一个蜂鸣器就发声。我们开始一次马拉松运行，一位对程序运行一无所知的观察者注意到，铃声显然更频繁，蜂鸣声则很少听到。她想知道，什么能解释这一规律性。不采取意向性立场，也可以辨别和描述A几乎总是击败B这一规律性，但不足以解释它。

唯一的——也是正确的——解释或许是，A对B在什么条件下将会做什么产生了更好的“信念”——相比B对A在什么条件下会做什么所产生的信念。在这样的情况下，采取意向性立场是找出解释所**必需**的。

假设我们发现序列中的两盘棋，其最初12步相同，但A在第一盘里执白，第二盘里执黑。在第一盘的第13步，B“失手了”，并从此开始走下坡路。对照之下，在第二盘的第13步，A找到了挽救局面的一着，王车易位（castling）[1]，并走向胜利。“B**原本可以**在第一盘的那一步下出王车易位”，旁观者说，像在模仿奥斯丁。

真的假的？王车易位这一着，在第一盘里同样是合法的，所

[1] 王车易位（castling）是（国际）象棋中一种特别着法，即在满足若干条件（共7条）的情况下，可同时移动己方的王和处于同一行上的一只车：把王向该车方向平移两步，再把该车越过王，停在王旁一格。——译注

以在**此种意义上**，它在B的可用“选项”之中。假设我们发现，不止如此，王车易位不是B想到的唯一候选棋着，实际上，B还草草地对王车易位的后果做了些探索，然后在其优点显露出来之前就放弃了，唉。那么B**原本能够**走出王车易位吗？我们试图查明的是什么？

一次次看着**完全相同**的情况，是完全没有信息价值的，但看着**相似**的情况则是有助于诊断的。如果我们发现，在许多条件相似的其他棋局中，B**确实**会稍稍多做一些评估，发现这一棋着的优点，并加以采用——如果我们发现，在接近的案例中，在随机数发生器中仅仅翻转一个比特位就会导致B下出王车易位——那么我们就会支持（“借助更多实验”）那位观察者对B原本可以下出王车易位的确信。实际上我们会说，B未能下出王车易位是偶然事故，是随机数发生器带来的坏运气。

相反，如果我们发现，找出王车易位的理由所需要的分析，远远不是B在其可用时间内所能做到的（尽管A作为一位更强的棋手能够胜任这任务），那我们就有了依据下结论说，不，B不像A，原本就下不出王车易位。我们可能发现，王车易位是那些在报纸象棋专栏出现时带感叹号的棋着之一，一个不属于B这个级别的“深着”。想象B会王车易位将需要对现实做太多修改，我们就会犯前面提及的错误，把集合X选的过大。

总之，如果我们想要解释在（随比赛进行而）展开的数据中所显示出的模式，使用狭窄方法选择X是无用的。只有当我们“摇晃事件”（如大卫·刘易斯所言），不是看“与实际完全相同的条件”，而是看近邻世界，我们才能获得任何理解。一旦我们将X扩展一点，就发现B拥有额外选项，无论是信息上的还是道德重要性上的（当我们应付棋盘以外的世界时）。

许多哲学家未经特别论证便假定，当我们问关于什么是可能的问题时，我们是——且应是——有兴趣知道，在完全相同的境况下，同样的事件是否会再次发生。我们已论证，尽管传统上被哲学家所采纳，这一方针从未被可能性的考察者认真遵循，而且无论如何都对它缺乏热情：它不能给你一个能满足你好奇心的答案。现在责任转给了那些看法相反的人，他们需要解释为何“真正的”可能性需要用狭窄方法选择 X——或为何我们要对这样一个可能性概念感兴趣，而不顾其“现实性”。

所以，决定论世界可以令人满意地支持一种更宽广更有趣的可能性类型。引入非决定论，实在没有以有价值的方式为世界增加任何可能性、机会或能力。如果在我们的决定论象棋比赛中，程序 A 总是击败程序 B，那么将伪随机数发生器替换成真正的非决定论设备，对 B 将毫无帮助。A 仍将每次都获胜。一个像 A 所拥有的优越算法，不大可能被这样一个琐碎、甚至实践上不可见的改变所绊倒。

虽然伪随机数发生器或许不能产生真正随机的输出，但它们如此接近乃至对于几乎任何用途，它都不会带来差别。在一种场合中它确实会带来实际差异：密码学（cryptography）。特定伪随机数发生算法的无模式性的特定风味，最终可以被超级计算机嗅探到，这给在这些特殊场合使用真正随机数带来了红利（如果需要的话，你可以从若干网络来源中获得真正随机数序列，比如 www.random.org 和 www.fourmilab.ch/hotbits）。但除非是这样的场合，此时你不得不担忧一个对手在访问你的特定类型的伪随机数发生器，并用它来“读你的心思”，否则你从真正的非决定论性质中什么也得不到。

说得生动些，假如宇宙在偶数日是决定论的，奇数日是非决定论的，我们也从来不会在人类机会或能力中注意到任何差别，10 月 4 日和 10 月 3 日或 5 日将有同样多的成功——和同样多可叹的错失。

（如果你的占星师建议你将任何道德上严肃的决定推迟到一个奇数日，你不会比他让你等到残月到来时有更多理由遵循这一建议。）

决定论宇宙中的无原因事件

当代的大量因果独立性，有助于在宇宙中保存活动余地。

——阿尔弗雷德·诺斯·怀特海

（Alfred North Whitehead），《观念的冒险》

决定论是一个有关充分性的信条：如果 S0 是这样一个（复杂得令人眩晕的）命题，它彻底详尽地记录了宇宙 t0 时刻的状态描述，类似地，S1 记录了宇宙在晚于 t0 的 t1 时刻的状态描述，那么决定论规定，在全部物理可能世界里，S0 对 S1 是充分的。但有关什么早先条件对于产生 S1 是**必要**的，或有关这一点的任何其他命题，决定论什么也没告诉我们。于是，因为因果关系一般预设了必要性为前提，决定论之为真几乎（或完全）不影响因果判断的有效性。

例如，根据决定论，大爆炸之后一秒的宇宙确切状态（称对应命题为 S0）对于产生 1963 年约翰·菲茨杰拉德·肯尼迪刺杀事件（命题 C），因果上是充分的。但根本没有理由宣称 S0 导致了 C。虽然充分，我们没有理由相信，S0 是必要的。据我们所知，肯尼迪很可能无论如何都会被刺杀，即便宇宙诞生到那时之间出现过某些不同条件。

我们从何而知？我们可以想象一个研究，即便我们不能实施它：想象我们对肯尼迪遇刺那一刻的宇宙拍了张快照，然后对图片做了些细微改动（比如把肯尼迪向左移动一毫米）。命题 C，“约翰·

菲茨杰拉德·肯尼迪于1963年遇刺（在迪利广场，坐车随车队行进时……）”，仍为真，但使之为真的原子状态有着微观差异。于是，从我们细微改变了的1963年状态描述，并循着（决定论的）物理定律回溯，我们生成一部一路退回大爆炸的电影，得到一个S0在其中因细微之处而不成立的世界。[1]

存在高度相似的可能世界，在其中肯尼迪被杀但S0不成立，所以S0所描述的宇宙状态**不是**肯尼迪遇刺的原因。该事件更似真的原因将包括：“一颗子弹沿一条指向肯尼迪身体的路线飞行”；“李·哈维·奥斯瓦尔德扣动了他那支枪的扳机”。事件发生数十亿年前包含微观细节的宇宙状态描述显然不适合放进这份清单。那些断言按决定论S0“导致了”或“解释了”C的哲学家，没抓住因果探究的要点，而这是第二个主要错误。

事实上，决定论完美地兼容于这样的观念：某些事件根本没有原因。考虑命题“卢比贬值导致道琼斯平均指数下降”。我们理所当然抱着怀疑对待这种宣称，我们真的这么确定，在邻近宇宙中，道琼斯指数**仅**只在那些卢比首先下跌的宇宙中下跌？甚至，我们是否设想过，每个卢比下跌的宇宙都经历了股票下跌吗？

会不会有几十个因素汇聚起来足以共同颠覆市场，但其中任何一个本身都不是必要的？或许在某些日子，对华尔街的表现有个现成的解释，但至少同样常见的情况是，我们怀疑没有特定原因在起作用。

抛掷一枚普通硬币是一个事件产生一个结果（比如正面）但完

[1] 这句话有点问题，正如丹内特在本章第一节指出的，在一个决定论世界，无法从当前状态“循着物理定律”唯一地回溯过去，这种回溯在每个时刻都可能需要在若干分支之间做选择，因而结果既不是唯一的，与S0的差异也极不可能只是细微不同。当然，丹内特在这里可能只是想表达这样的意思：让以通俗谓词表达命题C成立的微观事实可以有许多种，而其中每个事实对应的宇宙初始状态也可以有许多个，因而S0不是C的必要条件；这意思没错，不过他用了不必要的回溯说法来表达这一点。——译注

全没有原因的常见例子。它没有原因是因为无论我们如何选择集合 X（忽略奥斯丁让我们考虑与实际完全相同的条件的错误建议），我们将找不出一个特性 C，对正面朝上的结果是必要的，或对反面朝上的结果是必要的。你可曾疑惑于用抛硬币作为随机事件发生器所涉及的表面矛盾？

抛硬币的结果肯定是作用于硬币的力量之总和的决定论结果：传递给旋转的速度和释放方向，空气密度和湿度，重力影响，与地面的距离，温度，地球自转，火星与金星在那一时刻的距离，等等。但这一总和没有可预测模式。这正是像硬币抛掷这样的随机化装置的要点，通过让它对那么多变量敏感从而没有可行而有限的条件清单能列出来作为原因，从而让结果不可控。

这就是为何我们需要把硬币抛得很高，伴随着强劲的旋转，而不仅仅是从离桌面一英寸的手指上掉落：我们发动了一连串事件，它能在实践上确保没有东西将成为它正面或反面落地的原因。注意抛币策略如何利用了数字化以保证其结果是无原因的（如果做得公平）。

它以与计算机恰好相反的方式完成数字化：不是吸收宇宙的所有微观差异，而是放大它们，以保证多到无法想象的力量的总和在那一刻起作用，将数字化器翻到两个状态之一，正面或反面，但每个状态都没有显著的必要条件。

受控实验中“摇晃事件”的做法是现代科学的伟大创新之一，而且如朱迪亚·皮尔（Judea Pearl）所指出，它依赖于使用某种类似抛硬币的方法以打破原本可能存在于我们希望去分析的事件之间的因果链：

> 假设我们希望去研究一些药物治疗治愈一种给定疾病的效果……在非受控条件下，治疗的选择取决于病人并可能依赖于病人的社会经济背景。这造成一个问题，因为我们无法知道，

治愈率的改变是归因于治疗还是这些背景因素。我们希望做的是比较相似背景的病人，这正是（罗纳德·）菲歇尔（爵士）的**随机试验**所完成的。怎么做？它实际上由两部分组成，随机化和**干预**。

干预的意思是，我们改变个体的自然行为：我们将受治者分入两组，称为治疗组和控制组，我们说服受治者遵守实验方针。我们将治疗施予一些在常规境况下不会寻求治疗的病人，我们给一些不然会接受治疗的病人安慰剂。那在我们的新词汇表里的意思是"**手术**"——我们切断一个功能性联系，代之以另一个。

菲歇尔的伟大洞见是，与随机抛币建立新联系**保证了**我们希望打破的联系真正被打破。理由是，一次随机抛币被假定为不受任何我们可以在宏观层次上度量的东西影响——当然包括病人的社会经济背景。（皮尔，2000，p.348）

我们在这些情况下的做法不符合一个似乎被广泛采纳（但即便有也很少得到检查）的背景假设：一个事件没有原因的唯一途径是它是严格非决定的，**没有**充分条件，无论是多么弥散、复杂且无趣的充分条件。这种假设可能导致对其科学议程的严重扭曲：第一次世界大战的原因是什么？无疑，如果我们要成为科学解释者，我们需要找出原因！宣布一战没有原因，岂不是等同于宣布，它要么违反了自然律——某个奇迹！——要么是（量子物理学前来救驾）非决定论量子过程的结果？

不，不会。有**可能**，无论历史学家如何"摇晃事实"以便在邻近可能世界里找到一战的必要前导事件（antecedent），却发现那些一战在其中发生了的宇宙没有分享任何共同的、必要的前导事件。比如，假设在宇宙 A，费迪南大公（Archduke Ferdinand）遇刺并且一战随后爆发。那么是前者导致了后者（就像我们有些人在学校里“学到”的）吗？可能不是，或许在宇宙 B，费迪南大公幸存了，但一战仍爆发了。

而且相似的，对于历史学家 X 提出的任何“原因”，历史学家 Y 可能都能够设想出一个世界，其中一战在那个候选原因没有首先出现的情况下出现了。战争可以是个偶然事故，因而坚持争论“原因”不仅是徒劳的，而且几乎肯定会人为制造出有关值得进一步追踪的隐秘原因的神话。对此类必要条件的搜寻总是理性的，只要我们让自己记住，在任何特定案例中，可能不存在任何想要发现的东西。［热衷于不仅寻找而且要发现一个原因的偏见从未停歇，正如马特·里德利在讨论尚未发现原因的克雅氏症（Creutzfeldt-Jakob disease）时指出的：“这违反了我们的自然决定论，它认为疾病必定有原因。也许克雅氏症只是以每年每百万人一例的速率自发地发生着”（马特·里德利，1999，p.285）。］

于是有人可能会疑惑，为何因果必要性对我们这么重要。让我们暂时回到象棋程序 A 和 B。假设我们的注意力被吸引到一个罕见棋局上，其中 B 赢了，而我们想要知道这一惊人胜利的“原因”。浅薄地宣称 B 的胜利是由计算机的初始状态所“导致”，是全无信息的废话。

当然，这玩具宇宙在先前时刻的全状态，对于该胜利的出现是**充分**的；我们想要知道的是，哪些特性是**必要**的，从而理解这类罕见事件有何共同之处。我们想要发现这样的特性，其缺席后面几乎总是直接跟着 B 的失败这一默认结果。或许我们会在 A 的控制结构中发现一个此前始终未被怀疑的瑕疵，一只直到现在才浮出水面的臭虫。

或者我们可能在 B 的技能中发现一座闪光的独特孤岛，它一旦被查明将让我们能够说出，未来的何种情境可能为 B 提供另一次这样的胜利机会。或者，该胜利或许是种种条件的一个巨大巧合，A 无需为此做出改进，因为这种巧合再现的可能性相当于零。这最后一种可能性的意义相当于：B 的胜利完全没有原因——只是个巧合——这在这种简单背景中容易理解，但在现实世界的案例中，似乎很难得到赞同。

合理性要求我们，在评估必要条件时至少需要和评估充分条件时一样仔细。考虑一个掉进电梯井里的男人。尽管他不确切知道他实际上居于哪个可能世界，但他确实知道一件事：他身处一个世界集，在其中**每个**里，他都很快掉落到井底。重力会确保这一点。落地是不**可避免**的，因为这发生在每个符合他的知识的可能世界里。但或许死亡不是不可避免的。或许在某些他在其中落地了的可能世界里，他幸存了。

这些世界并未包括某些世界，比如在其中他头先着地或四肢伸展着地的世界，但可能包括了一些在其中他蜷缩着脚先着地并活下来的世界。存在一些活动余地。他可以基于可能活下来的假设，理性地规划行动，而即便他未能找出能确保幸存的充分条件，他至少能通过采取任何必要行动来提高几率，从而，凭着一些运气，发现自己是身处数量浩瀚的他在其中得以存活的可能世界之一。

> 康拉德：问题仍是，有关**增进**他存活机会的这些谈论能有什么意义？我们这里预设了决定论这一前提。他无法**更换世界**。他就在他所在的世界里，真实世界，在这个世界他要么活下去要么死了，就这么简单！

但那确实是独立于决定论的，而且与其行为的合理性无关。假如我们将此人在坠落过程中暂时悬停，并允许他在巴别库中那个包含了有着他的名字、他的容貌与个性和他到那刻为止历史的传记的浩瀚角落里，仔细翻阅关于一个男人意外掉进一个电梯井的故事，并发现自己面对着数量巨大得不可思议的藏书，每本都自称是他的真实生活史。在其中一些书里他活下来了而在另一些书里他死了［此外，别忘了这是巴别库，在其中一些书里，他变成了一只金色茶杯，被一只巨大蜗牛扔在克娄巴特拉（Cleopatra）脸上[1]］。

麻烦在于，尽管他可以基于他有关世界如何运行的一般知识排除那些荒诞书，但他没办法知道，这些说他活着或者死了的书中，哪一本是真的。而假设决定论是真或是假，不会对他从这草堆里找到针有什么帮助。他的最佳策略，是去寻找可预测特点的一般模式——原因和结果——并接受这些模式推荐给他的预测的指导。但他怎么才能做到这一点？

这不是问题：他已经被亿万年的进化设计得能被导致去那么做了。如果他没有这些才能，他不会在这里。他是创造了预测者 - 避免者物种的那个设计过程的产物，对于他，这些诀窍是第二天性。他们并不完美，但他们做得比全靠运气好得多。比如，对照两种赢取百万美元机会的不同前景：或者抛一次硬币，或者用两个骰子掷出双幺。

有人可能宿命论式地推想道："我选择哪个方法不会带来差别，我掷出双幺的几率要么是 0 要么是 1。我不知道已被决定的是哪个命运，这一点在我选择抛硬币时同样成立。"其他人则基于如下信念而行动：抛硬币的 1/2 机会远好于掷出双幺的 1/36 机会，所以我倾向于抛硬币。毫不奇怪，被如此设计的人们的表现超越宿命论者，从历史视角看，后者可被视为具有一个设计瑕疵。

---

［1］克娄巴特拉七世（Cleopatra VII Philopator；前 69 —前 30 年），俗称"埃及艳后"，古埃及托勒密王朝末代女王；为在罗马共和国末期混乱局面中确保权力，曾先后委身为罗马两位僭权军头尤利乌斯 • 凯撒（Julius Caesar）和马克 • 安东尼（Mark Antony）的情妇；机关算尽，最终却仍难逃身败国亡的厄运。一个包括约 20 个物种的蜗牛属被命名为 Cleopatra，不知丹内特是否在此玩弄了一点文字游戏。——译注

未来会像过去一样吗?

现在，我们终于准备好去面对思考决定论时的第三个主要错误了。一些思考者曾提出，决定论之为真，可能暗含了下列令人沮丧的断言中的一个或更多：所有趋势都是固定不变的，个性基本上是不可变的，一个人很不可能在未来改变他的行事方式、他的未来、或他的基本天性。例如，特德·洪德里奇（Ted Honderich）曾坚持，决定论将碾碎他所称的我们的生活希望：

> 如果一个人诸事顺利，基于他或她的生活的整体运转是固定的这一假设，对随后的发展就会有更多希望……如果事情发展不顺利，或不如希望的顺利，那么基于整个生活不是固定的而是与自我的活动有联系的这一假设，而抱有更高的希望，就至少不是不合理的……考虑到合理性中的乐观前提[1]，有理由认为，我们并不倾向于认为个人未来是固定的。（洪德里奇，1988，pp.388-389）

很清楚，这种焦虑源自一种含混观念，认为真正的可能性（比如更好的运气）在决定论之下消失了。但这是个错误。一个有着开放未来的东西和一个有着封闭未来的东西之间的差别，严格独立于决定论。更一般而言，对特定现象**被决定**为可改变的、混沌的和不可预见的这一观察中，不存在悖论，这是一个被哲学家奇怪地忽略了的明显而重要的事实。

洪德里奇发现了一个令人不安的想法，觉得我们可能有一个“固定的个人**未来**”，但这一想法的含义与有一个“固定的个人**天性**（nature）”的含义全然不同。有幸得到一个变化多端的天性，完全

[1] 意思是，只有当一种理论能带给人们一个乐观的世界前景，才可能说它是合理的。——译注

可能就是一个人“固定的”——即被决定的——个人未来，并很大程度上受到“自我的活动”的影响。

个人未来——“固定的”或不固定的——的总集，包含所有种类的宜人情节，包括战胜逆境，克服弱点，改造个性，甚至改变运气。你能教会一条老狗新把戏[1]，和你做不到，可以同样是被决定的事实。要问的问题是：老狗是不是那种能被教会新把戏的东西？如果它们不是，我们不想变得像老狗一样。我们无疑在乎自己成为这样一种实体，其未来轨迹不是必定重复过去曾表现出的模式，而决定论的一般理论根本没有对这个问题做出任何暗示。

考虑简单的决定论生命游戏世界。在一个层次上从未有什么变化，像素们永远一遍遍做同样的事情，遵循着简单的物理规则。在另一个层次上，我们看到了不同类型的世界。一些世界在鸟瞰视角看来和它们在原子层次上一样无变化，比如，一片由静止生命和永远闪烁着的闪光灯占据的领地。没有戏剧性，没有悬念。其他世界持续“进化”着，从不两次回到相同状态，要么以一种模式化方式可预测地成长着，创造着比如由相同的、等距的滑翔机组成的稳定的流，要么以一种明显无模式的方式，伴随着无数增长着、变换着、碰撞着的像素丛集。

在这些世界里，未来像过去一样吗？是也不是。其物理学是永恒无变化的，所以微观事件总是相同的。但在更高层次上，未来可能是富于变化的：它可能包含一些像它过去表现出的模式，也可能包括另一些完全新颖的模式。在一些决定论世界里，有些东西的**性质**（natures）随时间而改变，所以决定论并未暗示一个固定的性质。这是一个琐细但令人振奋的事实。还有更多惊喜在后面。

一些生命游戏世界包含竞争，尽管拉普拉斯妖完全知道每次竞

[1] 你无法教会一条老狗新把戏（you can't teach an old dog new tricks），是一句古老的英国俚语。——译注

争将如何结束，但对于较拉普拉斯妖次等的智慧，仍可能有着真正的戏剧性和悬念，从他们的有限视角，无法知道竞争将如何结束。比如，考虑这样的生命游戏世界，其中存在一部通用图灵机，运行着我们的象棋比赛程序，A 和 B 在其中下棋。象棋是一种“完全信息”游戏，这一点上它不像纸牌游戏，在纸牌游戏里你对对手隐藏你的牌（而且没有对手知道从牌垛里出来的下一张是什么牌）。

所以 A 和 B 拥有共同且全部关于正在进行的象棋棋局状态和摆在前面的可能性的信息。尽管如此，它们拥有的针对对手和自己的未来可能棋着做出艰难预期所需的知识储备，仍然是不同的。这里的竞争在于，利用共享信息生成私有信息，并以此为基础选择棋着，而对为何 A 击败 B（如果是这样）的**解释**，必定是关于其产生并利用有关不确定开放未来的信息的优势能力的。

每个有限信息使用者都有一个认识论眼界，它不会知道其所在世界的每件事，而这一不可避免的无知确保了它拥有一个**主观上**开放的未来。对这样的主体来说，悬念是生活的一个必要条件。[拉普拉斯妖例示了一个有趣的问题，它首先由图灵指出，然后得到了里尔（Ryle，1949）、波普（1951）和麦凯（MacKay，1960）的讨论。没有信息处理系统能有一个对其本身的完备描述——这是个项狄难题（Tristram Shandy's problem）：如何对表征的表征的表征的表征……进行表征，直到耗尽最后一个比特。所以即便拉普拉斯妖也有个认识眼界，并因而无法像它预测宇宙下一个状态那样预测它自己的行动，它所预测的那个宇宙必须在它外面。]

但先不管主观悬念和本性改变。**改进**是怎么回事？在一个决定论世界里，是否可能存在不仅是改善，而且是**自我导致的**（self-generated）改善这种事情？决定论世界中的一个主体能否现实地希望改善其运气？对此问题的回答同样与决定论无关，而只与**设计**有关。程序员已经演示了，决定论的计算机算法如何可能调整自己去适应环境变化，并从自己的错误中学习。因为不想把讨论的注意力转向其他话题，我们已经推迟了在象棋程序 A 和 B 中运用学习才能，但考虑一下，当我们将从经验中学习的能力结合进竞争者之一，会发生什么。

如果起初能力平平的 B 拥有学习能力而 A 没有，那么我们可能最终会发现 B 转败为胜。B 与 A 的竞争史的产物之一（也可以说是纯属自身努力的成果）可能是，B 进化出了一个结构，该结构赋予它改进了的技能，和因而改善了的生活运气。B 从一个长期失败者转变成了一个经常胜利者。假设 B 在决定论世界里拥有这种学习结构，那么其骄人能力将**根本**不会因为引入真正的非决定论随机数发生器而有所改进。相反，如果 B 缺乏学习能力，那么将非决定论性质加入其所在宇宙，同样不会有助于打开它的未来。

让这种自我改进得以（非神秘地）出现的条件，完全等同于这样一种情况出现的条件：某些东西——或者一个黑客上帝，或者进化，或者 B 的教练，或 B 自己——认清导致胜利的原因，并运用某些设计，从而提高这些原因在未来恰当时间出现的可能性。于是，存在一个相似的理由去设计一个从经验中学习的程序：在未来它可能遭遇相似处境，今天学了什么可以影响届时会发生什么。

这是因为，届时发生什么，将依赖于届时它做何决定，比如是否走王车易位，将在一种重要意义上取决于它。象棋规则是否保持不变，将不**取决于它**，它对手的棋着也不取决于它，然而，它自己的棋着将在一种重要的意义上取决于它：它们将是**它**的探索和斟酌过程的产物。

类似的，对比两条鱼，一条面对上了饵的鱼钩，另一条面对一张快速逼近的渔网，第一条鱼是否咬钩取决于这条鱼，但第二条鱼是否入网则很可能不取决于它。那么，鱼有自由意志吗？在具有道德重要性的意义上，没有，但它们确实拥有做出生死“决定”的控制系统，而这至少是自由意志的一个必要条件。在第四章，我们将考虑是否存在“取决于”的另一种更有份量的意义，它适用于我们（如果我们是道德主体的话）但不适用于决定论性质的下棋计算机——或者鱼。

我们生活在一个主观上开放的世界里。而且我们被进化设计成了“食信息动物（informavores）”，带着认识论饥渴的信息探求者，无尽地寻求着改进我们在这世界上的进取之道，更好地为我们主观上的开放未来做决策。组成月亮的物质种类和组成我们的那些差不多，它和我们也遵守着同样的物理定律，但不像我们，月亮的性质是固定的。而且，也不像我们，它的性质对它来说毫无意义。它没有配备照顾自己的最起码能力。

我们与月亮之间的差异不是物理差异，而是较高层次上的设计差异。我们是一个宏大而竞争性设计过程的产物，月亮不是。众所周知，这一设计过程，即自然选择，需要“随机”变异作为其终极多样性发生器。我们已看到，计算机程序——以及更一般的受控实验——使用这种多样性发生器产生大致一样的效果：推动探索过程进入新模式，并离开旧模式。但我们也已看到，这一受欢迎的多样性来源，不需要在非决定论意义上是真正随机的。

说如果决定论是真的，你们的**未来**就是固定的，这是在说废话。说如果决定论是真的，你们的**天性**就是固定的，这是在说错话。我们的天性不是固定的，因为我们已被进化设计成了能改变自己天性的实体，这些改变是对自身与世界其余部分的互动所做出的反应。正是对拥有固定天性和拥有固定未来的混淆，错误地激发了对决定论所感到的痛苦。

这一混淆出现在人们试图在同一时刻维持对宇宙的两种视角时：看着过去和未来全部摊在面前的“上帝之眼”视角，和置身宇宙内部的主体的参与视角。从没有时间性的上帝之眼的视角看，没什么东西会改变——整个宇宙历史“立即”展开在那里——即便一个非决定论宇宙也只是一棵由分叉轨迹组成的静态树。[1]

从主体的参与视角看，事物随时间而改变，而主体也改变以适应这些变化。当然不是**所有**变化对我们都是可能的。有些事情我们能改变，有些则不能，而且后者中的一些是可悲的。我们世界存在许多错误的事情，但决定论不在其中，即便我们的世界是被决定的。

这样，在撇开对物理决定论的恐惧之后，我们可以把注意力指向生物层次了，在那里我们可能真正解释，当我们世界中与我们由同样物质构成的其他实体根本没有自由可言时，我们如何可能是自由的。而且如同往常，当主题是生物学时，我们就会发现形形色色不同种类与等级的自由。生活在生命游戏平面中的下棋电脑的自由，不过是个玩具，是对我们感兴趣的那种自由的一个卡通式速写。但我们确实对这种类型的自由感兴趣，因为从最简单的想象模型入手，并确认它是否与决定论兼容，将有助于考察自由。

> 康拉德：嗯，你已说明了奥斯丁是错的。但这只是表明他其实对**真正**的可能性根本没兴趣，他感兴趣的是他的推杆游戏！而你正确地指出了，查明这种可能性的方法是去打上几杆然后看看打进了多少。如你已说明的，存在一种能力的概念，**能做**什么的概念，那同等适用于人类主体和像下棋电脑这样的新鲜玩意（就此而言，还有开罐头器）。但所有这些试图回答**此**类问题的解释，根本没有针对那个引起我兴趣的问题：奥斯丁原本可以打进**那个**推杆吗？而在一个决定论世界里，该问题的

[1] 这句有点问题，假如从初始状态按某种非决定论规则展开的各条可能轨迹组成的整棵静态树（而不是这棵树上的一条线）算作“一个非决定论宇宙”，丹内特在第二章第一节中所陈述的那种清点德谟克利特宇宙的方法就是错的。——译注

答案必定是“不”。

好吧，如果你坚持这么想。或许有一种“可能性”的意义，按此意义，如果决定论是真的，奥斯丁原本就不可能打进那个推杆。可问题是我们究竟为何要关心你的问题？除了无聊的形而上学好奇心，我们对奥斯丁在你这种意义上是否可能打进那个推杆，还会有什么兴趣呢？

对此问题，非兼容主义者确实有一个答案，而在我们能够安心地回到进化问题上之前，我会给他们一个机会表达它。下一章将专注于听取他们迄今为止的最佳答案。那些已经被说服而相信决定论对此不是问题的人，可以跳过第四章，但这样他们会错过一些关于我们自由之性质的附带发现，这些性质基本独立于发现了它们的这一对非决定论的探寻。

第三章

我们对可能性、必要性和因果关系的日常思考，看似与决定论冲突，但这是个幻觉。决定论并未暗示我们原本不可能做我们实际所做以外的事，也未暗示每个事件都有个原因，或者我们的天性是固定的。

第四章

对野心勃勃的非决定论决策制定模型的一次抱有同情心的观察，揭示了困扰着任何追随这条路线的理论家的动机和问题。自由意志主义者貌似合理地宣称他们需要的东西，无须非决定论便可提供，而非决定论并不能带来任何可能在道德上造成任何不同的差别。

对来源与进一步阅读的说明

朱迪亚·皮尔的《因果性：模型、推理和推断》（*Causality: Models, Reasoning, and Inferece,* 2000），是我在准备本书最终草稿时发现的，该书提出了有关以可能世界的术语来谈论事物的泰勒/丹内特方法的问题，并开启了诱人的替代解释。消化这些内容，并且（如果需要的话）修订我们的结论，要费不小力气，而我们不认为我们的结论受到了直接的挑战。这是以后的工作。

关于可能性的更多讨论，见《达尔文的危险观念》（丹内特，1995）第五章“可能的和实际的”，尤其是其中第四节“自然化了的可能性”（pp.118-123）。另见思想实验“两个黑箱”（pp.412-422），从中可以看到，科学家即便拥有关于这一现象中发生的微观因果过程的全部知识，却仍对他们观察到并希望解释的宏观因果规律性感到彻底困惑。

关于伪随机数和它们在控制与自由意志中的用处，见《活动余地》（丹内特，1984），pp.66-67 等处。

劳伦斯·斯特恩（Laurence Sterne）在 1759 年至 1766 年间出版的九卷本漫画式小说《项狄传》（*Tristram Shandy*）自称是本自传，却把自己绕进了一个反思、反应和元反应（meta-reaction）[1] 的递归循环中，成了一个未完成也无法完成的任务。

[1] 所谓元反应（meta-reaction）就是对反应做出的反应，本书中以动词前面加“元（meta-）”前缀而构造的动词，都可以做类似解读，比如“元选择（meta-choice）”是指对选择方式做出选择，元调节（meta-adjustments）是指对调节机制做出调整。——译注

第四章

倾听自由意志主义

A Hearing For Libertarianism

传统自由意志问题是由这样一个命题引入的：**如果决定论是真的，那么我们没有自由意志。**这一命题表达了非兼容主义（incompatibilism），而初看起来它肯定是有道理的。许多长期努力思考该问题的人仍觉得它是真的，所以在回到我们的计划——是断然否认上述命题的——之前，让我们对它进行一次试驾，看看它的诉求到底是什么，以及它的力量何在，弱点又何在。

自由意志主义的诉求

如果我们原样接受该命题，便开启了两条路线，取决于你坚守命题的哪一半：

> **硬决定论**（Hard determinism）：决定论是真的，所以我们没有自由意志。一副冷酷科学范的人有时宣布他们接受这一立场，甚至宣称那是傻瓜都知道的事情。他们中许多还会补充道：即使决定论是假的，我们**仍然**没有自由意志——我们无论如何都没有自由意志，那是个不自洽的概念。但他们通常不要求自己去探索这样的问题：如此一来，他们将如何正当化那些常被坚定持有且仍在继续指导他们生活的道德信念。这将我们置于何地？人类的努力、赞扬和谴责，在我们还有什么意义？我们在第一章所遭遇的螺旋下降进深渊的前景，在此关头向我们招手。对这一可怕的道德虚无主义，有什么稳固的替代物吗？［你们中间的硬决定论

者可能会在后面几章里发现，你们**深思后**的观点是，尽管自由意志——以你们对该术语的理解——真的不存在，但某种**相当像**自由意志的东西确实存在，而且它就是支撑起你的道德信念所需要的东西，它允许你做出你需要做出的那些区分。硬决定论者的这样一种软着陆，与**兼容主义**（compatibilism）或许只是术语上不同，兼容主义是认为自由意志与决定论终究相兼容的观点，也是我在本书中捍卫的观点。]

自由意志主义（Libertarianism）：我们确实拥有自由意志，所以决定论必定是假的，非决定论是真的。既然由于量子物理学家的贡献，当今科学家中广为接受的观点是，非决定论**是**真的（在亚原子层次上，并意味着，在各种可指明条件下的更高层次上也是如此），这可能看起来像是问题的一个愉快解决，但有一个小问题：量子物理的非决定论性质如何能够被用来为我们提供一个人类主体行使这一美妙的自由意志的清晰而自洽的景象？

顺便说一下，**自由意志主义**的这一含义，与该术语的政治含义[1]毫无关系。为此种自由意志主义辩护的左倾哲学家可能比右倾哲学家更多，但那只是因为左倾哲学家在总体上更多而已。或许思考过它的政治右翼确实倾向于偏爱哲学上的自由意志主义，宗教保守派也被它所吸引，即便只是因为厌恶所有其他替代选择，但哲学上的自由意志主义并未在国家对公民的权力这个问题上持有任何特定观点。他们同意，自由意志依赖于非决定论，但他们在刚刚提及的疑难问题上出现了尖锐的分化：确切而言，亚原子非决定论性质如何能够产生

[1] 政治上的自由意志主义（libertarianism），又译自由至上主义，这一标签下囊括了庞杂多样且常常高度对立的政治观念，共同之处是强调个人自由和反对政府权威，主张小政府或无政府，但在财产权和法律制度上的观点五花八门，有反对私人财产权、主张平等主义和社会主义的左翼，也有主张私人财产权、普通法和市场制度的右翼。——译注

自由意志?

其中一个群体简单地宣称这是别人的问题，或许是神经科学家或物理学家的工作。他们所关切的只是我们或可称为自顶向下的道德责任约束：为让一个人类主体能够恰当地为其所做事情承担责任，无论如何主体对该行动的选择必定不是被该选择之前所达致的全部物理状态所决定。

“我们哲学家有责任为自由主体设定**规格**（specs），我们把这些规格的**实现**（implementation）问题留给了神经工程师。”另一个更小的群体则认识到，如此分工并不总是好主意；自由意志主义者所定规格的自洽性，已因人们在试图实现它时所遭遇的困难而受到质疑。而且结果表明，试图为非决定性人类选择构造一个正面解释的努力，其得到的回报将独立于非决定论前提。

这方面的最佳尝试是由罗伯特·凯恩（Robert Kane）在其 1996 年出版的《自由意志的重要性》［并在“责任能力、运气和机会：对自由意志与非决定论的反思”（1999）一文里追加了一份对其批评者的回应。］一书中做出。凯恩宣称，只有自由意志主义解释才能提供我们——至少我们中的一些——所渴望的、他所称的**终极责任能力**（Ultimate Responsibility）。自由意志主义从一个常见的断言开始：如果决定论是真的，那么我做的每个决策，就像我的每次呼吸，终究只是可追溯至我出生之前的诸因果链的一个结果。

在上一章我已论证，决定关系并不等同于因果关系，得知一个系统的决定论性质，并未告诉你有关所发生事件之间令人感兴趣的因果关系——或**缺乏**因果关系——的任何信息，但这一弃悠久传统于不顾的结论是有争议的。在有些人看来，这充其量只是对如何使用“导致”一词的古怪告诫，所以让我们暂时将其搁置一旁，先看看假如我们坚守传统并将决定论当做那种认为每个事物状态**导致**了后继状态的理论，会发生什么。

按许多人所宣称的，如果我的决策是由可追溯至我出生之前的事件链所导致，那么我能够对我的行为后果负有**因果性**责任的程度，便无异于一根被风暴刮落的树枝对被它砸到的人的死亡负有因果性责任的程度，但是，没有长得（比实际）更结实，或风刮得如此猛烈，或树长得如此靠近小路，都不是那根树枝的**过错**。

要承担道德责任，我必须是我的决策的终极来源，而这一点只有在没有更早的影响能够**充分**确保该后果时才能成立，此时该后果才“真正取决于我”。哈里·杜鲁门（Harry Truman）在白宫椭圆形办公室的桌子上有块著名的牌子，上面写着“**责任止于此**（The Buck Stops Here）”。凯恩说，人类心灵必须是责任所止之处，而只有自由意志主义才能提供这种自由意志，即能够给予我们终极责任能力的那种。心灵是意志（选择、决策或努力）的舞台，而且：

> 如果这些意志转而是由其他事情所导致，因而解释链可被向前追溯至遗传或环境，追溯至上帝或命运，那么终极性将不会存在于主体，而是存于其他东西中。（凯恩，1996，p.4）

自由意志主义者必须找到一种方法，去打破存在于主体决策之时的这些不祥因果链，而正如凯恩所承认的，迄今构想出的自由意志主义模型，都是些毫无希望的怪物。“自由意志主义者已求诸超经验力量中心，非物质自我，本体性自我，非偶发性（non-occurrent）原因，以及一连串其作用未经清楚说明的其他特殊主体性”（p.11）。他进而着手纠正这些缺陷。

然而，在转去看他的尝试之前，我们应注意到，一些自由意志主义者并未将此视为一种缺陷。死不悔改的二元论者和其他一些人反而欣然采纳这样的观念，认为应该有某种神秘性作为自由意志。他们从骨子里确信，自由意志——真正的自由意志——在物质主义者、机械论者和“还原论者”的世界里是绝对不可能的——而且物质主义者的图景尤其糟糕。比如，考虑一下所谓的“主体因果性（agent causation）”说法，这一古老观念的当代版本的首席设计师罗德里克·奇泽姆（Roderick Chisholm）是这样定义它的：

> 如果我们是负责任的……那么我们拥有一项会被某些人视为专属于上帝的特权：我们中的每个人，在行动时，是一个不受推动的初始推动者。在做我们所做之事时，我们导致确切事件发生，并且没有东西——也没有人——导致我们去导致这些事件发生。（奇泽姆，1964，p.32）

“我们”是怎么导致那些事件发生的？一个**主体**是如何在没有一个作为该结果之原因（而且它本身也是一个更早先原因的结果，依此类推）的事件（假设发生在主体之内）的情况下导致一个结果的？主体因果性是个明白无疑的神秘主义说法，它假定了一种与我们在任何因果过程——化学反应，核裂变与核聚变，磁吸引，飓风，火山喷发，或诸如新陈代谢、生长、免疫反应和光合作用这样的生物过程——中所发现的东西都无法相提并论的东西。

存在这样的东西吗？当自由意志主义者坚称它必定存在时，是在帮另一极端——硬决定论者——的忙，后者乐意看到这场争论的术语被设定为自由意志主义者毫不妥协的自由意志定义，如此他们便可引科学为其同盟而宣称，自由意志的处境更不妙了。我发现，那些认为自由意志显然是个幻觉的人，倾向于采纳来自主体因果性激进拥趸的自由意志定义。

这一两极分化或许是不可避免的。当事关重大时，就应该小心，但过度小心会导致立场僵化和对“侵蚀”的疑心病。像常言所说，如果你不是解决办法的一部分，那么你就是问题的一部分。你退一寸，他们会进一里。所以要保持警惕，防微杜渐。不过，小心也可能导致无意识的自我漫讽。出于保护他们所珍爱事物的热情，人们有时会把壕沟挖得太远，以为过度防御总比过少防御更安全。结果是，他们最终发展到试图去防卫不可防卫的东西，坚守一个实际上仅仅因为夸大其词而变得脆弱的极端立场。

任何情况下，绝对主义都是哲学中的一种职业病，因为激进而鲜明的立场更容易清晰定义，更容易被记住，并倾向于吸引更多关注。没人曾作为一名普世杂合主义冠军而成为著名哲学家。在自由意志主题上，这一倾向被放大并因传统的支持而获得延续：就像哲学家们在过去两千年中说的，要么我们拥有自由意志，要么我们没有；要么完全拥有，要么什么也没有。正因此，被提出的各种折中方案，认为决定论至少兼容于**某些**种类的自由意志的提议，总是被视为危及我们道德基础的亏本买卖而遭受抵制。

自由意志主义者长期坚持，我所描述和捍卫的**兼容主义**的那种自由意志，根本不是真货，甚至不是真货的一个可接受代用品，而只是一种——用伊曼纽尔·康德（Immanuel Kant）常被引用的短语说——“拙劣遁词（wretched subterfuge）”[1]。瞧，双方大可以玩这种相互蔑视的游戏。按我们兼容主义者的说法，**自由意志主义者**似乎认为，只有当你能够进行那种或许可称为**道德悬浮**（moral levitation）的活动时，你才可能拥有自由意志。

能够悬浮——并因而仅凭意念一闪便可遽奔任何方向——不是很美妙吗？我倒是希望能这么做，但我不能。这不可能。没有悬浮者这么神奇的东西，但有一些很好的近似悬浮者，我想到的有：蜂鸟、直升机、软式小飞艇、悬挂式滑翔机。然而，对于自由意志主义者，近似悬浮不够好，实际上，他们说：

[1]“拙劣遁词（wretched subterfuge）”是康德批判霍布斯（Thomas Hobbes）和休谟（David Hume）有关自由意志的观点时所用措辞，他们认为，自由意志只是免受外界强制的状态；在一篇题为“决定论的困境”（1884）的讲稿中，威廉·詹姆斯引用了康德的这一措辞来批判他所称的“软决定论”。——译注

> 如果你的脚踩在地上，这个决定不是真正由你做出的——这其实是地球的决定。这决定不是**由你**而不过是由交错于你身体之中的诸因果链的总和所**做出**，你的身体只是地球表面上的一个移动块，被各种影响摆布着，受重力驱使。真正的自主，真正的自由，需要选择者悬浮着，从而能够让决定并非由除**你**之外的任何东西所导致！

这些都是漫讽，有它们的用处，但现在让我们先严肃一点，考虑凯恩填补鸿沟的勇敢尝试：提供一个关于负责任决策制定的自由意志主义模型。在承认“**自由是个有着许多含义的术语**”的同时，凯恩进而承认，“**即便我们生活在一个被决定的世界里**，我们也能有意义地区分那些免于诸如身体束缚、成瘾或神经官能症、强制或政治压制的人，和那些未能免于这些事情的人，而且我们可以承认，即便在一个被决定的世界里，相对于其对立面，这些自由也是值得受偏爱的”（凯恩，1996，p.15）。

所以，一些值得渴望的自由兼容于决定论，但“人类渴望超越”这些自由；“**至少有一种**自由是不兼容于决定论的，而且它是一**种重大而值得渴望的自由**。”它是“人作为其自身目的与意图之终极创造者与支持者的力量”（p.15）。

通常以为，在一个决定论世界里，没有真正的选项，只有表面上的选项。在前面两章里，我已说明，这是个幻觉，但就算它是幻觉，也是非常顽固和诱人的。如果决定论是真的，那么在任一时刻就只有一个可能未来，所以，由于每个选择已经被决定了，全部生活就只是一个在时间开端便已被固定的剧本的展开而已。没有真正的选项，一个人通过历史的轨迹没有分岔点，看来你很不可能成为你的行为的**创造者**；你更像是一出戏剧中的一位演员，看似虔信地念诵着你的台词，实施着你优雅或粗鄙的“罪行”，无论何者都早已被舞台指示所固定。

听上去很有说服力，不是吗？但这是错的。阐明这个说法完全错误——这是个完全不会因决定论前提而显得合理的恐慌反应——这一惊人结论的最好办法或许是，看看对方在什么会给予我们真正选项这一点上最多能说出些什么。凯恩面临的挑战，是去描述一种方式，如何可能让我们表面上的决策制定成为**真正**的决策制定，而且他需要在不假定任何超自然实体或神秘主体性的情况下做到这一点。

他和我一样是自然主义者，假设我们是自然秩序的产物，其心智活动依赖于我们大脑的运作。这一自然主义要求设定了一些值得问的问题。（在后面各章中，我们会更近距离观察当代认知神经科学和心理学，看看它们对决策制定有些什么可说，看看当我们抱更大野心并试图探究更多细节时，会发生什么有趣事情。）

我们应将亟须的缺口开在哪儿？

一篇传说中的书评如此开始，“该书填补了一个亟须的缺口”[1]，无论这是不是书评作者的真实意思，凯恩明白无疑地需要一个缺口，决定论的一个裂隙，而且他想要将它安置进大脑中他所称的**实践理性机能**（faculty of practical reason）中。他按照输入、输出和有时发生在从输入到输出之间的处理过程中的某些东西（见图 4.1）来描述这一机能。凯恩按照意志的三种意义来区分这三种现象：

（1）愿望或欲望意志：我想要的、渴望的、或偏好去做的

[1] “This book fills a much-needed gap”最初是美国哥伦比亚大学古典学者摩西·哈达（Moses Hadas，1900-1966）的一句嘲讽性书评（据说还被出版商采用了），后来广为使用，而且许多使用者似乎没有意识到其中的嘲讽意味。道金斯在《上帝的迷思》最后一章的开头也提到了这句话，并以“A much needed gap?”作为该章标题。——译注

（2）理性意志：我选择的、决定的、或倾向于去做的

（3）努力意志：我试图、尽力、或做出努力去做的。（凯恩，1996，p.26）

粗略而言，类型（1）的意志为实践理性机能提供了输入，如果一切顺利，该机能产生类型（2）的意志作为输出。如果这一机制中存在某种紧张，结果便是（3），这种情况总是意味着阻力，而阻力激发奋争或强化努力。这些听上去都很熟悉也很正确。当我们尚未决定时，我们用能想到的任何相关偏好或欲望塞满头脑（1），提醒我们自己注意相关事实或信念，然后细细斟酌。我们的思虑，无论容易或费劲（3），最终以决策告终（2）。“如果自由意志中存在非决定性，依我看，它必定发生在输入与输出之间。”（凯恩，1996，p.27）

图 4.1　实践理性机能

凯恩准备了一个例子，让我们能够看到这样一个运行中的系统：考虑这种情况，一位女商人“正在前往对她事业很重要的一个会议的路上，此时她在一条小巷中目睹了一起袭击事件。这让她陷入内心冲突，是该听从自己的道德良心，停下来呼救，还是听从她的事业雄心，后者告诉她不能错过这次会议”（凯恩，1996，p.126）。他大胆设想，这一冲突可能建立两个“递归和互联的神经网络”——每个对应冲突的一方。这两个互联的网络相互反馈，以多种形式发生交互，相互干预，不断搅拌，直到其中一个在拉锯战中胜出，此时系统安定下来，输出一个决定。

> 这样的网络让冲动和信息在反馈回路中循环，通常在大脑中可望涉及斟酌的那种复杂认知过程中扮演一个角色。此外，递归网络是非线性的，从而允许（如某些最新研究所显示的）**混沌活动**（我加的着重——丹内特）的可能性存在，这将有助于人类大脑在创造性问题解决（现实的斟酌是其中一例）方面表现出可塑性和灵活性。
>
> 这些递归网络之一的输入由那位女商人的道德动机组成，而其输出是返回小巷的选择；另一个递归网络的输入是她的事业雄心，而输出则是继续前往会议的选择。这两个网络是互联的，所以，让她会依道德行事**这一点变得不确定的非决定论性质**（我加的着重——丹内特）来自她做相反事情的欲望，反之亦然——如我们说过的，非决定论性质从意志的冲突中产生了。（凯恩，1999，pp.225-226）

在继续推进之前，我们需要区分在这段文字中被混在一起的两个问题。凯恩在此提到的“混沌活动”是**决定论性质**的混沌，是可以被老式牛顿物理学清楚描述的确定现象在**实践上**的不可预测性。如凯恩所承认，两个网络之间的混沌交互本身不创造任何非决定性，所以如果有任何“让它变得不确定的非决定性”，那必定来自其他地方。

这是个关键点。并非只有凯恩看到了混沌在决策制定中的重要性，但是他的观念为混沌补充了一点量子随机性，在这一点上，他是在和其他许多人一起追随罗杰·彭罗斯（Roger Penrose，1989，1994）[1]。我们需要考虑的问题是，是否有任何重要的工作，是由凯恩的额外因素所完成的，而为此我们需要进一步弄清楚混沌现象到底是什么。

考虑海亚特新起点滚珠轴承展览。有许多年，芝加哥科技博物馆（Museum of Science and Technology in Chicago）里都展示着一个玻璃盒子，一个令人称奇的现象连续不断在其中反复展现。该展览由通用汽车的一个部门赞助，展示着一个无尽头的小钢珠列队从展台背面的一个小洞里滚出，下落几英尺到达一个高度抛光的漂亮圆柱形机械钢“砧”顶部，高高弹入空中，穿过桌面上一个像旋转硬币那样翻转着的圆环（因而弹跳穿过旋转圆环的时间必须极为精确），然后从第二个钢砧弹上玻璃盒背面的一个小洞，它们都经此而精确退场：弹、弹、嗖、弹、弹、嗖，每小时数百次。

说明牌上写着：“这部机器演示了滚珠轴承中所用钢珠的制造精确性和物理特性均一性。”一旦两个钢砧被调整妥当，它会连日运转不息，每颗钢珠完全追随着前一颗的轨迹，一个完美可预测、可信赖的决定论展现，对物理特性能够固定某者——至少当它是一颗小钢珠时——命运的有力演示。

然而，它的可预测性本可能简单地通过加倍钢砧数（从而每颗

---

[1] 罗杰·彭罗斯（Roger Penrose，1931-），英国数学家，1989 年出版《皇帝新脑》（*The Emperor's New Mind*），从物理基础出发谈论人类意识与人工智能，否定强人工智能的可能性，认为意识的某些能力是计算装置所无法企及的，并且与量子效应有关；该书在相关领域引发了大量争议，彭罗斯后来又出版了《意识的阴影》（*Shadows of the Mind*，1994）和《庞大，渺小，及人类意识》（*The Large, the Small and the Human Mind*，1997）以回应各种批判。在《达尔文的危险观念》第 15 章里，丹内特重点批判了彭罗斯的上述观点。——译注

钢珠必须在退场之前弹四次）或放倒钢砧（从而每颗钢珠必须从圆柱体的圆弧面而不是超级平坦的顶面弹离）而被粉碎。制造钢珠和校准钢砧的允许误差范围将缩减至接近于零［物理学家迈克尔·贝里（Michael Berry，1978）尝试过预测弹球机器里的钢珠弹离圆柱的轨迹所需计算。三次反弹便可将我们带到可计算限度之外］。仅仅因为参观者在盒子另一边的出现，便会造成可变的重力干扰，足以打乱极高的计算精确性，并导致许多钢珠错过它们的最终归宿！

这种混沌是决定论性质的，但并不会因此而变得乏味；确如凯恩所言，它“有助于人类大脑表现出可塑性和灵活性”。近年来，这种混沌性质和更一般的“非线性”的威力已得到探索，并在凯恩所提及的许多模型中被充分演示。这项研究中的一些已被评论者欢呼为人工智能——或更明确的，是其被称为出色的老式人工智能（GOFAI）[1]的符号运算变种（豪格兰，1995）——的丧钟，而且各领域的人都建立了这样的印象：凭借其繁冗而脆弱的算法程序，非线性神经网络拥有计算机不可企及的惊人力量。

可是许多神经网络粉丝没有注意到的事实是，他们大肆宣扬以证明其观点的那些模型，恰恰是**计算机**模型，不仅是严格决定论的，而且是算法的（algorithmic），屈身于机房中。它们仅**在最高层次**上才是非算法的（non-algorithmic）。（整体能比它的局部“更自由”吗？这里是它能够的一种方式。）即便像保罗·丘奇兰德（Paul Churchland）这样的敏锐评论者，也会落入这一诱人陷阱。在正确的蔑视罗杰·彭罗斯召唤量子物理来反对可怕的人工智能算法的企图

［1］“出色的老式人工智能（GOFAI）”是约翰·豪格兰（John Haugeland）在《人工智能》一书里创造的术语，用来指称50到80年代之间盛行的以逻辑运算、符号处理和特定问题解决为主要任务的人工智能研究方向；这一方向的研究虽取得许多卓越成就，但与真实人类智能相比，尚缺乏大多数最有意思的特性；此后人工智能研究发生了向神经网络、认知模拟、统计方法等方向的转变。——译注

时，丘奇兰德写道：

> **你不必为了寻找一个非算法过程的宝地而大老远跑到像量子领域这样的遥远异域。**在硬件（我加的着重——丹内特）神经网络中发生的过程通常就是非算法的，而且它们构成了发生在我们头脑中的大量计算活动。它们直截了当就是非算法的，它们不是由离散物理状态所组成的、按照一个符号操作规程的存储集合中的指令串行通过的序列。（保罗·丘奇兰德，1995，pp.247-248）

注意这里的插入词“硬件”。离开它，丘奇兰德所说将是错的。实际上，他所谈论的全部结果（NETTalk，艾尔曼的语法学习网络，科特雷尔和梅特卡夫的 EMPATH，等等）都不是由“硬件神经网络”而是由标准计算机上模拟的虚拟神经网络所产生的。所以，在低层次上，这些演示的每一个**确实**都是“由离散物理状态所组成的、按照一个符号操作规程的存储集合中的指令串行通过的序列”。当然，这不是解释其威力的那个层次，但它确是一个算法层次。这些程序丝毫没有超越图灵可计算性（Turing computability）[1]的限度。

正如在第三章里，我们必须进入下棋层次，才能解释程序 A 和 B 的实力差异，我们也必须进入神经网络建模层次，才能解释这些模拟网络的非凡能力，但在这两种情况下，微观层次上发生的都是决定论的、数字的和算法的过程。丘奇兰德如此赞许的那些模型，正是由计算机程序——从可计算性限度的观点看，是由算法——所实现的。

所以，除非他想要否认这些他自己喜爱的例子，他终究必须承认，算法过程可以展示他认为对于解释心智能力至关重要的那些过

[1] 图灵可计算性（Turing computability）是指一个函数是否可以在通用图灵机上得到有效计算。——译注

程。但那样一来，他宣称硬件神经网络是非算法的，即便是对的，也不会在对它们所展示的力量的解释中扮演任何角色——因为它们的算法近似物拥有全部必要力量。[这一段取自登斯莫尔与丹内特（Densmore and Dennett，1999），有所修改。]

第二章讨论的简单的生命游戏世界主体，和第三章讨论的计算机象棋程序，都是数字的和决定论的，非线性神经网络的计算机模拟，尽管有其种种额外力量，也是如此。丘奇兰德的额外因素——以硬件代替虚拟机器软件——没有给神经网络添加任何力量。或者即便有，也没人曾给出任何理由让我这么认为[或许有一个理由，暗含在我第二章对碰撞在创造性中的角色的讨论中。有可能，没有可行的计算机模拟程序，或者说没有足够小的虚拟世界，能模拟出末端开放的创造性力量所需要的那种噪音与宁静的混合状态。这与丘奇兰德有关神经网络的断言关系不大，但有可能是真的。阿德里安·汤普森（例如汤普森等人，1999）的进化电子学研究从另一个方向暗示了，在探索设计空间时，软件并不总是能替代硬件。汤普森设计了一种硬件芯片，具有不依赖于其软件处理性能的能力，而是依靠微观物理层次上未经设计的互动，后者可在人工进化环境中接受选择]。那么凯恩的额外因素——量子层次非决定性——有没有做得更多呢？要回答这问题，我们需要考虑细节。凯恩应在何处、如何插入他所想要的非决定性？

凯恩的非决定论决策制定模型

实践理性机能应该做什么，它应该怎么做这事？用工程师的话说，这个决策装置的规格说明书是什么样的？凯恩告诉我们，它应该关切提交给它的各种理由和偏好的分量，然后让天平倒向主体“与其他任何（要求他或她做其他选择的）理由相比，更想要据之而行动的”那个理由。他还补充了更多附加条件，在该机能适当或成功起作用的情况下，它不应是强制或强迫的结果（凯恩，1996，p.30）。

凯恩故意在开始时不对该机能的运作是不是决定论性质这个问题下结论，因为他想论证，由于自由意志主义的自由意志是从该机能中浮现的，非决定论性质这一额外特性必须被安置其中。在为实践理性机能考虑规格说明书时，超出凯恩的最低条件，考虑一些你不会希望你的机能会展现出的那种**无能**（incompetence），将有所助益。

（1）它根本不产生任何输出——它只是中断了。你无法考虑下一步做什么。

（2）它的带宽过于狭窄（它无法同时处理你的全部希求或欲望或偏好，徒劳一场而无法消化其巨量输入）。

（3）对于你所生活的世界，它产生输出的速度太慢。

（4）它困于哈姆雷特问题（无限循环）[1]，并无限延迟其输出。

（5）它无法接受特定**种类**的输入（来自母亲的忠告，爱国考虑，性，或终身教职……）。

（6）它针对输入产生**错误**输出（例如，你在时刻 t 在捐助人权事业和吃一根雪糕之间明确**倾向于**前者，但你的机能让你**决定**花钱买一根雪糕而不是把钱放进大赦国际募捐箱）。

这最后一条提出了一个关于意志软弱的有趣问题，以及当存在阻力又不得不做出某种让步时所产生的努力意志——凯恩的类型（3）。这部机械的**离合器**在哪里？是在该机能之外还是之内？

第 6 条给出的例子将离合器放在该机能内部，允许输入与输出之间存在不受欢迎的滑动：你达成一个你不想要的决定。但显然还存在另一种情况：你的实践理性工作完全正常，所以你确实是**决定**在人权事业上花钱，但（该死）在你做出决定**之后**离合器打滑了，结果你买

[1] 大概是指哈姆雷特著名的“To be，or not to be”之问。——译注

了根雪糕而没有做**你决定去做的事情**（见图 4.2）。这真的是两种不同情况吗？如果是，差别是什么，那何以重要？何时一个决定真正成为决定？我们将会遭遇的有关边界的问题不止这一个。

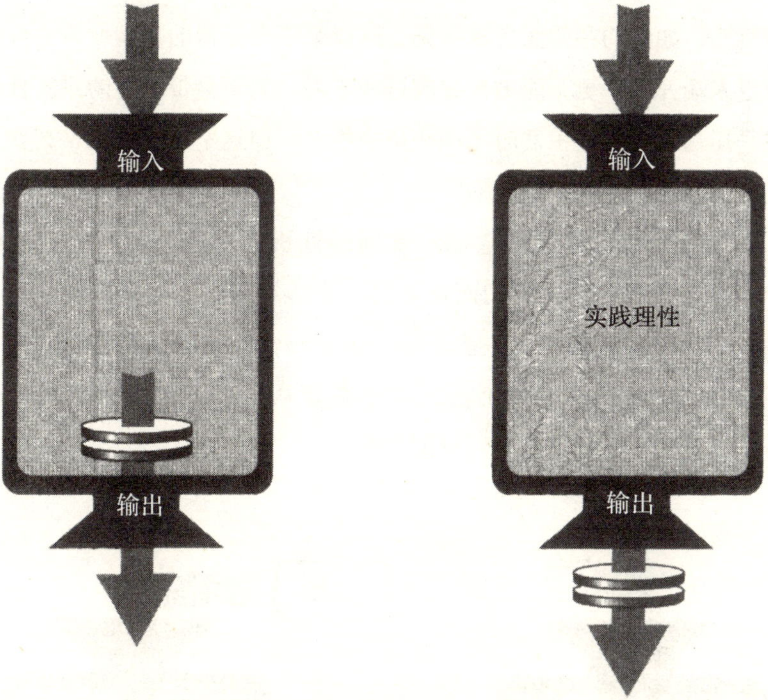

图 4.2　离合器位置，内部和外部

倘若你的实践理性机能对完全相同的输入给出不同输出，将会怎样？这是个缺点吗？通常我们希望系统是可靠的，意思是我们指望它总是对每个可能输入给出相同的输出——**最佳**输出，无论那是什么。作为例子，想想你的手持计算器。然而，有时候当最佳输出是无法定义的，或我们明确需要系统将“随机”变化引入其所处的超系统，我们便乐意让它对完全相同的输入给出不同输出。

实现这一点的标准方法，是将一个伪随机数发生器结合进系统，发挥抛硬币（每次被请求时产生一个 0 或一个 1）或掷一个普通六面骰子（每次被请求时产生一个 1 到 6 之间的数字）或转动一个幸运轮盘（每次被请求时产生一个 1 到 n 之间的数字）的功能。

凯恩想要某种比伪随机数更好的东西。他想要真正的随机性，而且他提议通过假设在神经元中存在某种量子涨落放大器来获得这一随机性。如我们在前面各章所见，这丝毫不会让他的模型变得更灵活或更末端开放，更有能力自我改进和学习。它不会带给他的系统任何在采用伪随机数发生器时无法获得的机会，但这不是其要点。其要点是形而上的，不是实践上的。

无论如何，你该希望你的实践理性机能对完全相同的输入给出不同输出吗？这里我们面临了另一个边界问题。我们把什么算作输入？该机能包括了其先前活动的历史吗？抑或它只是部内容无关（content-free）的加工机器，一个必须从外部记忆体中获取（部分）历史信息的处理器？（见图 4.3）

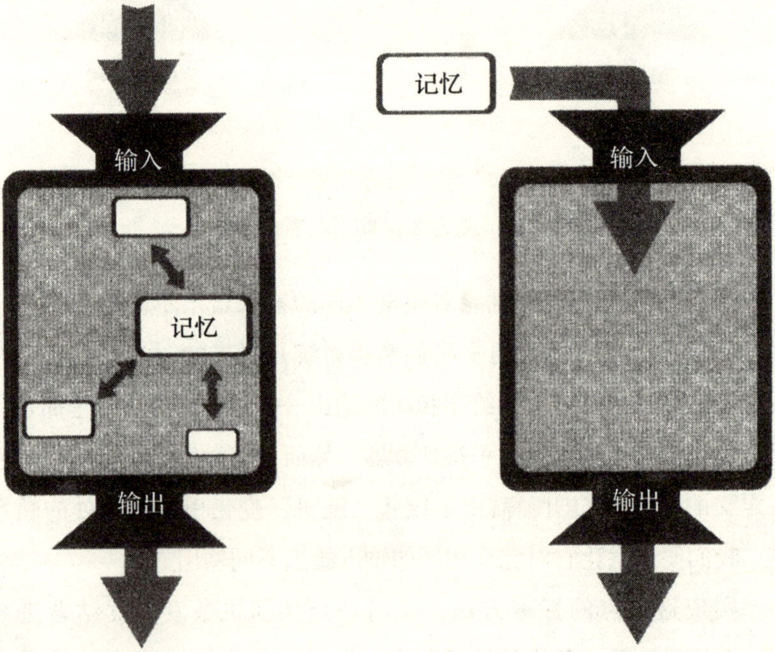

图 4.3　记忆位置，内部和外部

你不会希望你的实践理性如此刻板以至每天做出相同决定——比如，总是决定以一块火腿三明治为午餐。但如果我们将记忆中的可用事实包括进来作为输入，那么今天的输入之一，是你已连续两天吃了火腿三明治这一事实，这使得今天的情况成为与昨天的情况不同的另一种情况，无论它最终如何决定。因为人们有着容量极大的记忆和知觉敏感性，他们从来不会两次处于完全相同状态，所以只需馈入关于他们当前状态和环境的更多不同输入，便能够在他们的实践理性机能的输出中获得大量可变性。

你的实践理性系统可以像一部手持计算器那样可靠，对每个 i 值，总是**被决定**对输入 Ii 做出响应而产生输出 Oi，却仍然从未两次做出相同决定——只是因为时间在流逝而系统从未在两个场合面临完全相同的输入。就像俗话说的，“此一时，彼一时”。如我们在第三章所见，相互对弈的计算机象棋程序未曾调整过它们的实践理性机能，也可能从未下两盘相同的棋，所有变异都是它们的输入随时间而改变的结果。你可以保持完美一致性的同时天马行空地施展十八般武艺，只要你让每时每地的情境特征影响你的决策制定[1]。

现在我们已准备好去对付凯恩的核心主张。假设你的实践理性机能不像刚刚描述的那样是决定论性质的安排，而是在“输入与输出之间的某处”装备了非决定论性质。这算是个漏洞还是个特性？我们该如何想象它？我们是否应认为该机能包含了一个或多个决定论性质的推理模块作为子系统，同时也拥有一些非决定论的部件？如果你在该机能外面放置一个随机数发生器（见图 4.4），那么它

[1] 此句原文为“You can be perfectly consistent and yet all over the map，if you let the features of the map influence your decision-making.”这里丹内特似乎玩弄了一点文字游戏，前半句中“all over the map”中的 map 一词在该短语的衍生意义中已没有地图的意思，但后半句的“features of the map”中的 map 却有地图的意思。——译注

产生的随机数必定被视为该机能的输入，而该机能应该像对待任何其他输入那样对待它；如果它是可靠的，它应按此输入产生一个被决定的输出。或者，如果我们在该机能内部放置一个随机数发生器，让该机能处理其输入的方式变得更自由，那么该机能的输出将不再被其输入所决定——可我们所做的只不过是将边界线画在不同的功能位置而已。

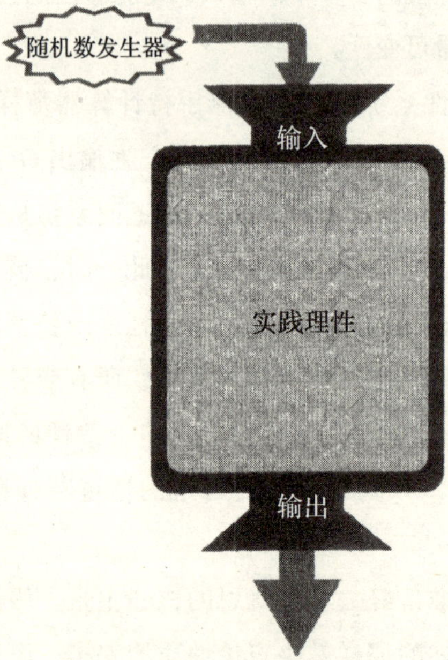

图 4.4　外部随机数发生器

凯恩说，非决定性应处于输入与输出“之间”，但我们可能很疑惑，为何非决定性不可能作为输入的一部分而到来。这会带来什么差别？我向凯恩提出了这个问题（在对本章一份早期草稿的讨论中），他的回应很有趣：

> 关于为何它处于输入与输出之间，而不只是作为输入的一部分，有一个理由，即，发生在输入与输出之间的事情，被

> 假设为主体的所为或行动（以实践理性和努力进行选择的形式）。输入（以性情、信念、欲望和类似东西的形式）不是主体此时此地控制的某种东西，虽然其中有些可能已是早先时候做出的推理、努力或选择的结果……只是出现在输入阶段的非决定性不会给予我们健壮的责任能力。
>
> 非决定性必须是一种不只是“出现在头脑中”的**因素**，而是主体为完全获得自由意志主义的责任能力而实际在做的事情（推理、做出努力、做选择）。如果输入是我们所为的结果，没问题，但如果它们只是发生在我们身上或只是出现了，那它就不够好，即便它是偶然的。（凯恩，个人通信）

凯恩希望非决定性是“我们所为的结果”而不“只是发生”在输入中的随机性。这个要求很容易满足：每当实践理性机能在其工作中途遭遇一些被它理解为某种碍难（blockade）的东西——一次关于转向哪条道路或接下去想什么的无法衡量的选择或元选择（meta-choice）[1]，就让它向外请求一些随机性（图 4.5）。

这样一来，由于随机性将作为该机能特定活动的结果而被“请求”，它并不是出人意料的不请自来的。此外，将请求得来的随机性用在哪里，将由该机能本身的建设性活动所决定。（如果决定用抛硬币决定今晚去哪里吃饭，这仍然是我的选择；我用它来决定我的选择。）但同样，这里我们只是重画了边界线，一个内置随机性来源能够提供的任何东西，也都能由随需要而被请求的外部随机性来源作为输入而提供。如我们正开始看出的，凯恩不得不严重依赖于这个容器隐喻。

---

[1] 元选择（meta-choice）也可以叫二阶选择，就是对“如何做一阶选择的方式”做出选择，比如，一阶选择是“今晚去哪家饭馆吃饭？”，那么二阶选择便可以是“是用投票表决、抽签还是剪刀石头布的方式决定去哪家饭馆吃饭？”——译注

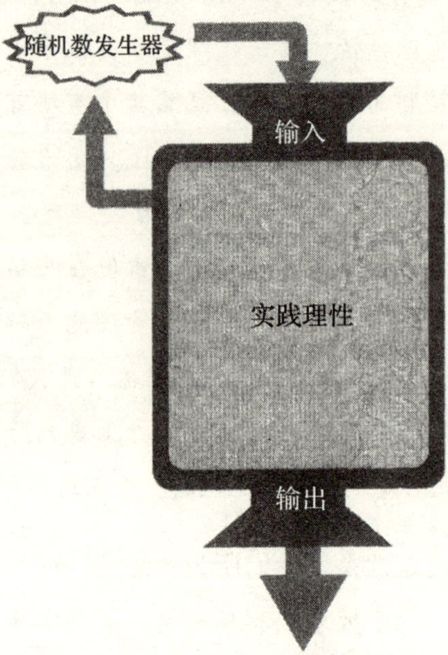

图 4.5 向外请求随机性

但是，为论证起见，让我们假定凯恩能够为区分随机性的内部和外部来源提出一个好理由。我们在该机能内部——输入与输出之间——按其规格说明书安装了非决定性，然后我们将该机能安装到主体内部。它在日常生活中是如何运作的？凯恩解释道：

> 选择或决策通常终结了斟酌或实践理性的过程，但它们不必总是如此。我们不必排除冲动、不假思索、或仓促决定的可能性，这些也能平息悬而未决的情况，但只伴随着最低的或不优先的理由。然而，尽管冲动或仓促决定（snap decisions）可能出现，但它们对于自由意志的重要性不如那些终结了斟酌过程的决定，在斟酌过程中各种选项都已被深思熟虑。因为在后一种情况下，我们更可能感觉自己控制着结果，以及“原本可以不这么做”。（凯恩，1996，p.23）

于是我们得到了这样一幅景象，故意选择的偶发行为成为具有道德重要性的转折点——它们扮演了一个关键角色”（p.24）——定下此后的行动将不假思索地加以遵循的习惯和意向，而同时这些行动仍是负责任的。考虑一个仓促决定的例子。我妻子问我能否在上班路上在邮局停一下帮她寄个包裹，而我几乎立即回答她我不能，因为那样我会赶不上和一个学生的约会了。

我斟酌了吗？我经历一个实践理性过程了吗？这不是一个责任重大的道德决定，但这是道德生活很大程度上由之构成的素材：千百个经片刻考虑而决定的次要选择点，通常有着心照不宣和难以言传的正当性背景。

假如我是用下面这些句子回应的，那该是多么怪异啊：“嗯，因为你是我的妻子，而我们已庄严承诺要相互帮助，并且因为我可以相信你的请求没有不妥或棘手之处——你没有要求我去做比如某种物理上不可能的、或非法的、或自我毁灭的事情——有着不可否认的强有力理由让我回答，‘可以，亲爱的。’而另一方面，我已告诉一个学生，我会在九点半和他会面，而给定交通状况，尊重你的请求将需要让他空等至少半小时。我可以尝试打电话给他并请求他同意修订日程，但我可能联系不到他，况且，更困难的问题是，我这么急着去寄一个包裹是不是一个足够重要的差事而能够正当地去麻烦他呢。我安排约会就等于对他做出了一个承诺，虽然不是一个打破了就不可饶恕的承诺，如果是因为……”

注意到所有这些考虑（还有很多！）确实多少影响了我的仓促回答，或许会让人吃惊。怎么会这样？那么，如果我妻子请求我在上班路上勒死那位牙医，或开车越出悬崖，我会不会做一个有欠考虑的仓促判断，无论是肯定还是否定？如果我此前只是告诉我的学生，我打算九点半在我办公室喝咖啡（并未做出或暗示一个承诺），或把约会时间安排得更灵活，或者在我妻子问我那一刻我正在和他通电话，这肯定会给我的仓促判断带来不同。即使一个仓促判断也可以对我所在世界的种种特性非常敏感，这些特性随时间推移而协同创造了我的当前意向状态（dispositional state）。

凯恩乐意承认这样一种复杂意向状态，后者从我还是个孩子时起便开始几乎连续地在我头脑里构建着，可能决定着当我不加斟酌时会如何在这种或那种情况下做出响应。但同样，边界问题再次隐约浮现。我们是应将一次仓促判断视为斟酌机能的后果（只不过那么急促和省力因而细节还都隐而不宣），还是应将其视为更直接地从某种“较低层”机能或子系统输出的结果，而斟酌机能则被保留用于承担偶然出现的重任？

我想，最好是这么划界线（当然，那只是哲学家用来分析的界线，并非有待发现的解剖学边界）：使得即便是毫不费力的仓促判断也是由在实践理性机能在其内部执行的。因为如我们将看到的，凯恩坚持认为，考虑到非决定性缺口是处于该机能内部（输入与输出之间），该机能并不总是必须利用这一非决定性。它可以时而决定论式地运作，甚至在处理事关重大的道德决定时。（我该勒死那位牙医吗？别逗了。）

凯恩欣然接受决定论在道德主体的生活中偶尔扮演的角色，有几个理由。首先，这允许他现实主义地处理这些仓促判断的情况。因为实在不可能坚持，那些产生了如此可预期的决策、让你可以信靠它们而生活的终身习惯，却仍然是非决定论性质的（除了在这样一种有限意义上：或许存在极其渺小的机会，它们会被打破）。

考虑你在公路上驾驶的意愿，面对对面车道的来车以大大超出每小时100英里的速度逼近。你的生命依赖于这些来车的司机不决定——如他们可以自由决定的那样——突然转入你的车道，只是想看看会发生什么。你在公路上表现出的镇定，说明你将这些陌生人假定得多么可预测。他们可能通过一项无意义无动机的自杀式行为杀死你，但你不会为在你冒险出行之前清除路上所有来车的机会而花一块钱甚至一毛钱。[1]

其次，凯恩需要决定论的帮助，以便能对付我在《活动余地》里提出的对自由意志主义的更严重质疑：马丁·路德（Martin Luther）的例子。

> “这是我的立场”，路德说，“我别无选择。”路德宣称他不可能不这么做，即他的良心使得放弃信仰对他是**不可能**的。当然，他可能是错的，或故意夸大了真相。但即便他是这样——或许尤其当他是这样——他的宣告本身便是如下事实的证词：我们完全不会因为我们认为他不可能不这么做而豁免某人为一项行为而受到的谴责或赞美。无论路德是在做什么，他都不是在企图逃避责任。（丹内特，1984，p.133）

凯恩承认，路德的决定是最远离仓促判断的事情，那明确无疑是个道德上负责的决定，而且路德所说的完全可能是真的：他不可能不这么做；他确实是**在那一刻被他的实践理性机能决定**去坚持立场。路德的情况并不是稀有或不重要的情况。如我们将在后面几章看到的，通过适当安排，让自己被决定在时刻到来时去做正确事情，而让自己准备好面对艰难抉择的方针，是成熟责任能力的品质证书之一，而凯恩承认这一点。

实际上，他正是围绕着这样的观念来建立其对自由意志的解释的：对于我们中每个道德上负责任的主体，生活中必定存在某些相对罕见的场合，会遭遇相互冲突的欲望——从而产生他的类型（3）的

[1] 丹内特这一断言过于武断和夸张了，无疑会有许多人愿意为“清除路上所有来车的机会”（这正是双向隔离道路的价值所在）而付钱，而且不止一块钱；当然，这一点并不影响他这句话的主要意思：人们可以相当有把握的预期他人有一个正常的心智，不会故意做出某些自杀性举动。——译注

努力意志。在这些场合中，有时我们决定去实施“自我塑造行动”（self-forming actions，SFAs），它们可能对我们的后续行为具有一种决定论性质的效果，而且只有这些自我塑造行动才需要是实践理性机能中真正非决定论性质过程的结果：

> 一个像路德这样的行为可以是负有终极责任的……虽然是被其意志所决定的，因为产生该意志的，是**他自己造成的**一个意志，而在此意义上，这是他“自己的”自由意志……负有终极责任的行为，或凭其自由意志而做出的行为，构成了一个比这些自我塑造行动（SFAs）范围更宽广的行为类别，而自我塑造行动必须不是被决定的，主体原本可以不那么做。但如果没有行为是“自我塑造的”，我们不会对我们所做的任何事情承担**终极**责任。（凯恩，1996，p.78）

当我们用弩机向敌人发射一颗石弹，一旦石弹开始飞行，其轨迹便脱离了我们控制，不再服从我们的意志，但它落地后产生的后果却是我们的责任，无论那延迟了多久。当我将自己发射进入这样或那样一条轨道，并经过仔细安排使得我们不能改变此后的轨迹，同样的结论显然也成立。像这样的反思致使某些自由意志主义者承认，他们寻求安置的自由，可能不得不集中在少数几个有着特殊属性的机会窗口中寻找。（比如，彼得·范·因瓦根在这一点上和凯恩站到了一起，但不像凯恩，他假设这样的窗口可能很罕见。）可是这些特殊属性究竟会是些什么呢？凯恩说，一个自我塑造行动必须符合条件 AP：

> （AP）关于时刻 t 的行为 A，主体有**替代可能性**（或可以不这么做）的意思是，在时刻 t，主体**可以**（有**力量**或**有能力**去）做 A，而且**可以**（有**力量**或**有能力**去）**不去做** A。（凯恩，

1996，p.33）

注意“在时刻 t”在这个语句里的作用。有些哲学家无法忍受说简单事情，就像“假设一条狗咬了一个人”。他们觉得有必要代之以“假设一条狗 d 在时刻 t 咬了一个人 m”，从而展示他们毫不动摇的秉持逻辑严格性，即便他们不再继续处理任何涉及 d、m 和 t 的语句。对时刻 t 的谈论在哲学定义中无处不在，但很少起到任何重要作用。然而，它在这里倒是扮演了一个重要角色。这个定义谈及了时间中的每个瞬间是什么情况，它需要我们考虑**一个瞬间上的可能性**。凯恩（p.87）引用了威廉·詹姆斯的一段豪放文字：

> 意义重大之处……是，可能性真的就在**这里**……在那些灵魂审判时刻，当命运的天平仿佛在颤抖，……（我们得知）问题只能在**此时此地**被决定。**那**就是给我们的道德生活以令人悸动的真实性并令其震颤的东西……伴随着如此陌生而微妙的兴奋。（詹姆斯，1897，p.183）

让我们再凑近点看看那台颤抖的天平。想象你的实践理性机能装备了一个刻度盘，有个指针显示着，随着深思熟虑的进行，天平当前倾向哪一边，它在“去（Go）”与“留（Stay）”之间摇摆（假设这些是你当前正在考虑的选项），来回徘徊，甚至可能在颤抖，在两个值之间快速震荡（图 4.6）。再假设，你可以在任意时刻通过按下“嗯！（Now!）”按钮来终止斟酌过程，将你的选择锁定在去或留之间恰好被截至那一刻的斟酌所偏爱的某一边。暂且假设，你的实践理性机能的全部过程都是决定论性质的，它用某个决定论函数对到那时为止已被考虑的输入“合计份量”，并逐一时刻产生摇摆于去与留之间的值，依各种考虑被处理和在进一步斟酌中被再处理的顺序而定。

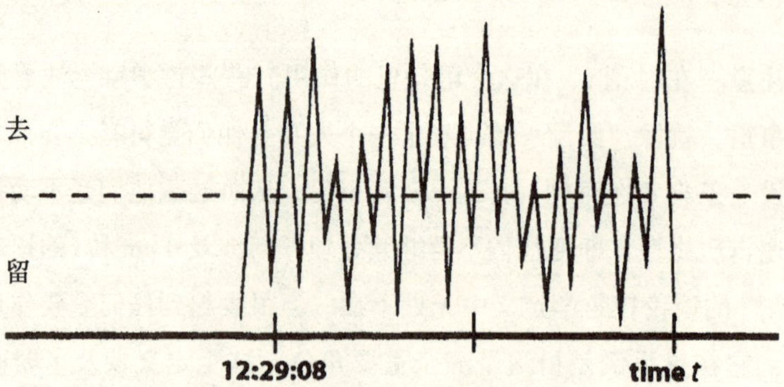

图 4.6　在去与留之间颤抖的指针

条件 AP 会在这样一种情况下被满足吗？为回答这问题我们需要寻找什么？假设我们看着斟酌的最后一分钟，并注意到，在这段时间里，指针来回摆动了十几次，而且大概一半时间指向“去”，一半时间指向“留”。在这一时间尺度上，看上去确实两个选项都开放着（比如与指针在整整一分钟内牢牢停留在“留”上相比）。

但对于凯恩（和詹姆斯）来说，这还不够好。因为要有真正的自由意志，两种可能性必须在时刻 t——就是“嗯！”按钮被按下的那一刻——同时开放着。那么如果我们放大这一刻，并注意到时刻 t 之前的最后 10 毫秒，指针稳定在“留”这一边，也是被“嗯！”按钮记录的那个决定，这样看来我们就有了“去”选项在时刻 t 不可得的良好证据（见图 4.7）。

哈，可这里有个漏洞。我想象你正要按下“嗯！”按钮。我可以通过让按钮按下的确切时间“取决于你”而引入非决定性吗？让我们假设，当斟酌过程本身是完全被决定的，那么非决定性便在于按下“嗯！”按钮的确切时间。在接下去 20 毫秒中的某个时刻，按钮将被按下，但确切时间将是严格（量子）不确定的。如果去与留之间的颤动以足够高的频率发生，从而将去与留的周期都放进这个 20 毫秒窗口内，那么通过激活“嗯！”按钮而做出的实际决定将是非决定

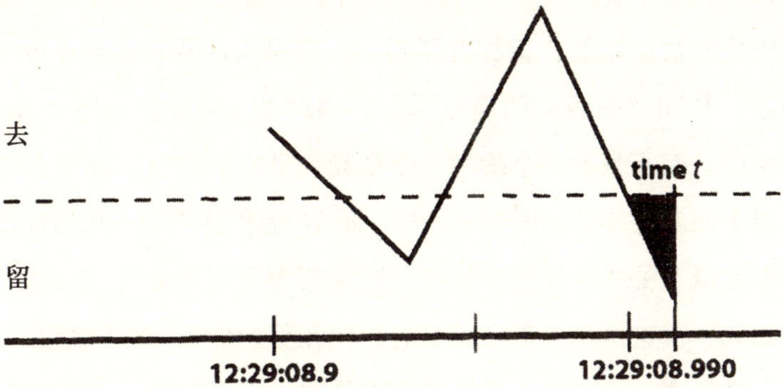

图 4.7 对图 4.6 的局部放大，显示了一个 10 毫秒的时段

的，从机会窗口开端的宇宙状态完全描述中，是完全而正式的不可预测的（图 4.8）。

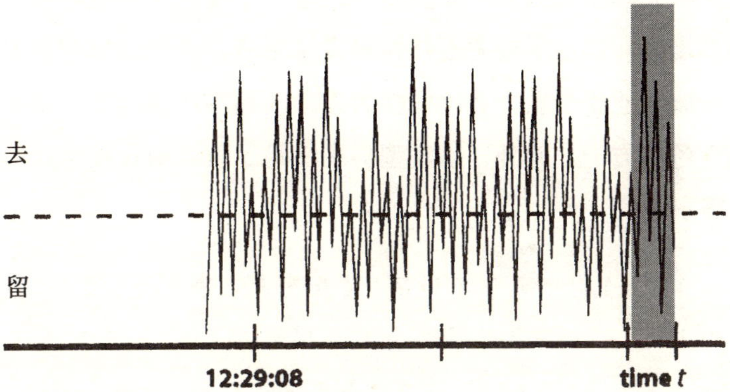

图 4.8 机会窗口

不幸的是，这仍然不是能满足条件 AP 的情况，由于 AP 定义中的一个瑕疵：那讨厌的“在时刻 t”子句。这样结果就仍然是完全可预测的，比如如果决定出现在第 5 毫秒，那将是一个“去”的决定，而如果它出现在第 17 毫秒，将是一个“留”的决定。实际上，对于机会窗口中的任意时刻 t，什么决定在那一瞬间被做出是已被决定的；未被决定的，是决定将在哪个确切时刻被做出。

对于任何 t 值，主体在时刻 t 没有去或留的自由。可是，只要抉择时刻是未被决定的，就够好了吗？一个诱人的提议是对条件 AP 略作修改，从而接受我们的简单模型：将时刻 t 拉伸填满整个 20 毫秒时间窗口，而不只是一个瞬间，于是我们又松了口气，因为去与留可以共存于如此拉伸后的时刻 t 了——而 20 毫秒算不上一长段时间。

刻度盘上的指针和那个按钮，让这模型看起来非常“机械式”，确实如此，但这是凯恩自己想要的。他在努力成为一个**自然主义**的自由意志主义者，所以他希望他的模型是科学上得体的，是某种大脑可以实现的东西，而刻度盘和按钮恰是帮助我们将相关神经复杂性的下层状态可视化的生动装置。

必须有某种物理上可实现的神经状态来实现当前取舍，也必须有某些状态转换来实现一个决定（产生一个输出）；我们可以只是假装刻度盘转换出了前者而按钮触发了后者。所以该模型演示了一种（一族）亚原子量子非决定性得以放大而在决策制定中扮演一个关键角色的方法。此外，该模型似乎满足了凯恩对自我塑造行动的终极需求：

> （U）对于每个 X 和 Y（X 和 Y 代表事件的发生和/或状态的出现），如果主体对 X 负有个人责任，并且如果 Y 是 X 的**起源**（arche）（“arche”是亚里士多德的术语，意为 origin。）（或充分根据或原因或解释），那么该主体必定也对 Y 负有个人责任。（凯恩，1996，p.35）

翻译：仅当你对能够成为一件事情之充分条件的每件事情都负有个人责任时，你才可能对前者负有个人责任。根据凯恩，

> 自我塑造行动是主体生活史中未被决定的，停止退行（regress-stopping）的自愿行动（或对行动的克制），它们是满

足U所必需的。（凯恩，1996，p.75）

按下“嗯！”按钮时间的非决定性，可能让那些两个选项都在一个略微拉伸了的机会窗口中摇摆的决定本身具有非决定性；在任何更早时刻，无论对去还是留的决定，都不会有任何充分条件，所以你能够对离去负个人责任而无需担心为早先的一个离去（或留下）的充分条件负责。当然，我们仍然不得不找出某种方法以说明一个非决定性按钮按下是“取决于你的”，而不只是个外部随机输入。

“如果你把自己变得足够小，你可以外部化几乎所有东西”

［这或许是《活动余地》（丹内特，1984，p.143）里最重要的句子了，但我犯了个愚蠢的错误，仅把它作为插入语放在括号里。我在自那以后的作品里纠正了这个错误，引出了放弃点状自我观念的许多含义。当然，我用这个讽刺性表述想要强调的是它的反面：如果你把自己变得足够大，你会对你能内部化多少东西感到吃惊。］

我们再次遭遇了边界问题，而且这次它是主要的：凯恩如何能将量子非决定性放进相关系统里面？要看出其中的困难，假设一位旁观者恰好在你正要按下“嗯！”按钮时大喊一声，吓你一跳，导致你的按键时间提早了5毫秒。现在这个决定就根本不是你的决定了吗？毕竟，原因的关键部分，决定去或留的那部分，本身是由那位旁观者的叫喊导致的（而叫喊又是一只飞得太近的海鸥导致的，而这又是其捕鱼飞行的过早返程所导致，而这又是厄尔尼诺再现所导致，而那……是因一只蝴蝶在1926年扇动它的翅膀而导致）。

即便那次蝴蝶翅膀扇动是真正非决定的，是其细小头脑中一次量子跃迁的放大效果，这一非决定性时刻也是发生在错误的时间和地点的。这只蝴蝶早在1926年的自由时刻，不是在今天给予你自由意志的东西，对吧？凯恩的自由意志主义需要他打破主体在做决定那时发生在他里面的因果链，正如威廉·詹姆斯如此雄辩地提到的“此时此地”的要求。

如果这真的像自由意志主义者认为的那样，是有关系的，那我们最好为你的斟酌过程屏蔽开所有此类外部干扰。我们最好用堵墙把你隔离起来……这样外部力量就不会干扰你正在你的内部厨房里炮制的决定，只有经你允许从门口送进来的材料才会被用上。

自我向一个圈禁领地的退避，让所有重大创造性工作都只能在其中完成，这类似于向大脑中央的另一次退避，即种种拙劣的论证和思考路线，导向我所称的笛卡尔剧场（Cartesian Theater）[1]，一个想象的大脑中央场所，与意识有关的“一切都在那里汇聚”。不存在这样的场所，任何隐含预设了其存在的理论都应被视为路线错误而立即摒弃。所有想象中由笛卡尔剧场里的小人完成的工作，必定在时间和空间上散布于大脑中。

这对凯恩来说是个复合问题，因为他必须想出某种方法去获得那个不仅在你内部而且是属于你的非决定性的量子事件。他首先需要决策是“取决于你”的，但如果决策不是被决定的——自由意志主义的定义性要求——它就不是被你决定的，无论你是什么，因为它不是被任何东西所决定的。

无论你是什么，你都无法影响不被决定的事件——量子非决定性的全部要点就是：这样的量子事件是不受任何东西影响的——所以你

[1] 笛卡尔剧场（Cartesian Theater）是丹内特意识理论中的一个核心隐喻，指笛卡尔式身心二元论中为那个非物质心灵所安排的处境：心灵就像一个小人坐在剧场里，意识所需要的全部感觉素材被送到那里，播放给小人“看”，小人据此产生意识，进行思考，做出决定，决定又从这里输出到运动系统，推动身体产生行为。——译注

不得不将它与其他力量结合起来，让它以某种私密方式被利用起来，成为一件你以某种方式特意结合进**你的**决策制定过程的“**拾得艺术品**”（objet trouvé）[1]。

但为了做到这一点，你不得不拥有比几何点更多的东西，你必须是**某人**，你必须拥有部件——记忆、计划、信念和欲望——等等你在成长道路上已经获得的东西。于是所有那些来自过去、来自外部的因果影响便都济济而入，弄乱工作场所，僭占你的创造性，篡夺对你决策制定的控制。一个严重窘境。

这问题——你可能还记得——已被威廉·詹姆斯清楚地认识到，他问道，“如果一项‘自由’行动是全然新颖的，它不**来自我**，之前那个我，而是**无中生有**（ex nihilo）的，只是附加在我头上，那么，我，之前的我，如何能对它负责呢？”凯恩凭借他的“多重理性”概念，在对这一反问句的回答上取得了一些有用进展（凯恩，1996，第七章）。

我们不希望我们的自由行动是无动机的、神秘莫解的、毫无道理或理由的随机闪电。我们希望它们有理由，我们希望这些是**我们的**理由，**而且**（如果我们是自由意志主义者）我们希望它们满足 AP 条件，在我们“在时刻 t”“本可以不这么做”的意义上是自由的。

让这种情况出现的一个办法是，你自己花时间和精力去开发两个（或更多）**相互竞争的**理由集合。于是两个理由集合由你自己**在内部**编写、设计、修订、磨砂、抛光。虽然你可能从外部借入某些概念和片段，你也已将它们改造成了自己的，所以这些是真正的**自己动手制作的**理由。而且，每个理由集合至少是暂且得到你赞同的。（如果其中一个不是如此，也没什么好大惊小怪的，不是吗？那样你就可以快速——或许甚至仓促——决定青睐另一个了。）

---

[1]“拾得艺术品”（objet trouvé）是指原本并非出于艺术目的（而通常是出于实用目的）而制作，后来才被看出某种艺术价值而奉为艺术品的物品。——译注

所以当斟酌最终结束时，无论你落在哪边，那都是你自己非常认真挑选，直到正要被采纳的那一边。你的行动相当于一个最终裁决，一个让你成为你所是的那种人（一个留下者或一个离去者）的宣告——而且恰在那时你可以不这么做。

多重理性——或如凯恩在更晚近（1999）所称的“并行处理”——的要点是，它建立在一个我们总是拥有的直觉上：你可以正当地对包含了一个意外或不是被决定的元素的行为后果承担责任，**如果该后果是你试图去实现的**。一位幸运地远距离击中首相的行刺者，不会以他击中目标纯属运气为由而被赦免——即便是真正的非决定论运气。

通过设定一个对立过程让两个不同企图相互对抗（例如，那位女商人在该做正确的事还是推进其事业之间左右为难），凯恩保证，当其中一个企图落败而另一个胜出时，她对无论哪种结果正当的负有责任，因为**那是她试图去实现的事情之一**。她试图同时实现两件不兼容的事情这一事实，并不说明当她成功实现其中之一时，她**没有**试图去实现这件事！

所以凯恩宣称，这一内嵌于相互冲突理由的漩涡之中的非决定性，避免了结果成为纯粹的意外和偶然事件，这一漩涡正是主体**正在努力**——类型（3）的努力意志——处理得当的地方。每个成年主体都曾面对过这样的困境，道德的或功利的，并被它们所塑造。

> 通过在这种情况下选择一条或另一条路，主体或者会强化他们的道德或审慎性格，或者会加强其自私或轻率本能，视情形而定。他们将以某种并非被过去的性格、动机和环境所决定的方式，“创造”他们自己或“塑造”他们的意志……这是因为他们的努力是这样一种对内嵌于主体先前性格与动机之中的内部冲突的响应，他们的性格与动机能够解释这些冲突，以及他

们为何会做出努力。先前动机与性格对走其中任何一条路都提供了理由，但不是能解释主体将不可避免走向那条路的决定性理由。（凯恩，1996，p.127）

有种观念认为，那些曾被实践理性的严重两难窘境考验过，被诱惑和困惑纠结过的人，是更可能成为“他 / 她自己的人”，一个比随波逐流随遇而安者更负责任的道德主体，这是个有吸引力的熟悉观点，但很大程度上躲过了哲学家的关注。在对自由意志的多数解释中，艰难抉择的出现在主体的历史中没有扮演显著的角色，而且实际上多半被忽略了，或许是因为它把注意力引向了那个令人为难的极端案例：布里丹的驴（Buridan’s Ass），据说该驴面对两堆相等距离的食物时，想不出一个向左走而不是向右走（或者相反）的理由，结果饿死了。

这种“中性的自由”（liberty of indifference）自中世纪以来便已被注意到，而通过抛硬币做出决断，总是个得到认可的对此类僵局的解决方案，有人可能会说，这是意志的有用替代品，但它看上去不是个自由意志的好模型。如果我们理论家发现自己在靠拢一种观点，认为我们唯一的自由选择将是那些我们很可能抛硬币做出的选择，那么我们必定是误入了歧途。赶紧撤回来。于是该主题就被忽略了。

但凯恩却令人信服地说明了，渐进性格塑造**可能**是（但也可能不是）产生自被严肃对待的终身艰难选择，它真正增添了一个“值得渴望的自由意志类型”。然而，这一看法有个大问题：它不需要启发了该观点产生的非决定性。而且，它无法以任何方式利用非决定性以便将其与决定论性质区分开，因为“此时此刻”的要求不仅是目的不明的，而且如我们将看到的，可能还是不自洽的。

小心元初哺乳动物

基本观念是，**终极责任能力**存在于**终极原因**所在之处。

——罗伯特·凯恩，《自由意志的重要性》

你可能以为你是个哺乳动物，而且狗、牛、鲸也是哺乳动物，但其实根本没有任何哺乳动物——不可能有！这里有个哲学论证可以证明这一点（改编自桑福德，1975）。

（1）每个哺乳动物都有个哺乳动物母亲。

（2）即便存在任何哺乳动物，也只能存在有限数量的哺乳动物。

（3）但如果即便只有一个哺乳动物，那么根据（1），就必定存在无限数量的哺乳动物，这跟（2）矛盾，所以不可能存在任何哺乳动物。那是自相矛盾的说法。

因为我们完全清楚地知道有哺乳动物，所以我们认真对待这一论证，只是将其作为一个挑战，以便发现是什么谬见随之悄悄溜了进来。有些东西必须得舍弃。而一般的，我们知道什么必须被舍弃：如果你在任何哺乳动物的家族树上回溯足够远，你最终会碰到兽孔目，那些哺乳类与爬行类之间已灭绝了的、奇特的过渡物种。在从清楚的爬行类到清楚的哺乳类之间的一个逐渐转变中，有着许多难以归类的中间形态填补着缺口。

要在逐渐变化的连续谱上划出一条条界线，我们可以做什么？我们能识别出一只没有哺乳动物母亲的**元初哺乳动物**（Prime Mammal），从而否定前提（1）吗？依据什么？无论依据的是什么，它们都无法与另一组依据区分开，而后者可能被我们用来支持判定那只动物不是哺乳动物——毕竟，它母亲是只兽孔目动物。我们该做什么？我们应该压制我们的划线欲望。我们不需要划线。我们可以泰然面对这一平淡无奇的事实，瞧，所有这些渐变在以百万年计的时间里积累起来，最终产生了无可否认的哺乳动物。

哲学家偏爱这样一种观念，通过认定"必定是那个退行阻止器"的某种东西——在本例中是元初哺乳动物——来阻止无限退行的威胁。这往往让他们得出深陷于神秘主义——或至少迷惑——之中的理论，当然，多数时候也让他们委身于本质主义（essentialism）。（元初哺乳动物必定是哺乳动物集合中首先拥有全部哺乳动物本质特征的那一只。如果没有可定义的哺乳动物本质，我们就麻烦了。而进化生物学表明，不存在这样的本质。）

凯恩的自由意志理论明确召唤"停止退行的"特殊情况：自我塑造行动。

> 若要避免无限退行，那么主体生活史的某处必定存在一些这样的行动，在其中主体的主导动机和他据之而行动的意志**并非已经设定在一条既定道路上了**。（凯恩，1996，p.114）

有人可能会停下来问，这些重要时刻的发生会有多经常。平均每天一次，还是一年一次，或者十年一次？它们会在出生后就开始有，还是五岁之后，或者青春期之后？这些自我塑造行动看上去疑似元初哺乳动物。令人担忧的是，一方面，它们是任何道德主体生活中的关键事件——有人可能会说，是通往负责任成年人的道路的自然仪式——而同时，它们实际上是不可能被找到的。不存在辨别真正自我塑造行动和伪自我塑造行动——即一种假冒理性决策过程，它从未真正能够利用量子非决定性，而只是制造出一种伪随机的、因而也是决定论性质的结果——的方法。它们从内部感觉起来一样，从外部看起来也一样，无论我们的观察装置有多精妙。

正如保罗·奥本海默（Paul Oppenheim）曾向我提议的，将凯恩的自我塑造行动与进化史上的**成种事件**（speciation events）[1]作对照会有所帮助，它们都只能被回顾性地识别。每个种系上的每次出生都是一个潜在的成种事件，因为所有后代都至少有些微差别，让它们每个都是独一无二的，而任何差别都可能成为某种最终旺盛起来而导致成种的事情的开端。时间会做出回答。最终会成为成种事件的一次出生，在发生之际并无任何**特殊之处**。[一些当代神创论者已经承认，所有生物都降生自同一棵已有数十亿年历史的生命树，也承认物种内的所有代际变化都是由无心的达尔文自然选择所完成，但仍坚持希望，生命树的分支事件，即成种事件，就算不是奇迹，也至少需要来自某个智慧设计者（或大写的"智慧设计者"——他们宣称在两者的同一性问题上不表态）的特别帮助。如此将所有特殊性浓缩进一个神奇时刻——或全体汇聚的一个地点——是一些思想家不可抗拒的基调。最清楚的例子是迈克尔·贝希（Michael Behe，1996），对其中所涉及谬误的讨论，见丹内特（1997C）。]

相似的，有人会怀疑，是否需要存在这样一个事件——一个自我塑造行动——具有某种特殊、内在和特有的特性，让它与其最近的同类区分开，并能解释其建立某种重要东西的能力。很可能，一个未曾经历过几次这种非常特殊的事件（但经历过和它很接近的伪自我塑造行动）的主体就不能对他实施的任何行动负责？"是的，这些长着皮毛、温血的东西**看起来**很像哺乳动物，闻起来听起来也像哺乳动物，还能和哺乳动物杂交繁殖后代，但它们缺乏那个隐秘的本质，它们根本不是哺乳动物，不真正是。"

从这角度考虑路德的例子。凯恩说："如果他对他当前的行为是负终极责任的，那么至少对于这些早先选择或行动中的一些，他必定本可以不那么做。若非如此，他可能做过的任何事情都不会对'他是

[1] 成种事件（speciation events）是指导致一个新物种产生的进化过程，比如因迁徙或地质变迁造成的地理隔绝。——译注

什么'带来任何差别"（凯恩，1996，p.40）。这样有人或许会觉得，认真看看路德的传记是有意义的，看他所受的是哪种教养，何种强大影响支配着他，他经受过何种灾难，诸如此类。

但实际上，我们无法找到关于此类宏观细节的任何东西，能对路德在此期间是否做出过任何真正的自我塑造行为这个问题有任何启示。我们肯定会发现一些发生在各种场合的冲突和反思的情节，我们甚至还可能确认，这些场合在其决策最终浮现于其中的那个神经网络中设定了"混沌的"对立过程。然而，我们不可能发现的是，这些拉锯战是否得益于真正的随机性，而不只是伪随机性，作为可变性的来源。

自由意志主义者将他们的关键时刻隔离在大脑某个私密场所的亚原子事务中（在时刻 t），这么做的代价是，使得这些重要关键点无法被探测到，无论是对日常传记作者还是装备齐全的认知神经科学家。有人可能会觉得，青春期在牢房里被关了五年并接受洗脑的路德甲，和经历了大致正常的、在喧闹世界中既有成功也有考验的青春期的路德乙，两者之间的差别将关系到路德当今所做决定的早期原因中是否存在自我塑造行动。

但这些显著的环境差异，虽直觉上确实关系到我们对路德道德选择能力的评估，却决不是自我塑造行动出现或缺席的预兆。（它们和路德是否出现自我塑造行动这个问题的不相关，就像奥斯丁演示连续十次推杆入洞和他在时刻 t 是否已被决定打失推杆这个问题的不相关。）当我们掏出超级显微镜，去看神经元中的亚原子活动，我们所看到的东西将同样不能提供关于自我塑造行动的信息。

但终极责任能力的这一难解之处，是不是每个理论都面临的问题呢？如凯恩所言，

> 如果一个年轻谋杀者在受审，而我们考察他过去生活中遭

受的童年虐待和伙伴欺压，我们不得不在如下问题上做出某种判断：导致其罪行的当前邪恶性格，多少是他自己造成的，而多少归咎于他所不能控制的外部影响。不管基于什么理论，这样的问题都关系到确定有罪还是无辜，以及惩罚应减轻多少。这问题非常难回答，无论你对自由意志持何种观点。（凯恩，个人通信）

这个说法本身是对的。如凯恩所言，生活史不同确实关系到当前责任能力的程度大小，而且无论基于什么理论，这情况都很难调查。但凯恩的自由意志主义观点需要一个额外调查，而那是很难推动的——依我看是不可能的。

在统计意义上考虑如下情形：我们把一百个谋杀者按背景排序，从最穷困到最幸运的，看看哪个该被宽减或完全赦免（我们稍后会解释这些政策话题）。假设我们发现如下情况：60% 的案例中有清楚证据显示了相关种类的穷困，并因而毫无疑问地成为实质性宽减的候选对象；10% 的案例处于“边界”上——它们显示了颇多穷困，但多少才算太多？——而剩下的 30% 案例显示了模范般正常的养育经历，也完全没有大脑损伤的迹象，等等（见图 4.9）。

通过一个剔除过程，这些幸运个体浮现了出来，他们在所有被我们视为责任能力之必要条件的宏观特征——那 60% 所缺乏的特征——上，实际上彼此难以区分。他们显然都是负责任的成年人。他们背后都有着明显的社会成功故事——我们妥善地把他们养大，填满他们之间的鸿沟，给他们平等的机会，等等。

大自然不强求截然分明的边界，但有时我们必须划一条政治政策的线，只是因为我们不得不有某种实践上和看起来都公平的方法去对付特定案例：在多数州你未满 16 岁不得驾车，满 21 岁前不得喝酒，无论相对于你的年龄你有多成熟。面对图 4.9 所示的一组案例，

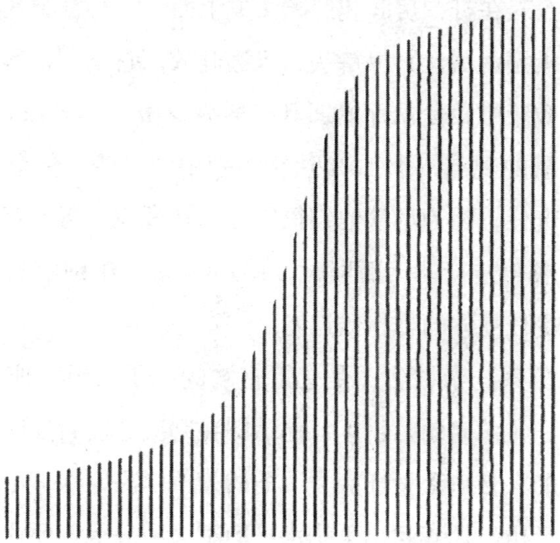

图 4.9 谋杀犯的统计分布

我们不得不找出某种有些武断的方法，在分界不明的 10% 处划一条线，而在哪些因素应被加大权重而哪些应被忽略的问题上，看法无疑会有不同。（如果曲线陡峭的多，我们会欣然辨认出拐点，可自然地沿之切开；如果曲线更平缓，我们的政治任务将艰难得多。）

但凯恩的观点要求我们不止对那处于宽减边缘的 10% 案例、也要对那 30% 模范案例保留判断。数量未知的——可以是全部 30%——罪犯可能最终被认定为**完全**无责任能力，因为他们生活史中所有表面上的自我塑造行动全都是伪自我塑造行动。毕竟，凯恩认为那些系统里只装备了伪随机数发生器的机器人，**根本**不可能承担责任，虽然这样一个机器人可能完美地通过所有对人性的宏观测试。这样一个机器人，不像斯戴佛贤妻（Stepford Wife）［由布赖恩·福布斯（Bryan Forbes）导演、基于艾拉·莱文（Ira Levin）的小说的 1975 年科幻电影《斯戴佛贤妻》（*The Stepford Wives*），描绘了一个城镇，那里的真实妻子们逐渐被无头脑的机器人复制品取代，她们将所有精力投入在打扫房间和照顾丈夫上面]，得益于其实践理性机能中的伪随机振荡器让其保持头脑永远开放，它不会因其奴性强迫症般地对某个政策唯命是从而暴露其机器人身份（robotitude）[1]。确实，根据凯恩的观点，那10%边缘组别中的一些人完全可能有能力恰当地承担责任，因为尽管他们很穷困，其过往经历中有着最起码数量的真正自我塑造行动，而同时，那30%幸运组别中的一些人则根本不是道德责任主体的合格候选者。

试着想象第一个被告（是亿万富翁的儿子，因为他将需要一个昂贵的律师和科学家团队！），他试图在判决之前向法庭提交证据，"演示"他的大脑缺乏责任能力所需的量子非决定性，尽管他有着模范般的养育经历，拥有超出平均水平的智力，等等。要让人接受这说法可不容易。

为何终极责任能力（假设凯恩已经为可能性给出了一个自洽的定义）的形而上特性，要比可以独立于量子非决定性问题而定义、受主体是否有做决定能力很大影响的宏观特性更重要？甚至，终极责任能力的形而上特性压根有任何意义吗？如果它不能成为差别对待人的依据，何以应该认为它是一种值得渴望的自由意志变体？正如凯恩自己所说，"简言之，当仅从物理视角描述时，**自由意志看起来就像意外**"（凯恩，1996，p.147）。而意外无论是真正非决定论的或只是伪随机的或混沌的，看起来完全相同。

自由意志主义者就像生物学中的本质主义者，痴迷于边界，特别是为"此地"和"此时"划界。但这些边界，尽管部分地可以相互定义，其实在任何例子中都是漏洞百出的。假设你的实践理性机能中的非决定性神经元死了，让你不再能做出任何自我塑造行动。但假设，对你来说幸运的是，你大脑的损坏部分可以通过在你大脑健康部

[1]"robotitude"是作者临时生造词，其中"-itude"后缀的意思是"state of"，与"servitude（奴隶身份、受奴役状态）"相类。——译注

分的正确位置上植入一个非决定性的假体装置而被代替。

将真正的量子非决定性引入一个物理装置的一个好办法是，用一小点衰变中的镭（radium）和一个盖革计数器（Geiger counter）[1]，但在你大脑里植入这么一个镭随机数发生器或许不太健康，所以可以把它留在实验室里，用铅罩围住，而其结果可以在需要时通过无线电链路输入你的大脑［就像我在《头脑风暴》（1978）里讲的“我在哪里？”那个故事那样］。随机数发生器的位置是不是在实验室显然不会造成差别，因为它在**功能上**是处于系统内的；无论它地理上处于哪里，都会扮演与那些损坏的神经元曾经扮演的完全相同的角色。

但可能有一种更廉价更安全的方法获得完全相同的效果：我们可以使用来自深空光线中真正的随机波动作为我们的触发器，将它直接射进植入我们大脑的接收器。因为这些信号是以光速到达的，我们没有办法预测下一个波动将是什么，尽管其随机性的来源是若干光年以外的一颗星球。可既然从一颗遥远星球获得你的非确定性没有问题，那又何必坚持要它发生在**现在**呢？不如用一个镭随机数发生器**记录**下一串历时一个世纪的随机波动，将这个来自过去的记录作为你的伪随机数发生器安装在你大脑某处，以供适当时候查阅。

在《活动余地》里，我曾指出下面两种彩票之间的区别并不重要：一种是中奖彩券在全部彩券售出**之后**再（随机地）选取，另一种是中奖彩券的存根在彩券售出**之前**便已选好。两种彩票都是公平的；都给了全部购买者一个公平的中奖机会。

如果我们的世界是被决定的，那么我们内部有一个伪随

[1] 镭（radium）是一种放射性元素，衰变时放出 α 和 γ 射线；盖革计数器（Geiger counter）是一种探测电离辐射的粒子探测器，可探测 α 和 β 射线，有些型号还可探测到 γ 及 X 射线；按主流量子理论，衰变是以某个特定概率（概率值随元素而不同）发生的真随机事件；这样，镭与盖革计数器的组合便构成了一个真随机数发生器。——译注

机数发生器，而不是由盖革计数器充当的随机数发生器。那是说，如果我们的世界是被决定的，我们的全部彩券都是在亿万年前为我们一次抽好，装进一个信封，并在生活过程中按我们的需要派发。（丹内特，1984，p.121）

凯恩向我提出（私人通信），“这一非决定性产生机制必须对主体自身意志的动态做出响应，而不是重载它，否则就是它而不是主体在做决定。”他的关切是，一个随机性的远程来源会威胁我们的自主性，而且可能会取得对你思考过程的控制。把随机数发生器放在你内部、在某种意义上处于你眼皮底下，会更安全——因而也让你更能负责任吗？不会。

随机性只不过是随机性，它不是**偷偷潜入**的随机性。程序员惯于在他们的程序中插入对随机数发生器的调用，不去操心它是否会不受控制，在不需要的地方制造混沌。假设我们将“去 / 留”例子中的大脑动态可视化为决策地形图上的一个鞍形面，在那里，决策探索者最终将从山脊滑落，要么向北滑入“去”山谷，要么向南滑入“留”山谷（见图 4.10）。

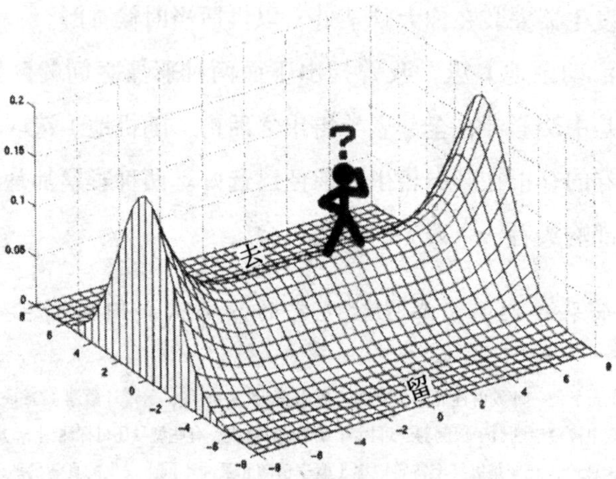

图 4.10　决策地形图中的鞍形面

地面上撒满了香蕉皮——每次决策探索者走过它们，就触发了一次对随机数发生器的调用。这让探索者保持行动，防止出现布里坦的驴，所以探索者从不会滞留在平坦鞍脊上，迟疑不决而亡。然而这些溜滑香蕉皮是无害的，因为一旦决策开始滑向一个或另一个山谷，遭遇一块不必要的香蕉皮只会让决策短暂地向上坡滑回一点点，让已经不可逆转的坠落略微延迟了一点，或者相反，让它加速下滑，总之都无法逆转它。或者用建模者中流行的另一个生动形象，随机数发生器只是不断“晃动”或“摇动”地面，乃至没有东西能永远仅仅停留在鞍点上——但地面形状完全没有改变，所以没有什么被不祥地“接管”了。

那怎么可能“取决于我”？

一种有着许多变种的流行论证宣称演示了决定论与（道德上重要的）自由意志的不兼容性：

（1）如果决定论是真的，我是去是留已被自然律和遥远过去的事件完全固定了；

（2）自然律是什么，或遥远过去发生什么，都不取决于我；

（3）因而，我是去是留已被并不取决于我的环境完全固定了；

（4）如果我的一项行动不取决于我，它就不是自由的（在有道德上重要性的意义上）。

（5）因而，我去或留的行动不是自由的。

凯恩对这一有力论证的自由意志主义回应是，企图将自由意志主义的自由意志的非决定论性质隔离在少数几个关于可能性的关键情节（在“时刻 t”）中，而且他希望在主体内部定位这些情节，既在空间上也在时间上定位，那样主体的选择便能“取决于”主体。可一旦他允许这些情节的道德上有关的效果可以在时间上宽广分布（就像在路德的案例中那样），还有什么工作可以留给容器的边界去做呢？如果路德童年的某个事件可以在成年路德对其拒绝放弃信仰这一重大决定的责任能力中扮演关键角色，那么当路德还是个胎儿时，路德母亲生活中的某个事件，何以不是如此呢？

大概是因为，无论它们多么强烈地强加在他头上，这些事件不是发生在路德里面而是在他外面，发生在外部环境中，因而它们并不“取决于路德”。是的，可是如果“儿童是成人之父”，那么年轻路德不同样是成年路德的外部吗？路德年轻时的性情，甚至他后来对年轻时的有意识片段记忆，这些本身为何不是“来自外部”的远程影响？这是我们在本章早先遇到的问题的延伸版本，那时我们踌躇于是将记忆放在实践理性机能的内部，还是把它留在外面，并在情形需要时让其一部分“被输入”。

我们所划的线并未对我们产生可辨认的影响。而且如我们稍后将看到的，我们自己的道德主体性常严重依赖于来自我们朋友的一小点帮助，而这不会以任何方式让该主体性因而消失。“自己动手去做”的理想若推至绝对主义极限，就是迷信了。确实，如果你把自己变得尽可能小，你可以外部化几乎任何东西。更糟糕的，是那些把所有相关事情压进一个单一时刻、一个原子中心某处的模型。

如果要为自由意志主义找一个例证，它只能来自某个未被探索过的方向，因为凯恩所做出的他们当中迄今为止的最佳尝试，最后仍走进了死胡同（cul-de-sac）。他的终极责任能力要求，在进一步考察之下，结果发现是用既满足不了也无从探察的条件拖累了自由主体规格说明工作。你可以要求一辆汽车有两个方向盘、油箱里有个指南针，但这不会让它更值得渴望。

那么，我们该如何回应非兼容主义者的论证呢？让我们拒绝接受其结论的错误在哪里呢？我们现在可以确定的是，它犯了与论证哺乳动物之不可能性的谬论同样的错误。遥远过去的事件确实不“取决于我”，但我现在做出的去或留的选择则取决于我，因为其“父母”——最近过去的某些事件，诸如我最近做出的选择——是取决于我的（因为它们的父母也取决于我），依此类推，不是到永远，而是远至为我的自我留出足够其伸展的空间和时间，这样才能有一个我好让我的决定取决于它！非兼容主义论证并不会让道德之我的真实性变得比哺乳动物的真实性更可疑。

在离开自由意志主义主题之前，我们应再问一问，它的要点可能是什么。一个非决定性火花出现在我们做出最重要决定的时刻，不会让我们变得更灵活，给我们更多机会，让我们以任何可以从内部或外部得到辨别的方式更自力更生或更自主，如此它何以与我们相干？它怎么可能是一个会带来不同的差别？好吧，相信这样一个火花，就像相信上帝，可能会（难道不会吗？）改变你思考世界和你在其中的生活的整个方式，即便你永远不会知道（在此生中）它是不是真的。

是的，对行动中的非决定论性质的信念必定会归结为类似这样的东西。但有个重要差别。即便你永远无法知道、无法科学地证明存在一个上帝，但并不难解释，为何信仰一个最高和仁慈的存在俯视着我们，可能会让你感到慰藉，给予你道德力量和希望，等等。信仰上帝不像（比如）信仰铜球帝［一个沿围绕我们光锥（light-cone）[1]之外某颗星球的轨道运行的大铜球，其表面上显眼的镌刻着组成它名字的字母“GOG”］。

欢迎任何人信仰铜球帝，如果这让他感觉良好，可为何这会让他感觉良好呢？我的指控是，自由意志主义者将对各种自由意志类型

[1] 在狭义相对论中，光锥（light cone）是闵可夫斯基时空（Minkowski space）中能够与一个单一事件通过光速存在因果联系的所有点的集合，因而“沿围绕我们光锥之外某颗星球的轨道运行的大铜球”，意味着该大铜球与我们之间不存在因果联系，因而是不可观察的，其存在与否既不可能验证，也与我们毫无关系，按奥卡姆剃刀原则，这显然是个多余实体。——译注

完全合理的渴望，夸大成了对一种并不比与铜球帝交流更值得渴望的自由意志类型的热望。但同样正确的是，尽管这种热望是受误导的，去干涉它或许是不明智的。或许，直到或除非一种适宜的替代品已被发现，我们应小心避免进一步批评这一非理性和目的不明的渴望。（**让那乌鸦闭嘴！**）但如果是这样，现在要把真相藏回去已经太晚了。我们最好看看可以做点什么来帮助人们克服他们的幻觉。

第四章

对自由意志主义最佳正面案例的一次检查显示了，它无法在一个负责任主体的做决定过程中为非决定论找到一个可辩护的位置。因为它不能为其定义性条件找到恰当动机，我们可以把非决定论留在身后，去考虑对自由的更现实需要，以及它们可以如何得以进化了。

第五章

40亿年前，我们这颗星球上没有自由，因为那里没有生命。自生命起源以来何种自由已进化而来，而进化的理由——自然之母的理由——又是如何进化成为我们的理由的？

对来源与进一步阅读的说明

我在《活动余地》（丹内特，1984）里提醒过哲学家注意混沌的重要性。兼容主义者赏识混沌所扮演角色的更新案例来自马特·里德利（1999，pp.311-313）。关于责任止于何处，见《活动余地》（p.76），该书也讨论了牛顿式混沌（pp.151-152）以及标记了意志薄弱和自我欺骗之间区别的可移动离合器。

对实践理性机能的仓促判断的讨论，派生自对我在《脑力产物》（*Brainchildren*，丹内特，1998A，p.86）中有关领会笑话的讨论：信念的复杂意向状态，决定着一个人是否会被一个笑话逗笑，那需要他脑补许多未言明的细节。将触发一次不自觉的咯咯发笑的无意识过程称为斟酌将是奇怪的，但那无论如何都是个老练的信息转换过程。

关于奇泽姆的主体因果，见大卫·威尔曼（David Velleman）的“某人行动时发生了什么？”（1992），将其还原为某种自然主义者可接受的东西的一种可能方法，是本书第八章的一个主题。

理论家很少明言赞成笛卡尔剧场，但隐藏的笛卡尔分子会时而在被挑逗之后暴露出来。我关于意识的最新著作和文章里收集展示了此类例子，附有评论。出于维护原创资格而将主体孤立起来的一幅相似图景，启发和扭曲了一些哲学家对理解的思考。见我的《脑力产物》（丹内特，1998A）中“自制的理解”，该文是对弗雷德·德雷特斯克（Fred Dretske）观点的评论，他力图避免真正自制的理解被可廉价买到并安装的预制仿造物所取代。（根据这种看法，机器人或许**看起来像**在理解，但那不是**它们的**理解，因为它们不是自己做到的。）

关于凯恩并行处理的观念：我在一篇题为“论给予自由意志主义者自称想要的东西”的文章（收录于：丹内特，1978）里，提出了大致相同的看法，其中用到的一个例子（pp.294-295）是关于一个女人不得不在接受芝加哥大学的一份工作和接受一份在斯沃斯莫尔（Swarthmore）的工作之间做出选择的；两个决定都是理性的，而即便选择是未被决定的，当她做出无论哪个选择时，都有一个好理由，而且那是**她自己的**理由。但我并未十分认真对待这一想法，只是将其作为扔向自由意志主义者的一片碎屑。凯恩说明了，我低估了它。

关于哺乳动物：近年来出现了不少讨论含糊性以及如何对付它的文献。我特别推荐戴安娜·拉夫曼（Diana Raffman，1996），她说服了我，但如果她的讨论没有说服你，你可以顺着她的书目参考其他材料。

罗伯特·法兰西（Robert French，1995）的席间谈话模型是为这里勾勒的那种随机决策制定过程而准备的让人深感满意的架构——一个没有道德重要性的玩具世界，但充满了洞见。见我为他的书所作的序，重印于《脑力产物》（丹内特，1998A）。

凯恩提出了他所称的“伊壁鸠鲁”版和“非伊壁鸠鲁”版非决

定论之间的区别（凯恩，1996，pp.172-174）。一个伊壁鸠鲁非决定论世界包含了散布于具有“决定论”属性的事物和事件之间的“历史中的诸分岔”（以伊壁鸠鲁的随机转向为基础而建模）。在一个非伊壁鸠鲁世界里，“同时存在物理属性的非决定论性质和历史分岔的可能性”。

这会带来什么不同？“一个伊壁鸠鲁世界——其中发生的未被决定事件都有着完全被决定的过去，一个充满不具有非决定性的偶然性的世界——将是一个充满只是偶然性而不是自由意志的世界。可以这么说，那里将没有自由行动的非决定性‘酝酿阶段（gestation period）’；它们只是以这种或那种方式从一个被决定的过去冒出来，而未经历任何非决定性形式的准备阶段：产生紧张、斗争和冲突”（p.173）。

但那些关于非线性、混沌和递归反馈拉锯战的计算机模型又怎么说？它们有着明显的“酝酿阶段”，该过程和你所喜欢的一样孕育着非决定性（的数字化相似物），但它们以伊壁鸠鲁的方式获得（伪）非决定论性质——将伪随机数发生器的输出点缀在决定论子程序的输出之间。你不能同时用这两种方式：如果你想要追随保罗·丘奇兰德而赞赏在它们的非符号性、非刚性、随意游荡的整体开放性方面所发现的非线性递归网络的力量，你就不得不承认，伊壁鸠鲁的可演算性足以提供它，因为那就是该工作模型用以建造的东西。

第五章

所有这些设计是从哪儿来的？

Where Does All The Design Come From?

“对不起，先生，你能告诉我怎么才能走进交响音乐厅吗？”

“练习，练习，练习！”

波士顿交响乐团（Boston Symphony Orchestra）以擅于为难客座指挥而闻名，直到他们能够证明自己。有位即将与该乐团初次登台的年轻指挥，了解他们的这一名声，决定尝试一条获得尊重的捷径。他计划指挥一首当代曲目的初演，其中有一个听不出来的不和谐音，在他复查乐谱时，想到一条妙计。他发现在一个早期的渐强乐段中，整个乐团将尖啸起来，十几种不同音符争相奏起，他注意到，第二双簧管——乐团里最柔和的声音之一——被安排演奏一个原B。他挑出第二双簧管的分乐谱，小心地插入了一个降调符——第二双簧管现在被指示演奏降B。在首次排练时，他兴致勃勃地带领乐团通过那个做了手脚的乐段。“不！”他大喊着，突然叫停了乐团。然后，皱眉凝神的说道，“有人，让我看看，是的，一定是……第二双簧管。你本该奏原B，却奏了降B。”“该死，不”，第二双簧管说，“我奏的是原B。有个白痴却在上面写了个降B！”

早期岁月

从生物学视角考虑上述现象。波士顿交响乐团已经存在了一个多世纪，其人员在不断被替换，其财政时盈时亏，其保留剧目在增长和转换，老古董隐退，新曲目得到尝试。在许多方面，这一精密的老机构就像一个活的有机体，有着独特的人格，特有的成长历史，疾病与健康的历史，学习和遗忘，全球旅行和返回故土，用新手替换疲乏了的老“细胞”，调节其行为以适应它兴旺于其中的生态龛。

这一生物学视角是有说服力的，也是有用的，但它遗漏了该现象最惊人最重要的特性。如果来自另一个星系的生物学家发现了波士顿交响乐团，给他们留下最深印象的，应该不是这些与动植物最显著的相似性，而是那些相异性。有机体是由一个庞大细胞团队组成的，但没有细胞能为蒙羞的前景而焦虑。没有细胞能学会演奏双簧管，或为从一份有前途的年轻指挥名单里挑选该年度客座指挥承担责任。没有细胞能领会那位双簧管手的反应意味着什么，并预期到它对那位年轻指挥博取声誉的努力所造成的灾难性后果。

波士顿交响乐团（和其他种种人类机构和事业）的引人注目之处是，一方面，它们可以被设计和组织得如此漂亮，如此自我维持，而同时，另一方面，他们是由形形色色**自主**的个体所组成，这些个体有着不同的民族性、年龄、性别、性情和志向。乐团成员来去自由，听凭自己选择，所以董事会必须努力工作以确保工作条件和报酬足以维持乐团成员得到良好激励。

看看小提琴组，二十位天才个体，但每个都不同。有些才华横溢却又懒散，而另一些则是执着的完美主义者；一位无趣但有责任心，另一位狂热迷恋音乐，还有一位则整天做着与旁边那位可爱的大提琴手做爱的白日梦，但他们全都以完美的和谐步调引弓拉弦，构成一个叠加于不同人类意识的万花筒之上的健壮模式。

使得这一协同行动成为可能的，是一个宏大的文化产物复合体，被音乐家、听众、作曲家、音乐学校、银行、市政当局、小提琴制作者、门票代理商等等角色深刻地分享着。在动物世界没有任何东西具有可与之相提并论的复杂性。人类心智装备着——也困扰于——

千万种预期、评估、设计、计划、希望、恐惧和记忆，都是连我们最近的近亲——大猿（great apes）[1]——的心智所完全不可企及的。这一人类观念和技艺产物的世界，赋予了人类个体以惊人地区别于这个星球上任何其他生命体的能力和癖性。

鸟类飞往任何它想去的地方的自由，明白无疑是一种自由，是对水母漂向任何它漂往的地方的自由的显著改进，但与人类自由相比，只是个穷表亲。对比一下鸟类鸣唱和人类语言。两者都是自然选择的壮丽产物，而且都没有什么神秘，但人类语言革命性地改变了生活，在鸟类所完全不可企及的维度上开拓了生物世界。人类自由部分地是这一语言与文化革命的产物，它与鸟类自由的差别，相当于语言与鸟鸣之间的差别。

但为了理解更丰富的现象，必须首先理解其（复杂度）更适中的组件和前身。为理解人类自由，我们必须遵循达尔文“奇怪的推理倒置”，并回到生命发端的时候，那时没有自由，没有智力，没有选择，而只有原始自由，原始选择，原始智力。我们已经概要回顾了所发生的事情：简单细胞最终孕育了复杂细胞，后者最终孕育了多细胞有机体，后者又孕育了我们生活和行动于其中的复杂宏观世界。现在我们必须返回去看看这一队列中的一些能有所启示的细节。

假设你只是想在地球上活下去，你需要做什么？从分子层次开始，你需要的不只是DNA，还有整套分子工具——各种蛋白质——去完成DNA复制的许多步骤。你需要一种蛋白质来启动复制过程，另一种来解开双螺旋，另一种来粘合单股DNA……松开超螺旋，染色体切割/包装，等等。其中没有一项是可选的，全都是必须的。如果你缺少这些蛋白质里的任何一种，你就倒霉了。

[1]大猿（great apes）相当于正式生物学分类中的人科动物（Hominidae），包括现生物种包括人类、两种黑猩猩（chimpanzees）、两种大猩猩（gorillas）和两种红毛猩猩（orangutans）共7个物种。——译注

这些构件本身必须随时间流逝而被设计出来。今天我们地球上全部生命所共享的这套完整工具，已经过了数十亿年的组合与改良，它们替代了我们更简单祖先的更简单工具箱。我们依赖于我们的工具箱，而它们依赖于它们的，但我们比它们拥有更多可能性，因为我们工具箱的改进使得更高级的聚合形式成为可能，而这些进而使得我们可能以更迂回的方式与这世界上的其他事物碰撞，并利用这些碰撞的结果。当生命开始时，只有一种方法活下去。要么做A，要么死。现在有了许多选项：做A或B或C或D……或者死。

要活着你就需要能量。生命最初利用的能量来自太阳，还是来自地球深处的热泉？这问题目前尚未有定论，有着一大排充满争议的生命起源假说争相寻求确认。无论开始如何，生命——至少多数——最终变成依赖于来自太阳的能量。要活着和复制，你不得不飘浮在海面上或海面附近，沐浴在阳光里。一项重大创新随着某些阳光沐浴者的变异而出现，从而“发现”，与其都自己去做这事，不如吞食并分解它们的某些邻居，把它们用作已经建造好的精美备件的方便储藏。

是侵犯让生活变得有趣。侵犯者和被侵犯者开始了一场军备竞赛，导向了双方的新变种。很快——大概十亿年吧——就有了许多种“谋生方式”（就像理查德·道金斯说过的），但这许多种方式永远只是浩瀚的逻辑可能性空间里一条微渺的现实细线而已。几乎每个构件组合都是活不了的方式。

在这场竞争性设计的军备竞赛中，最重要的创新之一，是被称为真核革命（eukaryotic revolution）的一次意外，发生在数十亿年前。最初的生命体是相对简单的细胞，叫做原核生物，占据了这颗行星大约30亿年，直到其中之一被一位邻居入侵，结果形成的双细胞团队比它们未感染的表亲更具适应性，所以它们繁荣和增殖了，将它们的团队结构传给了它们的后代。这是一种合作关系的早期例子：共生（symbiosis），它是这样一种情况，甲和乙碰到一起，但甲没有摧毁乙，乙也没有摧毁甲，也没有（更糟糕的）共同自我破坏——这个艰难世界中碰撞的常见结果——相反，甲和乙合力创造了丙，一个新的、更大更多才多艺的东西，有着更好的选项。

当然，这可能已在原核生物世界里发生了许多次，可一旦第一次发生了，对于后来的所有生命，地球已被改变了。这些超级细胞，真核细胞，和它们的原核表亲生活在一起，但远远比它们更复杂、更多才多艺和更能干，这得益于搭它们便车的旅行者。当然，这是无知觉的合作。真核细胞团队完全不知晓它们参与其中的团队结构。它们不能——也不需要——领会漂浮性理由（free-floating rationale）[1]，这并不影响它们的竞争优势。早期真核生物本身不是多细胞的，但它们为多细胞有机体开拓了设计空间，因为它们有足够多的备用件可以成为不同种类的专家。（我们离小提琴手和双簧管手以及波士顿交响乐团这样的团队结构还有很长的路，但我们已经上路了。）

真核革命提醒我们注意这样一个事实，即便在生物进化——达尔文适当地称为"有所改变的继承"——中，也有着设计横向传播的巨大空间。首次被它们的共生访客"感染"的原核宿主获得了一份在别处设计出来的技能大礼包。即，并不是它们的全部技能都是经由它们的父母和祖父母等等从它们的祖先纵向继承得到的。换句话说，并非它们的全部技能都得自它们的基因。然而，它们确实将这些礼物通过它们的基因传给了它们的全部后代，因为入侵者的基因开始与其宿主的核基因共享同一个命运，肩并肩进入下一代，也可以说，下一代从一出生就被它自己的共生补体感染了。

---

[1] 漂浮性理由（free-floating rationale）是指并未被主体认识或领会到、但实际上在支配着主体行为的那些理由；实际上，在发展出自我意识之前，所有支配动物行为的理由都是漂浮性的，而即便有了自我意识，许多理由仍是漂浮性的。——译注

在所有多细胞生物——包括我们——中，这一双向通道的清晰踪迹在今天仍十分显著。线粒体（mitochondria），在我们每个细胞中转换能量的微小细胞器（organelles），是这种共生入侵者的后代，而且有着它们自己的基因组，它们自己的DNA。你的线粒体DNA——仅来自你的母亲——存在于你的每个细胞中，就在你的核DNA——你的基因组——旁边。（有性繁殖是在那之后出现的；来自你父亲的精子在受精过程中没有贡献他的线粒体。）

设计——可被良好利用的信息——的横向传播，是人类文化的关键特性，无疑也是我们作为一个物种的成功秘诀。我们每个人都受益于无数并非我们祖先的其他人的设计工作。我们不必每个人"重新发明轮子"或发明微积分或钟表或十四行诗。有时有人会错误地宣称，这一发生在遗传上无关的个体之间的文化传播，说明了人类文化不能被理解为一种受新达尔文主义理论阐明的原则所支配的进化现象。实际上，如我们刚刚看到的，优良设计元素在非亲缘个体之间的横向传播已被识别为早期（单细胞）生命进化的一项重要特性，有着不断增长的已验证实例清单，是当代进化生物学的中心内容，而不是一个困难。

真核革命不是一夜之间完成的；在许多问题的解决方案被进化过程艰难发现之后，革命才牢固确立。在第二章里，我们遇到了寄生性的转座子，那些其有害效果必须得到遏制的背叛基因。这些基因组内部冲突的解决过程，演示了若干重要的达尔文主义场景：研究与开发是昂贵的，每个设计必须"付出代价"，进化永远会将早先的设计（已付出代价并被复制的）重新用于新用途。

简单的原核生物可以借助相对简单的基因读取设备让它们的基因得到表达。即，按照一份原核生物的基因配方（recipe）建造一个原核生物后代，不需要用到非常高的技术。然而，更为精妙的真核细胞——更不用说我们这种由更复杂的构件组成的多细胞生物——则需要一个令人难以置信的精密系统，其中有各种中介步骤、校核和平衡环节，才能让各基因由其他基因产物的间接效果而在适当时候被打开和关闭，如此等等。所以有时生物学家需要和一个经典的鸡与蛋难题作斗争：这个精密的基因调制机制是如何进化而来的？

直到这一昂贵机制大半就位之前，多细胞生命甚至不可能开始进化，但它显然不是更简单的原核生命所必需的。为所有这些研发工作付出的代价是什么？目前正在浮现的答案是，代价是一场在早期原核生命中肆虐了约十亿年的内战。那是发生在基因组内部的军备竞赛，好公民基因与那些转座子作战，后者是在基因组中反复拷贝自己而不为整个有机体提供任何好处的吃白食者（freeloaders）。

这一过程创造了大量措施与反措施，诸如噪声抑制机制和孤立 - 挫败机制。（这些机制的细节，如同真核革命中允许基因组共生联合的那些机制的细节，正开始浮现，而且十分迷人，但远远超出了本书范围。）就像现代的军备竞赛，结果是个昂贵的平衡，但其间的研发果实可以铸剑为犁：成为制造多细胞生命形式所必需的高技术机制（麦克唐纳，1998）。所以，看来我们自己似乎就算是一种“和平红利”，就像计算机、塔夫纶（Teflon）和 GPS[1]，以及从得益于我们的税款、由军工复合体所实施的军备竞赛中涌出的其他高技术。

---

[1] 军事需求极大加速了计算机的实际建造，世界首台图灵完备的可编程通用电子计算机 ENIAC，是二战期间在美国陆军资助下于 1946 年建成，供陆军的弹道研究实验室（BRL）用于计算火炮的火力表；计算机科学的两位奠基人艾伦·图灵（Alan Turing）和约翰·冯·诺依曼（John von Neumann）二战期间都受雇于军方。特富龙（Teflon）学名聚四氟乙烯（Polytetrafluoroethene，PTFE），是由杜邦公司的高分子材料，最早实际应用是在制造原子弹的曼哈顿计划（Manhattan Project）中用于阀门和管道密封，后来也用于 M4 卡宾枪；具有耐高低温、耐酸碱、耐老化、绝缘、自润滑、不沾等等优良的化学性能，现已成为应用极广的民用材料，比如生料带、不粘锅涂层。全球定位系统（GPS）由美国国防部研制和维护，1994 年全面建成后，部分开放给民间使用，现已成为大量民间应用的基础。——译注

囚徒困境

［本节部分取自《达尔文的危险观念》（丹内特，1995，pp.253-254），有所改动。］

但这些军备竞赛实际上是如何进行的？哪些因素支配或限制着这些竞争中不同“各方”的进攻和反攻？每个出现了某种类似**合作**的东西的自然环境，都需要解释。（那可能只是因一个愉快的意外而开始，但它不可能由一个愉快的意外而得以维持。哪有这么好的事。）

这正是我们需要博弈论视角及其经典例子囚徒困境的地方。这是个简单的二人“博弈”，其阴影——既清晰又惊人——投向了我们世界的许多不同境况中。基本场景如下：你和另一个人被拘禁等待审判（就一项捏造的指控，比方说），而检察官分头向你们每个提出了一笔交易：如果你们都死扛到底，既不认罪也不揭发另一个，你们每个都将得到一个轻判（因为公诉方的证据没那么强）；如果你认罪并揭发另一个，而他死扛，你免受惩罚，而他被终身监禁；如果你们都认罪并揭发，你们都得到一个中等年数的判决。当然，如果你死扛而另一个认罪，那么他被释放而你被终身监禁。你会怎么做？

如果你们能一起死扛，藐视检察官，那会比你们俩都认罪好得多，所以你们能不能相互许诺一起死扛呢？（按囚徒困境的标准行话，死扛选项被称为**合作**——当然，是与另一名囚徒而不是检察官合作。）你们可以许诺，但随后你们都会感觉到**背叛**的诱惑，无论你是否受诱惑驱使而行动，因为那样你就可以免受惩罚，听凭那个**容易上当的傻瓜**——唉～——深陷麻烦之中。

因为该博弈是对称的，另一个人当然会同样受诱惑，去背叛而让你成为傻瓜。你能冒终身监禁的风险而相信另一个人会遵守诺言吗？或许背叛更安全，不是吗？那样一来，你明白无疑地避免了最坏的结果，甚至可能被释放。当然，如果这主意这么聪明，另一个家伙也会想到，所以他也会背叛以求安全，在这种情况下，你必须背叛以避免灾难——除非你如此圣洁乃至可以为拯救一个背诺者而不惜在牢里度过余生——所以很可能，你们俩最终都背叛并接受中等年数的判决。除非你们俩都能克服这一推理而决定合作！

重要的是该博弈的逻辑结构，而不是其特定背景，后者只是个有用而生动的想象驱动工具。我们可以将监禁判决替换成正面结果（比如，那是一个赢取不同数量现金或后代的机会）只要报酬是对称的，并且大小次序是：单独背叛 > 相互合作 > 相互背叛 > 被骗。（在规范设定中，我们设置了另一个条件：被骗者和相互背叛者的平均报酬必须不能大于相互合作者的报酬[1]。）**该结构在世上的任何一个实例，就是一个囚徒困境。**

博弈理论的探索已在许多领域进行，从哲学与心理学到经济学与生物学。在进化博弈理论（evolutionary game theory）中，报酬按后代数量计量，而模型的要点在于探索在何种条件下“合作性”设计可自我维持，并且报酬胜过若不然总是受青睐的自私背叛者。为何背叛是默认的取胜策略？请看图 5.1 中的报酬矩阵（payoff matrix）。

无论博弈方 Y 做什么，博弈方 X 背叛总是比合作更好。背叛被称为基本情境下的**支配性**策略。它对博弈方 X 的后代在种群下一代中所占比例产生的效果，可以从数学上得出，并可轻易通过模拟程序来演示，其中某种简单的背叛主体与某种简单的合作主体两两配对比赛。它们在互动中按自己所属类型行事——背叛者总是背叛，合作者总是合作——而结果（表示后代数量）被记分并在许多世代上累加。

---

[1] 此句有误，按标准定义，这个条件应该是：被骗者和单独背叛者的平均报酬必须不能大于相互合作者的报酬。——译注

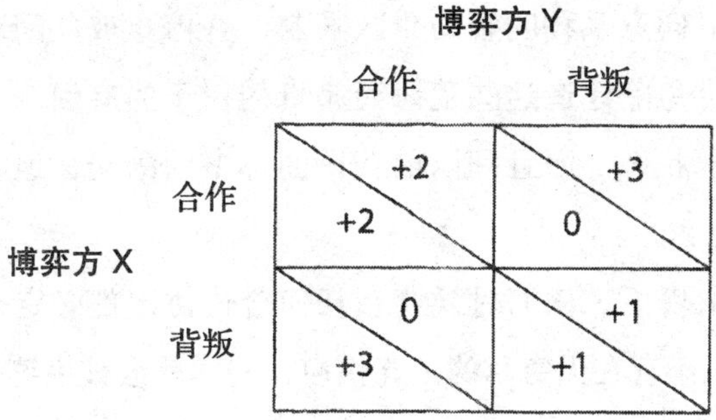

图 5.1　囚徒困境

说来可悲，当没有特殊特性来阻止它时，背叛者很快将合作者排挤一空。这一不可逃避趋势是所有合作关系的进化过程所必须与之对抗的流行风向。

在进化理论中应用博弈论思想的许多例子中，最有影响的是约翰·梅纳德·史密斯（John Maynard Smith）的**进化稳定策略**（evolutionarily stable strategy，ESS）概念，一种策略或许不是可以想象的最佳策略，但在那个情境下是不可被任何替代策略所颠覆的。每个人在所有时候都背叛的肮脏世界，在多数可以想象的情境下都是一个 ESS，因为被扔进这样一个种群的先驱合作者将很快因容易受骗而死。然而，存在一些境况，其中会有另一些更振奋人心的结果，而正是这些一步步摆脱冷酷的默认做法的过程，构成了导向我们的那个阶梯。

进化理论中无疑可以存在博弈论分析工作。比如，为什么森林里的树都那么高？和这个国家每个地区商业地段里那些竞争我们注意力的花哨招牌组成的巨大阵列基于**完全相同的理由**！每棵树都探出身子以便获得尽可能多的阳光。只要那些红杉（redwoods）[1]

[1] 红木（redwoods）一词广义泛指红杉亚科（Sequoioideae），狭义专指加州红杉（Sequoia sempervirens），又称海岸红杉（coast redwood），是世界上现存最高的植物，能长到 110 多米高。——译注

能走到一起，同意某种明智的分区限制，并停止彼此间对阳光的竞争，它们便可免除建造这些荒谬而昂贵的树干的麻烦，停留在低矮而节俭的灌木状态，而且和以前获得同样多的阳光！但它们走不到一起。

在这些情境下，任何时候背叛任何合作协定都必定是有利可图的，所以如果不存在无穷尽的阳光供应，树木就会被束缚在“公地悲剧（tragedy of the commons）”之中［哈丁（Hardin），1968］。当存在一种有限的“公共”或共享资源，个人会自私地禁不住取走比他们合理份额更多的部分，公地悲剧便出现了——就像海洋里的食用鱼类。除非能够达成非常特殊且有强制力的协定，否则结果将倾向于资源的毁灭。正是具有强制力的核查与平衡机制的进化，让相互合作的基因们得以抵御背叛的转座子的挑战，这是克服无聊简单世界中的普遍自私和普遍背叛的最早“技术”创新之一。

合众为一

［本节包括了《达尔文的危险观念》（丹内特，1995）第16章中相同标题那一节的修订版本。］

多细胞性的来临得到了另一个合作创新的引导：在细胞层次上解决群体团结问题。如我在第一章开头时所指出，我们每个人都由数十万亿个机器人式的细胞组成，其中每个有着它们自己完整的基因集合和一组令人印象深刻的内部生命支持机制。为何这些独立细胞会如此无私地服从于整个团队的利益？当然，它们现在已变得极度相互依赖，除非是在其惯常栖居的特定环境中，无法长时间独自存活，但它们是怎么走上这条路的？［请注意，我落入了生物学家以好像谈论个体那种方式来谈论生物类型（或种系或物种）的标准方式。我们的细胞已“变得相互依赖了”，但我的细胞里没有一个曾变得相互依赖，他们全都生来如此。长颈鹿经历数百万年长出了长脖子，而织巢鸟（weaverbirds）花了几千年才“学会”如何修建它们的巢。如果你专注于个体，这里的“长出”和“学会”是看不见的。正如我们在第二章里看到的可避免性的浮现，即便每个个体被决定到死只能是那个样子，更大跨度上的过程仍会产生变化、改进和成长。一些哲学家对这一双重视角表示怀疑——我在《达尔文的危险观念》（丹内特，1995）以“诱饵与开关”描绘他们这一怀疑的特性——但这是理解全部进化研发如何发生的关键。]

看待进化的“基因视角”的优点之一是，它提醒观察者将这当做一个严肃问题加以关注。细胞群体团结性在自然界无处不在；毕竟，奴隶般献身的细胞可在每个肉眼可见的活物中看到。因而这是“自然的”，但它主要仍是一个设计成就，不是某种生物学家会认为理所当然的东西。然而，要经历的考验是艰巨的，因为组成我们的细胞分属两个十分不同的种类。

组成多细胞的我的细胞都共有同一个祖先，它们是单一世系的，是联合组成了我的受精卵的卵子和精子的子细胞和子子细胞。它们是**宿主**细胞。其他细胞，**共生者**（symbionts），也是生物——它们本身也是真核生物和原核生物——但它们被算作外来者，因为它们传自其他不同世系。（所以这是第二级共生关系，共生创造了你的真核细胞，后者继而扮演了宿主角色而面对新寄生者的洪流！）

宿主/寄生者之间的差别带来了什么不同？这里的答案——它也将表现在人类社会生活更高层次上——是，尽管谱系渊源经常是未来能力的良好指示，但不管谱系如何，最终算数的还是未来能力。比如，你的免疫系统是由目前在宿主团队中地位稳固的成员细胞组成的，但它们当初是作为入侵大军在你祖先身体中开始其经历的，它们自己的遗传身份已和它们与之联合的那些更古老世系合并了，这是设计横向传播的另一个例子。

理解这些转型所遵循模式的关键在于，将所有这些机器人式细胞当做微小独立主体，当做每个都有一丁点“理性”决策能力的意向性系统对待。采纳意向性立场，跳出原子组件的物理立场，经由简单机械的设计立场，到达对简单主体性的意向性立场，是一个回报优厚的策略，但必须小心使用。这么做太容易错过这样一个事实：这些不同主体和半主体和半半半主体的经历中，存在一些关键时刻，“决定”的机会出现了，然后又消逝了。

组成我身体的细胞有着一个共同的命运，但其中一些相比其他是在更强意义上如此。我的手指细胞和血细胞里的 DNA，是处于一条遗传死胡同里，这些细胞是**体细胞**线（身体）而不是**生殖**线（性细胞）的一部分。正如弗兰西斯·雅各布（Fran?ois Jacob）令人难忘地说过，每个细胞的梦想都是变成两个细胞，但体细胞已注定“无后”而亡——除了偶尔为活动中死去的邻居生产一些替补之外，而且暂不考虑克隆技术的戏剧性进展。

因为这条死胡同是早些时候已决定了的，不再有任何压力、任何常规机会、任何“选择点”可以让它们的意向性轨道——或它们数量有限的后代的轨道——可能得到调整。你可能会说，它们是**弹道式**（ballistic）意向系统，其最高目标和意图已被一次性全部固定下来，没有留下重新考虑或调整方向的机会。它们是完全献身于它们构成了其一部分的身体之**至善**（summum bonum）的奴隶。它们可能会被外来访客剥削或欺骗，但在常规境况下，它们无法自主反抗。就像那些斯戴佛贤妻们，它们有个单一至善被设计进了它们里面，那不是“先为自己着想”。相反，它们按本性就是团队选手。

它们如何促进这一至善，也已被设计进了它们内部，在这一点上它们根本上不同于“同一条船上”的其他细胞：我的共生访客。良性共生物（mutualists），中性共栖物（commensals），以及有害寄生物（parasites），共享着同一个它们全体共同参与组成的载体——也就是我——每个都有它们自己的至善被设计进了它们内部，那就是增进它们**各自**的世系，而不是我的。

幸运的是，存在一些维持友好协定（entente cordiale）的有利条件，因为毕竟它们都在同一条船上，而那些使得它们若不合作会表现更好的条件受到了限制。但它们确实有“选择”。这是一个它们特有而宿主细胞通常没有的问题。

为什么？是什么使得——或需要——宿主细胞如此尽忠，而同时给了访客细胞在机会来临时叛变的自由支配能力？当然，两种细胞都不是会思考、有知觉、理性的主体。而且两者中没有哪个明显比另一个更有认知能力。那不是进化博弈理论的支点所在。红杉并不特别聪明，但它们所处的竞争情形迫使它们背叛，并引发了——从**它们**的视角看（！）——一场浪费悲剧。一项让它们从此全都放弃长出高大树干以徒劳地试图获取比其合理份额更多阳光的合作协定，在进化上是无法确保执行的。

创造一个选择的情形，是对**差异**繁殖的无心“表决”。是差异繁殖的机会，让我们访客的世系可以通过“探索”替代策略，而对它们已做出的选择“改变主意”或“重新考虑”。然而，我们的宿主细胞已在我的受精卵形成的那一刻，通过单次表决而被一次性全部设计好。假如因为发生变异，让**它们**采用了专横或自私的策略，它们将不会兴旺（相对于其同侪），因为差异繁殖的机会不足。（癌可以视为一种自私的——和破坏载体的——反叛者，是通过对常规环境的篡改而成为可能，这一篡改允许差异繁殖存在。）

布莱恩·史盖姆斯（Brian Skyrms）曾指出了（1994A，1994B）上述多细胞策略（这是创造了全部基因读取机制的内战的另一个良性果实）和约翰·罗尔斯（John Rawls）不朽的《正义论》（1971）之间一个极好的相似之处。体细胞之间作为常规合作之前提的强共有命运，类似于罗尔斯的“初始状态（original position）”中的处境，后者是他的一个思想实验，设想了理性主体若不得不从他所称的无知之幕（Veil of Ignorance）[1]后面做出选择时，将如何选择设计一个理想正义国家。史盖姆斯适当地将前者称为“达尔文的无知之幕”。

你的性细胞（精子或卵子）形成过程不同于普通细胞分裂过程，即**有丝分裂**（mitosis），前者被称为**减数分裂**（meiosis），即通过如下随机过程建造了一个半基因组候选者（将与来自你伴侣的另一半联合）：先从“A 列”（你从你母亲那里得到的基因）挑一点，再从“B 列”（你从你父亲那里得到的基因）挑一点，直到一个完整基因补体——但每个基因只有一份拷贝——被构建起来并安装进一个性细胞，准备好在伟大的交配抽签中试试它的运气。可是你的初始受精卵的哪个子细胞被指定参与减数分裂而哪个参与有丝分裂？这也是一次抽签。

这是一次**随机**或**伪随机**抽签吗？就我们所知，它就像抛硬币，被一些难解莫测且无模式的、谁知道来自哪里的巧合碰撞所**决定**，因而原则上可以被**能力无限的**拉普拉斯妖所预见，但无法被构成了盲目但能够有效摸索的盲眼钟表匠的那些高度敏感且基础宽阔的选择力量所预见。得益于该机制，父系和母系的基因（在你里面）通常不能预先“知道它们的命运”。它们是否将拥有生殖线后代——这些后代可能拥有一个流入未来的后代洪流，也可能被放逐到由服务于政治共

[1] 无知之幕（Veil of Ignorance）是政治哲学中关于程序正义的一个古老论题，意思是，当一个人对一项规范或制度的正当性进行判断时，判断过程应独立于他本人的能力、禀赋以及他在将应用该规范的那个社会中所处位置，也就是说，应该在判断程序和这些知识之间拉起一道无知之幕，这样的判断才符合程序正义的要求；此概念最初由经济学家约翰·海萨尼（John Harsanyi，1920-2000）加以形式化，约翰·罗尔斯（John Rawls，1921-2002）在《正义论》（A Theory of Justice）中将其用于他的“原初状态”思想实验中。——译注

同体或团体（注意词源）[1]利益的体细胞奴隶组成的一潭不育死水中——的问题，是未知且不可知的，因而不存在可通过与它们的同伴基因进行自私的竞争而能够赢取的东西。

至少通常的安排是这样。然而，有一些特殊场合，达尔文的无知之幕在那里被短暂拉开："减数分裂驱动（meiotic drive）"[2]或"基因印记（genomic imprinting）"[3]的情况［黑格（Haig）和格拉芬（Grafen），1991；黑格，1992，2002；有关讨论见《达尔文的危险观念》（丹内特，1995，第九章）］，在其中环境确实允许基因之间出现"自私的"竞争——而它的出现导致了逐步升级的军备竞赛。但在多数境况下，对于基因"此时不自私更待何时的时机"是严格受限的，而一旦死路——或抽签结果——已注定，这些基因便只是随波逐流，直到下一次选举。或许是埃格伯特·利（E. G. Leigh）首先注意到这样一种相似性：

> 那就像在一个基因国会里会发生的事：其中每个都在按它们自己的自我利益行动，但如果其行动伤害了别人，其他基因就会联合起来镇压它。减数分裂的转移规则进化得越来越像神

[1] 政治共同体（body politic）是指组成一个国家的全体人民，不过丹内特显然将 body 用作了双关语；团体（corporation）一词的动词形式 corporate，源自拉丁词 corporatus，意思是"结合成为一个身体（to form into a body）"，其中含有拉丁词根 corpus（身体），因而也包含了 body 双关；这两个双关，都是意指有机体的身体也是由细胞联合组成的政治共同体。——译注

[2] 减数分裂驱动（meiotic drive）也叫分离扭曲（segregation distortion），即某些基因等位体通过扭曲正常的减数分裂机制以提高自身进入配子（gamete）机会，这种等位体被称为分离扭曲因子（segregation distortor）；具体实现形式分两种：一种叫"杀手与靶子（Killer and Target）"，通过产生毒素杀死包含异己等位体的配子，从而提高包含自身的配子的比例；另一种叫"真减数分裂驱动（true meiotic drive）"，它利用了卵子减数分裂的非对称性，即一个初级卵母细胞经两次分裂后产生一个卵子和三个极体，后者是进化死胡同，而真减数分裂驱动会提高扭曲因子进入卵子而非极体的机会。——译注

[3] 基因印记（genomic imprinting），又译遗传印记，指只有来自特定亲代（父亲或母亲）的基因得以表达，而正常情况下，来自父母双方的基因有同等表达机会。——译注

圣不可侵犯的公平游戏规则，一部被设计来保护国会抵御某个或一小撮成员有害行为的宪法。

然而，在与一个扭曲因子（distorter）[1]连接如此紧密、以至“借它光”的利益超出了其弊病危害的基因座（loci）上，自然选择倾向于强化扭曲效应。因此一个物种必须有很多染色体，这样当一个扭曲者出现时，在多数基因座上，选择将偏爱对它的镇压。正如一个太小的国会可能被一小撮阴谋分子教唆带坏，只有一个紧紧联结的染色体的物种，也很容易成为扭曲者的猎物。（利，1971，p.249）

试试不用意向性立场描述自然中的这些深层模式！在基因层次上具有预见性的慢速运动模式，很容易使人联想起——其实是预演了——在心理和社会层次上具有预见性的模式：机会、洞察力、无知、找到应对竞争的最佳举措、避免和反击、选择余地和风险。进化研发中的措施和反措施是有合理性根据的，即使没有人显式地考虑过。那就是我所称的**漂浮性理由**，它们比我们清晰表达的、深思熟虑的原理早出现数十亿年。避免伤害的基本原则就蕴含其中，在两个领域是相同的：如果你对自己可能会有什么命运不掌握任何信息，你就无法让自己获得自由选择的能力。

而且这是阻止人们获得机会的另一种方法：让它们蒙在鼓里。我们或许可以把这种未被认识也未被想象到的机会叫做**贫瘠机会**（bare opportunities）。如果我从一排废弃罐头旁走过，而其中一个里面恰好装着满满一袋钻石，于是我错过了一个发财的贫瘠机会……贫瘠机会非常丰富，但它们满足不了我们；

[1] 扭曲因子（distorter），即指上述减数分裂驱动中的分离扭曲因子，见译注“减数分裂驱动”。——译注

当我们说我们需要机会或机遇来改善我们的运气时，我们需要的不只是贫瘠机会。我们想要察觉我们的机会，或被告知它们的存在，并来得及行动。（丹内特，1984，pp.116-117）

史盖姆斯说明了，当一个团体——无论是整个有机体还是它们的部件——的个体元素亲缘极近（克隆体或接近于克隆体），或者当它们能够进行相互识别和选型“交配”时，简单的囚徒困境——在其中背叛策略总是占优的——就不是对该情境的正确建模。这就是为何我们的体细胞没有背叛，它们是克隆体。

这是团体——就像我的“宿主”细胞团体——能够拥有起码的和睦与协调的条件之一，而这样的和睦与协调是它要稳定地表现得像“有机体”或“个体”所必需的。但在我们三呼喝彩并将此用作我们如何建立一个正义社会的模范之前，最好先停下来留心一下，还有看待体细胞和器官这些模范公民的另一种方式：作为其无私性之特有标志的，是不问是非的狂热服从，它们展示了一种极度仇外的集体忠诚，这很难说是值得人类效仿的典范。

我们，不像组成我们的细胞，不是身处弹道式轨道上，我们是**制导**导弹（guided missiles），有能力在任何点上改变路线，放弃目标，转换效忠关系，策划阴谋，然后背叛它，等等。对于我们，随时都是决策时刻。正因此，我们不断面对着种种社会机会和困境，博弈论为它们提供了战场和交战规则，却没有提供解决方案。对于社会中的人们，相比组成我们的细胞，生活更复杂，而在我们得以进入交响音乐厅之前，有许多研发工作要去完成——“练习，练习，练习！”

然而，令人振奋的是，我们面临的问题有着最终通过试错而被解决的先例。否则我们不会来到这里。试错——即便是无心的试错，连同对部分进步的保存——是一个威力强大的过程。它已在世上创造了真正的新事物；它已解决了重大问题，克服了令人畏惧的障碍。试错是管用的，所以尝试也是管用的：至少一种尝试已有了被证实的记录。当我们看到它们的祖先曾何等成功时，我们的种种尝试在决定论面前看起来不那么软弱无能。组成我们的细胞，正是那些一度不得不解决合作中的巨大问题并取得了成功的那些细胞的直接后代。

题外话：基因决定论的威胁

在将有关细胞和基因的这些险恶故事与小提琴手和双簧管手相提并论之后，或许该安抚一下心灵了，为此我将提出“基因决定论（genetic determinism）”的“幽灵”，并一劳永逸地将其驱逐。根据斯蒂芬·杰伊·古尔德（Stephen Jay Gould），基因决定论者相信下面的说法：

> 如果我们被编程为我们所是的那样，那么这些特性是无法逃避的。我们充其量只能引导它们，但我们不能改变它们，无论是凭意志、教育还是文化。（古尔德，1978，p.238）

如果这就是基因决定论，那么我们都可以松口气了：不存在基因决定论者。我从未遇到过任何人宣称意志、教育和文化不能改变很多（如果不是全部）我们经由遗传而继承来的特性。我的近视的遗传倾向被我戴的眼镜抵消了（但我确实不得不**想要**戴着它们）；而且许多原本会遭受这种那种遗传病的人，在经**教育**而接受了关于特定饮食的重要性，或借助拜**文化传播**之赐而获得的这种那种医疗处方之后，得以无限期地推迟症状发生。

如果你有导致苯酮尿症（phenylketonuria）的基因，你为避免其不受欢迎后果而必须做的，只是停吃那些含有苯丙氨酸（phenylalanine）的食物。如我们已看到的，什么事情不可避免，并不依赖于决定论是否统治世界，而是依赖于是否存在你可以采取的措施，去避免已预见到的伤害。一个有意义选择需要两个条件：信息和该信息所指引的一条路径。缺了其中一个，另一个就是无用的或者更糟糕的。

在他对当代遗传学的出色审视中，马特·里德利（1999）用亨廷顿舞蹈症（Huntington's disease）这个辛酸例子让人们理解这一点，该遗传病是“纯粹宿命论的，无法被环境变化所稀释。优裕生活、良好医疗、健康食物、有爱家庭或巨额财富，全都对它无济于事”（p.56）。这与所有同样不受欢迎、但我们可以对它做点什么的遗传倾向形成了鲜明对照。而正是出于这一理由，许多从其家谱看很可能携带亨廷顿变异的人，选择不接受那个能几乎确定地告诉他们实情的简单测试。但要注意，假如一条治疗那些携有亨廷顿变异的人的——正如在未来可能出现的——路径打开了，那么同样这些人，将会冲到队伍最前面去接受测试。

古尔德等人曾宣布他们对“基因决定论”的强烈反对，但我怀疑是否有任何人认为我们的遗传禀赋是无限可修改的。因为我的Y染色体，我要生孩子几乎是不可能的。无论借助意志、教育或文化，我都无法改变这一点——至少在我有生之年不能（但谁知道未来一个世纪的科学发展会带来什么可能性呢？）。所以至少在可见未来，我的某些基因固定了我某些部分的命运，没有任何豁免的现实前景。如果这就是基因决定论，那我们都是基因决定论者，包括古尔德。

一旦撇开漫讽，剩下的充其量只是对下面两个问题的看法之间的坦诚差异：对这个那个遗传倾向该施加多少干预以抵消其后果，以及更重要的，这种干预是否正当。这些是重要的道德与政治议题，但它们经常变得几乎不可能以平静而合理的方式讨论。恢复通情达理的第一步，是认识到，作为一条有用的拇指法则（rule of thumb），无论何时你被“指控”为“基因决定论者”，有很大可能那只是“让那乌鸦闭嘴！”的又一个例子，而不担保任何更多讨论，至少不是在这方面。此外，基因决定论在什么方面会如此特别的坏？环境决定论不会同样可怕吗？考虑一个对环境决定论的平行定义：

> 如果我们在一个特定文化环境中被抚养和教育，那么被该环境强加于我们的那些特性是无法逃避的。我们充其量只能引导它们，但我们不能改变它们，无论是凭借意志、更多的教育，或采纳一种不同的文化。

耶稣会教士（The Jesuits）常被引用的一句话是（我不知道有多精确）：“给我一个七岁男孩，我将还给你一个男人。”这肯定是夸张，但鲜有怀疑的是，早期教育和其他童年重大事件可以对后来的生活具有深远的影响。比如，有研究显示，像在生命头一年里被你母亲遗弃这样的悲惨事件，增加了你实施暴力犯罪的可能性［例如，雷恩（Raine）等，1994］。

又一次，我们决不能错误地将决定论等同于不可避免性。我们需要在经验上检查的是，那些不可欲的影响，无论多深刻，无论多巨大，是否可以通过采取措施加以避免——这一点在环境状态中可以和在基因状态中一样各不相同。考虑被称为一个汉字不识的苦恼。我就经受过，完全是因为我童年早期的环境影响（我的基因与此毫无——没有直接的——关系）。然而，如果我正要搬去中国，通过我自己的一些努力，我可能很快就足以“被治愈”了，虽然在我余生中我无疑会带着强烈而无法改变的生涩迹象，能被任何以汉语为母语的人轻易察觉。但我肯定能把汉语学得足够好，从而能够为我在我所遭遇的说汉语者影响下所做出的行动承担责任。

会不会，任何不是我们基因决定的事情，必定是我们的环境决定的？有其他可能吗？有天性，有养育。是否还有某个 X，某个另外的贡献者，也在决定着我们是什么？是的，还有机会，运气。我们已在第三和第四章看到，这一额外成分是重要的，但不是非得来自我们原子深处的量子效应，或来自某个遥远星球。它就在我们身边，我们嘈杂世界的无原因抛币事件，自动填补着未被我们的基因在遗传指示书中确定，也未被环境中的显著原因确定的所有缺口。

这一点在我们大脑中的细胞之间数万亿连接的形成方式中表现得格外明显。若干年来人们已认识到，虽然人类基因组有那么大，却远远没有大到足以**指定**（在其基因配方中）神经元之间将要建立的全部连接。实际情况是，基因指定了一个推动巨大的神经元群体——比我们大脑最终将使用的神经元多很多倍——生长的程序，这些神经元随机地（当然，是伪随机地）伸展出探索性的分支，其中许多**恰好**以一种其有用性**可被察觉**（被无智慧的大脑剪枝程序所察觉）的方式连接到其他神经元。

这些成功的连接倾向于生存下来，同时那些迷路的连接死去，被分解掉因而其组件能被回收用于几天后充满希望的下一轮神经元生长。这一大脑里（更准确地说是胎儿的大脑里，在它遭遇外部环境之前很久）的选择环境和基因一样并不**指定**最终连接。基因和发育环境都在影响和修剪着该生长过程，但大量细节被留给了运气。

当人类基因组最近被公布，并宣布我们“只有”大约三万个基因（按今天有关如何识别和清点基因的假定），而不是有些专家曾推测的十万个时，在媒体中有一种好笑的如释重负般的感叹。呼～“我们”不是我们基因的产品；“我们”也参与了规格制定工作，那原本会被那七万个基因“固定”在我们里面！有人可能会问，那**我们**是怎么做这事的？来自可怕的环境，和有着阴险灌输手法的可恶的老式教养的影响，不是会同样让我们遭受威胁？当天性和教养（Nature and Nurture）[1] 发挥完它们的作用之后，会有任何东西作为我而剩下来吗？（如果你把自己变得足够小，你可以外部化几乎任何东西。）

假如我们的基因和我们的环境（包括运气）以某种方式瓜分战利品并“固定”了我们的个性，那么瓜分界线划在哪里，有什么关系吗？或许看上去环境是更和善的决定来源，因为毕竟“我们可以改变环境”。这没错，但我们不能改变一个人过去的环境，正如我们不能更换她的父母，而对未来环境的调整，可以同样强有力地用来抵消先前的遗传约束，如同用它抵消先前的环境约束。而且我们现在已接近于能够和调整环境未来几乎一样轻易地调整遗传未来。

假设你知道，你的任何一个孩子将有个麻烦，通过调整他的基因或者调整他的环境，都可以有所缓解。两种处置方针各自都得到许多正当理由的支持，但这两个选项之一是否应以道德或形而上的理由而被排除，肯定不是明白无疑的。虚构一个可能很快会被现实用在后面的案例，假设你是个坚定的因纽特人，相信北极圈附近的生活是唯一值得过的生活，再假设你得知你的孩子们将因遗传上装备不良而不适合在这样的环境中生活。你可以搬去热带地区，在那儿他们会很好——代价是放弃你们的**环境**遗产——或者你可以调整他们的基因组，从而允许他们继续生活在北极世界，代价是（如果这算）丢失他们“自然的”基因遗产的某些方面。

这问题无关决定论，无论是遗传的或环境的或两者兼有；这问题是关于**我们能改变什么**——无论我们的世界是不是决定论的。对有

[1] 用“天性对教养（Nature versus Nurture）”这个短语来表达先天与后天的对立，是达尔文的表弟弗朗西斯·高尔顿（Francis Galton，1822-1911）开创的做法，此后这种二元对立视角长期主导了对人性的探索，但实际上人的多数特性是由遗传基础和后天教养按某种程序共同塑造而成的，马特·里德利（Matt Ridley）构造的新短语“天性经由教养（Nature via Nurture）”（这也是里德利2003年出版的一本书的书名）很好的表达了这种更为有效的新视角。——译注

关基因决定论的被误导议题，贾瑞德·戴蒙德（Jared Diamond）在他的鸿篇巨制《枪炮、细菌与钢铁》（1997）中提供了一个迷人视角。戴蒙德提出并很大程度上做出了回答的问题是，为何“西方”人（欧洲人或欧亚人）征服并殖民或统治了“第三世界”人民，而不是相反。为何（比如）美洲或非洲的人类种群没有通过入侵、杀戮和奴役欧洲人而建立世界范围的帝国？

答案是……**遗传**？科学是否向我们显示了西方优势的终极来源是我们的基因？初次遭遇这问题时，许多人——甚至包括高度老练的科学家——立刻断定，戴蒙德，仅凭他提出该问题这一点，必定主张某种有关欧洲人遗传优越性的可怕的种族主义假说。他们被这一种族主义嫌疑激动得慌了神，以至很难注意到这一事实（他必定非常努力地让别人理解这一点），他说的恰恰是相反的观点：这个隐秘解释不是藏在我们的基因里，不是**人类**基因里，但从非常大的范围上说，它确实藏在基因里——作为所有人类农业中的驯化物种的野生祖先的那些植物和动物的基因里。

监狱看守有一条拇指法则：如果那可能发生，那就会发生。他们的意思是，任何安全缺口，任何无效的禁限或监督，或屏障中的弱点，都会足够迅速地被囚犯们发现并充分利用。为什么？意向性立场让它显得很清楚：囚犯们是聪明的、机智的和受挫的意向系统；这样，他们就相当于一个足智多谋的欲望的巨大供应源，有着大量空闲时间用来探索他们的世界。他们的搜索程序将几乎是彻底穷尽的，而且他们将能够区分最优行动与次优行动。可以指望他们去发现任何有待发现的东西。

戴蒙德利用了同样的拇指法则，假定世界任何地方的人们总是差不多聪明，差不多节俭，差不多训练有素，差不多有远见，就像任何其他地方的人一样，然后展示了人们确实总是能发现存在于那里有待去发现的东西。大致上，**所有可驯化的野生物种都已被驯化了**。欧亚人在技术上占得先机是因为他们在农业上占得先机，而这又是因为十万年前他们邻近地区的野生动植物是理想的驯化对象。

有些草在遗传上接近于超级植物，因而或多或少靠些意外就可以变成后者，距离大谷穗和富有营养的谷粒仅仅少数几个变异，而有些动物因为它们的社会性，在遗传上接近于可群聚动物，可以在圈养条件下轻易繁殖。（玉米在西半球的驯化需要更多时间，部分是因为它与野生前身之间有更大的遗传距离需要跨越。）当然，在现代农艺学出现之前，跨越这段距离的选择事件的关键部分，是达尔文所称的“无意识选择”——即隐含于人们行为模式中的偏向性，这种偏向性多半是不知不觉的，且肯定不是有知识根据的，他们对自已在做什么和为什么这么做只有最有限的洞察。

生物地理学的、从而也是环境的偶然事件，是在任何人们所生活的地方“固定”了他们机会的主要原因和约束。得益于紧靠其多种驯化动物的数千年生活，欧亚人发展出了对各种从其动物宿主跳到人类宿主的病原体的免疫力——人类基因的确在此扮演了一个重大角色，已毋庸置疑地得到确认——而同时，得益于他们的技术，他们能够长途旅行并遭遇其他人群，他们的细菌造成的伤害数倍于他们的枪炮和钢铁所造成的。

对戴蒙德和他的理论我们可以说些什么？他是个可怕的基因决定论者，或可怕的环境决定论者吗？当然都不是，因为这两种妖怪和狼人一样都是幻想虚构的。通过丰富有关限制我们当前机会的各种约束之原因的信息，他增进了我们避免想要避免的事情的能力，和阻止我们想要阻止的事情的能力。有关我们和周围物种的基因所扮演角色的知识，不是人类自由的敌人，而是它最好的朋友之一。

自由度和对真相的探求

世系（比如寄生细胞或红杉的世系）所做出的“决定”，只能通过恰到好处的眯眼才能看到。你必须对这些古怪的物质群集持意向性立场，把时间设为**快进**，然后搜寻从数据大山中浮现出的更高层次模式，它们确实会浮现，而且有着令人满意的可预测性。那种由紧凑而显著的个体实时做出的更容易辨认的决策，要等到运动诞生之后才能看到。是的，树能够“决定”：春天已来临，是时候让花朵盛开了，蛤蚌也能够在它们感觉到蚌壳被撞击时，“决定”紧紧闭合蚌壳，但这些选项如此初级，如此接近于简单开关，把它们叫做决定只是出于礼貌。

但即使一个简单开关，被某些环境变化打开和关闭，用工程师的话说，也表明了一个自由度，因而是某种需要以某个方式控制的东西。当一个系统存在某种类型的一组可能性，它就有一个**自由度**（degree of freedom），而任何时候这些可能性中的哪一个成为现实，取决于控制该自由度的功能或开关。开关（无论是二选的还是多选的）可以串行的、并行的或串并兼有的阵列方式相互连接。当阵列扩增，形成更大的开关网络，其自由度便以令人眩晕的速度增长，控制问题也变得复杂和非线性。任何配备了这样一个阵列的世系都面临一个问题：什么信息**应该**被调制而通过这一由可能性的多维空间中的分支路径组成的阵列？这正是一个大脑所要处理的问题。

大脑，连同它的一排排感觉输入和运动输出，是一个用来在过去环境中开采信息的本地化设备，这些信息随后可被精炼为对未来有益预期的金子。这些辛苦获得的预期进而可被用来调制你的选择——优于你的同类对**他们的**选择的调制。速度是根本，因为环境总是在变化而且充满了竞争者，但精确性同样重要（因为在竞争者的选项中有诸如伪装这样的策略），节约也是（因为每件事都以某种东西为成本，并且在长期都必须由自己负担）。这些进化条件在上述指标，以及附加的敏捷、高保真、高相关的感官注意之间，产生了一组权衡结果。对未来产出的军备竞赛确保了每个物种都会忽略其环境中它忽略得起的任何东西，这种风险策略可能会在未来让它大惊失色，因为其环境中一个迄今为止都无关痛痒的变量，可能突然之间变得致命地相关。

一个富于不可预测但利益攸关的新颖性的环境的高阶图景，提出了另一个权衡：投资于学习会给本世系带来回报吗？存在相当大的固定成本：必须安装相应机制，以便开关网络能够在生物个体的生命期内被实时再设计，从而它能调节其控制功能而对它在世界中所探查到的新模式做出响应。回想一下第二章提到的德雷舍（1991）对**处境–反应机**和**选择机**所作的区分。处境–反应机是一个相对简单开关的群集，每个实现了一条此类环境规则：**如果你遭遇条件 C，就做 A**。

对于行为被先天规定了的相对简单生物，这么做是成本有效的。选择机则有着另外一组机制，后者实现了预测：**如果你遭遇条件 C，做 A 会（以概率 p）产生结果 Z**。它们生成一些或很多这样的预测，然后评估它们（用它们所拥有或开发的无论何种价值标准），而且这些安排对被设计为在自己生命期中学习的有机体是成本有效的。一个有机体可以在其工具箱中同时拥有这两种机器，依靠前者做出快速而凑合的保命选择，而依靠后者做关于未来的严肃思考——这是个不成熟的实践理性机能。

这样一种精致的学习机制只有当存在足够多的学习场合时（而且这些学习倾向于形成新的好习惯而不是新的坏习惯），其好处才抵得过成本。多少才是足够？这取决于境况，但无疑经常是不够的。“用它，否则就会失去它”，这句箴言在动物世界有许多应用。比如，驯养动物的大脑明显小于它们野生近亲的大脑，而这不只是对肉畜大肌肉块的选择的副产品。

驯养动物负担得起愚蠢而仍能拥有大量后代，因为它们实际上把大量认知子任务外包给了其他物种——我们，它们已成为我们的寄生者。就像绦虫已“决定”信任我们为它操办所有运动和寻找食物的任务，这样它们可以彻底简化它们不再需要的神经系统，驯养动物若离开它们赖以生活的人类宿主，将极为艰难。它们不是生活在我们里面的**体内**寄生物（endoparasites），但它们仍是寄生物。

我们已到达鸟类自由的附近，它们可以飞往它们想去的任何地方。为什么它们想要飞往它们想去的地方？自有其理由。其理由被具体表现在其大脑的所有开关设定中，而且从长期看得到了其持续生存的支持。大致上，它留意去搜集信息的东西，是那些与其直接福利最有关系的东西。其祖先最近受到的来自狡猾竞争者的压力越大，它越可能投资于反制此类威胁的昂贵装备。

当水手们首次坐帆船到达太平洋里的一些遥远岛屿时，岛上栖息着一些鸟类，这些鸟数千年来的祖先都从未遭遇过捕食者，水手们发现它们那么缺乏好奇心，那么不怕靠近它们的大型移动物体，他们可以大摇大摆地走上去抓住它们。这些鸟飞得很好，但无需蹑手蹑脚便可抓住它们。它们能够飞往它们想去的任何地方，但它们恰恰没有那种机敏的愿望；理由就在眼前，但它们知道得太少因而未能想到。它们有很多拯救自己的贫瘠机会，但它们缺乏就此采取行动所需要的信息。当然，这些鸟类物种现在多半已灭绝了。

捕食者与被捕食者之间的军备竞赛，以及争夺配偶和求偶手段——食物、掩蔽所、领地、当地地位等等——的种内竞争，已让我们的生物圈经历了数亿年跨越宽广范围、同时在数百万物种中并行处理的研发过程。恰在此刻，地球上的数万亿有机体正在玩一场捉迷藏游戏。但对于它们，那不只是一场游戏，那关系到生死。**正确理解，**

不犯错，对它们很重要——实际上没有事情比这更重要——但通常它们认识不到这一点。它们受益于为做对重要事情而精巧设计的设备，但当它们的设备失灵并做错事情时，它们通常没有办法注意到这一点，更不用说为之而悔恨了。

它们迎难而上，却对此一无知觉。事情看起来如何和事情实际上如何之间的区别，对它们如同对我们一样是条致命的鸿沟，但它们多半对此毫无知觉。对表象（appearance）与实际之间区别的认识是一项人类发现。少数其他物种——一些灵长类，一些鲸目动物，甚至可能一些鸟类——显示了某些领会“错误信念”——**错误理解**——现象的迹象。它们展现出了对其他动物的错误的敏感性，或许甚至还有一些对他们自己的错误的敏感性，但它们缺乏**细述**这一可能性所需要的反思能力，因而它们也无法利用这一敏感性去斟酌如何修补或改进它们自己的搜寻或隐藏机能。这种跨越表象与实际之间鸿沟的方法，是唯独我们人类才精通的技巧。

我们是懂得怀疑的物种。那里储藏着足够过冬的食物吗？我误算了吗？我的伙伴在欺骗我吗？我们本该迁往南方吗？进入这个洞穴安全吗？其他造物常明显地因为它们自己对此类问题的不确定而焦虑不安，但因为它们不能真正**对自己问这些问题**，因而不能清晰明确地为自己表达这些困境，或采取措施改进它们对真相的掌握。它们陷于表象世界里，尽其所能了解事情看起来如何，而即便有也很少为事情是否真的就是它们看上去那样而费心。只有我们会被怀疑所折磨，也只有我们才会被认识渴求所激发去寻求药方：更好的真相探寻方法。对我们的食物供应、我们的领地、我们的家庭、我们的敌人保持更好跟踪的渴望，让我们发现了与他人谈论它、就它提出问题和传递知识的益处。我们发明了文化。

是文化提供了让我们得以将自己抬举至新领地的杠杆支点。文化提供了一个视点，从那里我们能够看出如何改变基因通过盲目探索而为我们安排下的通往未来的轨道。如理查德·道金斯所言，“重要的是，不存在一般性理由去预期遗传影响比环境影响在任何程度上是更不可逆的”（道金斯，1982，p.13）。但为了逆转任何这种影响，你必须能够认识到并理解它。只有我们人类拥有识别从而避免无远见的基因所设计的路径上的陷阱所需要的长远知识能力。共享知识是让我们拥有比“基因决定论”所认为的更多自由的关键。

我们还未进入交响音乐厅，但我们正在接近它。

第五章

通过对整个进化过程采取意向性立场，可以最好地理解多细胞生命形式的设计中的固有智慧。从这一视角我们能够洞悉非零和博弈（non-zero-sum games）中合作性“选择”的漂浮性理由，它指导了导致越来越老练的理性主体的进化的研发过程，扩展着生命体认识并抓住机会的能力。不去理会误导性的“基因决定论”难题，我们可以看到通过自然选择，进化如何提供越来越大的自由度，但这仍不是人类主体性的自由。

第六章

人类文化既不是一个奇迹，也不是我们的基因为增强我们的适应性而为我们提供的工具箱的一个简单补充。为了理解一个人如何能够既是文化的产物又是它的创造者，我们需要探索文化和我们的社会性从中涌现的那个多阶段进化过程。

对来源与进一步阅读的说明

《达尔文的危险观念》（*Darwin's Dangerous Idea*, 丹内特，1995）中对本章的观念有延伸发展，本章取用了其中一些段落。约翰·梅纳德·史密斯的《博弈、性与进化》（*Games, Sex and Evolution*, 1988；尤其是第21和22章）是对进化博弈理论的一个出色的介绍性解释，理查德·道金斯的《自私的基因》（*The Selfish Gene*, 1976）校订版也是如此。布莱恩·史盖姆斯的《社会契约的进化》（*Evolution of the Social Contrat*, 1996）包含了基于最新研究的阐述。对本章所探索的趋势的一个引人注目的概览，可见罗伯特·赖特的《非零年代：人类命运的逻辑》（2000）。

我们对此处描述的进化过程——特别是可以从意向性立场得到描述的基因间冲突——的理解，正在以快速的步伐增长。许多今天的特定断言（诸如人类基因组的基因数量）很可能在明天变得无效，但支撑进化生物学的理论与证据的骨架是非常牢固和有弹性的。梅纳德·史密斯和埃洛斯·萨斯玛利（Eörs Szathmáry）的《进化过程中的重大转变》（*The Major Transitions in Evolution*, 1995）一书是对从最简单生命形式到人类社会的转变步骤的一个出色纵览（尽管有点难读）；一个更容易的版本是他们 1999 年的《生命的起源：从生命诞生到语言起源》（*The Origins of Life: From the Birth of Life to the Origins of Language*）。由安德烈斯·莫亚（Andrés Moya）和恩里克·丰特（Enrique Font）编辑的《进化：从分子到生态系统》（*Evolution: From Molecules to Ecosystems*, 2004），是对该领域到 2000 年底为止的知识状态的一个权威概述，它收录了对诸如多细胞性的进化、线粒体基因与核基因之间尽管很大程度上共享命运却仍可能发生的冲突、共生的成本－收益权衡，以及许多其他迷人主题的一系列纵览。

德雷舍对处境－反应机与选择机所做的区分，有用地澄清了（并部分的抄了近路）我对斯金纳式造物和波普式造物所做的区分（丹内特，1975，1995，1996A）。

第六章

开放头脑的进化

The Evolution Of Open Minds

人类不只是聪明的畜生，在危险世界里小心环顾四周的足智多谋的主体，他们也不只是为他们无须理解的共同利益而无意识地拥挤在一起的兽群。我们的社会性是一种多层次现象，充满了涉及相互认识（的认识的认识的……）的反射现象，并因而为诸如此类的人类特有活动提供了丰富机会：做出承诺和毁弃承诺，尊崇和诽谤，惩罚和崇敬，欺骗和自欺。正是这一环境复杂性驱动着我们的控制系统、我们的心智，到达它们自己的多层次复杂性，从而使我们能够有效地应付周围的世界——如果我们是正常的。

有一些不幸的人，因为这样那样的理由做不到，而他们必须以一种降低了的身份生活在我们中间，充其量就像宠物，被照顾和尊重，若有必要还要被束缚，被爱并以他们自己的有限方式爱他人，但不是人类社会化世界的完全主体，而且当然也缺乏具有道德重要性的自由意志。他们与我们其他人之间有疑问的边界，以及当个体被考虑升级或降级时出现的极端困难问题，将是后面一章的主题，但为了打下基础，我们需要进一步考虑这些人类社会独有的复杂性和精神是如何进化而来的。

文化共生如何将灵长类转变为人

一只蜘蛛实施的操作与一位织工的相似，一只蜜蜂建造的蜂巢让许多建筑师蒙羞。但最蹩脚的建筑师与最高明的蜜蜂之间的区别是——建筑师在将其结构变成现实之前，已在想象中将其竖起。

——卡尔·马克思（Karl Marx），《资本论》

文化让事情变得更容易——或至少成为可能。它所带来的改变中的一些，看来比其他更近乎于（进化上）不可阻挡的。

——约翰·梅纳德·史密斯，“文化与遗传改变的模型”

在那些产了卵就离开，从不与后代共享环境的物种里，基因几乎是垂直传袭或继承的唯一途径。几乎，但不是完全，正如我们可以从一个简单例子中看出的：假设一个蝴蝶物种通常在一种特定植物的叶子上产卵，并考虑当一个雌性碰巧将她的卵产在其他某种叶子上时会出现什么情况。很可能，对这一产卵习惯负（最大）责任的那个基因，是通过让后代“铭刻”她们在孵化时首先观察到的无论哪种叶子而起作用的。这只反常蝴蝶的后代将重复她的“错误”，本能地将她们的卵产在与她们出生时所在叶子相似的叶子上。如果她的错误恰好是一个可喜的意外，她的世系可能会兴旺而同时其他的衰亡了：新的叶子偏好将是一种**完全没有遗传改变的**适应。

这个例子凸显了涉及遗传配方中所采用的引用类型的**指示**（deixis）或“指针”元素。蝴蝶后代的基因相当于在说：把你的卵产在看上去像**这个**（同时一根小指盲目地伸出去，落在有机体去“看”手指指向何处时所在的无论什么目标上）的某种东西上。一旦理解了该原理，你就能看到它到处都在被运用，尤其是在各种依赖于“细胞记忆”的发育过程中。蝴蝶在树叶上不仅存放了DNA，她还存放了卵，而这些卵细胞包含了遵循DNA配方所需的全部读取机制和初始原材料。

这一读取机制也包含了造就后代表现型所需要的重大信息，而它并未被编码在基因里；基因仅仅“指向”那些材料并相当于告诉读取机制：用**这个**和**那个**去制造并折叠下一个蛋白质（当然，基因确实编码信息以指导下一代的读取机制的建造，并将下一代的这整套工具和原材料存储在一起，但如我们刚刚看到的，其他来源也可以影响这一规格说明）。如果我们设法变更基因读取机制紧邻环境中的这些元素，我们可以在输出中造成一个改变（就像后代改变了叶子选择习惯），而且如果那恰好——就像上述习惯——保证了同样的更改会倾向于在下一代的基因读取环境中重现，那我们就在没有任何基因型（那个配方）突变的条件下制造了一个表现型突变（phenotypic mutation，发生在成品——即直接面对自然选择的那个载体——中的突变）。

厨师们了解，不同国家之间面粉和糖的质地的微妙差异，可以对他们所喜爱配方的结果产生深远影响。他们逐字遵照配方，伸手抓来在这里被叫做面粉的东西，最后得到了一个陌生的蛋糕。但如果新蛋糕是个好蛋糕，其配方或许会被复制并为许多厨师所遵循，建立一个新的蛋糕世系，完全区别于它们的祖先和它们在母国的同辈亲戚。［我相信，哲学迷会注意到这一点与哲学中的孪生地球（Twin Earth）产业[1]之间的相似。那些没有看懂这句题外话的人，该为他们被蒙在鼓里而感到庆幸。］

自然之母不是个"基因中心主义者"，即，当同样的信息（大致上）可由世界的某种其他规律性，被以同样可靠、而且更廉价的方式传递时，自然选择过程并不偏爱经由基因传递信息。存在一些由物理定律（重力等等）和可以被安全"期待"会得以保持的环境长期稳定性（海洋盐度、大气成分、可被用作触发器的物品颜色……）所提供的规律性。因为这些条件多少是恒定的，它们可被

[1] 孪生地球（Twin Earth）是哲学家希拉里·普特南（Hilary Putnam）构造的一个思想实验，用来表达他的语义外部主义（semantic externalism），意思是，一个词的语义不能被替换为由说话者当时的内部心理状态，而依赖于说话当时的外部世界状态或历史。该思想实验在被广泛谈论的过程中出现了许多变种，丹内特的"产业"一词似在嘲讽这种歧变混杂情形。——译注

遗传配方默认为**前提条件**而不予“提及”。（注意，盒装蛋糕糊常常为高海拔烹饪指定一个不同的烘烤温度，或添加额外的面粉或水，这是个存在变数的例子，该变数迫使配方提及某些它原本可能省略不提的事情。）

在可以被基因配方预设为前提的规律性中，包括了经由社会化学习而在代与代之间传递的那些。这些是可期待的环境规律性的更多例子，但它们更重要，是因为它们本身有成为选择性修枝对象［不像（比如）重力］的可能性。一旦信息传输通道建立，并且成为**基因**进行某些传送的“依靠”，它本身就成了设计改进的对象，就像在亿万年中改进了 DNA 编码、复制、编辑和传播过程的种种改良。比如，倾向于延长亲子联系与互动的遗传改变，可通过给予它们更多活动时间而提高这些社会化学习途径的可靠性，从而注意偏向（看妈妈！）可进化出来以进一步协调信息传递。小径变成了大道，变成了公路，成为一条由自然选择**设计的**信息通道，在依靠它的那个世系中增强研发工作。

在那些亲代与子代一起生活一段时间的物种里，存在一条有用信息或“传统”——诸如食物和栖息地偏好——纵向但非遗传性传递的宽阔大道（阿维塔尔和亚布隆卡，2000）。如我们所见，**经由遗传传递**的设计的横向传递，即与你子女或父母之外的有机体共享有用基因，也已从进化早期开始便到处存在，并在进化所造就的许多最辉煌进步中扮演了关键角色，但它们的出现是幸运意外，不是被设计来传递设计的途径。非遗传信息的横向传递是装备了知觉系统的多细胞生命形式（简言之就是动物）中一项远更晚近的发明。其力量在我们物种中表现得最明显，但我们并未独享其益处。

在日本一个岛上被研究的猴子，通过模仿和观察极好地学会了清洗被扔在海滩上的麦粒：将一把多沙的麦粒扔进海里，然后从水面上舀取浮起的麦粒[1]；有理由相信，筑坝技术从成年海狸向它们幼崽传递的过程，可能也包括了相当程度的观察和模仿学习，即便不是正式指导。如生物学中所常见的，存在一些可说明这一反差的中间例子。雪羊（mountain goat）在它们的领地中踩踏出一个最佳路线的小径网络，其整齐程度不亚于任何人类道路系统，它们将这一有用的整葺环境遗赠给穿越该区域的所有生物而不只是它们的子孙。这是**文化**传递吗？是也不是。受信赖的一致性的维持依赖于雪羊个体的重复行动，这些个体必须能够看到其他雪羊正在做什么。这是模仿吗？被复制的究竟是什么？很难说。

但有一个物种，智人，将文化传播用作其信息高速公路，产生了文化实体的庞大分支家族的家族的家族，并通过一种经由文化传递的习惯，改造着其成员：不遗余力地在其少儿身上安装尽可能多的文化，在其能够吸收的限度内尽早安装。这一横向传递创新如此具有革命性，乃至作为其宿主的那些灵长类值得拥有一个新名字。假如我们需要一个技术性术语的话，不妨叫它们**真灵长类**（euprimate）[2]——超级灵长类。或者我们可以用白话，把它们叫做人。人就是大脑被感染了的人科动物（hominid），成了数以百万计的文化共生物的宿主，而让这些成为可能的首要元素，便是被称为语言的共生系统。

哪个先出现，语言还是文化？如同多数先有鸡还是先有蛋难题一样，这个问题只有当你过分简单化地看待时才显得是个悖论。确实，存在一个有着规范（norms）、传统、对个体的识别和理解各自

[1] 这一现象是日本灵长类学家今西锦司（Kinji Imanishi）在宫崎县南端的幸岛（Koshima Island）上观察日本猕猴（Macaca fuscata）时发现的，这一长期观察从 1948 年开始，1953 发现一只被他们叫做 Imo 的雌性猕猴会清洗红薯，此后五年中，群体中绝大多数 8 岁以下的年轻猕猴都学会了这一做法，1957 年，仍然是这只 Imo，发现了漂洗麦粒的妙处，随后这一技术同样得到模仿和传播，而且在传播过程中还得到了改进：在沙滩上挖坑用作清洗池，以防麦粒漂走。——译注

[2] euprimate 一词系丹内特临时编造，前缀 eu- 是希腊语词根，意为好的、真的。——译注

角色的勉强算得上社会的东西之前，成熟语言不可能作为存在于物种成员之间的制度而繁荣起来。所以有理由宣称，存在某种先于——且必须先于——语言的文化。黑猩猩社会具有（初级形态的）规范和传统、对个体的识别，以及（初级形态的）相互理解的角色，而没有语言，而且它们也显示了一些最起码的文化传播：打碎坚果、钓白蚁、捕鱼、从很难够着的地方吸取水的传统或“技术”。

它们甚至拥有原始符号；在至少一个黑猩猩社区，一个雄性诡秘而淫荡地抚摩一片摘下的草叶，意思很明显是在对一个观望中的雌性表示类似“哇 – 哇 – 呜”或“你想不想来看看我的好东西？”[1]存在于梳毛仪式中的不同握姿，看来是通过文化而非遗传途径而传递的。回顾我们自己的进化史，有证据显示（仍在热烈争论中），早在一百万年前人科动物已控制了火，这肯定是一种经由文化传递的做法（而不是像掘土蜂掘巢习惯那样是遗传传递的），而语言则是远更晚近的创新，据估算只有几万到几十万年历史。

文化与经由文化的传递可以没有语言而存在，而且不只发生在我们人亚族（hominids）[2]中，还发生在我们亲缘最近的幸存物种黑猩猩中。然而，是语言打开了文化传播的洪水之闸，让我们从其他所有物种之中脱颖而出。精致的语言文化在地球上显然只进化过一次——迄今为止。［尼安德特人（Neanderthals）可能拥有语言，所以曾有一时可能存在两个使用语言的物种共享着地球，但若是这样，这些语言可能都是从两者的共同祖先那里继承来的。］为何其他物种没有发现这一宏伟的成套适应器？

---

[1] 此句原文“Would you like to come up and see my etchings?”是一句委婉语，意指某人以邀请一同欣赏艺术品为由引诱异性前往自己家中约会，典出 19 世纪美国作家霍瑞修·爱尔杰（Horatio Alger）的小说《伊利列车男孩》（*The Erie Train Boy*）第 22 章。——译注

[2] hominid 一词广义上指人科动物（Hominidae），俗称大猿（great apes），狭义是指人亚族（Hominina），包括人类及其比黑猩猩更近的近亲物种，人亚族中除现代智人（Homo sapiens）之外都已灭绝；按上下文，此处显然取狭义。——译注

下面这份人类独有特性清单是人们熟悉的：火的控制，农业（但别忘了养殖真菌的蚂蚁），复杂工具，语言，宗教，战争（但记住蚂蚁）[1]，艺术，音乐，哭泣，大笑……这些独特性是以何种顺序出现的，为什么？历史事实已很久远，但并未沉寂；它们确实留下了化石踪迹可供今天的人类学家、考古学家、进化遗传学家、语言学家和其他人研究。将所有对数据的解释结合起来，并支配着仍在继续争议的，是达尔文思想——而且那不只是关于基因的。有时那与基因完全无关。

语言只进化出了一次，但自从首个使用语言的群体分裂为子群以来，**语言们**始终在进化着，而且尽管对语言的来临无疑有着遗传上的响应（大脑已在解剖结构上进化而使之成为更好的词汇处理器）[2]，但极不可能的是，语言进化出的**任何**差异，比如芬兰语和汉语之间的，或纳瓦霍语（Navajo）和他加禄语（Tagalog）之间的差异，可被归于任何可在以这些语言为母语的人类种群之间被辨认（即便用最高端的统计分析）的细微遗传差异。据我们目前所知，任何人类婴儿都能同样轻松地学会任何他接触到的人类语言。

所以语言的进化并不与基因的进化直接有关，但它仍被达尔文约束支配着：所有研发都是昂贵的，而每个新设计必须以某种方式抵偿其成本。比如，如果语法复杂性以这样那样的方式持续，那必定有其理由，因为生物圈的**每样东西**在所有时候都准备着面临更新、修正或作废。习俗或习惯和物种一样注定会走向灭绝，除非某种东西维持它们继续存在。语言或其他人类实践上的精致创新不会无缘无故发生，它们只会因为一些理由而发生。

---

[1] 切叶蚁（Leafcutter Ant，分两个属 47 个物种）会切割树叶带回巢穴用来饲养真菌，再将真菌作为自己的食物，可以视为一种农业。许多蚂蚁物种都经常从事战争，无论是在种内还是物种之间，许多物种还发展出了专事战斗与防卫的兵蚁品级。——译注

[2] 对语言的遗传响应不仅限于大脑，比如：喉的位置下降，舌头和胸腔变得更灵活，控制舌头和肋骨运动的神经束加粗以容纳更多神经纤维，这些神经束所穿过的骨孔也变大了，等等。——译注

问题是：谁的理由？就像律师常问的，“何人得益？（Cui bono）”要恰当回答这个问题，我们需要在想象力上做个大胆跳跃——没有任何魔羽帮助我们。当你跳跃时，你将看到一群歇斯底里的嘈杂旁观者会警告你别这么做，恳求你抛弃这个危险念头。我们即将开始讨论的主题，有着无比强大的威力去引起传统保卫者的不安，并调高他们的批评音量，但不是精确性。我们将要考虑的是模因（meme）[1]——类似于基因的文化复制子（replicators）——的情景，许多考虑过该情景的人都痛恨它。首先让我们尝试理解它，并看看它是不是果真那么可恨。我会尽最大努力为憎恨提供基础，以免被指控为一个有毒观念裹上糖衣，现在开始吧。

我们看到一只蚂蚁费劲地爬上一根草茎。它为何那么做？为何那是适应的？这么做会给蚂蚁带来什么好处？这是个错误的问题。对蚂蚁根本没有好处。那么，这只是个意外事故吗？实际上，那正是如此：一个吸虫（fluck）！[2]这只蚂蚁的大脑被柳叶吸虫（Dicrocoelium dendriticum，又名支双腔吸虫）入侵了，这种吸虫是一大帮微小寄生蠕虫之一，它们为了繁殖需要进入羊或牛的肠道。（就像大马哈鱼逆流而上[3]，这些寄生蠕虫驱使蚂蚁爬上草茎，以提高自己被路过的反刍动物吞下的机会。）这一好处不是对这蚂蚁的繁殖前景，而是对这吸虫的繁殖前景的。［严格地说，是对该吸虫的基因的（或吸虫群体的基因的），因为如索布尔和威尔逊（1998）在他们使用柳叶吸虫作为利他行为的一个例子时所指出（p.18），在

[1] 模因（meme）是道金斯在《自私的基因》最后一章里提出的概念，其中文译名始终处于混乱状态，谜米、迷因、弥母、觅母，五花八门，无奇不有，本书采用的是中文维基上的译法，相对较为悦耳。——译注

[2] 此处 fluke 为双关语，英语中 fluke 一词既有侥幸、意外事故之义，又有吸虫之义。——译注

[3] 大马哈鱼（Salmon）又称三文鱼，包括鲑鱼科中的若干物种，不是正式的生物学分类；属洄游性鱼类，在淡水中孵化，之后进入海洋生活一至五年，最后又洄游到自己出生的那条淡水河流中繁殖，并在那里结束生命；最后沿淡水河逆流上溯的这段旅程往往漫长而艰辛，比如爱达荷中部的奇努克鲑鱼，产卵前会逆流上溯 1400 公里，爬坡高度达 2100 米。——译注

大脑中实际驱动蚂蚁行为的吸虫，是一种神风敢死队员，它会死去而没有任何机会传递其基因，帮助了它的处于蚂蚁其他部分的（无性繁殖）近似克隆体。]

理查德·道金斯在《自私的基因》（1976）里指出，我们可以将一些文化单元——他将其命名为**模因**——也考虑为寄生物。它们使用人类大脑（而不是羊的胃）作为临时家园，从一个头脑跳到另一个头脑而完成复制。就像柳叶吸虫，它们在安排妥当这一精致循环方面做得越来越好（这都是因为模因之间为大脑中的有限位置而展开的竞争），而且，也像柳叶吸虫，它们不需要对它们如何或为何这么做有任何了解。

它们是巧妙设计的信息结构，会无知觉地利用思想者，但它们本身却不是思想者。它们没有神经系统，它们甚至没有常规意义上的身体。它们实际上更像一个简单病毒而不像蠕虫（道金斯，1993），因为它们轻装上路，并未制造一个大躯体用来四处运动。基本上，一个病毒只是我行我素的一串核酸（一个基因）。[它还有一个蛋白质外套；**类病毒**（viroid）则是更赤裸的基因，没有外套。] 类似的，模因是一个我行我素的信息包——一份实施某种文化行为的配方或指示手册。

所以模因与基因相似。模因是用什么做的？它是由信息组成的，可以由**任何**物理介质携带。基因，作为遗传配方，全都写在DNA这种物理介质上，使用单一正统语言，用C、G、A、T四个字母，三个一组的编码氨基酸。模因，作为文化配方，类似地依赖于这种或那种物理介质而持续存在（它们不是魔法），但它们可以在各种介质间跳来跳去，从一种语言翻译成另一种，就像……配方！

无论是以英文用墨水写在纸上，或用意大利语将语音记录在录像带上，或以图表式数据结构存储在计算机硬盘上，都能保存、传输和复制完全相同的巧克力蛋糕配方。因为甜点要在吃的时候才得到检验，一个配方的任何物理拷贝得到复制的可能性，（主要）依赖于蛋糕有多成功。蛋糕在什么方面有多成功？在让宿主去按配方制作另一份拷贝并将配方传递下去方面。

何人受益？通常是吃蛋糕的人受益，这也是为何他们珍视配方，为它制作拷贝，传递它，但无论这些“宿主”是否受益，只要这蛋糕以某种方式鼓励他们传递配方，那么配方本身将以唯一对配方重要的方式让自己受益：被复制从而延续其世系。（比如，我们可以想象，按配方可能做出一块实际上剧毒的蛋糕，但其中包含了强有力的迷幻剂，能赋予吃了它的人以难以抵御的着魔般的欲望去制作更多配方拷贝，并和他的朋友们分享。）

在模因的领域，终极受益者，即最终的成本收益计算运用于它的那个受益者：是模因本身，而不是它的携带者。这不应被理解为一个大胆的经验性断言，排除了（比如）人类主体个体在文化单元的设计、领会和确保其传播与延续中所扮演的角色。我的断言毋宁是，我们可以采用这样一个视角，由此，包括传统断言在内的各种不同经验性断言可以得到对比，并且它们的证据可以在不对这些问题作预先判断的中立背景中被考虑。

乍看上去，这一文化景象可能看起来更加不祥而非充满希望。如果这是一种自由，那它看来真是陌生的一种，而且无论从哪方面看，都不如鸟儿随心所欲飞翔的自由——对此它们即便充满喜悦也是懵然无知的——更为可意。在与吸虫的类比中，我们将模因当做为其自身复制利益而霸占了有机体的寄生虫来考虑，但我们应记住，这样的搭便车者或共生者可以被归入三个基本类别：寄生物（parasites），其出现降低了宿主的适应性；共栖物（commensals），其出现是中性的（然而，词源学提醒我们，它们“共享一张餐桌”）；互惠共生物（mutualists），其出现同时提高了宿主和客体的适应性。

因为这些类型排列构成一个连续谱（continuum），它们之间的边界无须过于精细地划定；利益恰在何处降至零或转为伤害，不是某种能以任何可行测试而被直接度量的东西，尽管我们可以在模型中探索这些转折点的后果。我们也理应期待模因出现在所有三种类型中。有些模因肯定提高了我们的适应性，让我们更可能拥有大量后代（比如卫生保健、孩童照顾和食物准备方法）；其他一些是中性的——但就其他更重要的方面而言，或许对我们是有好处的（例如文学、音乐和艺术）；而有些模因对我们的遗传适应性肯定是恶性的，但即便它们或许也在另一些我们在乎的方面是对我们有好处的（生育控制技术是个明显例子）。

毋庸赘言，得以持续存在的模因，将是**自身**作为复制子的适应性更高的那些，无论它们对我们的适应性有何影响，或在任何意义上对我们的福利有何作用。所以，**假定**对文化特性的自然选择总是“有原因的”——总是因为它**带给宿主的**被感知到的（或即便是错误感知到的）利益——是错误的。我们总是可以问，作为宿主和**载体**（vectors）的人类主体，是否感知到某些利益并（因此而）对上述文化单元的保存和复制提供帮助，但我们必须准备好迎接否定的答案。换句话说，我们必须考虑下列假说的现实可能性：尽管人类宿主无论作为个体还是群体，对某些文化单元毫无知觉，或漠不关心，或甚至坚决反对，它们却仍能利用这些宿主作为传播载体。正如乔治·威廉姆斯（George Williams）曾说过的，

> 在一个社会中，模因可能确实提升了其携带者的幸福和适应性，或者可能没有。如果它能以高于其携带者繁殖的速率横向传递，那么携带者的适应性很大程度上变得无关了。吸烟习性的发展留下了一长串尸体，和被螺旋菌的克隆体感染致死的一样。（威廉姆斯，1988，p.438）

关于模因还有许多有待回答的问题，以及许多异议。模因视角能被转变为一门名副其实的模因学吗？或者“只是”一个生动的想象

力扩展器，一个哲学家的工具或玩具，一个无法直白表达的隐喻？现在下结论还为时过早。多数被提出来反对模因科学的论点，都是受误导的和基于错误信息的，而且它们透露出一股显著的不真诚和绝望气息。当这些论点被那些显然未能理解它们的人重复时，这一点尤为明显，因为他们忠实而缺乏领会地复制了那些小错误，这些错误不知何故进入了生殖线！

我喜欢的坏论点，是宣称文化进化是“拉马克式的（Lamarckian）”[1]，所以不可能是“达尔文式的”，这是个有着若干欠考虑变型的念咒，其中没有一个是站得住脚的（简单说，拉马克主义是认为获得性性状可以经遗传传递的异端，可是谁的获得性性状——是模因的还是其宿主的？宿主始终在将获得的寄生物传递给它们后代——这里没有拉马克主义异端，而且因为模因没有遗传线和身体线之分，模因的突变和获得性性状之间不存在清晰区别。如果这些就是“文化进化是拉马克式的”的意思，那么这无碍于模因学，如果那是别的意思，那么其确切意思还有待澄清）。但这听上去很有道理，不是吗？它听上去像个老练的异议，必定会真正打中那些讨厌的超级达尔文主义者的要害。（**让那乌鸦闭嘴！**）目前的前沿研究可能正在将模因学发展为一门有实际价值的新学科，并证明那些批评是错误的。（**吃掉那只乌鸦！**）也可能他们不会。仍有一些严重的障碍和异议需要对付（参见章末对进一步阅读的说明）。

我已说过，现在下结论为时过早，但就我们的意图而言，结论

[1] 有关生物进化的拉马克主义（Lamarckism）认为生物生命期内获得的特性可以遗传给后代，因而生命期内发生的适应性改变的代际积累（俗称“用尽废退”）构成了进化过程，而与此相对的达尔文主义（Darwinism）则认为，进化过程由随机变异、自然选择、适者生存所组成。然而对于模因，丹内特认为不存在清晰的遗传型和表现型之分，也就不存在“获得的特性”，因而谈论拉马克主义没有意义；不过在布莱克摩尔的模因理论中，区分了遗传型和表现型，比如一份蛋糕配方是遗传型，而按此配方做出来的蛋糕则是表现型，按此理论，对模因谈论拉马克主义也是有意义的。——译注

如何是无关的，因为我们在此场合所需要的模因的主要贡献，实际上“只是”哲学的或概念上的——而且无损于如下价值：模因视角让我们领会一种原本很难认真对待的可能性。如我们在第四章的自由意志主义者身上所见到的，在许多思考者中有一种强大的信念，不知何故，如果我们想拥有具有道德重要性的自由意志，就必须被从我们无情的生物遗产手里解放出来。因为我们无法进行魔术般的道德悬浮，也无法让量子帮我们超越我们的生物学性质，我们将不得不从别处找寻我们的自由。理查德·道金斯用如下掷地有声的宣言结束了《自私的基因》一书：

> 我们拥有力量去藐视与生俱来的自私基因，以及——若有必要——我们的教化之中的自私模因……我们被建造为基因机器，并被教化为模因机器，但我们拥有力量去反对我们的创造者。我们，地球上仅有我们，能够反抗自私复制者的暴政。（道金斯，1976，p.215）

可“我们”如何能够那么做？道金斯没说，但我觉得，模因视角实际上恰恰打开了我们满足他的宣称所需要的前景。这需要不少步骤。首先是：我们能够认识到，对模因——无论好的、坏的还是中性的——的使用，确实有着为人类打开一个原本关闭着的想象世界的效果。鲑鱼为产卵逆流而上时，或许有着千百种计谋，但她完全不能盘算放弃其繁殖计划的前景，并决定转而将其时光消磨在研究海岸地理学或尝试学习葡萄牙语上。

依我看，这一华丽新立场的创建，是真灵长类革命最惊人的产物。所有其他生物被进化设计为以繁殖成功这一至善为基准去估价所有选项，而我们则能够像变色龙变换颜色那样随时在千百种追求目标中轻易变换。鸟类和鱼类甚至其他哺乳动物，对狂热是完全免疫的，狂热是单单折磨着我们物种的文化传染病，但讽刺的是，文化是通过把我们变得对目标和意义以其他动物从未有过的方式更加头脑开放，而让我们对此类病症易感的（susceptible）。

当一个主体或意向系统（考虑全部因素后）就哪条行动路线最佳做出一个决定时，我们需要知道这一最优性判断是从谁的视角出发做出的。至少在西方世界，特别是在经济学家中，一个差不多是默认的假定是，将主体当做一种点状的笛卡尔式福利所在地。我在里面能获得什么？理性的自我利益。但是假如在自我角色中必须有某些东西——某些为我们所考察的决策制定者明确“何人受益？”这个问题之答案的东西——那就没必要像通常那样做上述默认处理。一个作为**终极受益者的自我**，在原则上可以是高度分散的。比如，我可以在意他人或在意一个较大社会结构。并没什么东西将我限定为一个“我”而不是与之对照的一个“我们”。（如果你把自己变得足够小，你可以外部化几乎任何东西。）

一种传统做法是将此称为“无私”的在意，但它带来的问题比它解决的更多：对“真正”无私性的探究是个注定会失败的任务。注定失败不是因为我们不是天使（我们不是天使，但问题不在于此），而是因为真正无私性的定义标准，如我们将会看到的，是系统性的不可捉摸的。最好想想人类审视自己的至善作为扩展自我范围的可能性的能力。我仍可将追求自身利益（Number One）作为自己的任务，而同时不仅将自己的身体，也将我的家庭、芝加哥公牛队、乐施会（Oxfam）[1]……应有尽有，包括在自身利益之中。

这里有一个以这种方式看待自我的好理由：假设我是一个主体，处于讨价还价情境中，或面临囚徒困境问题，或面对一个胁迫性要求，或面对敲诈企图。即便我在保护的“自我”不是我那个自我，即便我不是正试图保护譬如说我的皮肤，我的问题也并未因此得到解

[1] 乐施会（Oxfam）又译牛津饥荒救济委员会，是1942年在英国牛津成立的国际性慈善组织，从事解救饥荒和救助贫困者事业，拥有17个成员机构，运行于90多个国家。——译注

决，也未缩小，甚至没有被显著调整。一个知道我在意什么的敲诈者或捐助者，能够创设一种情境，在对我重要的事情上击中我，无论对我重要的是什么。

我们已到达交响音乐厅的门口，但还有许多地方需要探索。我们必须看看文化进化——有时受制于生物进化——如何得以产生那些构成了我们的概念大气层、我们所呼吸的空气的社会条件，在其中我们的行为举止表现出我们怀有这样的信念：我们在具有道德重要性的意义上经常是自由的，可以去做我们决定的任何事情。

达尔文主义解释的多样性

伦理观念，政治、宗教、科学观念——所有这些观念和将其具体化的制度，在生物学时间上是非常晚近才出现的，也并无神奇之处。文化并非只是像一群空降细菌那样，在某一天降临到一队人科动物头上。要理解经文化传播的观念如何扩张了我们的自我，我们必须看看这些祖先主体必定活动于其中的那个环境结构。当我们这么做时我们会看到，各种很大程度上未经探索的达尔文主义假说，将在我们对这段历史的考察中得到检验，正是这段历史创造了我们的文化遗产及其各种组成部分的存在理由。

当文化环境改变时，一种经文化传播的习惯可以在一夜间蒸发，而这可能会通过选择性环境传回余波，因而存在一个强有力的反馈回路去加速进化，而且经常是在我们会感到遗憾的方向上。沃尔特·迪斯尼的卡通片《小鹿斑比》（*Bambi*）发表于 1942 年，它在短短几年内改变了美国人对猎鹿的态度［卡特米尔（Cartmill），1993］。今天鹿的数量在美国一些地区已成了严重的公共卫生问题，导致了莱姆病（Lyme disease）的一次小规模流行，该病是因鹿蜱咬伤在旷野中步行的人类而传播的。在非洲维多利亚湖沿岸的**马松佐**（masonzo）文化中，铝罐在一代人时间里便取代了传统的苏库玛（Sukuma）篮子：

> 这些不透水篮子是妇女编织的，在庆典上被用作容器，用来盛被大量消耗的**稷酒**（pombe，一种小米酿的啤酒）……用锰染色的草叶以有着象征意味的几何图案编织成篮子。并不总是能找出图案的意义，因为**玛莎白希**（mazabethi）——以伊丽莎白女王命名的铝制餐具，在英国统治下被大规模引入——的到来，象征着**马松佐**文化的终结。我曾在一个小村庄与一位老妇人交谈，她在三十年后仍对**玛莎白希**的出现感到恼火……“Sisi wanawake[1]，我们女人，经常坐在一起一边相互闲聊一边编篮子。我看不出这有啥不好。**玛莎白希**结束了这一切。”（戈德施密特，1996，p.39）

钢斧被引入委内瑞拉的帕纳热（Panare）印第安人的后果甚至更悲哀。

> 过去，在石斧还在使用时，不同的个人走到一起，集体劳动，砍倒树木以清理出新园子。然而，在钢斧引入后，一个人单独就能清理出一个园子……协作不再是必需的，也不是特别频繁发生了。（米尔顿（Milton），pp.37-42）

这些人丢失了他们传统的“合作性相互依存网络”，而现在也在丢失他们在数世纪中积累起来的关于他们自己的世界的动植物区系的知识。通常他们的语言也将在一两代中消亡。像这样的事情会在我们当中发生吗？有没有来自技术或科学的礼物可能在我们的文化环境中

[1] “Sisi wanawake”在斯瓦西里语（Swahili）里的意思也是“我们女人”，后面她又用英语重复了一遍。——译注

造成像简单的钢斧带给他们的浩劫？何以不会？我们的文化是由造就他们的文化的同一种材料造就的。（**让那乌鸦闭嘴**！——或许只有现在，我们才都发现可能真的有理由去阻止乌鸦。）

这些例子显示，由文化维持的特性是高度脆弱并容易在某些条件下消亡的，这是令人不安的。但这也是充满希望的。一种文化毒瘤——诸如奴役或虐待妇女的传统——有时可以在短时间内通过一点点实践上的调整而烟消云散。不是所有文化特性都这么美妙。一种由文化所强化的习惯可能比其有用性存活得久很多，因文化成员所强加的惩罚而持续存在，这些成员可能对他们由习惯塑造的传统的最初原理没有知觉或只有朦胧的领会。

比如，反对吃猪肉的禁忌，在其最初确立时，可能曾有过完全合理的理由（是或不是漂浮性的），这理由如今早已失效，但该禁忌已不再需要用它来维持。如果一项特性是有遗传基础的，那么其存在理由（raison d’être）的终结与其消亡之间的时间延迟可以长达数百代。一个老套例子是我们的嗜甜口味，这在我们的狩猎采集时代是有重大意义的，那时能量获取是攸关生死的事情。而现在，我们的环境中糖无处不在，它成了一个我们必须用种种经文化传播的反制手段加以克服的诅咒。（你们当中所有认为这不可能的基因决定论者，把手举起来——唔，我一只手都没看到。）

遗传的和文化的（以及其他环境的）因素之间有着大量复杂互动的可能性。仅仅是时间尺度的不同便可确保这一点。比如，考虑一个有关为宗教给出一个达尔文解释的可能性的不完全调查［下面不多几段取自丹内特（1997A），有所改动］。宗教在人类文化中无处不在，尽管它带来可观代价，却仍很繁盛。任何显然超出其功能所需的现象都需要一个解释。我们不会惊异于一个造物顽强地用鼻子在土里翻掘，因为我们以为它是在寻找食物；然而，如果它在拱土的时候有规律地停下来翻筋斗，我们就想知道是为什么。可以假定（无论对错）这一额外活动会带来什么利益？从进化的观点看，宗教显然是一种无处不在的最精致的翻筋斗嗜好，而这本身需要一个解释。对此并不缺少假说。宗教（或宗教的某些特性）可能就像：

钱：这是一种良好设计的文化附加物，其普遍存在可轻易得到解释，甚至其合理性也可被证明：这是一种你可以指望一次次重新发现的有用技术，是收敛的社会进化的一个例子。社会从中受益。（它有点像社会性昆虫留下的外激素踪迹，用来协调它们同伴之间的活动——其功用只能在群体背景中得到理解，这提出了所有关于群选择的问题。）

金字塔图式：这是个巧妙设计的大骗局，由一代代精英分子（经由文化）传递下来，这些精英用它获得对其同类的优势。唯有精英从中受益。

珍珠：这是个僵硬的遗传控制机制对不可避免的烦恼做出响应时所产生的美丽的副产品；有机体借此保护自己免受内部伤害。

园丁鸟的凉亭：这是某种类似于失控的性选择的产物，生物策略的鬼斧神工搭上了一部正反馈自动扶梯。[1]

战栗：这显然是一种身体的莫名兴奋，实际上，通过提高体温，在体内平衡上可以扮演一个良性角色。在多数但不是所有它出现的情况下，战栗者从中获益。

喷嚏：入侵的寄生物已霸占有机体，并驱使它走向有益于**寄生者**的方向，不管对有机体带来什么后果，就像蚂蚁大脑中

[1] 园丁鸟（bowerbird，拉丁名：Ptilonorhynchidae）是雀形目下的一个科，其雄性会用枯枝之类建造茅屋形或长廊形的凉亭（bower），并捡拾色彩鲜艳的物品点缀其中，这些凉亭没有实用价值，仅仅用来吸引异性与之交配，是一种特殊的性选择产物。——译注

的吸虫。[1]

有关宗教的真相可能是这些或其他假说中某几个的混合物。但即便如此——尤其是果真如此时——在我们清楚区分这些可能性并逐一加以测试之前，我们对宗教为何存在仍无法获得一个清晰认识。它们并非都指向同一个方向，但它们都是达尔文主义思考的实例。所有这些假说都寻求通过发现一些利益和一些用以支付成本的工作来解释宗教，但它们在回答“何人受益”上有着惊人的差异。受益的是群体，还是精英，还是个体有机体，或者这只是一个“红皇后效应（red queen effect）”[2]，其中所有各方不得不跑得尽可能快才能留在原地，或者还有其他某种进化利益？这些假说中没有一个诉诸“宗教基因”——尽管基因在为宗教的某些方面设定部分可能前提条件上扮演了重要角色。

当然，实际上或许存在宗教基因之类的东西。比如，强烈的“笃信狂热”是一种特定形式癫痫的定义性症状，而已知癫痫是存在遗传易感性的。文化环境——一系列传统、实践和期待——可能会成为特定稀有表现型的放大器和成形器，倾向于将它们转变成萨满或祭司或先知，他们的预言只是他们就近听到的无论什么消息（就像你在学习你的母语）。

“预言天赋”能够仅仅以这样一种方式就“在家族中传承”——存在对之负责的基因，如同存在对近视或高血压负责的基因一样。

[1] 喷嚏虽有排除异物的功能，但可能会被寄生物利用作飞沫传播的途径，因而寄生物可能进化出诱发对宿主没有价值甚至有害的喷嚏。——译注

[2] 红皇后效应（red queen effect）是进化生物学家利·范·瓦伦（Leigh Van Valen，1935-2010）在1973年提出的一个进化生物学假说，认为生物即便不是为了获得繁殖优势，而仅仅为了在一个不断变化的环境中、面对不断进化着的对手而生存下去，也必须持续适应和进化，就像路易斯·卡罗尔（Lewis Carroll）的小说《爱丽丝镜中奇遇》中那位红皇后（Red Queen）说的，“你必须不断奔跑才能留在原地”；马特·里德利（Matt Ridley）在《红色皇后》（1993）一书里，用该效应讨论了性机制的起源。——译注

（是的，是的，我知道，“严格地说”，不存在对近视或高血压负责的基因这种东西，那些被这么叫的基因只是对这些疾病的易感因素。**让那乌鸦闭嘴**！）如果存在任何宗教基因，那实际上将是各种达尔文主义可能性中最无趣也最没知识量的一种。重要得多的是这些可能起放大作用的条件的进化（和维持不消亡），而这几乎肯定完全不是由基因支配的。那是文化进化。

当我在抵挡对达尔文主义思考的漫讽时，我可能也在就它们中的另一个发出警报，我将后者称为裸体主义谬论。我还记得，《美国日光浴者》杂志（其中少数几期曾在我还是个少年时到过我汗津津的手里）曾大肆宣扬裸体在本质上的**自然性**：这是对我们赤裸动物古风的回归，是我们与“自然之母意欲我们成为的样子”建立联系的一种方式。胡扯。不是指关于自然之母意图的部分——我恰恰乐意为使用这一生动短语而辩护，该短语是对进化所发现并支持的设计中的漂浮性理由的适当简称。胡扯的是这样的观念：自然之母意欲之事**依事实本身**（ipso facto）（在此刻对我们）就是好的。

无论何时若这一精神打动你，你大可以脱光你的衣服，但别错误地假设，通过如此变得“自然”，你会以某种方式改进你的状况。（实际上，对我们物种来说穿衣服和一只寄居蟹借用一个贝壳一样自然，对于寄居蟹，光着身子乱跑是非常不明智的。）近视是自然的，但多亏了眼镜。自然之母希望我们吃掉我们能够染指的任何甜东西，但这不是顺从这一本能的好理由。许多经由文化进化的人类生活特性，很明显是对这种那种过时“本能”的成本合理的矫正［坎贝尔（Campbell），1975］——而其他一些特性，如我们将看到的，是对这些矫正的矫正，依此类推。达尔文过程是由基因组中等位基因之间的底层竞争所**发动**的，但在我们这个物种里，适应性已将基因发射台远远抛在后面。

娇贵工具，但你仍不得不使用它们

我们的意见，被环境柔柔地轻推，趁我们漫不经心时自我修订。我们用沉稳的声音告诉它们，不，我现在没兴趣做出改变。但不存在原封不动的意见。它们不在乎我们是否想要坚持它们，它们做它们不得不做的。

——尼科尔森·贝克（Nicholson Baker），《思想的尺寸》

在过去几十年中，每个人都读过或见过无数专门谈论自恋文化、怀疑文化、欲望文化或无论什么文化的书。这些书里的观点总是一样的：在你想象中似乎有着充分根据的信念或偏好，被发现只不过是你的“文化”的隐含假设在你头脑中植入的映像。你是宗教怀疑论者并不是因为你不相信诺亚和方舟的故事，而是因为你是怀疑文化的一个成员。

——亚当·哥普尼克，《纽约客》（1999 年 5 月 24 日号）

在我们能够舒适地继续行进之前，需要对这一气氛紧张的背景中达尔文主义思维的一个更深的抗拒来源加以揭示和化解。对达尔文主义思维的一个深层而持久的误解是，以为无论何时我们对人类现象给出一个进化解释，无论从基因还是模因方面，我们必定是在否认人们有思想！这有时是基因决定论漫讽的副产品，他们想象中的信徒说：“人们不思考，他们只是拥有许多未经思考的本能。”

但这也能在一个文化进化理论家的漫讽（有时我必须承认，这是自我漫讽）中看到，他们相当于是在说：“我的模因让我这么做！”——说得好像模因（比如微积分或量子力学的模因）能在它们的人类宿主中做它们的工作，而无需这些人类做任何思考。模因依赖人类大脑作为其栖居之地；人的肾或肺做不了替代场所，因为模因依赖它们宿主的思考能力。卷入思考过程，是一个模因完成工作程序并接受自然选择考验的方式，就像遵照其蛋白质配方并在世界中得出结果，是基因接受考验的方式一样。如果模因是思考的工具（而许多最好的模因正是如此），它们必须通过展现其表现型效果而得到运用。你仍必须思考。

确实，一个好的达尔文思考模型看上去不会像传统模型。我们的确需要替换老旧而糟糕的笛卡尔模型：一个非机械的**中央思想体**（res cogitans），真正的**思想之物**，做着严肃的精神工作。笛卡尔剧场——那个想象中位于大脑中央的场所，意识（和思想）所需的“所有东西都汇聚到那里”——必须被拆除，全部思想工作必须被分配给更不奇妙的代理。在下一章，我们将更仔细地看看如下事实所引出的细节：我们的思考任务被外包给了半独立且相互竞争的神经分包商，但思考工作仍必须要完成，而无论思考在何处完成，**人们做事情的理由是他们自己的理由**。

所以这不是**模因与理由对立**的情况。这甚至不是**模因与好理由对立**的情况。提及由思考着的主体所提出的理由以图说明一件或另一件事情的解释，并未被靠谱的达尔文方法所排除。远非如此。基于理由的立场中唯一与模因学（memetics）抵触的，是这样一个几乎不自洽的立场：假设理由根本无需生物学上的支持，不知何故便会存在，吊在某个笛卡尔天钩上。

一篇恶搞文可揭示该谬论：“波音公司的人有个可笑的误解，以为他们是根据可靠的科学和工程原理**琢磨**出他们的飞机设计的，并严格证明了这些设计正是它们应该的那样，而**实际上**，模因学向我们显示，所有这些设计元素只不过是在飞机制造者所属社会群体中得以幸存和传播的模因而已。”当然，这些模因确实在那些圈子里表现良好，但这并未与从适当计划、适当组织、适当实施的合理研究开发方面出发的良好的旧式解释相冲突。

为何有人会不这么认为？除了某些冒牌达尔文主义者时而会发

生的混淆，还有漫讽之外，还有个更有趣的理由。冒牌模因主义者有时好像否认思考的任何角色，因为他们时而模仿通常被种群遗传学家（population geneticists）所采用的视角，后者故意忽略表现型的实际作用，而正是这些表现型的差异化繁殖成功度决定了被研究的基因的命运。种群遗传学家倾向于完全避免谈论身体、结构和真实世界中的事件——无论如何这些事件构成了自然选择，而仅仅谈论某个假设改变对基因池（gene pool）产生的效果。

就好像狮子和羚羊并不真正过日子，而只是要么生育要么不生育，取决于它们身体的适应性得分。想象一场网球比赛，其中参赛者成对地脱个精光并接受运动医生和教练的仔细检查，由他们投票决定每对选手中哪个进入下一轮，直至决出冠军。种群遗传学家会赞赏这种奇怪做法的要点，但也会承认，因为判断标准应该是基于杂乱混战的真实竞赛的，最好让选手上场动手，并让他们的实际竞赛决定胜负。但他们仍会坚持，你不是必须要观看。这里有一个对此标准原理的表达：

> 只要邻近机制导致了可继承的变异，适应器便可因自然选择而进化。在一种意义上，特定的邻近机制并不重要。如果我们在果蝇中选择长翅膀并得到长翅膀，谁会在乎特定发育路径？如果脑包虫（brainworm）已进化得可以为群体最终进入牛的肝脏而牺牲其生命，谁会在乎当它藏身进蚂蚁大脑时，它的（如果它有）想法和感觉如何？［索布尔（Sober）和威尔逊，1998，p.193］

类似的，大脑中模因之间的争斗可以被忽略（毕竟，它是那么凌乱而复杂），我们可以退后一步并仅仅列表一览最终的赢家与输家，但我们绝不能忘记，竞赛确实发生着。思考发生着，而且思考如何发生影响着哪些模因表现良好。

进化的达尔文算法是介质中性的。它们无关蛋白质，无关DNA，甚至无关碳基生命，它们是关于伴随变异的差异复制的，无论那发生于何处、在何种介质中。这一点在我们转向道德性（morality）的进化——如我们即将做的——时显得尤其重要。为领会这一中性，考虑一个有关另一个人类独有创造物——音乐——的幻想。我们智人成员非常可能拥有某个与音乐有关的遗传禀赋。但无论这是否可能，让我们为思想实验起见而假设如此。让我们假设，我们对音乐的热爱，我们对音乐的反应，我们的音乐才能，等等，部分是某种经遗传传递的设计特性的产物。让我再假设，这将我们与智能“火星人”（某种非人类，但文化上老练且善于沟通的物种）区分开来，后者在遗传天分上完全缺乏喜爱音乐的人类怪癖。

一个火星人组成的研究团队造访我们的星球。他们中的一位在智识层面上对地球音乐产生了兴趣，并努力将一个人类音乐热爱者的全部辨别力、偏好和习惯等等，吸收进他自己的知觉能力和癖性中。一个普通人类不需要做这些工作，他实际上是天生的音乐热爱者，而对于想象中的火星人，音乐确切无疑是一种后天获得的品味。但假设该火星人凭借勤奋学习和自我训练确实获得了它。现在抛开该火星人是否**真的**“以人类的方式”赏识音乐这个（根本就是无聊的）问题，转而考虑更有趣的问题：是什么模式区分了伟大音乐和好音乐和勉强过得去的音乐以及糟糕透顶的音乐。

比如，该火星人若要成为一个出色的音乐评论家，将不得不去领会的模式是什么？这些将是达尔文主义音乐理论家最渴望去发现的模式——肯定与曲折的智人遗传历史深深纠缠在一起，但可以被独立描述。假设我们的火星人先驱将地球音乐带回火星，其他火星人喜欢上了这一外来的新消遣，并追随他们先驱的引领，勤勉地向自己灌输必需的（但由文化携带的）态度和性情。当他们演奏、享受、批评莫扎特的作品时，对其性情来源的解释将是文化方面的，而不是遗传方面的，但那又如何？

某人到底是个“自然的”（经遗传设计的）音乐家还是个“人造的”（经文化设计的）音乐家，（从某些重要的观点看）真的不重要。让这成为莫扎特音乐，或巴洛克音乐，或地球音乐的有关关系、结构、模式的问题，将是介质中性的。而且，如果（这似乎很可能）火星人流行榜包括一些在地球上从未有人问津的作品，那么对导致火星人与地球人品味差异的反应差别的解释，对其遗传或文化起源将是中性的。如果火星人根本无法获得这些品味，那他们将永远不会展现出能保持该现象的偏好或习惯模式，他们长的是迟钝的耳朵，音乐与他们无缘。

但如果他们能够获得音乐品味，那怎么获得的其实并不重要：在其发育过程中天性与教养的力量的叠加，可以通过许多不同路径——都是达尔文的——而达到相同的总和效果。这个科幻小说般的思想实验，提醒我们记住一个关于人类音乐家直接差异的重要真相。在那些拥有“先天”音乐才华，和那些必须通过反复灌输而将大堆理论内化的音乐家之间，存在巨大差异。然而，宣称只有前者才是真正音乐家，只有前者才是在**真正**演奏音乐，是某种近乎于种族主义的做法。我猜，最终我们将能够识别出“导致”音乐天才的基因，但音乐理论是也应该是中立于这些基因的。

所以，解释道德的理论也应如此。它应中立于我们的道德倾向、习惯、偏好和癖性是不是基因或文化的产物。一个重要的经验问题是，在何种限度上我们生就一副“良好天性”——如德·瓦尔（de Waal，1996）曾就黑猩猩说过的，而在何种限度上我们生来就是“扭曲的”，不得不被文化所掰直——如康德曾就我们说过的：“Aus so krummem Holze, als woraus der Mensch gemacht ist，kann nichts ganz Gerades gezimmert werden（用造人所用材料那么扭曲的木料，造不出任何完全直的东西）。”对道德如何出现以及为何它具有它所有的那些特性的解释，无论如何都必将是达尔文主义的。文化的和遗传的传递通道之间的相互作用，只能从一个中立视角处理。

> 甚至遗传上完全同一的群体，也可以因为文化机制而在表现型层次上出现深刻差异，而这些差异在对自然选择过程唯一重要的意义可能是可继承的。文化本身便可提供自然选择过程所需成分这一事实，赋予了文化以生物决定论批评者所强调的那种地位。（索布尔和威尔逊，1998，p.336）

解释音乐何以存在以及为何具有它所具有的那些特性，是项几乎还没开始的工作。解释道德何以存在以及它为何具有它所有的那些特性，是另一项工作，对此已取得的进展则更多一些，这也将是下一章的主题。来自这项工作的一些引导性洞见，已在第五章有关进化博弈理论的部分讨论过。近年来，一支壮大中的多学科研究队伍已在探索“合作”或“利他”或“群体性”或“美德”的进化。

无论结果是否被称为社会生物学、或进化心理学、或达尔文经济学、或政治科学、或自然化伦理学，或只是进化生物学的一个有趣分支，这一进路描绘了一个必须被呈现在任何此类冲突环境中的模式，无论它是否体现为基因或模因或某种其他文化规则性。若干最近出现的优秀著作考察并解释了这一研究，而在其他人已做得那么好的情况下（见下一章末的“对来源与进一步阅读的说明”），我不会尝试提供另一个入门读本。相反，我将退而提供一些阐释以使这些研究适应我们的需要，同时也对顽固泛滥于该研究中的误解做一些必要的矫正。

第六章

一条探究人类文化的达尔文主义进路，允许我们去勾勒一条能够说明我们与我们的最近动物亲戚之间重要差别的解释路径。文化是进化史上的重大创新。它为智人这个物种提供了去思考的新主题、用来思考的新工具，以及——因为文化媒介为文化复制子开拓了可能性，后者的自身适应性独立于我们的遗传适应性——思考的新视角。

第七章

我们的道德主体性锚泊于其上的社会状况、个体实践与态度的稳定性，需要且已开始得到来自进化理论家的分析，后者注意到，文化本身必须服从由自然选择所推动的进化的约束。相比某些评论者的可怕警告，这一进路并不颠覆道德观念，相反，它提供其所急需的支持。

对来源与进一步阅读的说明

伊藤·阿维塔尔（Eytan Avital）和伊娃·亚布隆卡（Eva Jablonka）的《动物传统》（*Animal Traditions*, 2000）是对未得到充分研究的动物传统这一主题的一个迷人考察。另见我在《进化生物学期刊》（*Joumal of Evolutionary Biology*）发表的评论［丹内特，对阿维塔尔和亚布隆长的评论（2000）］，还有马泰奥·马梅利（Matteo Mameli）的评论，发表在《生物学与哲学》（*Biology and philosophy*, 17：1，2002）。

想对孪生地球主题了解更多的读者，可参阅安德鲁·佩辛（Andrew Pessin）和桑福德·戈德堡（Sanford Goldberg）的专题选集《孪生地球编年史》（*The Twin Earth Chronicles*, 1996），或我的《意向性立场》（*The Intentional stance*, 丹内特，1987）中的文章

“超越信念”。

关于模因，见布莱克摩尔（Blackmore, 1999），奥格（Aunger, 2000，2002），丹内特［“从拼写误植（Tyop）到思想误植（Thinko）”，收录于斯蒂文·列文森编辑的《进化与文化》一书，麻省理工学院出版社出版］，以及有关观念认识论的一本专刊《一元论者》［*The Monist*, 斯珀伯（Sperber），2001］。除了《达尔文的危险观念》（丹内特，1995）和奥格和斯珀伯的文集中我的文章之外，我在别处也写过关于模因的文章：“估值器的进化”（丹内特，2001），对瓦尔特·布尔克特（Walter Burkert）的《神圣性的创造：早期宗教的生物学踪迹》（*Creation of the Sacred: Tracks of Biology in Early Religious*）的评论（丹内特，1997A），还有一篇概述，收录在帕吉尔斯（Pagels）编辑的《进化百科全书》（*Encyclopedia of Evolution*）里的“新复制子”（丹内特，2002A）。

帕斯卡·博耶（Pascal Boyer）的《宗教的解释：宗教思想的进化起源》（*Religion Explained: The Evolutionary Origins of Religious Thought*, 2001）是对宗教何以存在这一问题的出色考察。

格雷和乔丹（Gray and Jordan，2000）一篇关于太平洋语言传播的文章，是有关使用支序方法分析语言进化的优秀文章。马克·里德利（Mark Ridley，1995，p.258）有一个对柳叶吸虫的解释，而更详细的讨论可见索布尔与威尔逊（1998）。克洛克（Cloak，1975）在有关文化单元的“何人受益”问题上与道金斯（1976）不谋而合：“文化指令的生存价值等同于其功能，那是它对其自身的生存/繁殖或其复制品的价值。”

对将达尔文解释与理由相对立的错误的讨论，见我对詹姆斯·L. 布恩（James L. Boone）和埃里克·奥尔登·史密斯（Eric Alden Smith）的“对进化考古学的一个评论”一文的评论（丹内特，1998B），发表在《当代人类学》（*Current Anthropology*）上。

第七章

道德主体性的进化

The Evolution Of Moral Agency

我认为道德是一种意外产生的能力，由一个无比愚蠢的生物学过程所产生，后者通常与这种能力的表达相对立。

——乔治·威廉姆斯，《融合》（*Zygon*）

如果基因和细胞共同体能进化出一个允许它们作为适应单位而起作用的规则系统，那么为何个体组成的共同体不能同样这么做？如果它们这么做了，那么**群体将变得像个体**，这就是我们正在谋求确立的主张。

——艾略特·索布尔（Elliott Sober）和大卫·斯隆·威尔逊（David Sloan Wilson），《对别人》（*Unto Others*）

自然是个体主义（individualistic）的还是集体主义（communal）的？普遍认为——尤其是那些害怕伦理学中提及任何进化考虑的人——既然达尔文主义看到的是“大自然的血红尖牙利爪”，它只能颠覆我们的道德抱负或令其丧失信誉，而决不会以新的洞见和新的基础支持它们。这完全不是真的。

有益自私性

这下我们可真得团结一致了，不然我们只能被一个个分开吊死。[1]

——本杰明·富兰克林（Benjamin Franklin）对约翰·汉考克（John Hancock）说，签署《独立宣言》时，1776年7月4日

[1] 这句名言的原文是“We must indeed all hang together, or, most assuredly, we shall all hang separately.”译文难以体现其中文字游戏和幽默感。——译注

本·富兰克林的谆谆告诫历经岁月传诵至今，在微风中拂动着红白蓝三色旗，带来苹果派的芳香，好一句美好、高贵、鼓舞人心的话，出自我们的英雄之口，对吗？可是等等。狡猾的老本不是在向他的懦弱、自私、精明的听众大声呼吁吗？醒醒吧，你们这群懦夫，让我指给你们看你们的现实处境：联合，或者死亡。这究竟是一个对利他主义（altruism）和自我牺牲的号召，还是一个要求他们清楚自己利益所在的呼吁？

我看我们还是得承认，那终究不是一个对**真正**利他主义（稍后我们会考虑这到底可能是什么，以及它是否以可观的数量存在）的吁请，而是在表达某种同样美妙的东西：吁请一种特定类型的**有远见的**利己，一种因进化出了名的短视而倾向于在竞争中被击败的精明，因为进化对所有创新都要求立即有回报。我提议将这种特定类型的有远见的合作性行为称为**有益自私性**（benselfishness），既是为纪念本，也是为体现这样一个事实：这虽然是一种自私，但它是一种**好**的自私。若不是偶然发现富兰克林的雄辩，我可能会叫它**真自私性**（euselfishness）。

真正的或纯粹的利他主义是难以把握的概念，一个总是在你站好位置伸手去抓它时便消失无踪的理想，悖论永远徘徊在它边上。想象一个世界，其中只有一个利他主义者而其他人全是自私的。这位利他者和一个自私的家伙被困在一个岛上，有一艘只能容纳一人的划艇。利他者该做什么？他是应该自愿死在岛上，还是征用划艇，留下那个自私的家伙自己照顾自己，从而能够回到陆地上去帮助几个自私的乡亲，怎么做对他来说更好——更利他——呢？

一个利他者不应该愚蠢地牺牲自己而没有任何收获——那只是犯蠢而已。那么一个利他者在利用他人以达到其利他目标上，可以有多狡诈呢？考虑飞机上为乘客准备的一个法定安全指示：如果你带孩子旅行，当氧气面罩落下时，首先戴上你自己的面罩，然后照顾你的孩子。家长似乎能问心无愧地遵循这个建议，因为很可能（生活中没有什么是确定的），首先照顾你自己，你将更有能力照顾你的孩子，而你孩子的幸福对你是最重要的。

那让你成了一个利他主义者，根据艾略特·索布尔（Elliott Sober）和大卫·斯隆·威尔逊（David Sloan Wilson）在他们的《对别人：无私行为的进化与心理学》（*Unto Others: The Evolution and Psychology of Unselfish Behavior*）一书中的说法， 按我的理解，利他主义理论是说，某些人至少在某些时候将他人的福利作为自己的目的 （索布尔和威尔逊，1998，p.228）。当然，这完全取决于什么算是自己的目的。

如果你是个自私的空想家，喜欢在想象中品味你孩子的未来前景 如果你偏爱这一活动胜过其他所有事情，并且愿意采取任何必要措施去保护你的孩子，以便维持这些为人父母的遐想的可靠性，那么你就和那个冒死抢救他的珠宝柜免于沉入海底的守财奴没什么不同。如果你在反思自己如何为孩子而牺牲了一切时，发现你错误地把对自己内心安宁的自私关心当成了对孩子的利他主义关心，你就不是真正的利他者了。你只是在为自己感觉良好而采取这些措施而已。

如此等等，一种我们耳熟能详的螺旋式败退，在每年的哲学入门课上都会忠实尽职地加以探索。我们会从考虑苏格拉底［在《美诺篇》（Meno）里］那个众所周知的断言开始，他说，没人会想要对他自己有害的东西，这是个明显错误的说法，除非附加一个条件来支撑：没人会**故意**想要一件**在考虑了所有情况后**表明对他自己有害的事情。调整后的版本就是对的吗？这样的事真的**不可能**或**根本不可能**？会不会有人故意想要一个行动的过程，其结果在考虑了所有情况后表明对他自己是有害的，只是这样的人大概不会活得足够久而足以留下后代？

骡子因为它们父母的基因而不育，但不是因为它们从父母那里继承了“不育性基因”，因为不存在这样的基因。［骡是公驴和母马的杂交后代（通常是这样，公马和母驴杂交后代叫駃騠，俗称驴骡）；驴有62条染色体，马有64条（32对），结果骡就有了63条无法正确配对的染色体。存在非常罕见的可生育骡子的案例。另外，在一些条件下可以存在某种可以算是不育基因的东西。比如，可能有这样一种基因，在单份出现（即在杂合体中出现，来自母亲或父亲的单份拷贝，而非来自双方的双份）时，会带来很大利益，大到让它能在其双份出现（在纯合体中）时会导致不育的条件下仍能维持存在。这是一种自我限制的可能性，因为当携带单份这种基因的个体比例增长时，父母双方都携带一份拷贝，并都将其传给他们后代的可能性，也随之增长了，因而不育后代的比例增加了，而它们是该基因的末路。杂合体优势这一常见现象最广为人知的例子是，在纯合体中双份出现而导致镰刀形红细胞贫血症（sickle cell anemia）的那种基因，在杂合体中单份出现时，将带来对疟疾的抵抗力。］不育性是条死胡同，是世系的终点，没什么东西能从那里通过。一个利他者是不是就像一只骡子，各项特性或多或少是偶然凑到了一起，虽然完全可能出现，但系统性的不大会自我维持？我们应记住，尽管骡子没有后代，得益于涉及其他物种的间接效果（诸如同时也是大英骡子协会成员的智人成员——我从该协会得到了一些关于骡子的细节），骡子数量在某时某地确实会增长。

实际上，进化有许多方式能维持一个乍看起来将被系统化排除的有机体种群。存在一些条件，在其中利他主义——至少有益自私性——既不是遗传上的也不是文化上的死胡同，而且这些条件已被一个壮大中的理论模型家族揭示和澄清。

过去小几十年中被开发出来的诸多进化博弈理论模型，可以被组织进——尽管略有点牵强——一棵模型谱系树，从一颗初始种子开始，到它的后代，后代的后代，依此类推，这棵树近似地展示了两个相互连锁的趋势：父模型比它们的后代模型简单，而这一递增的模型复杂性不仅仅带来递增的现实主义（模型反映了越来越多现实世界的真实复杂性），也带来递增的乐观主义。

在最简单的模型中，利他主义似乎厄运难逃。除了偶尔出现的短命怪胎，利他主义者看来被进化理论的基本原则排除了，和永动机一样不可能。这是个狗咬狗的世界，好人最终**不可避免**的完蛋。然后，当我们加入少许现实风格，某些朝向利他主义的东西便开始出现并在特定条件下繁荣起来，再加入更多层次的复杂性，似乎会产生更多种半利他主义或伪利他主义或无论你想叫它什么（我想叫它有益自私性）。

或许，当我们的模型和理论更接近真实世界的复杂性时，我们看来最终将达到真正的利他主义，作为现实世界的现实可能性。这一乐观前景是个幻觉吗？这一自底向上的方案会不会和企图建造一座通往月亮的高塔一样无望？反达尔文怀疑者会说，你无法从这里到达那里。试都不用试。或者，怀疑者弄错了，错误地坚持要一个夸大版的利他主义，而通过自底向上路径无法达到只因为它是被夸大的——一个被热空气悬在上空的天钩？

无论如何，所有这些模型显示了，有益自私性何时以及如何能够繁盛，没有一个模型在有益自私性和“真正”利他性之间做了区分——假如这样一个东西的特性可以得到描绘的话。它们都显示了，在一些条件下，有机体能够顶着进化之短视的恒常逆风，得以被进化设计为去合作，或更精确地说，被设计为以这样一种方式行事：似乎偏爱群体的长期福利超过它们的即时个体福利。

这一模型树的种子开始于囚徒困境所展示的问题。在这些模型中，背叛扮演了一个热力学第二定律在物理学中扮演的角色。物理学家永远在提醒我们，事物在崩坏，在变得浑浊，事物**并不**倾向于自我修复，除非有某种特别的东西——诸如生命体，一个局部的熵增抵抗者——介入干预。类似的，经济学家永远在提醒我们，不存在免费午餐这样的东西。进化理论家以同样的态度提醒我们，吃白食者最终露面，而一旦它们露面，它们将很快赢得局部繁殖竞赛，除非某个东西在场阻止它们。

无论局部博弈是什么，也无论对于**群体**（不得不共享空间、资源和风险的局部相互影响的种群）的成本收益如何，如果有可能分享群体行动的收益而无需付出自己那一份代价［不妨叫它份子钱（dues）］，那么，那些抄这条自私小道的个体，将比那些不这么做的表现更好。这道理跟做减法一样简单：**净收益**（收益减份子钱）必定小于**毛收益**，而按定义，吃白食者享受的是毛收益。情况必定是这样，除非有某种条件阻止它出现。

从一个全部由快乐的合作者（为简化问题，假设它们都具有合作者基因）组成的一致化种群开始。不妨假设，它们正常繁殖着，但假如在某个世代中出现一个吃白食突变体，会发生什么？该吃白食者表现得比合作者只好不差（因为它不付出份子钱），因而拥有比平均数更多的吃白食后代。很快就有了一个增长着的吃白食族群，而无论群体作为一个总体表现得多好或多差（它可能变差了，因为它被吃白食者拖了后腿），在群体内，没人比吃白食者表现更好，后者逐渐在群体中成了多数。

当然，某种东西可能会介入去阻止这一可悲的退化。你要是乐意，不妨想象吃白食者倾向于不育或者杀婴。这对于合作者是多么值得庆幸！你也可以想象，宙斯（Zeus）喜欢将雷电砸在吃白食者头上，用他的消遣压低其数量（善哉善哉）。抛开一厢情愿的幻想，你可以问问，可能会**自然地进化出来**什么东西，具有系统性地阻止吃白食者泛滥充斥——这必须被假定为默认趋势——的效果。如我们已看到的，这个问题在地球生命的最早时期便已在基因组内部的好基因与吃白食的寄生性基因之间的冲突中出现，并已通过能够抑制吃白食者的反制机制的进化而得以解决。

当然，早期和亚显微层次上的问题是达尔文所看不到的，但他自己注意到了社会性昆虫的情况中存在的问题，这些昆虫对群体的极端忠诚，是对自然选择理论的重大挑战。威廉·汉密尔顿（William Hamilton）在其关于“亲缘选择（kin selection）”的著名论文中说明了社会性昆虫（和其他高度社会性的物种）如何可能进化出这样的合作性本能的模式，理查德·道金斯将汉密尔顿的模型重塑成了自私基因视角。

在这种自我牺牲性行为的极端案例中，我们不得不降到基因层次去寻找“何人受益？”这个问题的答案，因为正如斯蒂尔尼和格里菲斯生动地表达的，“或许一只知更鸟选择不把她能下的蛋都下了是精明的，但一只蜜蜂以她自己的生命为确定代价去蜇一个入侵者，则不可能是在节省任何东西以备不时之需”［斯蒂尔尼（Sterelny）和格里菲斯（Griffiths），1999，p.157］。

为简单性起见，最早的模型假设一个单一的“合作”基因和一个等位的“背叛”基因，这些基因被视为在行为的生物学层次上是决定论式运行的。（记住：这与物理上的决定论或非决定论无关，而只与设计有关。在这些模型中，个体有机体被规定为学不会新把戏的老狗，要么是合作者要么是背叛者，终身不变。）如果你处理的是昆虫，这不大算得上过度简单化，它们的行为程序是相对刻板和趋向性的［或用道格拉斯·霍夫斯塔特根据掘土蜂创造的词，是掘土蜂式（sphexish）的］，虽然即便社会性昆虫在某些条件下也可表现出惊人的机能兼性（facultative），比如，当蜂巢的状况需要重新部署时，可以几乎一夜之间由雄蜂变成工蜂。

这些模型显示，背叛者确实倾向于表现得非常好，虽然它们会侵蚀自己的存在基础：当吃白食者的比例提高时，它们倾向于更经常相互遭遇，导致高成本的相互欺骗的较量，而且周围没有足够多可被利用的合作者以弥补这一损失。于是合作者开始回归，但只要其数量又多到让背叛者周围有足够多值得追逐的猎物时，背叛者又将开始兴旺起来。但模型也显示了一些奇怪结果，稳定在与我们预期不符的均衡上，并因而提示了一个前景：至少模型中有些行为是人为的，是过度简化的非意图副产品，而不是对现实世界中某种东西的反映。（透彻分析见史盖姆斯，1996）

这就像这样一个虚幻的发现：根据你的空气动力学模型，大黄蜂不会飞。必定是你的模型里有什么地方弄错了，因为明明存在着空中活动的大黄蜂。模型必定过于简单了，必定遗漏了某种复杂性，而实际上那是大黄蜂明白无疑的成功的关键。这些进化博弈论模型的一个简化之处是它们的超级抽象性。个体只是集合的一个成员，被随机配对而发生互动，从而决定它们在下一阶段的命运，丝毫不考虑它们在某个世界中的相对空间位置。

这就仿佛个体有机体是生活在互联网上，和地球另一边的某人就像和邻居一样可能发生互动。（当然，互联网上的互访可能性实际上也是高度有序的，某些人之间远比另一些之间更“相隔遥远”——更难接触到，所以这些模型即便对于万维网“地球村”也是严重过度简化的。）

第二波模型通过引入一个“粘度”系数（在想象的空间中，粘度越高，你越可能与住得离你近的人互动）调整遭遇可能性，加上了简单的空间性，而这一简单改变迎来了合作进化的新机会，同时也消除了令人不安的均衡。结果，**邻近关系**带来了巨大差别。（是侵犯让生活变得有趣。）邻近关系让你更可能与你的同类发生互动，因而你将从任何你参与的合作性行为中获得更好的平均回报，因为这些行为更可能是互惠的。

这样，如果我们让个体主体变得稍稍更老练一点，允许它们在与谁互动上有所选择（起初只是允许它们在某些条件下拒绝参与互动），它们居住的空间（就像生命游戏世界平面）开始获得某些结构：举止相仿的主体聚簇开始自我聚集，形成具有不同特性的群体。合作者倾向于寻找其他合作者，而背叛者倾向于陷入不得不与其他背叛者交往的境地。

当然，这些都很有启发性，但我们离利他主义仍有很长一段路。比如，一味寻找想法相仿的利他者打交道这样的自私策略，真正的利他者不会避免使用吗？真正利他者会特地成为自私者群体中的孤独利他者吗？看上去，那里而不是他的利他者伙伴们，才是最需要他的地方。他不过是个有益自私者！

此外，这些模型中的主体仍被视为头脑简单的老狗，有着少量预置开关的处境行动机，在任何遭遇中通过运用简单规则决定它们的"选择"。对这些模型中的主体何等简单的一个生动暗示是，从这些模型中涌现的自我隔离和排斥策略，已在原核生物时代的基因组内冲突中，在大分子层次上得到利用。一个不需要在大分子和成年人类公民之间作区分的模型，当然是惊人抽象的。

当我们让主体变得更具机能兼性，更有弹性，赋予它们从自身经验中学习的可能性，能够将与生俱来的规则调整为已有遭遇的函数时，事情才变得更有趣起来。一个群体被吃白食者淹没的不可避免性——注意这个术语——总是依赖于这样一个假设：每个人都是健忘的，各种个体都没有能力注意到发生了什么，没有能力发出警报、提出谴责、建立自卫队、给它们中间的吃白食者贴标签或施加惩罚。

一旦我们加上这一反应的简单版本，便迎来了一波新的复杂性。得益于群体成员对信息及时而准确的使用，曾经看似不可避免的可怕状况，终究被证明是可以被阻止的。有益自私性现在有理由去惩罚过于纯粹的"利他者"——总是听任吃白食者利用自己的傻瓜或窝囊废——因为这些软柿子会帮助吃白食者兴旺发达。于是，任何让有益自私者能够区分它们自己和软柿子的突变，都会受眷顾，但这样一来，吃白食者或软柿子中能将自己伪装成有益自私者的那些，将倾向于兴旺，直到下一轮军备竞赛。

群体辖制其成员——通过在其成员中采用一种惩罚违反（群体的其他无论什么政策）者的倾向——的能力的进化，打开了通往种种局部规范的**社会**进化或**文化**进化的闸门。在一篇关于文化进化的经典论文中，罗伯特·博伊德（Rob Boyd）和彼得·里克森（Peter Richerson）说明了，如果惩罚的成本**相对**较低——只要出现了惩罚那些从不惩罚的老好人的做法，这一点就几乎可以得到确保——便为群体中建立遵守规范的风尚提供了其范围和力量都不受限制的推动力量。论文标题说出了一切：“惩罚让合作（或其他任何东西）在大型群体中的进化成为可能”（博伊德和里克森，1992）。

迄今为止，我们的进化故事暗示了种种条件，能无需天钩或其他奇迹而将我们带向一个精明的合作倾向，并得到我们与公民伙伴对不合作者的共同“惩罚”倾向的强化；但这仍是一种冷冰冰的、机器人式的相互制约的互不侵犯协定。正如艾伦·吉巴德（Allan Gibbard）所说，

> 人类天然习性是由某种东西塑造的，就它本身视为价值是愚蠢的，它不过是在下一代中增殖他自己的基因。然而，帮助我们祖先将他们的基因留传下来并组成了我们的那种种协调，是值得渴望的。达尔文力量塑造了我们所知道的关切和感觉，而其中某些大体上是道德的。（吉巴德，1990，p.327）

大体上是道德的，但不是完全道德的。比如，没有将他人的福利当做自己追求目标的迹象。或许理当如此，因为我们不得不将任何人类独有的东西包括进模型，而我们关于道德的最初直觉

中令人相当适意的一个便是，尽管非人动物可能如弗兰斯·德·瓦尔所言，是“天性善良”的，但如罗伯特·赖特所言，它们仍不是“道德动物”。

然而，因为现在可以看出，这种自我维持的社会结构是真正利他主义主体长期兴旺的必要前提，所以看到让它得以进化和自我持续所必需的先决条件是何等之少，仍是令人安心的：将吃白食者与好公民区别对待的能力，还有“惩罚”倾向，都是简单而刚性的，这表明了，就这一文化特征而言，它可能先于语言、习俗和礼仪而存在。

我们这里说的不是陪审团审判和公开谴责，而是一种导向如下行为的无头脑的、“粗鲁的”倾向：对自己群体中被识别为规范违反者的成员发动冒险攻击。在（比如）狼群或猴群或猿群中寻找这种长期维持的地方“习俗”的迹象将是合理的。

无论我们是否发现，通往羽翼丰满的人类文化的道路上的这一站，已清楚地被某些其他物种占据，它们在一定程度上减轻了怀疑：一个可能的原来如此故事（Just So Story），将我们从顶多以蜜蜂蚂蚁那样的方式具有社会性的动物，逐渐带到喜好文化传承与教诲的动物，后者愿意去注意赞成与不赞成之间的细微差异，愿意被临时征召进执法队，喜欢被群体接纳而不是受到责难。

通过这一转变，群体变成了最新获得的“知识”的有效储藏室，每个新窍门不必等待遗传进化即可在种群中传播并得以确立，因为通过群体内遵循规范的风气，它可以更迅速地得到传播。为这一知识获取的更欢快节奏而值得付出的代价是，更容易受神话之类东西的伤害，在这种有组织的遵循规范的群体中，局部的错误知识也会热销。

做个好人以便看起来像个好人

耶稣来了，装得忙一点！

——保险杠贴纸

良心是来自内心的声音，警告我们：有人可能正看着。

——亨利·L. 门肯，《偏见》

背叛的幽灵笼罩着我们所有人，这是进化的原罪，带着它持久的诱人念头：此时此地，背叛怎么可能不是理性的？如果其他家伙背叛了（或如果“每个人都这么做”），你要是不一起背叛就成了替罪羊，而如果其他家伙不背叛，你要是背叛就显得像个强盗。如果人人都知道这情况，怎么会有人合作呢？如果回报是短期的，进化如何能忽视它们，而如果我们考虑到生命是短暂的，我们自己又如何能忽略这些回报？

对于那些容易的情况，害怕惩罚和渴望接纳便可通过改变预期回报而带领我们加以超越。正如思想家数世纪前就已注意到的，不难看出，为何在老大哥（Big Brother）看着时[1]，选择合作是理性的。任何有幸对一个警惕而无所不在的上帝——可以预期他将在来世施加比任何现场收益更多的惩罚——怀抱信仰的社会，其居民将可被指望会按上帝的指示去做，即便在他公民伙伴视野之外的时候。

注意，这一神话的出现和兴旺，无须一个理解其中道理的聪明创作者，正如在减数分裂中进化出的确保平息基因间潜在冲突的策

[1] 老大哥（Big Brother）是乔治·奥威尔的政治寓言小说《一九八四》里那个极权主义国家“大洋国（Oceania）”的独裁者，他通过监视系统窥视着每个人的言行，书中反复出现的一句口号是“老大哥在看着你”（Big Brother is watching you）；此后，老大哥已成为广泛介入私人生活的压制性政府权力或其统治者的代名词；不过，丹内特在此处似乎用它来指代作为法律规范维护者的国家权力，这与奥威尔的原意或后来的流行用法都很不一样。——译注

略，同样不需要一个聪明的倡导者。人类可以成为这一群体适应器的不知情受益者，而无需任何人指出其漂浮性理由。

但正如尼采（Nietzsche）以来的评论所强调的，如此基于对上帝之恐惧的“道德性”，与我们的期待相比，既不够高尚，也不够稳固。当这一有用的脚手架开始垮塌时，或者它压根就没存在过，社会又将如何？其成员之间会不会没有办法进化出牢固的合作习惯？

困难的情况会如何，比如肯定不会被察觉的欺骗？这些情况下，诱惑之声带着耸人听闻的合理性响起：**没人会知道，想想你会得到什么！**这是个在决策制定中不得不应付严重诱惑的世界，当我们带着支持我们与这种诱惑抗争的无限反省能力进入这个世界时，我们早已将鸟类那种自由意志甩在后面，开始探索人类自由意志——唯一一种具有道德重要性的自由意志——的难解领地。

传统将这全部道德重量的负担放置在一个虚构的机能——那个永生的、非物质性的、奇迹般起作用的灵魂——之上，可一旦我们更仔细审视人类控制系统的进化前情，我们可以对该灵魂进行反向工程（reverse-engineer）[1]，并理解它的某些部件为何以其实际发生的方式起作用。

按萨卢斯特（Sallust）的看法，卡托（Cato）确实是个高尚的人：“Esse quam videri bonus malebat”——他宁愿做个好人而不是看上去像个好人[2]。如果罗伯特·弗兰克（Robert Frank）是对的，那么卡托就是那些道德上的先驱典范之一，他们设法反转了那条最初让我们变得有道德的策略：Malo esse bonus ut videar——我宁愿做个好人**以便看起来像**个好人。

---

[1] 反向工程（reverse-engineering）是指根据既有产品猜测其功能用途、使用方法、制造工艺、所需材料和接口规范等等，这与正常的产品设计研发过程恰好相反，通常是出于理解、学习和仿制的目的。——译注

[2] 这句话是古罗马历史学家萨卢斯特（Sallust，86 BC- c.35 BC）在《喀提林阴谋》（Bellum Catilinae）中赞扬小卡托（Cato the Younger，95 BC-46 BC）的。——译注

在《理智中的激情：情绪的策略功能》一书中，弗兰克认为，我们祖先首次遭遇并学会如何解决他所称的**承诺问题**（commitment problems）时，就到达了自由进化的下一个台阶。“当作出一个有约束力的承诺符合一个人的利益，而该承诺要求他以一种事后看起来违背其自我利益的方式行事时，便产生了”承诺问题（弗兰克，1988，p.47）。

我们已经在囚徒困境中遭遇了承诺问题（commitment problem）的基本结构：合作者与背叛者的进化命运受假冒合作者或虚张声势者是否存在的强烈影响。这创造了一种对虚张声势察觉能力的选择压力，并启动了一场揭露和隐蔽策略的军备竞赛。当这一竞技场的漂浮性理由体现在人类主体的灵活控制系统中时，节奏便加快了，而问题也从非个人的（在目前这些条件下，哪些主体会表现更好，合作者还是背叛者？）转变为了个人的（这些条件下，我应该怎么做，合作还是背叛？）。

当进化终于创造出会学习、会反思、会理性思考接下去该做什么的主体时，它让这些主体面对一个新版本的承诺问题：如何承诺某件事**并让别人确信你不得不这么做**。戴个上面写着“我是个合作者”的帽子，不会让你在一个其他理性主体都在警惕着别人要手段的世界里走得太远。

按弗兰克的看法，在进化岁月中，我们已“学会”如何利用情绪（emotions）来完成避免自己过于理性的任务，并且——同样重要的——为我们赢得并不过于理性的名声。弗兰克宣称，我们过度的短视或局部理性，让我们变得对诱惑和威胁如此脆弱，就像教父说的，对“我们无法拒绝的提议”如此脆弱。成为一个真正负责任的主体、一个好公民的过程的一部分，便是把你自己变得**让人相信**能对这种提议表现得相对无动于衷。

首先，为何你想要拥有这样一种名声？嗯，如果你拥有这名声，黑手党会放过你，因为他们会盘算出，他们的胁迫性要求可能对你不起作用，所以何必浪费一个好马头？[1]更重要的是，你的名声将有助于你赢得挑剔的群体内伙伴的好感，他们完全清楚被一个背叛者所骗的风险，而他们会在身边寻找他们觉得可以相信能够抵御诱惑的人。在上一节里我们已注意到，合作者倾向于跟合作者打交道，从而也让背叛者倾向于被迫跟背叛者遭遇。

弗兰克观察到（1998，p.249），“承诺问题无处不在，如果合作者能够相互找到，物质优势便唾手可得”，成为一个合作者群体中的合作者的优势，已被许多进化模型所展示。如果你幸而发现自已身处一个合作者群体，这只是巧合吗？如果该群体拥有成员资格审查机制，那就不是。但你是否只是幸而拥有合作天分，从而让你通过了审查呢？或许吧，但幸而拥有天分总比只是幸运好。（关于幸运，稍后我还有更多话要说。）

想要拥有一个白璧无瑕的好名声是有益自私性的，可你究竟如何才能建立它呢？因为言辞是廉价的，任何被要求这么做的人都可以把手按在一堆《圣经》上，发誓他们永不背叛。除非有其他某种从一群背叛者中辨别出合作者的方法，建立由理性合作者组成的稳定群体的机会十分渺茫。（记住：组成你身体绝大部分的体细胞合作者，都是弹道式意向系统，非常忠实刻板而对诱惑无动于衷，但我们现在说的不是建造一个身体，而是建立一个由高度理性的个体组成的社团，就像波士顿交响乐团。）

因为需要有一个识别可靠性的可信信号，而如阿莫茨·扎哈

[1] 电影《教父》（*The Godfather*）里有个情节，维托·柯里昂（教父）的教子强尼·方坦请求维托帮他在争取好莱坞制片人杰克·沃尔兹的新戏中争取一个角色，维托答道：“我会给他一个无法拒绝的条件。”随后派养子汤姆去交涉，但曾与强尼结仇的沃尔兹死不答应，并将汤姆赶了出去，可次日沃尔兹醒来，发现床头上满是血迹，接着看到一个马头，正是从他昨日向汤姆介绍的那匹身价60万美元的纯种马上砍下来的，于是强尼得到了他想要的角色。——译注

维（Amotz Zahavi，1987）为我们说明的，那必定是种昂贵的信号——某种无法低成本仿冒的东西。手按《圣经》发誓是个传达不了有用信息的空洞仪式，因为假如它开始被用作识别可靠性的信号，它马上会被模仿并用在所有不可靠东西上，从而丧失其可信度并被弃用。

你可能会试图通过扩充该仪式来挽救它——我会手按两本《圣经》发誓，我会手按一堆《圣经》发誓——但这句俗话本身已显示了这种膨胀的无益性，这是展示可信赖性的失败尝试的一个虚构范例（那么手按《圣经》发誓的做法为什么会持续存在？这在今天完全无关于参与者对神圣天罚的信念，而是因为它标志着他慎重地进入了犯伪证罪的危险之中，承担了受世俗惩罚的不确定但仍巨大的风险）。所以主要问题是：不止是如何能把你自己变成一个在承诺问题中可以被信赖的主体，而是如何能将你是可以被如此信赖的这一事实可信地广而告之？

有时一个问题可以被另一个问题解决。当问题是由自然之母这位投机取巧大师所遭遇时，尤其如此。我们有一个解决起来真正困难——成本高昂——的自我控制问题。按弗兰克的看法，解决起来成本高昂这一事实，不是诅咒，而是福音。正如尤利西斯（Ulysses）和塞壬海妖（Sirens）所例示的，窍门在于设法将自己绑在桅杆上并用蜡封住水手的耳朵[1]，从而让你无法按那一刻最强烈的意向行动。（窍门在于做出安排使得“在时刻t”你的意志不起作用。）

尤利西斯完全了解采取避开正在唱诱惑歌曲的塞壬海妖的方针的长期利益，但他也知道自己在许多境况下会高估即时回报，所以他需要保护自己免受这种有点畸形的偏好结构的损害，他预期到当时

[1] 见第二章译注“塞壬”。——译注

刻 t 到来时，这一偏好结构会强加到自己头上。他了解自己，而且他了解进化为他提供了什么：一个稍有些次等的理性机能，会导致他选择即时回报（当他投入塞壬的怀抱时，他会说，“我不可能不这么做”）——除非他现在就采取措施将他的决策制定任务分配到更有利的时间和心态上来。他所受的塞壬诱惑并非**不可避免**，只要他有充分时间去准备他的避免措施。正如弗兰克所注意到的，

> 特别需要强调的是，实验研究并未表明，在任何情境下即时回报都被赋予**过高**权重，它只是说，即时回报总是被赋予**很高**权重。总之，在我们进化于其中的那个环境中，这似乎是件好事。当选择压力很大时，即时回报常常是**唯一**重要的事情。毕竟，当前是通往未来的大门。（弗兰克，1988，p.89）

尤利西斯的问题不是个道德问题，而是有关功利计算的问题，是那种会折磨最自私、最不利他的主体的问题。对于自私的主体，这是如何避免因迷醉于短期自私收益而牺牲长期自私收益的问题，一个如何主宰自己去追求（从功利角度看）更成功的生活的问题。在转向弗兰克有关如何通过解决这一精明性问题而将我们带向道德性的阐释之前，我们需要先更具体一点看看诱惑的问题。

学会对付你自己

> 跨期议价（intertemporal bargaining）看来是一种人工程序，不像是低等动物中会产生的。人类在极大扩展了个人的选择范围之后，发现自由选择常常还不如别无选择。
>
> ——乔治·安斯利，《意志的分解》

一位老派缅因农民上完茅房，正在提起他的工装裤，一个两毛五硬币从他口袋里滚出来掉进了坑里。“该死！”他说，然后从钱包里掏出一张五块钞票，把它扔进那个洞里。“你究竟为啥这么做？”有人问他。“你不会认为我为了两毛五就会下到那里去吧，嗯？”他答道。对自己提高赌注，会改变我们面临的自我控制任务。我们往往有经不起诱惑的问题，少数几个简单问题即可很好揭示这一点：

1. **你会选哪个：现在的一块钱还是明天的一块钱**？如果你和多数普通人一样，你会选现在的一块钱，理由显而易见。你越早得到它就可以越早用上它，而且谁知道未来会怎样？如果你不可思议地完全无差别对待现在的一块钱和明天的或下星期的或明年的，我们会说，你不**对未来打折扣**。对未来打折扣显然是理性的，可是折扣多少呢？

2. **你会选哪个：现在的一块钱还是明天的一块五**？如果你偏爱明天的一块五，那换成一块两毛五呢？一块一呢？在某个点上我们会发现一个对你无差别的选择，而那将确定一条曲线上的两个点，该曲线就是你对未来的贴现曲线。我们可以收集大量此类数据以便画出你那条特定曲线上的许多点，并使用货币作为一个方便的度量体系。（来代替你的一个远更宽阔的偏好集合：你宁愿今天不痛还是明天起的一周内不痛？你宁愿明天出名还是明年出名？）假设问题二的两个选项对你无差别，今天的一块钱和明天的一块五同等可欲，那么考虑下一个问题。

3. **你会选哪个：下周二的一块钱还是下周三的一块五**？这和上一个是同样的问题，只是时间上看起来更遥远。但你很可能会发现，你对它们的回答不匹配。如果你和多数人一样，很难为明天的一块五拒绝现在的一块钱，同时却相对容易精明地答应要下周三的一块五而不是下周二的一块钱。如果你倾向于偏爱今天的一块钱胜过明天的一块五，但也偏爱下周三的一块五胜过下周二的一块，你就有了个矛盾；你会发现在现在与下周二之间的某个点上，你的偏好发生了一个转换，一个仅仅由时间流逝所带来的转换。

我们对这些**跨期冲突**（intertemporal conflicts）的易感性（susceptibility），是我们作为决策制定者或选择者的基本能力中的一个毛病，一个缺陷，一个异常，而且它处于一个非凡的人类意志理论的中心位置。该理论由精神病学家乔治·安斯利（George Ainslie）所开发，并且最近在他的《意志的分解》（2001）一书里提供了一个易于理解的介绍。人们可能按不同的贴现率对未来打折，而且对未来的折扣率应有多高并不存在标准答案，但无论你的比率是多少，如果你在如何应用它上是理性的，那么你就不会让跨期冲突出现：你现在为明年做出的冷静选择，和你在明年临近时做出的，将是同一个选择。

屈服于诱惑将让你偏离你的理性策略（无论那是什么），而这样的偏离是你只要可能就会理性地想要避免的。你的贴现曲线将是何种形状？图 7.1 显示了叠在一起的两种基本曲线类型：渐增的指数曲线和深弯而陡峭上升的双曲线。

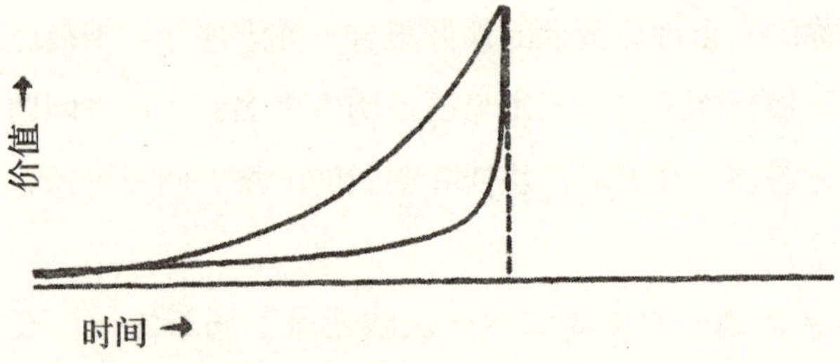

图 7.1　对应相同回报的一条指数贴现曲线和一条（更弯的）双曲线。随着时间流逝（沿水平轴向右），主体目标的激励效果——价值——逐渐接近其由竖线表示的未折现大小（安斯利，2001，p.31）。

可以看出（见图 7.2），一个指数贴现率不会产生这种异常，但一个双曲贴现率（见图 7.3）因为其曲线有条陡峭尾巴，则会。

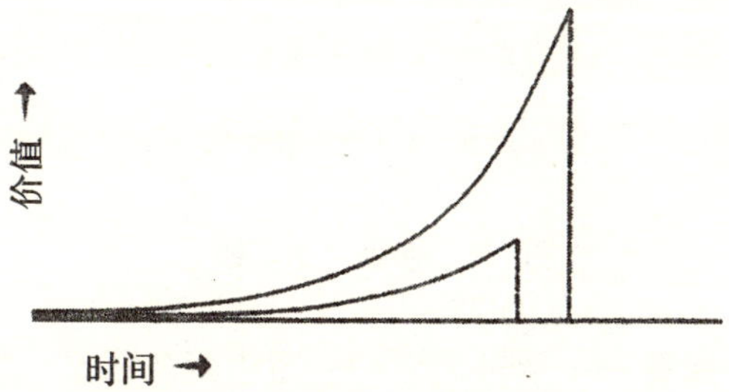

图 7.2　对应两个不同时间获得的不同回报值的常规（指数）贴现曲线。在每个时间点上，主体可以评估较早和较晚的回报，其值与其实际大小维持固定比例（安斯利，2001，p.32）。

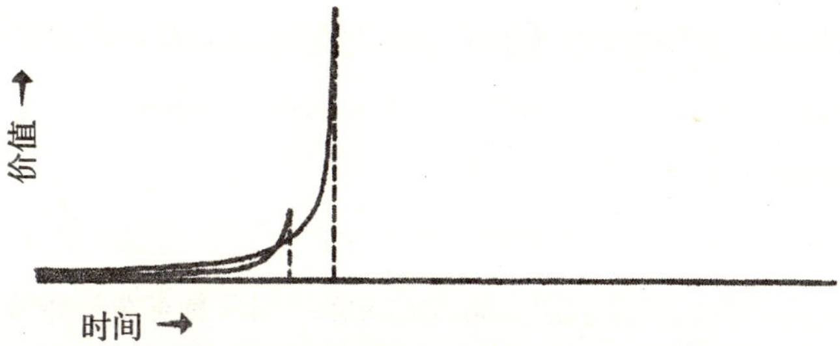

图 7.3　对应两个不同大小不同时间的回报的双曲贴现曲线。较小的回报在它被获得之前的一段时间里，暂时受到偏爱，如其曲线所示，有一小段高出较大回报的曲线。（安斯利，2001，p.32）。

（图 7.3 中）较小回报的贴现曲线的双曲凸尖短暂穿过较大回报的贴现曲线的地方，正是你的诱惑之窗打开之处：较小回报比较大回报看起来更有价值的短暂时期。在各种条件下的大量测试显示了，我们和其他动物一样，是天生就配备了双曲贴现率的。“人类进化出了非常规则但深度弯曲的双曲贴现曲线用于估价未来”（安斯利，2001，p.46）。安斯利指出，这是很像穆勒－莱尔错觉（Müller-Lyer illusion）的错觉。

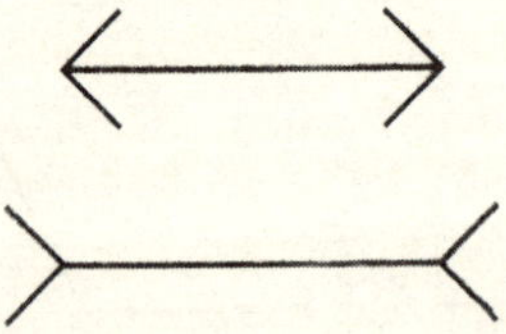

图 7.4 穆勒－莱尔错觉

我们可能知道——量过之后——图中两条线是一样长的，但这并未消除幻觉带给我们的强有力影响。我们可以学会补偿这一天生幻觉的结果，刻意将其消除，有意识地加以矫正。类似的，效用理论（utility theory）（和度量）可以说服我们相信指数贴现率是正确的，从而我们可以学会去补偿我们与生俱来的双曲贴现率。这是个非自然的行动，但十分值得人们学会去做。我们中的一些人比另一些做得好。

将我们的行为按指数曲线合理化的可欲性，至少被我们朦胧地领会到了，但我们究竟该怎么做呢？消除我们自身本能的热情将从何而来？传统的说法是来自某种被称为意志力（willpower）的精神力量，但这么说只是给现象取了个名字并推迟解释。“意志力”是如何在我们大脑中实现的？根据安斯利的说法，我们是从竞争性处境中获得它的，各种“利益关切”在其中进行他所称的“跨期议价”。这些“利益关切”是各种临时代理，是代表着各种回报可能性的小人：

> 和指数贴现代理（agent）[1]不同，对回报进行双曲贴现的代理，不是个简单的价值评估器。相反，它是一连串得出不同结论的评估器：随着时间流逝，这些评估器在合作追求共同目

[1] 按照乔治·安斯利的微微经济学（picoeconomics），将个人视为由多个相互竞争的主体组成的集团，比将其视为单一主体，可以更好地理解其行为；这段话里的指数贴现代理和双曲贴现代理里的即是组成个人的其中两个主体，我将安斯利在这种特殊意义上所称的 agent 译作“代理”，以区别于“主体”的通常意义。——译注

> 标和争相追求各自互斥的目标之间转换。为塞壬海妖而未雨绸缪的尤利西斯，必定将受海妖诱惑的尤利西斯当做另一个单独的人对待，如果可能，就让前者影响后者，如果不行，就先发制人。（安斯利，2001，p.40）

通过这些“回报寻求程序群”进行的“力量议价”，是一个自我平衡过程，不需要“自我或法官或其他哲人王，不需要具有统一性或连续性的器官，尽管它预示这样一个器官看起来可能会是如何运作的”（p.62）。如安斯利对这一现象的描述，这是场选择竞赛，其中的竞争者可以相互拉拢和利用，而（我猜）这与凯恩概略设想的“努力意志”的对抗过程没什么不同。

它确实对人类选择的不可预测性做出了重要贡献，并非如凯恩所希望的那样装备了量子随机性，而是通过内建了一个会系统性地阻挠预测的递归特性：当我们做选择时，**我们反身性地使用我们的选择作为对我们未来的选择将是什么的预测指标**；我们对自己的选择的自我意识，创造了一个递归回路，使得我们的选择对进一步考虑变得无限敏感[1]。

> 常规效用理论所描绘的有序的内部市场，变成了一个更复杂的内部混战，在那里推行一个选项不仅需要比其竞争者许诺得更多，还要表现得更具策略性，以免其竞争者稍后扭转局势。（安斯利，2001，p.40）

安斯利分析了这些小人的微策略如何将回报捆在一起，从而

[1] 这句话的意思是，由于对选择及其后果进行反思是个递归过程，因而理论上可以无限进行下去，比如，考虑到选择吃下眼前这块蛋糕会让我发胖，我决定对自己执行一种节食方案，然后，考虑到该方案在未来执行中所可能遭遇的困难，我决定为该方案留出一些口子，接着，我又对这些口子可能造成的影响作出考虑，并决定……如此继续，直到我无力继续考虑或感到厌倦，随着上述递归反思的推进，对当下行为的选择在递归的每一步都可能发生改变，所以说“选择对进一步考虑变得无限敏感”。——译注

建立一个近似的指数贴现率，产生“规则”和决议，后者进而产生少数例外的正当理由（如果我对自己不太严厉，我会更容易遵守规定食谱，所以——因为今天是我生日——我要奖励自己一小块蛋糕……），后者又产生了更多措施和反措施，内部挑战带来的混沌滚雪球般增长。

比如：“一旦我预期自己每当冲动强烈时就会找出一个例外，我就不再对可供选择的整个后续回报序列——我的规定食谱的累积利益——拥有可信的前景。以此方式，双曲贴现曲线将自我控制问题变成了自我预测问题”（p.87）。

> 一个正在康复中的酒精中毒者，可能期望自己能耐得住不去喝酒，但这一期望令人意外地让她失望了，而且当她注意到这一点后，便对此期望丧失了信心；如果她的期望降低到不足以抵御她的酒瘾，她的失望就容易变成一个自我证实的预言。但如果这一前景在得到偏爱之前的一段时期内足够令人畏缩，她就会寻找其他激励去对抗她的酒瘾，以免它变得过于强烈，如此提升了她对不喝酒的期望，等等——这一切都发生在她实际上喝了一杯酒之前。她的选择无疑是提前就被决定了，这就如同所有事件都有精确原因，这些原因同样也有原因；但是直接决定她的选择的，是各种元素的相互作用，即便这些元素本身都已得到很好了解，但它们之间递归式互动仍让结果不可预测。
>
> 双曲贴现将决策制定变成了一个群杂参与现象，其杂众由个体在不同时间的一系列选择倾向组成。在每个时刻她做出看似对她最好的选择；但这幅景象的很大部分是她对后续时刻自己将如何选择的预期，而这一预期很大程度上基于她在先前时刻是如何选择的。（安斯利，2001，p.131）

安斯利的意志理论，在诸如成瘾或强迫症、“过早满足”、自我欺骗和绝望、“条文主义”（legalistic）思想和自发性这样的主题上，对不少困扰着其他理论家的（或只是被他们省心的忽略了的）现象给出了解释。为这一理论多产性必须付出的代价，是一些最初看来反直觉的前提：特别是，必须区分回报和快乐。按定义，回报是“任何导致其所跟随的行为重复发生的体验”，而某些这样的体验确乎是痛苦的，无论它将重复该行为的倾向（你也可以说是它在大脑里的适应性）增强了多少。

这是个困难的理论，充满着需要你抛开珍爱的思维旧习的新颖性，而我只概览了浮在其表面的最有趣结论。它尚未得到应有的关注，所以，其大量诱人结论中哪些值得赞同，还是个待决的问题，但它无疑为近来将进化视角应用于关于意志和心智的传统哲学问题的工作增添了一份财富。该书还有一些关于道德之难界定性的令人不安的观察，以及我们最完善的规则如何可能使我们纠缠于不想要的后果，但这些主题不适合在这里讨论。我们仍未到达道德的舞台，但罗伯特·弗兰克指出了一条通道。

我们的昂贵勋章

假设你在一个小孩面前放一块糖果，并告诉她，她可以拿走，但如果她能等十五分钟，她可以拿两块。孩子们在这种延迟满足方面表现有多好？不太好。孩子们在自我控制能力上表现出了显著差异，而无论这些差别主要是因为遗传差异，还是早期童年环境差异，还是纯属偶然，它们都不是**不可避免的**；它们可以通过简单的自我分心策略或恰当类型的专注而被减弱（或增强）。（比如，孩子可以学会通过专注于其他某件得不到的东西——比如嘎嘣脆的精美咸味椒盐卷饼，或一个她喜爱的玩具——的可爱特性而耐住性子以得到第二块糖果。）

一些好策略引发了冷静的思考，而另一些则引发了对抗性的热烈激情。顺便说一句，这些自我操纵建议与道德哲学中一个有影响的话题相对立，那是由伊曼努尔·康德提出的话题，强调那个**纯粹由情绪**所支撑的次等的、低级的天性。康德式理想是一个幻想，在其中你不知何故强化了你的纯粹理性肌肉，达到这样一个完美程度，以至你可以做出纯粹的、毫无感情的判断，它们没有受到廉价罪恶感或对爱情与接纳的卑下渴望的玷污。

康德坚持，这样的判断不仅是最好的道德判断，也是唯一真正可以算得上道德的判断。卑下地诉诸情绪以让沉思变得更活泼生动，这对训练孩子或许是好的，但这些训练工具的出现，实际上让他们丧失了依据道德考虑做判断的资格。这或许是对完美性的坚持——哲学家的一种职业病——遮蔽了最佳路径的一个例子？

按弗兰克的看法，选定情绪在自我控制中扮演这样一个角色的进化之美在于，它同时为自我控制成就的昂贵标识提供了一个基础：他人得以看出你是那种情绪化家伙，可以被指望会**极其**在乎你的承诺；这不是说你是**疯狂**或**非理性**的，而是说你对自己的正直押下了一个（从评论者的短视视角看）非理性的高额赌注。你把心袒露在外，而且是颗昂贵的心。获得好人名声——一个的确很有价值的奖品——的窍门，是真的做个好人。没有可行的捷径（目前还没有——进化仍在继续）。

为了理解为何**真的做个好人**是该问题最成本有效的解决方案，我们必须将其理解为我们为自我控制所付出的代价。我只能用一刀切的办法才能控制自己。“道德情感可以被视为一种微调回报机制的粗糙尝试，变得对选定时刻的远期回报与惩罚更敏感”（弗兰克，1988，p.90）。如我们将在下一章看到的，我无法对自己的实时斟酌进行精微控制，所以我不得不采用霰弹枪手法，为自己配备强大的情绪意向，它们会泼向自己的目标，让我在该愤怒时在愤怒中颤抖，在该喜悦时无法遏制喜悦，或者被悲伤与怜悯所淹没。

但为了用这些情绪帮助我在面对来自短期的海妖诱惑时，做出从长期看精明的决策，我必须也在我的选择摇摆于短期收益和对他人有利之间时，让它们来统治我。我不能**仅仅**效忠于自己。或者用我的箴言来说，我身处的社会环境鼓励我，为了增进我的**狭隘**私利，就要把我的自我变得比我原本可能成为的**更大**；当我“先为自己着想”时，我要把网撒得足够宽从而能包括我的合作伙伴。

如同往常，不能仅仅假定事情的这样一种宜人状态好像只是上帝的一个礼物。它或许只是偶然发生的意外，但如果它长期持续乃至在世界中构成一个模式，它就需要一个解释。进化模型的任务是要说明这样一种环境可以进化出来，在其中这一自我扩大本身是一个迫着（forced move）[1]，是理性所命令的。这一设计“决定”——以奉行一种**不纯洁**类型的利他主义（或者它只是一种改进的有益自私性？）为代价，作为获得自我控制的成本——有一个未必每个人都领会的理由。

这是个漂浮性理由，但这并没什么不好。实际上，作为一个漂浮性理由反而**更好**。正是这一点，在探察和掩饰的军备竞赛中给了情绪表达以证据性地位。如果我们作为个人能轻易看透这一原理并据之行动，随时挂在心上，我们就会被怀疑是在演戏。

我们是高度灵敏的性格鉴定师，纵观那些对我们重要的线索（无论我们是否有意识地领会它们的作用）就会发现，我们对那些很容易伪装的表现注意得很少，而是专注于那些无法抑制的、难以唤起的意向表现。弗兰克宣称，那正是我们所看见的：

[1] 迫着（forced move）是国际象棋（和中国象棋）中的术语，指“不得不这么走”的棋着（move），即，如果不这么走，在可见的有限几步之后就必定会被将死。——译注

> 因此我们可以想象一个种群，其中有良心的人过得比没良心的更好。没良心的人如果能做到的话，会更少欺骗，但他们在解决自我控制问题上有着更大的困难。相反，有良心的人能够获得好名声，并成功地与其他有着相似性情的人合作。（弗兰克，1988，pp.82-83）

这会将有益自私性和真正利他性之间的差别置于何处？弗兰克宣称，他所描述的创新，已然越过了终点线而终将我们带向了真正的利他性：

> 有着真正道德情感的人能比别人更好地按自己的利益行动……拥有好名声的人因而甚至能够解决非重复性囚徒困境。比如，他们可以在欺骗不可能被发现的事业中成功地相互合作。换句话说，真正利他性可以仅仅在已经建立的精明处事名声的基础上出现。（p.91）

他显示了，利他者——如果这些好人真的是利他者——尽管负担了成本，实际上做得很好。心理学家和经济学家已做了许多实验，人类（通常是大学生）在其中被置于多重囚徒困境中，以小额但未小到可以忽略不计的金钱作为回报。在弗兰克做的实验中，为学生提供了各种机会在他们的简短遭遇中相互了解（从十分钟到半小时），然后才捉对进入重复囚徒困境的互动。通过变换条件，弗兰克显示了，人们在预测谁会背叛而谁会合作方面表现好的令人吃惊——虽然远非完美：准确率介于 60% 到 75% 之间。

> 囚徒困境实验支持了我们的如下直觉：我们可以识别出非机会主义个人。实际上，我们可以做到这一点，是承诺模型基于其上的中心前提。从这一前提可以逻辑地推出，非机会主义行为即便在一个无情的竞争性物质世界里也可以出现并幸存下

> 去。因而，我们可以承认物质力量最终支配着行为，但同时拒斥人们总是且无处不是被物质私利所激励的想法。（弗兰克，1988，p.145）
>
> 正如理性主义者所强调的，我们生活在一个物质世界里，在长期，最有助于物质成功的行为将获得优势。然而我们一次次看到，最具适应性的行为，并不是直接从对物质优势的寻求中产生的。因为重要的承诺和实现问题，这一寻求常常被发现是自我挫败的。为了做得更好，我们必须时而停止计较是否已做到可能的最好。（p.211）

弗兰克解释中的一些特性，支持了对早先各章所遭遇的流行哲学风潮的惊人矫正。首先，回想第四章里对“本可以不这么做”的讨论，还有马丁·路德的例子。这些现象远不是这条规则的例外，或需要特殊借口的特殊案例，我们现在可以看出，让自己别无选择的做法，是设计空间——容纳了所有可能设计的浩瀚多维空间——中通往人类自由意志的进化攀升道路上的一个关键创新。这一锁定自己意志的策略一旦被识别出，可被视为在一个道德赞美词中留下了化石踪迹，该词很少被哲学家念叨，却经常被用来称赞一个道德主体：她表现得如此决然，我们钦佩地说。

其次，我们已看到，哲学家的担心，如果我们是被决定的，我们可能就不能利用机会——如果我们是被决定的，可能就不存在真正的机会——恰恰弄反了；实际上，只有当我们学会如何让自己对许多出现在我们眼前的机会无动于衷时，我们在道德相关的意义上才是自由的。再一次，我们并不是通过让自己疯狂或盲目而这么做的，而是通过提高我们的赌注从而让“决定”成为迫着，成为不需要脑子想、不值得严肃考虑的事情。

第三，我们已看到，那个神话般的存在，经济学家的纯粹自私的理性主体，从不能抵御一桩有利交易，是个理性的傻瓜，对此，我们可以提出那个著名的反问："如果我们那么蠢，我们是怎么变富的？"用弗兰克话说就是，

> 利他者……确实在经济上表现更好：经验研究一致发现，利他行为正相关于社会经济地位。当然，这并不意味着，利他行为必然**导致**经济成功。但它确实暗示了，一个利他性态度不可能是物质意义上的严重负担。（弗兰克，1988，p.235）

对另一个神话般的存在，康德的理性圣徒，我们可以按同样的精神问："如果我们如此不道德，我们怎么会有那么多信赖我们的朋友？"换句话说，如果你想要达到真正利他性，你应考虑尝试进化进路，通过逐渐提升而人不知鬼不觉地爬上去，没有元初哺乳动物，也没有天钩，从盲目的自私性，经过伪利他性，到类利他性（有益自私性），到某种或许对我们所有人都足够好的东西。

让我简短反思一下我这在这条路径上推荐的方法，还有我尚未明确提出的结论。弗兰克的论证与结论还远未在他的经济学家或进化理论家（或哲学家）同行中获得普遍接受，而且还遗留了需要认真对待的严重问题和替代理论。这里对于我重要的是，弗兰克的项目和安斯利的一样，例示了研究这些问题的那种进路，一条达尔文进路，而我宣称，这既是必不可免的，也是前途光明的。

它必不可免是因为，任何伦理理论若仅仅自取所需地搜罗一个人类美德的便捷集合，而不尝试去解释它们可能是如何出现的，那它很有可能是在安置一个天钩，一个什么也"解释"不了的奇迹，因为它可以"解释"任何事情。它前途光明是因为，与达尔文进路的敌人所宣称的相反，从这些理论家的工作中涌出新洞见的频率相当令人满意。

自从柏拉图的《理想国》问世以来，主体设计作为一种思辨练

习，已成了哲学家的一道主菜。进化视角新引入的，是一种优雅的系统性方法，用以确保该练习的自然主义性质（所以我们不会以设计一个天使或一部永动机而告终），但同样重要的是，它允许我们去探索主体之间随时间推移而发生的互动，这通常是哲学家懒得理睬的问题。比如，哲学家常常将“如果每个人都这么做会如何？”作为一个反问句来问，而不会停下来考虑一下答案，他们通常觉得那是显而易见的。他们甚至从不去对付更有趣的问题：如果一些人这么做会如何？（何种百分比，在哪个时间段，在何种条件下？）

进化场景的计算机模拟增添了进一步的研究方法：一种发现模型中隐含假设的方法，也是一种探索动态效果的方法，通过“转动旋钮”去看各变量不同设定值的效果。重要的是要认识到，这些计算机模拟其实是哲学思想实验，是直觉泵，而不是经验实验。它们系统性地探索假设集合的含义。哲学家曾不得不一次一个地徒手实施他们的思想实验。现在他们可以在一小时内实施数千个变体，这是一种检查并确信他们所泵出的直觉不是该场景某个武断特性的人为产物的方法。

我们已获得一幅从生命起源到个人——其自由既是他们最大的力量也是他们最大的问题——存在的路径草图——仅仅是草图。我们现在需要更加仔细地看看，当这样一个人类主体做出一个自由决定时，他里面必须发生些什么，然后我们将转而对持续进化着的人类自由的含义进行一次探索。

第七章

在一个拥有语言和文化的物种里，社会生活的复杂性产生了一系列进化军备竞赛，从中浮现的主体展现了人类道德性的关键成分：找寻让合作繁荣的条件的兴趣，对惩罚与威胁的敏感性，对名声的关切，设计用来改进面对诱惑时的自我控制的高层次自我操纵意向，还有做出值得他人重视的承诺的能力。诸如此类的创新，可以在与之共同进化的可指明条件下兴旺，取代了居住在更简单生态位的更简单有机体的短视“自私性”。

第八章

浮现中的人类主体形象，是一大丛由进化力量所塑造的相互竞争的利益关切，这很难与我们对我们自己的传统理解相协调，传统上将我们自己视为有意识的自我或灵魂或自己，通过自由决定而为我们的故意行为做决断，而这些决定必定来自我们心灵中的私密殿堂。

这一紧张在本杰明·利贝特（Benjamin Libet）的一个有争议的——也常常被曲解的——实验中得到了很好的揭示，并且可以通过更仔细地考察一个自我如何从发生于我们大脑的过程中得以浮现而得到解决。纠正这些关于自我和大脑的普遍误解，也将清除关于自由意志前景的一些灰暗结论，这些结论在一些地方已被奉为信条。

对来源与进一步阅读的说明

下面是几本有关合作的进化途径的书：布莱恩·史盖姆斯的《社会契约的进化》（1996）；罗伯特·赖特的《道德动物》（*The Moral Animal*, 1994）和《非零年代》（2000）；马特·里德利的《美德的起源》（*The Origins of Virtue*, 1996）；金·斯特林（Kim

Sterelny）和保罗·E. 格里菲思（Paul E. Griffiths）的《性与死亡：生物哲学入门》（*Sex and Death: An Introduction to Philosophy of Biology*, 1999）；当然还有艾略特·索布尔与大卫·斯隆·威尔逊的《对别人》（1998）。对索布尔与威尔逊的有益评论（和答复），见卡茨（Katz，2000）。在一篇将发表于《哲学与现象学研究》（*Philosophy and Phenomenological Research*）上的文章（丹内特，"利他主义者、傻瓜和变幻无常的多元论者"）里，我也表达了对他们这本书的看法，该刊同一期也包括了几篇其他评论以及作者的答复。

关于用来执行文化规范的简单类型惩罚，见约翰·豪格兰（John Haugeland）的《拥有思想》（*Having Thought*, 1999）和我的评论（丹内特，1999A）。保罗·宾汉姆（Paul Bingham，1999）提出了一种大胆而有争议的人类进化理论，它基于这样一个前提：简单武器——棍子和石头——的创新，便改变了个人参与对背叛者的集体惩罚的成本收益平衡，或者说危险性，从而迎来了一种独一无二的人类社会合作类型，人类文化端赖于此，一场文化进化革命迅速得到了遗传上的响应，包括为更好地扔掷和挥舞武器而发生的骨骼适应。

弗兰克（1988）花了很多篇幅讨论扎哈维障碍原理（Zahavi Handicap Principle）[1]。同一主题也见于海伦娜·克罗宁（Helena Cronin）的《蚂蚁和孔雀》（*The Ant and the Peacock*, 1991）。伦道夫·奈斯（Randolph Nesse）编辑了一本有关承诺主题的出色文集，

[1] 扎哈维障碍原理（Zahavi Handicap Principle）是以色列生物学家阿莫茨·扎哈维（Amotz Zahavi）1975 年提出的一个假说，用来解释诸如孔雀尾羽之类特别夸张的第二性征，认为这些性征对于雄性除了性吸引力之外，都是巨大的累赘，会带来许多不便和危险，而正是这一点让它们能够成为性选择的对象，因为能够负担如此沉重的累赘而维持正常生活，表明了雄性的优秀禀赋和能力，因而成为证明其遗传品质的可靠信号。——译注

《承诺的能力与进化》（*Evolution and the Capacity for Commitment*, 2001）。

有关儿童自我操纵和自我控制的实验研究的一个概述，见 J. 梅特卡夫（J. Metcalfe）和 W. 米契尔（W. Mischel）的“对延迟满足的一个热 / 冷系统分析：意志力的动力学”（1999）。对弗兰克提议的博弈论背景的一个概述，连同对其让情绪扮演信号角色这一做法的敏锐批评和友好修正，见唐 • 罗斯（Don Ross）和保罗 • 杜尚（Paul Dumouchel）的“作为策略信号的情绪”。

第八章

你被排除出圈子了吗?

Are You Out Of The Loop?

你想象一个虚构的心理构造叫做“自由意志”，对于一个认知神经学家来说，这就和相信矮精灵或UFO差不多。

——雷切尔·帕姆奎斯特，理查德·杜林
《头脑风暴》中的一个角色

几年前，我有个奇怪的经历。我正在读理查德·杜林（Richard Dooling）的一本有趣而引人深思的小说，书名是《头脑风暴》（*Brain Storm,* 1998），是一个朋友推荐给我的，他坚持认为我会喜欢它，尽管它这么个书名和我1978年出版的一本书一样。

描绘错误道德

该小说的主人公是位年轻律师，他去访问一个神经科学实验室，请求他们认定他那位正因谋杀而受审的客户有大脑损伤。他找来帮助他的神经科学家是雷切尔·帕姆奎斯特（Rachel Palmquist）博士，她出人意料的美丽而又放纵不羁，最后事情变得火辣起来。他们的衣服褪到一边，然后缠绵在实验室地板上，可这时他们碰到了一个问题：我们的主人公看来是有良心的，对他妻儿的挂念眼看要让这桩艳事戛然而止。怎么办？帕姆奎斯特博士做法大概和任何一位漂亮而赤裸的神经科学家在这种情况下会做的一样：她说，

在《意识的解释》里，丹·丹内特用卡通片《鬼马小精灵》（*Casper the Friendly Ghost*）做类比。你想说你有灵魂。（杜

林，1998，p.228）

自由意志成了话题，而按她的说法，我已经解释了，那不可能存在。

> “我们难道没有自由意志？”
>
> “又是民间心理学，”她说，“这是个好虚构。也许是个必要的虚构——说你的意识的特定部分可以躲到一边，评估和控制它自身的表现。但其实大脑是个没有指挥的交响乐团。恰在此刻我们听到一支双簧管或者短笛在进行一次刨根问底的自我检查，而同时乐队的其余部分正陶醉于另一个高潮部。剩下的，是在你两耳间胡乱放电的一团扭曲缠绕的电化学面条之间所夹杂的一些湿漉漉的并行生物学处理器之间相互竞争而形成的极为复杂的平衡，它完全掌管着你的身体，但按定义却掌管不了它自己。”（杜林，1998，p.229）

醒世明言！这位神经科学家无疑是真正有才华的，因为她为我的意识理论给出了一个富有洞见而且精确的即兴概括——穿戴整齐站在讲台后面时可不容易做到——但让我震惊的是杜林的大转身：她完全理解错了自由意志，而且正是**某些真正神经科学家的错法**。那么，按我的观点，自由意志是一个虚构吗？我的意识理论是这么暗示的吗？根本不是，但不少神经科学家和心理学家认为他们的科学展示了这一点，而我提到《鬼马小精灵》或许助长了这一误解。

如果我们暂时切换到另一个幻想，会更容易看出问题所在。回想关于丘比特（Cupid）的神话，他拍动着天使翅膀，用他的小弓箭向人们射击从而让他们坠入爱河。这是个蹩脚的卡通老套路，很难相信有任何人会拿它当真。但我们可以假装：假设曾几何时有人相信，来自一个飞行神灵的一支隐形之箭，是一剂导致人们坠入爱河的药水。再假设一些让人扫兴的科学家跑出来向他们显示，这根本不是真的：不存在这样的飞行神灵。

“他已经说明了，没人曾坠入爱河，不会**真正**坠入。坠入爱河这个观念只是个美好的——甚至或许是必要的——虚构。它从未发生。”有些人会这么说。其他人，如有人希望的，会想要否认这一点：“不。爱是完全真实的，坠入爱河也是。它只不过不是人们通常以为的那样。但它同样美好——或许甚至更美好。真爱无关任何飞行神灵。”

自由意志问题与此相仿。如果你和有些人一样，认为仅当自由意志是从一个快乐地盘旋在你头脑中的非物质灵魂中流淌出来，将决定之箭射进你的运动皮层（motor cortex），它才是**真正的**自由意志，那么，按照你对自由意志含义的认定，我的观点便是，根本不存在自由意志。而另一方面，如果你觉得自由意志即便不是超自然的也可以在道德上是重要的，那么我的观点便是，自由意志确实是真实的，但它不完全是你可能认为的那样。

因为读者分属这两个阵营，你无法指望影响每个人，除非你将每个人的注意力吸引到这个问题上来，而这正是我常常努力在做的。在我的《头脑风暴》里讨论的问题之一是，诸如**信念**和**痛苦**这样的事情是不是“真实的”，所以我编了个小寓言，是有关说一种语言的人的，他们说为“疲惫”所困时，相当于我们说累了，精疲力尽了。当我们带着我们的复杂科学来到那里时，他们问我们，血液里的哪个小东西是疲惫。我们抵制这个问题，而这又让他们难以置信地问道：“你否认疲惫是**真实的**？”给定他们的传统，这对我们是个回答起来很棘手的问题，需要点外交手腕（而不是物理学）。

在《意识的解释》（1991A）里，我尝试用一个疯子的故事驱除同样的混淆，这疯子说公园里没有动物——他很清楚那里有长颈鹿和大象之类，但坚持说它们并不是人们以为的东西。这些想象力切换做法在我看来是可以奏效的，但我必须说，教训看来并不会被吸取。我最终认识到，许多人**喜欢**这个混淆。他们不想调整他们的想象力。他们喜欢说我否认意识的存在，说我否认自由意志的存在。即便像罗伯特·赖特这么聪明的思想家，也无法抗拒地要否认那种我加以坚持的区别：

> 这里的问题当然是，宣称意识“等同”于大脑物理状态。丹内特等人越是试图向我解释他们这么说的意思是什么，我就越是确信他们真正的意思是意识并不存在。（赖特，2000，p.398）

还有那位狡猾的文化观察者汤姆·沃尔夫也注意到，爱德华·威尔逊、理查德·道金斯和我

> 提出了优雅的论证，关于神经科学为何决不会减少生活的丰富性，艺术的魔力，或政治目标的正当性……然而，尽管他们做了最大努力，神经科学并不是带着学者式的沉稳涟漪而涌向公众的。但它确实在涌向他们，很快。实验室墙外的人们得出的结论是：**这里面有鬼**！**我们都是硬连线的**！还有：**不能怪我**！**我被接错线了**！（沃尔夫，2000，p.100）

这正是躺在实验室地板上的雷切尔·帕姆奎斯特想要得出的结论。本章后面，我们会正面遭遇心理学家丹尼尔·魏格纳（Daniel Wegner）的精彩新书《有意识意志的幻觉》的标题里提出的问题。我觉得魏格纳对有意识意志的解释是我见过最好的。我几乎在所有方面都同意它。我也和他讨论过他标题中的（在我看来）别扭之处。我将他视为那位展示丘比特并未射箭的扫兴科学家，并坚持要求他把书名改成《浪漫爱情的幻觉》。

但我领会到，有些人会坚持，魏格纳的书名恰恰是正确的：他

正是在说明，有意识意志是个幻觉。魏格纳最终减弱了火力，主张有意识意志或许是幻觉，但责任和道德行为是完全真实的。而这是我们的共同底线。我们同意，当雷切尔·帕姆奎斯特以神经科学的意志理论为基础而得出我们的英雄不应为良心所困（因为他没有自由意志，不真正拥有）的结论时，她是错的。魏格纳和我同意这条底线；我们的不一致之处在于策略。

魏格纳觉得这样的说法更少误导性，更有效：有意识意志是个幻觉，不过是个良性幻觉，甚至从某些方面说，是个真实的幻觉。（这是个自相矛盾的用词吗？未必；就像可分裂的原子一样，尽管在词源上看似矛盾，真实的幻觉可以在我们的概念系统中找到一个位置。）而我自己觉得，以雷切尔·帕姆奎斯特的方式误读这一结论的诱惑是如此强烈，我宁愿为表达**同样的观点**而说：不，自由意志**不是**个幻觉；各种值得渴望的自由意志，就是或可以是，我们所拥有的——但你必须放弃一点点虚假而过时的观念，才能理解这何以是如此。浪漫爱情减去丘比特之箭后仍是值得渴望的。它仍确实是浪漫爱情，真实的浪漫爱情。

> 康拉德：不，它不是！没有了真正精神性——被你讽刺地比作丘比特之箭的东西——的浪漫爱情，根本不是真正的浪漫爱情！它是个廉价替代品！这道理对自由意志同样成立。**你**所谓的自由意志，最终不过是一些机械性原因的复杂缠结、（从特定角度）**看起来像**是决策制定的现象而已，根本不是**真正的**自由意志！

说的对，康拉德，如果你坚持以这种方式使用这些术语的话。但这样你就有责任证明，当我的代用品满足了迄今为止你列出的所有要求，非要坚持这些“真正”类型的浪漫爱情和自由意志，何以是明智的。究竟是什么让这些“真正”类型值得在乎？我同意，人造黄油不是真正的黄油，无论它的味道有多好，但如果你坚持无论价格多高都要真黄油，你真的应该有个好理由。

康拉德：啊哈！这么说你承认了。你只是在玩弄辞藻，想用人造黄油冒充真正的黄油蒙混过关。我奉劝所有人，要求真正的自由意志，别接受代用品！

你也会建议糖尿病患者坚持要“真正的”胰岛素而不是“人工”制品吗？如果某天你真正的心脏用坏了，你会拒绝一个能执行真心脏全部功能的人工代用品吗？究竟是什么缘故，使得对传统的热爱变成了愚蠢的迷信？我宣称，我所捍卫的自由意志类型之值得渴望，恰是因为它们扮演了传统上自由意志被要求扮演的全部**有价值**角色。但我无法否认，传统也赋予了自由意志一些我的类型所缺乏的属性。传统的更加糟糕，我会说。

或许时间会证明（或许不会），对于自由意志主题，何种解释策略是最好的，魏格纳的还是我的。但我们两人都毫不含蓄地捍卫如下宣称（任何无视这一宣称的人都应感到羞愧）：对决策制定的自然主义解释，仍为道德责任留下了大量空间。［德克·佩雷布姆（Derk Pereboom）不同意我们，就在我即将完成本书时，拿到了他的《离开自由意志而生活》（*Living without Free Will,* 2001）。他为如下观点辩护，“考虑到我们的最佳科学理论，我们控制之外的因素最终产生了我们的全部行为，我们因而不对它们承担道德责任。”他完全没说服我，但觉得我的书没有说服力的其他人，可能会在这里发现一个有价值的盟友。］

有关决策制定的神经科学的哪些特定方面特别让那么多人相信自由意志是个幻觉？不只是那个显而易见的物质主义事实——不存在把箭射进运动皮层的丘比特——而是神经科学的一个特定面貌，雷切尔·帕姆奎斯特很好地传达了流行印象：

> 前意识认知是出现在你觉察**之前**的大脑活动。可怕之处在于，它启动了物理世界中的实际运动。你的意识，如果你愿意这么叫，只是观察到了发源于你大脑别处的活动……把你的大脑想成网络和并行处理器的一个复杂排列。时而，一些（活动）觉察到了其自身，但多数没有。想象一个300毫秒的道德空白，恰好处于大脑触发行为之后和大脑有意识觉察到它之前。（杜林，1998，p.120）

这300毫秒“道德空白”是问题所在。看起来好像你大脑在你之前就拿定了主意！

> “刺激，感觉，”她说，一边在每侧肩膀上贴上一个电极，“它们在前意识状态下得到处理，重要的心智决定和表征在大脑自觉地觉察到它们之前已做出了。”（p.122）

这300毫秒“缺口”是足够真实的，但这种解读方式——视之为一种“道德空白”——很可疑，而这正是我想要去检查的错误。这个话题同样也在《意识的解释》的某一章里讨论过，但那个讨论有点晦涩难懂，需要更新了。或许这次故事精神会得到清晰传达——而不是像出色而赤裸的神经科学家雷切尔•帕姆奎斯特那样把它弄反了。

从心而动[1]

决策是自愿的吗？或者它们只是发生在我们身上的事情？从某

[1] 原文为“Whenever the Spirit Moves You”，改自英语中一个常用语“as/when the spirit moves you”，意思是，你做某件事仅仅是因为你自己想这么做，而不是因为受到任何外部激励或刺激。——译注

些转瞬即逝的有利地位看，它们似乎是我们生活中卓越的自愿行动，是我们最充分的行使我们的主体性的时刻。但同样这些决策也可以看似奇怪的处于我们控制之外。我们不得不等着看我们将如何决定某件事情，而当我们做出决定时，我们的决策从我们不知道的地方冒到意识中。我们没有见证它的形成；我们见证了它的**到来**。于是这引发了一个奇怪的观念，认为中央总部不是我们作为有意识内观者的所在；它在我们内部更深的某个我们无法探查到的地方。

——丹内特，《活动余地》

大脑做任何事情都要花时间，所以，每当你做某件事（每当你的身体做某件事），控制着你身体的大脑必须先做另外某件事。正常情况下，当你清醒且忙碌时，你同时在做几件事情——走路和交谈，在炉子上颠锅的同时在想下一步该下什么料，一边读钢琴部的下一个乐句一边听大提琴演奏，并将你自己的手移到下一组弦的位置，或者只是在翻频道时伸手去拿啤酒。

这么多事情在正常地进行，时间上相互重叠，很难理清楚全部依赖关系，但只是为了研究的话，还是有可能让所有事情安静下来，而分离出“个别”行动。非常安静地坐一会儿，尝试完全不想任何事情，然后，完全不为别的，只因为你想要这么做，抖一下你的右手腕。请单单抖一下，就现在，就像俗话说的，从心而动。

姑且把你的这个自愿意向行为称为**抖腕**（Flick!）。如果我们用一个表层电极阵列（贴在头皮上就行——不需要插进你的大脑）监视你的大脑，我们会发现，先于**抖腕**的大脑活动有明确而可重复的时程和模式。它持续大半秒时间——500 到 1000 毫秒——止于你的手腕实际运动（这可以通过一条对准一个简单光电元件的光束探测到，抖腕时你的手腕会截断光束）之时。

手腕运动之前不到 50 毫秒，从你大脑运动皮层通向你前臂肌肉的运动神经激发了，但在这之前 800 毫秒——将近一秒——便可清晰探测到你大脑中有一个被称为**准备电位**（readiness potential，RP）的活动起伏。[科恩休伯（Kornhuber）和德克（Deecke），1965]（见图 8.1）。

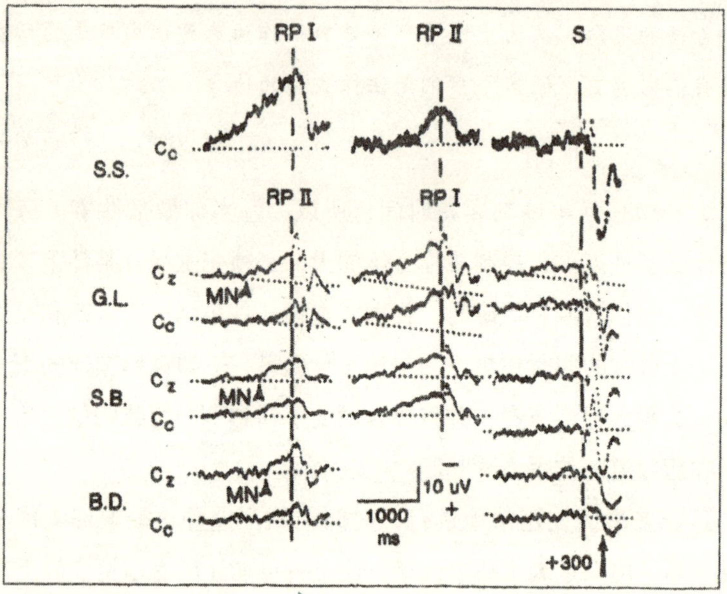

图 8.1 准备电位（RP）的脑电图（EEG）踪迹（引自利贝特，1999，p.46）

这上千毫秒中的某处便是臭名昭著的“时刻 t”，你有意识地决定去抖你手腕的时刻。本杰明·利贝特着手确定这一时刻的确切位置。因为该时刻是由其主观属性定义的，他必须让你在它出现时说出来，然后他就可以将它叠加在发生在你大脑里的客观事件序列上。他想出了一个机智的办法对主观的和客观的两个序列进行定位。他让被试看着一只“钟”，上面有个快速移动的圆点，像秒针那样，但速度明显更快，每 2.65 秒转一圈，这样他可以用一秒分成多段的精度来读取时间长度，用来对照校准他记录的大脑活动时间（图 8.2）。

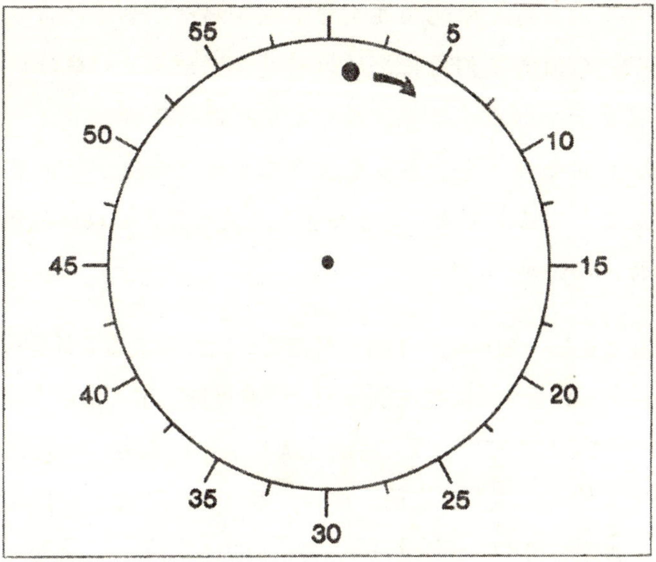

图 8.2 利贝特使用的钟面（引自利贝特，1999，p.48）

利贝特要求他的被试注意，在他们决定抖腕或最初觉察到抖腕的冲动或愿望时，圆点在钟面上的位置。他们会报告这一信息（但无须匆忙报告，而是在抖腕之后良久）。他发现，在准备电位与他们报告的决策时间之间，有 300 到 500 毫秒的时间缺口或延迟。这就是雷切尔·帕姆奎斯特说的“道德空白”，而且按神经科学的标准，它非常巨大——比如与可从其他同时性（simultaneity）判别方法中观察到的特异性和不精确性做比较。

在此人工环境中，准备电位是导致你抖腕的触发因，对此并无争议。准备电位是高度可靠的抖腕指示器。所以现在问题在哪里？好像是：当你认为你正在决定，你实际上只是被动地看着一盘延迟了的内部录像带（不祥的 300 毫秒延迟），记录着在“你想到”要去抖腕之前一小会儿，无意识地发生在你大脑里的实际决定。如我在《意识的解释》里所说，

> 我们没有（像他们在白宫里说的那样）完全“被排除出圈子”，但因为我们对信息的访问是延迟的，我们能做的最多只是在最后一刻以“否决”或“发射”进行干预。身处（无意识的）总司令部下游，我没有获得真正的主动权，从未见证计划的诞生，而只是对流经我办公室的既定政策进行轻微调整。（丹内特，1991A，p.164）

但我表达这一观点是为了演示其错误。如经验丰富（且穿戴整齐）的神经科学家迈克尔·加扎尼加曾说：“利贝特确定了，在你获得有意识的行动意向之前350毫秒，大脑准备电位便已激发。所以在你觉察到你在考虑移动你的手臂之前，你的大脑已在忙着为这一移动做准备了！”［加扎尼加（Gazzaniga），1998，p.73］。另一位优秀（也可靠地穿着衣服）神经科学家威廉·卡尔文（William Calvin）说的更慎重：

> 我的神经心理学家同行本·利贝特揭示了一个让每个人惊恐的事实：与动作准备有关的大脑活动（某种被称作“准备电位”的东西）……开始于你报告已决定去动作之前四分之一秒。你其实没有意识到你的动作决定，但它确实在进行。（卡尔文，1989，pp.80-81）

利贝特本人最近将自己对此现象的解读概括如下：

> 自由自愿行为的发动，看来是在大脑里无意识地开始的，显著地早于行为者有意识的了解他想要行动！那么，有意识意志是否在自愿行动的执行中扮演了一个角色？（见利贝特，1985）要回答这问题，必须认识到，有意识意志（W）确实出现于肌肉激活前150毫秒，虽然它晚于准备电位的开始。（实际上，留给任何此类效应的只有100毫秒。肌肉激活之前的最后50毫秒是留给初级运动皮层去激活脊椎运动神经细胞的，在

此期间没有任何可能性由大脑皮层的其余部分去中止行为的完成。）（利贝特，1999，p.49）

只有十分之一秒——100毫秒——可供行使总统否决权。正如机敏（其穿戴无可挑剔）的神经科学家维莱亚努尔·拉马钱德兰（Vilayanur Ramachandran）曾嘲讽道，“这暗示了，我们的有意识心智可能没有自由意志，而只有‘自由不乐意’！”［霍姆斯（Holmes），1998，p.35］我讨厌对天赐的礼物挑三拣四，但我想要的自由意志肯定不止于此。从让这群杰出的神经科学家得出这一可怕结论的推理中，我们能找出什么瑕疵吗？

利贝特的实验任务是不寻常的，值得仔细想象一下。你平静地坐在那里，看着钟面上的圆点一圈圈地走着，等着，直到你毫无理由地（除非你或许只是厌倦了）决定去抖腕：“让行动的冲动在任何时候自己出现，在要行动时没有任何预先打算或专注”。（利贝特等人，1983，p.625）

重要的是，你不应遵循诸如此类的策略：决定你会在下一次秒针指到“三点钟”位置时抖你的手腕，因为那样的话你就会更早地做出你的决定（“按你自己的自由意志”），并或多或少是不动脑筋地实现它，听任钟面的视觉表象将它触发。（回想马丁·路德，他很久以前就拿定了主意，而现在不可能不这么做。）

你怎么能肯定，你不是在让与钟面有关的某件事情来触发你的“自由”选择？这谁也说不准，但暂且让我们假设，你至少在这样一种程度上成功遵循了指令：**就你所知**，你没有把你的选择“绑定”到钟面圆点位置上，而只是“注意着”当“你想要抖腕的念头出现”时，钟面圆点在什么位置上。

在抖腕之后，你告诉利贝特那个位置在哪里（“我决定时钟面圆点刚好在10后面”或“圆点垂直向下，在30的位置上”或其他无论什么），而他先前的数据记录让他能够以毫秒精度指出，当钟面圆点在那个位置时是什么时刻。于是利贝特能将你的（如你后来报告的）意识之流放进对你大脑活动的时序记录中，而那将确定你意识到你的决定的时间，对吗？这是作为利贝特实验之基础的假设，但它并不像乍看起来那么纯洁无瑕。

假设利贝特知道，在实验测试中，你的准备电位在6810毫秒时达到高峰，而（按你报告你所看见的）钟面圆点垂直向下，在7005毫秒。他应该期望在这个数字上加上多少毫秒，以便得到你意识到它的时间？光线从钟面到达你眼球的时间几乎是瞬间，但信号从视网膜经过外侧膝状体（lateral geniculate nucleus）到达初级视皮层（striate cortex）要花5到10毫秒——300毫秒偏移量中微不足道的部分，但它从那里再到达你要花多长时间？（或者你就位于初级视皮层里？）为了你能有意识地做出同时性的判断，视觉信号必须到达某个地方，而在那之前它必须首先得到处理。简言之，利贝特的方法预先假定了，我们可以定位如下两条轨迹的**交叉点**：

* 表征抖腕决定的信号到达意识的轨迹
* 表征一连串钟面圆点方向的信号到达意识的轨迹

从而这两个事件可以说是并排发生在一个其同时性可被注意到的地方。因为利贝特想要从你而不是初级视皮层那里得到信息，我们必须知道你在大脑的哪里，我们才可能开始解读数据。

为论证起见，让我们假设这么说是有意义的。为了做到公平和建设性，撇开所有过度版本的假设：利贝特并不是在假设你是个真正的小人，有手有脚，有眼睛有耳朵，就像《黑衣人》（*Men in Black*）中停尸房里那个真人大小傀儡的控制室里的小绿人[1]，他也

[1]《黑衣人》（*Men in Black*）是1997年的科幻喜剧片（后来又有几部续集），丹内特提到的小绿人是来到地球外星人，“真人大小的傀儡”原本是位农夫，被外星人杀死并从内部控制其躯体而成为傀儡。——译注

没有假设你是闪闪发光的灵媒外质（ectoplasm）[1]的非物质部分，像一只幽灵阿米巴虫那样渗透在你大脑四处，或者你是一位在受召唤而飞往天堂之前始终折拢着翅膀的天使。

我们必须考虑一个最小化版本的假设，剥掉所有此类令人尴尬的细节：你就是那个**“能够同时体验到决策和钟面圆点方向的无论什么东西”**。（如果我们需要有一幅图像，我们可以朦胧地想象，这个“无论什么东西”是大脑活动的某种联结或聚簇，它可以在各种条件下四处转移，一个有着相当特殊认知力量的头脑风暴。见图 8.3）于是至少存在三种可能性可供探索：

（A）你忙于在实**践理性机能**中做你的自由决定，那里是所有自由决定做出的地方，必须在那里等着视觉内容从**视觉中心**（vision center）发送过来。这要花多长时间？如果时间压力不大，也许视觉内容传输得很慢并且在到达时严重过时了，就像昨天的报纸。

（B）你在**视觉中心**忙着看钟，必须等待实**践理性机能**将其最新决策制定结果发送给你。这要花多长时间？这或许也是个慢吞吞的传输过程，会吗？

（C）你坐在你总是坐的地方：**司令部**（也以笛卡尔剧场闻名）里，必须同时等着**视觉中心**和**实践理性机能**将它们各种的输出发送到这里，这里是所有东西汇聚和意识发生的地方。如果这些前哨之一距离遥远，或传输速率很低，你就会陷入同时性幻觉——如果你按实际到达司令部的时间判断同时性，而不是依靠某种类似邮戳或时间戳的东西。

[1] 灵媒外质（ectoplasm）是通灵术（spiritualism）术语，据说是灵媒（mediums）在通灵时“散发（emanate）”出的可见物，是灵魂的精神力量外化到凡界的物理实体。——译注

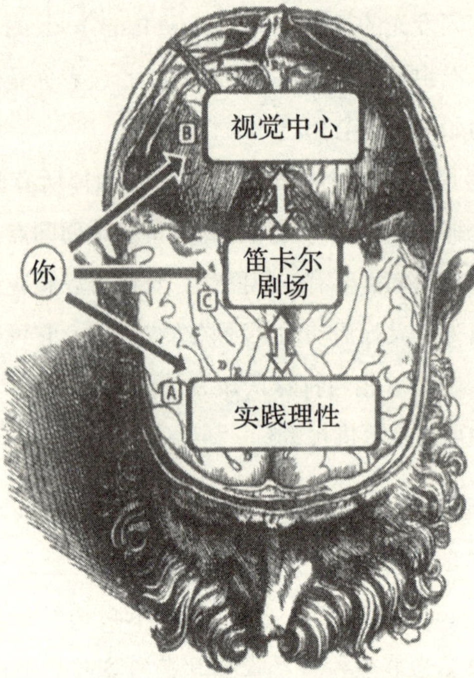

图 8.3 “你”在你大脑的哪里?

这么直率地处理这事情，有助于——但愿——澄清利贝特图景的问题。这些不同假设各自可以推出什么含义？处于这些位置中的一个而不是另一个，对你会意味着什么？占统治地位的观念大概会是，你只能在你**所在**的地方**行动**，所以如果一个决定做出时你不**在**实践理性机能里，它就不是**你**做出的。充其量你只是代表了它。（“我想在实践理性机能**里面**。毕竟，如果决定做出时我不在**那里**，决定将不是我的。它们将是**它的**！”）

可当你在那里时，你可能如此全神贯注于做你的决定，乃至“你目光呆滞”，使得视觉中心的优秀工作未得到注意，根本没有到达你这里。所以，或许你应该在实践理性机能与视觉中心之间来回移动。但如果你正是这么做的，那么完全可能的是，你实际上在**做出抖腕决定的那一刹那**便意识到了这个决定，只不过你要花 300 毫秒以上的时间移动到视觉中心并提取一幅图像——你到那里时“圆点垂直向下”的图像恰好也刚到达——于是你误判了同时性，因为你丢失了从这里到那里要花多长时间的信息。

耶！这是一个假说，不妨叫它“**闲逛的你**”，通过展示那个缺口终究只是个幻觉，它能挽救自由意志。按此假说，当你大脑的这个部分决定抖腕时，你便是在**有意识地**决定抖腕（嘿，**那一刻你在那儿**，驾驭着刚刚建立的准备电位），但你后来误判了该决定的客观钟表时间，因为你到达视觉中心并提取最后的钟面位置需要花点时间。

如果你不喜欢这个假说，还有另一个同样可以奏效，它基于替代假设（C），其中视觉中心和实践理性机能都被移出了司令部。叫它“**幽居深宫的你**”。你外包了全部这些任务，就像当今商业世界的做法，将它们委托给承包商，但通过从你的司令部座位上向它们发送指令并从它们获取结果，你确实在一个命令与响应的连续回路上对它们的活动保留了有限控制。

如果被要求想出一个今晚不外出用餐的理由，你就吩咐你的实践理性机能送个理由过来，很快它发了两个回来：**我太累了；冰箱里有食物，如果我们今晚不吃掉就要坏了**。该机能是怎么想出这些的？为何是按这样的顺序？它为产生这些执行了些什么操作？你全然不知——你只知道你吩咐了什么，并注意到返回结果令人称心地满足了你的要求。

如果被问现在是什么时候，你将适当命令发送给视觉中心，而它在**手腕运动控制中心**的一点帮助下，将你腕上手表的最后视图发回，但你对这一协作努力如何达成同样所知不多。因为存在可变时间延迟问题，你制定了一套时间戳系统，对于多数目标它都效果良好，但在利贝特的非自然背景设定中，你误用了它。

当被要求从你司令部的**困窘**位置上判断你的实践理性机能确切在哪一时刻发出了抖腕指令（你将根据你从来自实践理性机能和视觉

中心两方面的报告流上辨认出的时间戳来做出这一判断）时，你比对的是错误报告。因为你信赖这些二手信息（来自两个遥远外包商的报告），你可能很容易错误地判断哪个事件首先发生，或任何两个事件是否同时发生。

该假说的一个问题是，这样判断同时性首先是不自然的行为，除非它们是为特定意图而设计的，比如你在试图让你的断音演奏与指挥的强拍（downbeat）同步，或者试图和一个低快球衔接，从而把它直接从投球手头上打回去。在这样的自然背景中，演奏大师的时间同步绝技是可能的，但对“跨模态（cross-modal）”同时性的孤立判断（即回答像这样的问题：“闪烁和蜂鸣哪个先出现，还是同时？”）出了名的容易出现干扰和错误。

主观上什么可以算作同时，取决于你如何构造判断，取决于你打算用这个判断来做什么，结果可以因这些问题的答案不同而变得游移不定。所以，如果你从这样的困窘不利位置上做出你的同时性判断，没有一个自然背景提供一个做判断的理由，你就很可能会命令实践理性机能做出一个决定，并将其完工报告错误归档，于是你错误地断定其完成与视觉中心对钟面位置在 30 的感知同时发生。但或许这个假说没有吸引力，因为它假定当实践理性机能做决定时，你并未真正出现在那里。

所以这里还有另一个假说：**慢干墨水**——它把你放回到行动所在之处。当你在实践理性机能中（最关键时刻你恰在那里）有意识地做出一个决定，你用缓慢变干的墨水把它“写了下来”：尽管你可以立即按此开始行动，但直到墨迹变干之前（大约要花 300 毫秒），你无法将它与视觉中正在发生的比对。（这个假说受了利贝特其他工作的启发，在《意识的解释》（丹内特，1991A）中有关意识“向后参照”的部分中曾有讨论。）

按此假说，你实际上确切地是在准备电位在你大脑里出现的那一刻，决定去执行抖腕动作的，没有任何延迟，但在足足300多毫秒的时间里，你未能对这个有意识决定与来自视觉中心的结果做比对，你的决定需要花那么长时间等待干燥固化才能进入比对室。

如果你不喜欢这假说，还有其他一些可供考虑，当然也包括了各式各样并未“挽救自由意志”的假说，因为他们倾向于确认利贝特对问题的看法：在做出道德决定的常规过程中，你实际上有至多100毫秒的时间，期间你可以否决或调整早先（或别处）无意识做出的决定。

既然这堆破假说是对我们就决策制定如何在大脑中进行所知情况的粗率而不现实的过度简化，我们不能将它们统统摒除吗？确实，我们可以，而且应该。但在这么做时，我们不仅要摒弃所有这些能够在利贝特的数据面前“挽救自由意志”的奇异假说，我们也必须摒弃利贝特自己的假说，以及所有其他意在说明我们只拥有“自由不愿意”的东西。

他的假说，正和我刚刚勾勒的差不多，依赖于认真对待这样一个观念：你受限于你能得以访问的来自特定大脑区域的材料。何以如此？考虑他有关留给否决的严格受限的机会窗口的观念。利贝特暗中预先假定了，直到你意识到你可能想要否决的到底是什么事情之前，你不能开始认真考虑是否否决这件事，而为此你必须等待300毫秒或更长时间，于是你只有100毫秒可以去“行动”：“这提供了一段时间，在此期间意识机能能够潜在地决定意志过程是否继续下去直到完成”。（利贝特，1993，p.134）

“意识机能”在笛卡尔剧场里等着，直到信息到达，而且只有到那时，它才**首次**得以访问该信息，并能够开始考虑对它做什么，是否否决它，等等。可是为何你不能在半秒钟之前、在你已（“无意识地”）决定去抖腕之后，就（“无意识地”）考虑是否要否决抖腕决定呢？利贝特必须假定大脑有本事在那段时间里安排出如何实施抖腕动作的细节，但只有“意识机能”有本事从正面反面考虑是否否决一个决定。

实际上，利贝特一度看到了这个问题，并直率地处理它：“不排除这样的可能，否决决定（控制）所基于的那些因素，是在否决之前的无意识过程中发展出来的”（利贝特，1999，p.51）但如果这一可能性没有排除，那么利贝特和其他人应该得出的结论是，那 300 毫秒“缺口”根本没有得到证实。

毕竟我们知道，在常规情况下，大脑是在接受到刺激的同时，即开始其辨别和评估工作的，而且是同时就许多并行的项目工作，这让我们能够刚好赶在最后截止时间之前做出许多理智的响应，而不是将它们堆积在一个等候队列里，在开始得到评估之前先要通过意识这道十字转门。

帕特里夏·丘奇兰德（Patricia Churchland，1981）在一个简单实验中演示了这一点，其中被试被要求对一个闪光做出有意识（还能有别的可能吗？）的响应。他们的总响应时间约为 350 毫秒。利贝特对丘奇兰德的发现的反应是，坚持认为这样的响应是无意识地开始的：“察觉一个刺激并有意图地对之做出反应，或在心理上受它影响，同时对该刺激没有任何可报告的有意识认识，这样的能力是被广泛接受的事实”。（利贝特，1981，p.188）

但这恰恰是在争议点上退让了：在一个抖腕决定“到达意识”之前很长时间，你能够开始有意图地对之做出反应——你能够在心理上受它影响。利贝特实验所显示的不过是，很可能，你在所有时候都对你所进行的决策制定过程保持着最理想的联系。即，很可能，当需要你去进行决策制定时，你的每个有资格在其中扮演一个角色的部分，会在可能的最早时间，获得它做自己的工作所需要的无论什么。（当你疑虑你是否太晚得到消息以至来不及做出点你想要的改变时，你所担忧的还会是别的什么吗？）

利贝特的数据确实排除了一种可能为我们所喜欢的假说：“自我包含的你”，按此假说，所有大脑工作都被集中在一个紧凑位置，所有事情可以在那里同时同地发生——视、听、做决定、判断同时性……在所有事情都变得这么容易之后，时间同步问题不可能发生：一个人，一个灵魂，可以坐在那里，做出自由而负责任的决定，而对该决定的做出以及其他任何事的知觉，也瞬间进入了意识之中。

但大脑里不存在这样的地方。正如我向来不知疲倦地指出的，所有被想象为在笛卡尔剧场中那个小人做的事情，必须被拆开并在空间和时间上分散到大脑各处。这是重复我的讽刺性座右铭的又一个恰当时候：如果你把自己变得足够小，你可以外部化几乎所有东西。

大脑处理刺激要花时间，时间长度取决于为何种意图提取何种信息。一位顶级网球手能在大约 100 毫秒内准备好一个接发球方案。维纳斯·威廉姆斯（Venus Williams）的发球飞过从底线到底线的 78 英尺距离只需不到 450 毫秒（平均时速 125 英里），只比最快发球记录［由格雷格·鲁塞德斯基（Greg Rusedski）创造，初速度 147 英里每小时］慢大约 50 毫秒。

由于接球时精确的定时和姿态极度依赖于视觉信息（如果你怀疑这一点，试试蒙上眼睛接发球），这就说明，大脑在如此短的时间里提取视觉信息并非常适当地使用它，是完全可能的。正如丘奇兰德所显示，仅仅按要求在看到闪光后按下一个按钮，也要花 350 毫秒。现在，这些是对事件的有意识的、自愿的意向性反应（不是吗？），而它们的延迟还不到 300 到 500 毫秒。

当然，网球手和丘奇兰德实验中的被试，必须预先（自由的、有意识的）决定，他们要将自己的反应与特定条件联结起来。这些在效果上相当于迷你路德案例。网球手预先将命运托付给一个简单方案，然后让“反射作用”执行其意向行动。（这多少是条件性的，诸如：若高出我的反手位，则回防御性高球，否则回沿边线上旋球。实际上，她把自己临时转变成了一部处境–反应机。）

而你已决定与实验者合作，在闪光出现时立即按下按钮，这就好比：你在自动驾驶仪后面悠闲地靠背安坐着，让你的决定得到实施。“我不可能不这么做，”你可能会说，“因为没有时间去反思和考虑，我的全部反思都已处于离线状态、因而有着充裕闲暇的时候做了，这样当关键时刻到来时，我可以不假思索地行动。”

我们从来都是这么做的。我们的生活充满相机行动的决策，当时机来临时，我们的响应将由预先受（可修正的）托付的方针与态度所形塑，这些响应必须迅速做出，因而来不及在行动触发之际被反思性地考虑。我们是这些方针的制定与执行者，尽管它们是由我们只能间接监控的各部分汇编而成。比如，我们能够演奏合奏音乐这一事实，便显示了我们的大脑有能力在一个高度缠绕的时间尺度上执行多重任务，而且这都是故意的、受控的和有意图的。

我们在交谈时做出的响应，甚至我们在思考下一步做什么时对自己默念的那些话，本身就是在之前经过了长时间准备的行为。利贝特所发现的，不是意识不祥地落在无意识决定的后面，而是有意识做决定是需要时间的。如果你必须做一连串有意识决定，你最好为每个决定分配（大约）半秒钟，如果你需要比这更快地控制事情，你就必须将你的决策制定汇编进一个程序中，后者可以省略大量存在于单独进行的有意识决定中的处理。

利贝特介绍了詹森（Jensen，1979）的一个演示了上述效应的简单实验。詹森要求被试在意识到一个闪光之后立即按下一个按钮，就像帕特里夏·丘奇兰德所做的，并获得了与她一致的结果——实际上，他的被试的反应时间稍微短一点——平均 250 毫秒。然后他要求他的被试将他们的按按钮动作延迟一点点，延迟得越短越好。结果，他们的反应时间多出了惊人的 300 毫秒。

大脑有着在某些条件下避免这种延迟的窍门，就像在时间紧迫条件下在一个场景中搜索特定项目。比如，在搜寻一个目标项时，大脑有时很清楚要放松；它会对一个系统化陈列做随机视觉搜索，尽管它本可以做“更有效的”系统性搜索。当注意力处于放松状态时，可以更快地从一个项目转向另一个项目，因为“注意是迅速的，而意愿是缓慢的”［沃尔夫，阿尔瓦雷斯（Alvarez）和霍洛维茨（Horowitz），2000］。

这些定时诀窍常常无缝地配合在一起，并结合进大脑本身对它正在进行的活动的监视中，但在人工环境（就像机智的实验者所设计的那种）中，这些窍门可能会败露。比如，当大脑执行一个去行动的决定（在准备电位出现时），它会建立对接下去应发生什么的预测——它产生了一个小小未来。如果接下去发生的被人为打断了——比如通过加速或延迟——便违反了这些预测，并产生指示某些事情出错了的信号。

但大脑未必能胜任在这种没有先例的设定中对刚刚发生了什么得出正确的解释。在《意识的解释》（丹内特，1991A，pp.167-168）中，我描述了一个演示这一点的早期实验，我称之为格雷·沃尔特（Grey Walter）的先知幻灯卡盘。早在1960年代初，杰出的神经外科医生和早期机器人专家格雷·沃尔特有一系列被他在运动脑区植入了电极的癫痫病人，他利用了这一有利条件。

他把从电极引出的导线接到一个幻灯片旋转卡盘上，这样每当病人决定［即兴地（ad lib），从心而动］进到下一张幻灯片，在运动脑区被检测到的大脑活动，将直接触发卡盘的向前转动。病人按的按钮是个哑终端，未连接任何东西。他说，效果是戏剧性的：在病人看来，正当他们“即将”按下按钮，但还没决定之前，幻灯机会读出他们的心思，并千真万确地从他们手里夺走了对事情的控制。［格雷·沃尔特（Grey Walter）在1963或1964年牛津的一次我也在场的谈话中描述了这一实验。实验报告据我所知后来从未发表。我和一些读者曾试图追踪其下落，但没有成功，有几个人——包括魏格纳——表示有个预感，格雷·沃尔特那天在牛津是在跟我们开玩笑。也许吧，但我自己的猜测是，他可能决定不发表实验报告，因为即便按当时的标准，这些实验也处于逾越伦理规范的边缘：他的患者常常连续几个月被植入一头露在头盖骨外面的探针插头，若非他们认为那是可能改善其癫痫症的治疗的一部分，这种疗法不大可能得到他们的默许，但根据我的回忆，他们反复造访格雷·沃尔特的伯顿研究所（Burden Institute）时，是作为研究实验的被试，对他们并没有什么言之成理的治疗利益。无论如何，借助最新的头皮电极信号高速分析或脑磁图（MEG）扫描，沃尔特的实验结果应该有可能在今天的正规被试身上得到重复。主要技术障碍不是数据获取，而是以足够快的速度实时处理以提供预期效果。尽管我不知道已发表的重复实验——或未能重复的报告——我预计任何人若不怕麻烦去试一下这个实验，以及我在《意识的解释》第 168 页上提议的那些变型，将会得到那个结果。]

因为他们对幻灯片切换感知的预测，被稍早一些的对此切换的知觉“抢先报导了”，这让他们强烈地相信，某件吓人的事情发生了；幻灯机在读他们的心思。在一种意义上，这正是实际发生的事情，但那并非是在他们自己意识到之前就探知他们的决定——那只是比他们自己的手臂肌肉更快地“读出”并执行他们的有意识决定。

想象你把一张照片塞进一个信封，并把它邮寄（用老式邮件）给一位朋友，假设信件很快被一个邮件小偷拦截，他恶作剧地扫描了你的照片，并在你把信封投进邮箱后的几分钟内把图片用电子邮件发给了你朋友。在你寄出照片半小时后，你朋友打电话给你，并对照片的细节表示惊奇。你恰恰在预期着这样一个电话，但并不是在两三天内发生！至少可以说，这会让人惊诧不已，你很可能禁不住得出错误结论，以为你的信件必定是在你意识到寄出它之前很久便已寄出了——你最近梦游过吗？

我认为，一个类似的混淆，是有关利贝特的被试发生300毫秒误判的案例中究竟发生了什么。当我们实施一项意向性行动，我们通常会在视觉上（当然还有听觉和触觉上）监视它，以确信它是在按意图进行。手眼协调是由一个被紧密编织在一起的感觉与运动系统所完成的。假设我有意图地打出“抖手腕”几个字，并希望监视我的输出，看有没有打字错误。因为运动指令的执行需要时间，我的大脑不应比较当前运动指令和当前视觉反馈，因为当我在屏幕上看到“抖”这个字时，我的大脑已经向我的肌肉发出了打“腕”这个字的指令。

我的大脑应该让早先的指令（打“抖”字）逗留足够久（慢干墨水？），才能将其有效地用于视觉监视意图。如果这一习性足够根深蒂固（它何以不会？），它就会与实施如下非自然行为的企图相抵触：为决定本身而不是其执行动作确定时间。从利贝特的数据中得出存在300毫秒缺口这一含义的唯一办法，是假设他所要求的同时性判断未被任何此类习性所干扰，但我们有很好的理由相信并非如此，所以该缺口是基于错误设想的理论的人为产物，而不是一个发现。

当我们移除笛卡尔瓶颈，连同它所许诺的那个时刻t——有意识决定发生的那个瞬间——神话，利贝特所发现的那个100毫秒否决窗口便烟消云散了。然后我们可以看到，我们的自由意志，如同我们所有其他心智力量，必定是在时间中散布的，不能以瞬间测度。一旦你将由小人做的工作（在这个案例中，是决策制定、查看时钟和决策之同时性判断）在空间和时间上分布到大脑各处，你也必须将道德主体性分布到各处。

你并未被排除于圈外，你**就是**圈子。你就是那么大。你不是一个无外延的点。你所做和你所是，与所有这些发生的事情结合为一体，而不是某种与你分立的东西。一旦你能从这一视角看待自己，你就能摒弃那个迄今都很有吸引力的观念，认为心智活动是无意识地开始的，后来才“进入意识”（你在那里热切地等着接触它）。这是个幻觉，因为你对这些心智活动所做出的许多反应，都是在更早时候启动的——你的“手”伸得很远，无论在时间还是空间上。［在利贝特的评论者中比较接近这一看法的是肖恩·加拉格尔（Sean Gallagher），他说：“我认为，只要我们不把自由意志想象成一个瞬间行为，这个问题可以得到解决。一旦我们理解了斟酌与决定是一些在时间上——即便在某些情况下是非常短的时间上——延展的过程，那就有着意识成分存在的大量余地，这些成分也不再只是事后才知情的从犯”（加拉格尔，Gallagher，1998）。（但随后他又继续说，如果该反馈是完全无意识的，它将是“决定论的”，但如果它是有意识的，它就不是决定论的。笛卡尔式思考阴魂不散。）］

一个心智写入者的观点

无论是不是幻觉，有意识意志是个人对其行为之道德责任的指引。

——丹尼尔·魏格纳，《有意识意志的幻觉》

如果利贝特有关有意识决策制定的笛卡尔剧场概略模型太简单，那么更好的模型会是什么样？丹尼尔·魏格纳的模型已经走在正确方向上，但只走到了半路，它仍过于笛卡尔式，过于依赖“大脑中我所在的地方”这个诱人隐喻，这恰好演示了笛卡尔式观念的强大吸引力，这真是该模型的奇怪优点。实际上，用其他术语对决策制定进行直接的现象学描述，是非常困难的，所以，通过在魏格纳的半路小屋里辨明方向，我们可以更好地看出如何彻底摆脱笛卡尔剧场。

人人都知道读心者有什么本事；魏格纳则是个熟练的心思写入

者。他已构想出如何编写意向性行为并将其强加给人们，使得后者以为他们正在自己决定去做这些事。在自由意志研究的哲学世界里，有一门小行当，专注于涉及各种想象的心思写入者的思想实验分析，诸如在受害者大脑里植入远程控制装置的恶毒的神经外科医生，但实际的心思写入技术的真相中有着一些窍门，在我看来，这些窍门有着更大的哲学趣味。

一个人如何能将意图写入另一个人的心智中？我们每个人难道不是对我们自己的决策和选择拥有“访问特权”吗？不，并非真正如此。魏格纳工作中的一个重要主题，是通过若干途径演示，我们有关自己思想与行为之间（以及思想与思想之间）关系的知识，只具有普通亲密程度的“特权”。如果我对我胜任什么比你知道的更多，那只是因为我比你花了更多时间和我自己在一起。

但是，如果你偷偷摸摸把错误信念的理由插入我的意识流中，你就能让我以为我在做“自由”决定，而其实是你在控制我的行为。这方面的基本技术几个世纪前便已为魔术师所理解：魔术师现在称它为**心理强迫**（psychological forcing），它在行家手里非常有效。你给受害者种种理由认为是他而且是他单独决定了某件你想要他决定的事，然后他就上当了。或者你可以从另一个方向愚弄他，让他以为实际上由他引发的某件事不是他所引发的，比如制造一条由“神灵”逐字写在显灵板（Ouija board）上的启示。

魏格纳在他的实验里采用了显灵板原理和魔术师技术，并制造出了一些不平凡的结果。他实验中的被试被系统化地驱使而把实际由他人做出的决定误认为是自己的。他们能被愚弄的理由，正如大卫·休谟在几个世纪前就如此有力地指出的，是你不能**感知**因果关系。当它发生在你外面时，你看不见，当它发生在你里面时，你也无法内省到。

人们感知到的，是一件事发生了，然后是另一件，而他们被魏格纳魔术愚弄的理由，和我们都会被舞台魔术愚弄的理由一样：我们过于热切地要解释，去“注意”一些事情导致另一些事情，而实际上，这些“原因”和“结果”都是隐藏在后台的一个复杂机制的结果。他显示了，对于我们决定和意图的原因与结果，我们没有任何直接感知，而必须通过推断——迅速进行，不存在逻辑上的大张旗鼓。我们确实非常擅长此道，我们所做出的推断几乎总是能为我们所经验到的事件序列给出最佳解释的推断，除非一个狡猾的操纵者在场景中放进了某些误导性的前提。

请注意，访问特权话题的引入，是如何自动将我们置于一条通往笛卡尔剧场的滑道的：在我里面发生着一些我不了解的事情，同时有一些我“直接”了解到的事情——它们不知何故被交送到了我这里，无论我在哪里。在适合其意图时，魏格纳并未抵抗反倒欣然接纳了一幅完全的笛卡尔图景：“我们不可能知道（更不用说跟踪了）对我们行为的数量极为庞大的机械性影响，因为我们居住在一部异常复杂的机器里”（魏格纳，2002，p.27）。我们所居住的这些机器将事情做了有益于我们的简化：“于是，意志的体验是我们的心智向我们描绘其运作的一种方式，而不是它们的实际运作”（p.96）。换句话说，我们得到了一个对我们头脑中发生的事情的有用但被扭曲的窥视：

> 唯有人类享有有意识思考的便利，它预演我们的行动，给予我们感觉自己有意地导致我们所做之事的特权。实际上，是无意识且难以探知的机制既创造了关于行动的有意识思想，也创造了行动本身，而且还制造了我们通过将思想感知为行动之原因而体验到的意志感。所以，虽然我们的思想与我们的行动之间可能有着深刻、重要而无意识的因果联系，但对有意识意志的体验却来自对这些联系的解释，而不是来自这些联系本

身。(魏格纳,2002,p.98)

这个居住在大脑里的“我们”究竟是谁或者是什么?它是个对实际机制有着有限接触的评论者和解释者,更类似一家媒体的秘书而不像一位董事长或老板。这一比喻直接导向利贝特认为“有意识意志”被排除于圈子之外的看法。

> 意识和行动似乎在玩一场随时间推移而进行的猫捉老鼠游戏。尽管我们可能在行动开始进行之前意识到行动的整个前景,但随后有意识心智仿佛就滑走了。对行动前后的时间片段的微观分析指示了,意识在画面中跳进跳出而**并不真正做任何事情**(我加的着重——丹内特)。举例而言,利贝特的研究暗示了,当自发行动真正发生之际,只有在准备电位显示大脑活动已开始创造这一行动(或许也开始创造意图和对有意识意志的体验)之后,对有意识行动意愿的体验才出现。(魏格纳,2002,p.59)

你自己的自我

然而,我对待自己的所有这些做法都很奇怪。首先,我和我自己约定了一条原则,现在我又为自己辩解,并与自己争论我自己的感觉和意图。谁是这个自我,这个幽灵般的内部伙伴,我是和谁一起进入了所有这些剧情?(我问我自己。)

——迈克尔·弗莱恩(Michael Frayn),

《一往无前》(*Heading*)

哲学家和心理学家经常谈论一个叫做“自我”的统一器官,它“是”自主的、分离的、个体化的、脆性的、边界明确的,等等,不一而足，但这个器官并不是非要这么存在不可。

——乔治·安斯利，《意志的分解》

一个自愿行动是一个人能在他被要求时去做的某件事。

——丹尼尔·魏格纳，《有意识意志的幻觉》

所以按魏格纳的观点，“意识……没有真正做任何事情”，而这就是为何他的书名宣称，有意识意志是一个幻觉。只要对魏格纳工作中实际暗含的视角做一点点转换，便可避免这一图景。意识有许多工作要做，可是当我们问自己恰在此时（在时刻 t）它正在做的工作是什么，它的成就似乎就消失了。因为在每个时刻它“没有真正做任何事”，意识的成就仿佛纯粹只是个伴随出现的附带现象，只是搭了个便车。进化视角将为我们显示，为何这种看法是个错误。

魏格纳所揭示的一个现象，是“观念性动作（ideomotor）的自动性”。这是指一种常见的——但总是令人不安的——现象：想到某件事会导致一个与此事有关的身体动作，而这动作是非意图的。比如，你可能通过一个并非你意图的泄露天机的手部动作，暴露一个与性有关的隐秘念头，而且实际上会因为发现这一点而感到困窘。在这种情况下，你没有意识到这个念头与这个动作之间的因果关系，但它们之间存在着和食物芳香与唾液分泌之间同样确切的因果关系。

观念性行为的主要特性，是人们对它的不注意——你可能会说，是他们低下的访问特权。这就好比，我们通常透明的心智被安装了一道帘子或挡板，这些因果链无须我们对其内省便可在它后面拖曳前行，也无须我们的顺从便可产生其结果。“这支无意识行动的幽灵军队，向理想人类主体的观念提出了一个严重挑战。与我们的有意识主体性观念最大的抵触，是在我们发现自己在行动，却对自己的行为没有有意识的考虑时”（魏格纳，2002，p.157）。

对于笛卡尔，心智对它本身是完全透明的，没有什么发生在它视线之外，人们用了一个多世纪的心理学思考和实验，才消解了这一完美内省能力的观念，现在我们看到，情况几乎是反过来的。对行动之涌流的意识，是例外而不是常规，它需要某些非凡的环境首先进化出来。

观念性动作其实是早先岁月留下的化石，那时我们的祖先不如我们清楚自己在做什么。如魏格纳所言，“我们并不需要一个特别的理论去解释观念性行为，只需要解释为何观念性行为和自动行为避开了那个产生意志体验的机制”（同上，p.150）。

在曾经存在过的多数物种里，“精神”原因是不需要的，因而没有进化出任何自我监控的精细能力。通常，原因在暗处工作得很好，无须被任何人观察到，而这一点在动物大脑中如同在其他任何地方一样成立。所以，尽管一个动物的辨识机能或许是“认知的”，其输出导致选择适当行为的能力无须被任何东西或任何人所体验到。一束极为复杂的处境－行动链路可能居于一个简单生物的神经系统中，并满足生物体的许多需要，而无须任何进一步监控。

其个体行动可能需要受特定数量的（针对特定行动的）内部自我监控的指导，以便确信（比如）每次捕食性攻击都会击中目标，或把浆果送进嘴里，或与同物种的异性性伙伴完成精妙的配合对接，但这些反馈回路可以是孤立和局部的，就像在感染隐约出现时激发免疫系统开始行动的调控机制，或在运动时调节心律和呼吸的机制。[这是那种具有深深误导性的直觉——以为无脊椎动物（如果不是“更高级的温血”动物的话）都是没有心智的“机器人”或“僵尸”——背后的真相。]

当生物获得越来越多此类行为选项，它们的世界却变得杂乱起来，于是整洁的优点可能被自然选择所“赏识”了。许多生物进化出了针对专门任务的简单本能行为，这些任务或许可以叫做居室改善、通道准备、警戒、隐匿，连同它们邻近场所的其他特性，通常会将本地环境变得更易于在其中四处走动，更易于理解。

类似的，当需要出现时，生物进化出了收拾整齐它们最私密环境——它们自己的大脑——的本能，建立通道和路标以供今后使用。这些准备工作所无意识遵循的目标是，让生物体得以熟悉自己周围的情况，而这一内部居室改进工作中有多少是由个体自我操纵完成的，多少是结合了遗传改变的，是个有待回答的经验问题。

在这些路径中的一条或许多条上，留下了许多创新，它们为生物体带来了这样的能力：在认定其中一条路线之前，先考虑不同行动路线，并在对其中每条的可能结果所做的一些推测的基础上加以权衡。在第五章里，我考虑过这样一种选择机器的来临，它有能力在决定之前对各候选项的可能结果做出评估。

在大脑为产生有用未来所做的探索中，这是一个超越盲目试错这种危险做法的重大进步，因为用卡尔·波普（Karl Popper）的说法，它允许你的假说中的一些被排除，而这对你有好处。这样的波普式生物（我这么叫它们）开始测试它们在有信息根据的模拟中产生的一些预感，而不是在真实世界中为之冒险，但它们不需要理解这一进步的原理便可收获其好处。

对特定行为可能后果的辨识，是内建在任何此类评估中的，但对这一盘算本身的后果的辨识，则是更高级、甚至更非必备的自我监控层次。你可以成为一个波普式生物而不必知道这一点。毕竟，任何下棋计算机都会考虑并基于可能后果而放弃数千或数百万可选棋步，而它显然不是一个有意识的或有自我意识的机器人。（现在还不是——未来可能会有有意识的甚至有自我意识的机器人，这是完全可能的。）

是什么出现于世上，鼓励了波普式行为控制的不那么无知觉的实现方式的进化？是什么新的环境复杂性偏爱控制结构中的创新而使之成为可能？一句话，是交流。只有当生物开始发展交流活动，特别是就其行动和计划所进行的交流之后，它就必须拥有某些监控能力，不止是对其行动后果的，也是对其事先评估和意图形成的［麦克法兰（McFarland），1989］。

到那时，它需要这样一种水平的自我监控，能够跟踪哪个处境–反应模式在执行队列里等待被执行，或正在竞相得到执行——以及哪些候选项在实践理性机能（如果对于竞争接踵发生的场景来说，这不算一个过于宏大的术语的话）的考虑之中。这一新才能是如何可能出现的？我们可以讲出一个强调关键特性的原来如此故事。

对比我们祖先（和自然之母）面临的处境，和希望把计算机做得更用户友好的软件工程师所面临的处境。计算机是极其复杂的机器，其多数细节纠缠得令人讨厌，而且对于多数用途来说，这些细节是不值得注意的。计算机用户不需要有关全部存储器状态、他们的数据在磁盘上的实际位置等等的信息，所以软件设计者创造了一系列对杂乱真相的简单化——许多情况下甚至是良性的曲解，巧妙地将它们与用户预先存在的知觉与行动能力编织在一起，并增强了这些能力。

点击与拖拉、音效和桌面图标是其中最明显而著名的，但任何喜欢挖掘得更深的人会发现更多隐喻，它们对理解内部发生的事情有所帮助，但总是以牺牲简单性为代价。当人们越来越多地与电脑互动，他们想出了一大堆新的诀窍、计划、目标，以及使用和滥用工程师为它们设计的功能的方法，这些工程师因此回到制图板前，设计进一步的改良和改进，其结果继而又被使用和滥用，这是个至今仍在快速进行中的协同进化过程。

今天我们与之互动的用户界面，在计算机首次出现时是无法想象的，而在若干种意义上，它都只是冰山一角：不仅有关你的计算机里正在发生的事情的细节是隐藏的，其研发历史也是，还有那些错误的开端，在到达公众之前就失败了的糟糕想法（还有那些到达公众但未能流行起来的声名狼藉的东西）。一个相似的研发过程创建了相互交谈的人之间的用户界面，它也发现了相似的设计原则和（漂浮性）理由。

它也在协同进化，与人们对发现的新能力做出的响应中进化出来的行为、态度和意图一起。现在人们可以用词句做他们以前从未能做的事情，而整个发展的美丽之处在于，它倾向于将他们复杂邻居的那些他们最感兴趣的特性调整得易于被外部调节机制所影响——甚至是被那些对其内部控制系统——大脑——一无所知的人。我们的这些祖先发现了一整类生成性（generative）行为[1]，它们被用来调节其他人的行为，用来监视和调制（以及抵制，如果需要的话）他人对自己的行为控制机制的互惠调节。

这一协同进化的人类使用者幻觉的中心隐喻是“自我”，它看似居于大脑的某处——笛卡尔剧场，对我们大脑中正在发生的事情提供一个有限的、隐喻性的看法。这一看法既是提供给他人的，也是给我们自己的。实际上，如果不是因为社会交互的进化需要每个人类动物在自己内部建立出一套为与他人互动而设计的子系统，我们就不会存在——按魏格纳的生动说法，作为自我所“栖居的复杂机器”而存在。一旦建立之后，它也能时而与自己互动。

直到我们人类出现之前，地球上没有主体曾享有我们享有的这种对因果链的奇妙非无知觉性（non-obliviousness），自从我们人类开始谈论我们所能做的事情之后，这一非无知觉性便浮现了出来，［哲学家也许愿意对照一下我的原来如此故事和威尔弗里德·塞拉斯（Wilfrid Sellars，1963）的“我们的里尔式祖先们”神话和“思想发明者琼斯”。我应该向他们说明我受到了塞拉斯的启发。］其凸显程度用魏格纳的话说，“人们变成了他们以为的那样，或者变成他们

[1] 生成性（generative）行为是指能够引发其他行为的行为，比如你对背叛者的报复行为，会引发你的交往对象们做出相应的反应。——译注

觉得别人以为的那样，在相互协调的过程中，这一滚雪球过程一直在持续”（魏格纳，2002，p.314）。

当心理学家和神经科学家设计一个新的实验安排或范式（paradigm），去测试大鼠或猫或猴子或海豚之类的非人类被试时，他们经常不得不投入数十甚至数百小时去训练每个被试执行新任务。比如，猴子能经训练而学会在光栅向上移动时朝左看，向下移动时朝右看。海豚能经训练而学会找出一个物体，看起来像（或以它的回声定位系统，**听起来像**）训练者显示给它的那个。所有这种训练都需要训练者与被试双方的时间和耐心。

然而，在此类实验中的人类被试，通常只需要被告知对他们的要求即可。在一个简短的问答环节和几分钟练习之后，我们人类被试总是能在新环境中和任何主体一样胜任。当然，我们确实必须**理解**在这些简短指示中向我们做出的陈述，而要求我们做的事必须由处于我们会做的事情范围内的行为部件组成。这正是魏格纳将自愿行为等同于我们可以在被要求时做的事情的意思。如果被要求降低你的血压或调整你的心律或扭动你的耳朵，你不会那么容易照办，虽然经过像实验动物所接受的那些训练也不是不可能，或许最终你能够将这些技能加入你的自愿行为保留节目单中。

如雷·杰肯道夫（Ray Jackendoff）曾向我指出的，当语言出现时，它也带来了这样一种心智，能随时将自己转换进一种有所不同的虚拟机（virtual machine）状态，承担新任务，遵守新规则，采纳新方针。我们是善于转换者。这正是心智与仅仅一个大脑的不同之处：它是一个变色龙般转换者的控制系统，一个产生更多虚拟机的虚拟机。

非人动物可以做出各种自愿行为。鸟儿在飞往任何它想去的地方时，是自愿转向、自愿移动其翅膀的，它是在没有语言帮助的情况下这么做的。能自愿做的事和自动发生的事之间的区别，也体现在解剖学上，前者使用横纹肌，后者使用平滑肌并受自主神经系统控制，不过这些不是这里的讨论重点。

我们在鸟类（和猿类和海豚）能力的顶层加入了一个决定下一步做什么的层次。这不是大脑中的一个解剖层次，而是个功能层次，一个由大脑解剖特征的微观细节构成的虚拟层次：我们能相互要求做事，也能要求自己做事。而且至少有些时候我们能轻易遵从这些要求。确实，你的狗能被“要求”去做各种自愿的事情，但它不能问为何你会提出这些请求。

一只雄狒狒能“要求”附近的一只母狒狒给它梳毛，但它们都不能讨论遵从这一请求的可能后果，这可能给它们双方带来严重后果，特别是当雄性不是所在群体的老大时。我们人类不仅能够在被要求做某事时去做它，我们还能回答对我们在做什么和为何这么做的询问。我们能够实践要求、给予和劝说等做法。

正是这种也可以指向我们自己的要求，创造了一个特殊类别的自愿行为，而后者将我们从其他生物中分离了出来。其他更简单的意向系统是以一种干脆明确而可预测的方式工作的，这种预测是基于我们对源自它们的信念和欲望的认定，而这一认定又是基于我们对它们的需要和历史、它们的知觉与行为技能的考察而做出的，但正如罗伯特·凯恩坚持认为的，我们的有些行为则是以道德上相关的方式自我塑造的：它们产生于我们在试图弄清楚自己和生活意义的过程中所做的决定［科尔曼（Coleman），2001］。

一旦我们开始谈论我们在做什么，我们就需要随时了解我们在做什么，如此才能为这些询问准备好现成答案。语言需要我们随时了解，但也通过帮助我们归类和（过度）简化我们的**日程**（agendas）而帮助我们随时了解。我们别无选择，只得变成了业余的自我心理学家。尼古拉·汉弗莱（Nicholas Humphrey）和其他人曾将猿和其他高级社会性物种称为**天然心理学家**（natural psychologists），因为它们在相互解读对方行为上显著的技能和投入的注意力，但不像学院心理学家——和其他人类——猿类从未着手比较它们的观察，或争辩对动机和信念的归因，所以它们作为心理学家的能力从未帮助它们使用显式的表征。

我们则不同。我们需要在被问到我们究竟以为自己在做什么时有话可说。而当我们回答时，我们的权威性是成问题的。进化生物学家威廉·汉密尔顿，在反思他自己认识到这一事实的不易时，特别好的表达了这一点：

> 在生活中，什么是我真正想要的？我自己有意识且看似不可分割的自我，其实远不是我曾想象的那样，我也不必为我的自怜而如此羞愧！我是被某个脆弱的联盟派往海外的大使，一个相互冲突的命令的报信人，这些命令来自一个分裂帝国的不安主人们……当我写下这些词句时，尽管我能够写下它们，我也只是假装成一个统一体，而在我内心深处，我现在知道那并不存在。（汉密尔顿，1996，p.134）

这么说来，魏格纳将出现在他和利贝特实验中的“自我”等同于一种公共关系代理，一个发言人而不是老板，是对的，但这些极端案例被设定为将通常是集成在一起的因素孤立起来，而我们不需要将自己如此紧密地等同于这样被临时孤立的自我。（如果你把自己变得足够小……）

魏格纳提醒我们注意出现如下情形的次数（在我们中间那些“心不在焉”的人当中，这并不罕见）：我们发现自己的一个完全有意识的想法恰恰使我们困惑；正如他绝妙地表达的，这是**有意识的，但也是无法触及的**（魏格纳，2002，p.163）。（为何现在我站在厨房里面对着砧板？我知道我是在我想待的地方，但我来这里是想要什么？）

在这种时候，我丢失了前因后果的踪迹，从而也丢失了这个想法、这个意识体验的存在理由，于是我——那个制定方针的较大的我——暂时不比任何第三方、任何偶遇它的“外部”观察者更能了解其意义（而这正是最重要的）。实际上，某些旁观者或许完全有能力提醒我我正要做什么。

我的被提醒（重新想起）能力十分关键，因为唯有如此我才能确信那位旁观者是对的，确信那正是我在做的事情。如果这想法或计划属于任何人，这个人就是我——它属于那个将其付诸行动并为之提供了来龙去脉的我，在此背景中这想法有了意义；正是我的那个遭受挫折而临时变得无法被我的其他部分所访问的部分，才是这一想法的创造者。

我可能会抱歉地说，我犯这个错误时**不是我自己**，或忘了我要做什么，但这不是精神分裂症（schizophrenia）中所能观察到的那种自我控制的严重分裂，在精神分裂症中，病人自己的想法被解读成了外来的话音。而这只是那种能够打断一个完美好计划的短暂联系中断。关于你是谁的许多内容，关于你在做什么和知道什么的许多内容，从引擎室的结构中涌流到那里，导致了行为的发生。

如果你的一个想法只是有意识的，而不同时也是可**被该机制**访问（被其中一些，需要它的那些）的，那你就不能用它做任何事，只能把那句该死的骂人话默默留给自己，留给你被隔离的自我，一遍又一遍。被隔离的意识确实无法凭它自己做任何事，也不可能承担责任。

如魏格纳所指出，“如果人们经常仅仅因为任务已经完成的缘故而忘记任务，这就表明，一旦行动完成就和他们的最初意图**失去联系**（我加的着重——丹内特）——并且因此而对改变了的意图具有易感性”（魏格纳，2002，p.167）。什么与什么失去联系？一个“不做任何事”的笛卡尔式自我与做出所有决定的大脑之间？不。是当时在负责的你与目前在负责的你之间失去联系。

一个人必须能够与过去和预期中的意图保持联系，大脑对它自身的用户错觉[1]（user illusion）——即被我称为叙事重心（center of narrative gravity）的自我——的主要功能之一，是为我提供一个与其他时候的我自己连接的手段。就像魏格纳说的，“有意识意志作为我们自己的向导特别有用”（p.328）。

我们为摆脱笛卡尔剧场的控制而需要的透视技能，将会看到，我，那个较大的、在时间和空间上扩展了的自我，能够在某种程度上控制那个简单化分界线的内部发生什么，决策制定在何处及为何发生，如魏格纳所言，“无论是不是幻觉，有意识意志是将个人导向他或她对自己行为的道德责任的向导”（p.341）。

我知道，许多人觉得很难领会这一想法并认真对待它。在他们看来那好像只是个镜子把戏（trick with mirrors），某种随意搅弄意识的言辞戏法，而真实的自我则恰恰在它刚要被引入时又被忽略了。和罗伯特·赖特一样，这一观点在许多人看来否认了意识的存在，而不是解释了它如何出现。

意识是从哪里被牵扯进来的？它已经在那里，在刚刚被描述的活动中未受注意。心智内容之成为意识，并不是通过进入大脑中某个特别的密室，也不是通过被转导进某种有特权的神秘介质，而是通过在与其他心智内容对行为控制的支配地位的竞争中取胜，从而产生长期持续效果——或者按我们的一种误导性说法：“进入记忆”。

因为我们是说话者，而且因为对自己说话是我们最有影响的活动之一，一项心智内容变得有影响的最有效——不是唯一——方式之

[1] 用户错觉（user illusion）最初是软件业界的一个术语，指人机界面中的一种虚拟现实设计让用户产生的实体感或实物错觉，比如电脑图形界面中模拟控制开关的虚拟按钮；一些哲学家将此概念移用于心智哲学，认为自我意识也是一种类似用户错觉的东西，丹麦学者陶·诺里特兰德斯（Tor Norretranders）在其《用户错觉》（*The User Illusion: Cutting Consciousness Down to Size*）一书中介绍了有关思想。——译注

一，是让自己有机会去驱使控制机制中的语言使用部分。所有这些必须发生在大脑舞台上，在“中心处理过程”中，但不是在任何东西的指导之下。如安斯利所指出，“传统效用理论所描绘的有序内部市场，变成了一场复杂的内部混战”（安斯利，2001，p.40），笛卡尔式自我已碎作不断变换的联盟，没有国王，也没有首席法官。

> 康拉德：假设所有这些奇怪的相互竞争的过程正在我大脑里发生，并按你所说的，假设意识过程只是其中赢得竞争的那些。可**这**又是如何让它们变成意识的？接下去对它们发生了什么，使得我了解到它？因为毕竟，需要解释的，是**我的**意识，是我从第一人称视角所了解到的东西！

这样的问题暴露了一个深刻的混淆，因为它预先假设了，你之所是，乃某种**其他**东西，所有这些大脑身体活动以外的某种笛卡尔式思想物。康拉德，你之所是，正是由所有这些发生于你的身体发展出的众多能力之中的竞争性活动构成的组织。你“自动地”了解这些发生在你身体中的事情，因为如果你不是如此，它就不会是你的身体！

你能对我们讲述的行动与事件，以及它们的理由，都是你的，因为你创造了它们——也因为它们创造了你。你之所是，就是你能讲述其生活的那个主体。你可以为我们讲述，也可以给你自己讲述。自我描述的过程始于童年最早期，而且从一开始就包括了许多幻想。［想想系列漫画《花生》（*Peanuts*）里的史努比（Snoopy），坐在它的狗屋里思考着，“这里是一战王牌飞行员，进入战斗。”］这会持续终生。［想想让 - 保罗•萨特（Jean Paul Sartre）在《存在与虚无》（1943）里讨论“不真诚（bad faith）”[1]时提到的那位咖

[1] 萨特的“不真诚（bad faith）”，说的是一个人迫于社会压力而采纳一种价值观并做出相应行为，从而弃绝了自己“内心的自由”，去成为社会所期待的那个角色，而不是他所谓“真正的自我”；很明显，这种观点正是丹内特反复批判的“自我缩小”。——译注

啡馆侍者，他全神贯注地学习如何成为他自己设想的侍者角色。］这正是**我们**所做的。这正是**我们**之所是。［前面三段部分取自丹内特（1997B），有所改动。］

交流的需要不仅创造了对各种自我监控安排——是它们创造了笛卡尔剧场幻觉——的需要，它们也打开了人类心理向类型丰富的更多精巧特性发展的大门。我们环境中最主要的复杂性，不仅是其他主体——潜在的捕食者或猎物或竞争者或配偶——而是其他**会交流的**主体——潜在的朋友或敌人，潜在的公民伙伴——这一事实对于人类自由的进化还有更多含义，有待在余下的两章里描绘。

第八章

我们确切的是在何时何处做决定？当我们仔细地考察一个人的有意识决定，我们发现，对时空精确性的这一探索破产了，产生了一个有关孤立而无能的自我的幻觉。通过承认其职责在空间和时间上是分布于大脑各处的，我们恢复了自我的能力，从而恢复了它潜在的道德责任能力。

第九章

什么是自主的先决条件，它们如何可能会被满足？要成为道德的主体，我们必须拥有出于理由而行动的能力，并且这是我们的理由，但我们充其量只是不完美的理由遵从者。我们是否像我们感觉自己是真正道德的主体那样拥有真正的理性，如果是，我们是如何做到的？

对来源与进一步阅读的说明

利贝特在该主题上的最新文章，收录在一本受他实验启发的系列文章的合集中：《意志大脑》（*The Volitional Brain,* 利贝特等人，1999），其中包括了心理学、神经科学、神学、哲学和某某学的文章。这本书是难以超越的开放头脑典范，证明这一点的证据是，它在书末收录了一篇对该书本身提出尖锐批评的文章，托马斯·克拉克（Thomas Clark，1999）的 评《意志大脑》 ，该文犀利而又公正地揭示了它前面各篇的全部重大错误和许多混淆。

哲学家已写了非常多有关实践性矛盾（pragmatic contradiction）[1]

[1] 实践性矛盾（pragmatic contradiction）是指一个陈述包含了让该陈述显得荒谬的内容，尽管它并未让该陈述在逻辑上出现矛盾；一种典型的实践性矛盾是摩尔悖论（Moore's paradox），它是诸如此类陈述："天在下雨但我不相信天在下雨"；有个与此悖论有关的故事：一次，有好友拜访物理学家玻尔，见其门上钉了块马蹄铁，就问他："你也相信这会带来好运？"玻尔回答："当然不信……不过我听说这玩意儿对不信的人也管用。"——译注

的东西，后者涉及诸如此类的断言："p 且没人应该相信 p"。现在他们有了一个大尺度上的实践性矛盾的真实例子。（实际上，斯蒂芬·施蒂希（Stephen Stich）走在了他们前面；在他的《解构心灵》（*Deconstructing the Mind,* 1996）第一章里，明确宣称要反驳后面各章：后者是他的文章重印版，其中一些是与他的研究生合写的。这是个公开改变想法的例子，我希望更多哲学家会效仿，尽管我确实怀疑他的诸多合著者是否已像他一样准备好弃船——他们没说。）

我自己对利贝特的讨论包括在《意识的解释》（1991A）第六章"时间与经验"里；还有篇更技术性一些的文章，与马塞尔·金斯波兰尼（Marcel Kinsbourne）合写的"时间与观察者：意识在大脑的何时何地"，发表于《行为与脑科学》（*Behavioral and Brain Sciences*）1991 卷（利贝特对此文的评论也在该卷中）；1993 年 CIBA 基金会专题讨论会文集《意识的实验与理论研究》（*Experimental and Theoretical Studies of Consciousness*）中有我贡献的内容，包括与利贝特的争论，尤见其中第 134-135 页。另见利贝特的解释（利贝特，1996）。

有关恶毒的神经外科医生在人们大脑中植入远程控制装置的哲学文献，主要是由哈里·法兰克福（Harry Frankfurt）1969 年的经典文章"替代可能性与道德责任能力"所催生的，见凯恩（2001），还有这方面新近作品中最好的一本，约翰·马丁·菲舍尔（John Martin Fischer）和马克·拉维扎（Mark Ravizza）的《责任能力与控制：一种道德责任能力理论》（*Responsibility and Control: A Theory of Moral Responsibility,* 1998）。

个体学习和遗传继承性所支持的"本能"之间的渗透性边界，

以特别有趣的方式被鲍德温效应（Baldwin Effect）[1]——或康拉德·哈尔·沃丁顿（C. H. Waddington）所称的遗传吸收作用（genetic assimilation）——打开了，这个主题我在《意识的解释》（丹内特，1991A）和《达尔文的危险观念》（丹内特，1995）中都有讨论。

对鲍德温效应的一轮重新思考，被汇集在一本文集里，由布鲁斯·韦伯（Bruce Weber）和大卫·迪普（David Depew）编辑，其中包括了我对鲍德温效应的扩展版辩护，“鲍德温效应：一部起重机，不是天钩”（丹内特，2002B）。在《心灵种种》（*Kind of Minds,* 丹内特，1996A）、“学习和贴标签”（丹内特，1993）和“制造思考工具”（丹内特，2000A）里，我进一步发展了本章的其他观点。

---

[1] 鲍德温效应（Baldwin Effect）是由心理学家詹姆斯·鲍德温（James Mark Baldwin，1861-1934）提出的一种进化机制，认为一种起初由后天习得的有用特性或技能，会逐渐趋向于部分地经由遗传改变而内化为一种本能，从而加速习得过程，因为既然这种技能是有用的，那么加速获得总是会给个体带来优势。鲍德温效应乍听起来像拉马克主义，实则完全不同；从进化作为一种搜索算法这个角度看，鲍德温效应其实是由不那么盲目的个体探索和社会学习在为盲目的自然选择引路。遗传学家康拉德·哈尔·沃丁顿（C. H. Waddington）用果蝇所做的实验演示了一个这样的过程，不过他为该机制取了另一个名字：遗传吸收作用（genetic assimilation）。——译注

第九章

自举我们自己的自由[1]

Bootstrapping Ourselves Free

[1] bootstrap 原义是提靴带，是靴帮口上帮助穿靴时提靴的带或环；早先有俗语“你不能靠拉着提靴带跳过篱笆”，类似于“你不能拉着头发把自己提起来”；不过，这一嘲讽后来被翻转成了一个肯定性含义，因为人们发现之前用这个短语来嘲讽的那种事情——即不借助外部帮助，从极其简陋的条件，经过完成一个自我提升的过程，而达到能够处理复杂任务的状态——其实是完全可能的，比如伐木工人从一把斧头开始，先砍下低处的一些树枝，搭成梯子架子杠杆等各种工作平台，再利用它们完成复杂得多的任务；计算机的冷启动过程是自举的一个极好例子（也正因此，我遵循国内计算机界的传统，将 bootstrapping 译作了“自举”）：从一小段极为“简陋”的代码开始，逐步加载越来越复杂的代码，最终形成一个功能特性极为丰富的工作环境；丹内特将我们成为一个具有道德责任能力的自我的过程称为自举，这既是说人类意识和自由的进化过程是个自举过程，也是说人类个体从婴儿到能够承担道德责任的成年人的成长过程是个自举过程。——译注

是文化使得我们变得配得上亚里斯多德给我们的著名称号：理性动物。怎么做到的？同样是通过让分工和责任能力的分配成为可能，这一方式在进化史上已一次又一次的取得了新层次上的设计精妙性。

我们如何抓住理由
并将其变成我们自己的理由

我们是会对规范问为什么的造物，就像我们会对其他事情问为什么一样。我们不想把道德性盲目地当做像一组禁忌，而是某种有个意义——或许不止一个意义——的东西，但那样我们就要考虑这些意义相互之间会发生些什么，以及如何协调它们。

——艾伦·吉巴德，《明智选择，聪明感受》

（*Wise Choice, Apt Feelings*）

人类意识是用来分享观念的。这是说，人类的用户界面是同时由生物进化和文化进化所创造的，它是作为对一项行为创新——交流信念与计划，比较意见——的响应而出现的。这将许多大脑转变为了许多心智，而且，因这一互连性而成为可能的分布式创造源，不仅是我们对自然界其余部分的巨大技术优势的来源，也是我们道德性的来源。

完成我对自由意志与道德责任能力的自然主义解释的最后一

步，是要说明给予我们每个人一个审视自己的视角、一个由此承担道德责任的位置的那个研发过程。这根阿基米德杠杆的名字是自我。这是某种将我们人类分离而成为潜在道德主体的东西，而语言涉及其中是毫不奇怪的。较难看出的是，语言在被装进人类大脑时，是如何导致一种新认知结构的创建的，而正是这一新结构创造了一种新的意识——和道德性。

这既是个历史问题，也是个合理性问题。如果它纯粹是个历史问题，那么答案可以是：曾几何时，很久以前，外星人来到地球，让我们每个人都吞下道德药丸；从此以后，我们将道德性教给我们的孩子。或者稍稍现实主义一点的：一种逆转录病毒（retrovirus）[1]席卷了我们的人科祖先，当灾难过去后，少量幸存者恰好拥有了一个赞赏公正性的基因。或者更现实主义一些：道德性模因偶然出现于几万年前，并在一场世界范围大流行中席卷了整个人类种群。即便这些奇特故事中的某一个是真的，它仍然没有对这个问题提供我们需要的答案：合理性在哪里？

幸好，达尔文论证正是用来解释“有一个意义”的事情的。任何基于自然选择的解释，都预先假设了对“何人受益？”这个问题的答案——这个或那个。我们将必须找出达尔文式何人受益问题的更多衍生问题，然而，因为道德性的意义显然不是局限于“物种的好处”或“我们基因的幸存”或诸如此类的任何东西。它必须是出现于这样一个过程中的某种东西：该过程将我们变成了我们所是的那种自我。

在早先章节中描述的进化过程让人惶恐的一个特性，是主体对这些过程在他们身上所塑造的癖性缺乏丝毫领会。这些主体（或更准

[1] 逆转录病毒（retrovirus）是一种能合成逆转录酶（reverse transcriptase）并借此将自己的遗传代码插入到宿主 DNA 中的 RNA 病毒，最著名的例子是艾滋病毒（HIV）。——译注

确的，他们的基因）或许受益于某些和蔼的本能，某些对待合作的温和倾向，但他们对此毫不在意。他们可能对这些支配着其生活之特性的理由毫无知觉，这些漂浮性理由不需要他们领会，因而不需要得到表征。我们认识这些理由，思考它们，进而将它们改变为完全不同的理由，这些能力的进化是进化史上的另一个重大转变，而且和其他它所有进化过程一样，它必须建立在已经进化出来服务于其他用途的东西的基础上。

这里的基本观念早在数世纪前便已得到领会。根据大卫•休谟，我们是从他所称的自然动机开始的：性欲，对儿童的喜爱，有限的善心，兴趣，以及怨恨——一份任何21世纪的进化心理学家都会乐意观看的清单。这些性情有其理由，但不是我们的理由，尽管它们为我们要求和提出理由的做法设置了舞台。正如休谟在他的《人性论》中所说，“如果自然不在这一点上帮助我们，那么政治家们谈论荣誉和耻辱，谈论令人钦佩和应受谴责，就是徒劳的。这些词将是完全莫名其妙的”（休谟，1739，p.500）。

从一开始我们就发现自己在赞许某种态度和做法——视其为无论如何“本质上”是善的——而这些态度和做法是在数千年中被塑造出来的，不是由富有远见的设计，而是凭它们本身的存在理由。这些根深蒂固的习惯和惯例的好处，有些可能至少已被我们祖先隐约地认识到，但即便这一点也并非无例外的必需，因为有（至少）三种方式可以让差异化繁殖抵偿这些设计遗产的成本：

（1）如果我们的自然动机是直接有利于拥有它们的个体的适应器（个体层次的选择，可以算是标准情形）；（2）如果人类种群中已经有一个充分凸显的群体结构，足以创造条件使得不知情的惯例遵循者群体能兴旺起来，代价是损害了其成员较少遵循该惯例的群体（群选择）；或（3）如果构成动机的模因已在竞争人类人脑中数量有限的栖所，而这些动机像我们许多其他共生体一样，因为某种原因，已固化为人类文化生态的稳定特性。

在休谟的意义上，这些都是让我们被赋予动机的“自然”方式，这些动机为下一轮研发浪潮——刻意的社会工程——提供了基础，后者只有小几千年历史。休谟主张，自然动机有其“后代”，他将之命名为道德性的“人工”美德——比如公正（justice）。休谟将伦理学视为一种人类技术，并将反思视为一种我们得自自然的工具，它允许我们修正我们的自然本能，用精心制作的人工扩展结构强化它们，这些扩展结构的理由（直到休谟和其他人将其阐明之前，始终是漂浮性的）实际上是指向更多自由，而与避免安全受伤害相一致的。你可能会说，那是灵魂的眼镜。但在我们转向这一研发新种类之前，应概略考虑一下从无知觉的主体到有头脑会反思的主体的这一转变所开启的那种进化过程。

我们从布莱恩·史盖姆斯在他的《社会契约的进化》（1996，pp.3ff）里讲的那个关于分蛋糕游戏的优雅“进化寓言”开始吧。假设你和我偶获一块巧克力蛋糕，并希望在你我之间分配它。我们同意放弃通过战斗来争抢（这个选项对我们双方来说都太昂贵），而是用一个简单游戏来解决问题：“我们每人在纸上写下一个数字，作为对自己所获蛋糕百分比的最终主张，然后把纸折起来，交给一位仲裁人。如果主张的总数超过100%，蛋糕归仲裁人。否则我们各自取得自己主张的部分。（我们不妨假设，如果我们主张总数不到100%，仲裁人得到余下部分。）”（p.4）

如史盖姆斯所指出，几乎每个人都会选那个公平数量：50%。（仲裁人并不是模型的真正一方，而只是一点布景。）而且可以确信，进化博弈理论将显示，五五分是一个**进化稳定策略**（ESS）。“在任何追求更高回报的策略比例（或可能性）呈上升趋势的动态过程中，公平分配都将是稳定的，因为对公平分配的任何单方面背离，都将导致严格的回报恶化”（p.11）。但史盖姆斯指出，这不是唯一的 ESS，还有许多其他 ESS。这是个**多态陷阱**（polymorphic traps）问题：

> 比如，假设一半人主张 2/3 个蛋糕而另一半主张 1/3。不妨称第一种策略为**贪婪**（Greedy），第二种为**谦让**（Modest）。一个贪婪个体遭遇另一个贪婪者或一个谦让者的机会是相同的（因为我们尚未引入任何个体间关系——丹内特）。如果她遭遇另一个贪婪者，她什么也得不到，因为他们主张的数量超出了整个蛋糕，但如果她遭遇一个谦让者，她获得 2/3。她的平均回报是 1/3。而另一方面，一个谦让者无论遭遇什么人，回报都将是 1/3。
>
> 让我们检查一下，看看这一多态性（polymorphism）是不是一个稳定均衡。首先注意，如果贪婪者比例会上升，那么贪婪者会更常相互遭遇，贪婪的平均回报就会降至低于谦让者确保能获得的 1/3。而如果贪婪者的比例会下降，那么贪婪者就会更常遇到谦让者，贪婪的平均回报将升至 1/3 以上。负反馈将维持贪婪者和谦让者的人口比例相等。
>
> 但其他突变型策略的入侵会如何？假设一个要求超过 2/3 的**超级贪婪**变种出现在种群里，该变种获得的回报为 0 因而走向灭绝。假设一个要求少于 1/3 的**超级谦让**变种出现在种群里，该变种将得到她所要求的，但少于贪婪者和谦让者所获，所以她也会走向灭绝——尽管灭绝速度会比超级贪婪者更慢。
>
> 剩下的可能性就是，一个中间道路变种出现，他们的要求多于谦让者少于贪婪者。其中包括一种有特殊意义的情况，是要求刚好 1/2 的**公允**变种。所有这些中间道路变种，在遭遇贪婪者时将一无所获，在遭遇谦让者时得到的比贪婪者少。这样他们将全部有一个小于 1/3 的平均回报，并将全部——包括我们的

公平变种——走向灭绝。该多态性具有强健的稳定属性。

无论对于种群还是对于公正的进化，这都是不幸的消息，因为这种多态性是无效率的。这里每个人平均获得 1/3 个蛋糕——另外 1/3 个蛋糕在贪婪者的相互遭遇中浪费掉了。（史盖姆斯，1996，pp.12-13）

史盖姆斯继续指出，一旦我们在故事中加入一些正相关性，从而每个策略类型倾向于比随机配对时更多的与其同类发生互动，这些不幸的多态性将变得更没有吸引力——它们变得更容易避免。是哪个世界特性导致这一相关性提高并不重要，重要的是拥有心智与文化的主体特别适合于实现这一提高，正如唐·罗斯在一个基于史盖姆斯观点的富有想象力的原来如此故事中所演示的。

想象一个种群在多态性进化稳定策略之一中达成了均衡。贪婪主体在此博弈中的持续成功，将依赖于促使谦让主体避免与任何公允（Fairman）变种互动。所以我们可以期望，该种群会进化出有点像亚里斯多德的那种公正规范[1]。这些规范将“公正”与这样的观念联系在一起：谦让者应尊重其自然地位并顺从贪婪者。这些规范将与许多来自古今人类社会的规范非常类似。

如果这些主体不能进行较为复杂的计算，或分享他们对这些事情含义的想法，种群就会停留在那种状态。毕竟它是处于 ESS 均衡中。但如果这些主体会一点经济学，并且掌握基本的达尔文逻辑——无须任何非常奇特的东西——他们便能注意

---

[1] 在《尼各马可伦理学》（*Nicomachean Ethics*）中，亚里斯多德将公正性分为分配正义（distributive justice）和矫正正义（corrective justice），他给出了分配正义的一条原则是：“同等者所得相等，不同者所得不等（equal shares for equals, unequal for unequals）”，意思是不同禀赋 / 身份的人在同一个公正性原则中所处的地位不同。——译注

到，全部由公允者组成的ESS是（a）更有效率的（从经济学意义上），且（b）是可以沿一条均衡路径而达致的（在达尔文意义上）。

我们很容易想象会发生什么。起初，种群的多数成员将发现，全公允者ESS是对自然道德性令人震惊的破坏。但**少数**谦让者将从对（a）的认识而获得他们自己被剥削的观念。为何不呢？任何不乏观念灵活性的生物，都会尝试这一思考步骤，即便只是对自己说出这个与公众意见不同的结论。某些采纳这观念的谦让者将受到迫害，但这本身将通过夸大其重要性而帮助这一模因的传播。

开了窍的谦让者，只要能相互识别，便可轻易以一种有效的方式造反：他们只需要在彼此之间使用公允者策略，从而从交易中实现更大收益。毕竟，当我们谈论这里出现的"公允者变种"时，不必按其字面含义指遗传怪胎，每当公允者模因住进一个谦让者头脑，我们就有了一个突变体。

让我们假定，迄今为止这些突变体只是受贪欲所激励：他们尚未在**道德上**挑战流行规范。然而，一些谦让者，甚至还有一些贪婪者，会发现更有效率结果的数学之美，本身便有足够吸引力因而值得为之努力。对于自利在加速上述动态过程中的作用，这将是个补充，虽然这不是严格必须的。

进化博弈理论显示了，该种群将坚定地向全公允者ESS进化。在到达这一点之前，以公允为公正的观念将**自然地**出现，因为公允者通过鼓励对贪婪者的排斥，将最好地促进他们自己的成功。反复灌输对贪婪策略的道德厌恶将成为一种自然举动——一种显而易见的好计谋——如果他们在生物学上配备了体验任何厌恶的**最起码**能力的话。

最终，当种群回首其原先的一致意见时，（如果他们足够老道的话）会将其视为一种不道德的孩子气。如果他们不够老道，就会认定他们的祖先是坏人，而某些愚蠢而缺乏安全感的人会劝告人们别去读他们留下的书。

现在看看这里发生了什么。这些主体经历了道德进化，这本身可以按客观标准加以度量。他们达到这一状态的第一步，是抓住基本的达尔文逻辑要点。不需要富有远见的超级道德英雄，无论是基督还是尼采，来时时劝诫他们。一点点科学和逻辑就能实现全部计谋。

在这一过程的终点，这些主体知道一些他们祖先不知道的事情了吗？他们当然知道：他们知道公允是正当的；他们确实是在道德上优越于他们的祖先。尽管有休谟断头台（Hume’s Guillotine）（你不能从“是”得出“应该”的原则——丹内特）[1]，得益于他们是有意识的、能够在假设前提下思考的模因传播者这一事实，也得益于他们使用这些能力而学会了一些进化理论，他们发现了这些［道德原则］。（罗斯，个人通信）

当然，你不必使用专业经济学语言也能领会经济学要旨，你也不必是一个明言的达尔文主义者也可以看出，你如何可能通过一条自我维持的路径从这里（无效率的多态性陷阱）到达那里（公允分配）。如同往常，一个半理解的、依稀想象的版本也会做得很好，正如我们小心翼翼地一路从无知觉逐渐达致领会。

达尔文本人曾提醒我们注意他所称的**无意识选择**的重要性，那是介于**自然选择**和他所称的**系统性选择**（methodical selection）之间的中间步骤，后者是指动物或植物饲养者故意的、有远见的、有意图的“改良品种”。达尔文指出，无意识选择和系统性选择之间的分界

［1］休谟断头台（Hume’s Guillotine）也叫休谟法则（Hume’s law），意思是你永远不能从一个事实命题（某某是如何）推出一个价值命题（某某应该如何）。——译注

线本身就是条模糊而渐变的边界：

> 首先选择一只有着稍大尾巴鸽子的人，从未想到过，在经过部分是无意识的部分是系统性的长期持续选择之后，这只鸽子的后代将变成什么样。（达尔文，1859，p.39）

而且无意识选择和系统性选择都只是自然选择这一更包纳性的过程的特例，在自然选择中人类智慧与选择所起的作用可以是零。从自然选择的视角看，世系内归因于无意识或系统性选择的变化，只是那些人类活动在其中充当了最显著选择压力之一的变化。针对基因的这一整套不同的自然选择过程，最近又迎来了一个新成员：遗传工程。

它与达尔文时代的系统性选择有何不同？它更少依赖于基因池中预先存在的变异，而是更直接地向一个新的候选基因组推进，减少了明显而耗时的试错。预见能力变得越来越精确，但即便如此，如果我们仔细看看实验室里的做法，会在他们对基因最佳组合的搜索中发现大量探索性的试错。

我们可以用达尔文的遗传选择三层次，加上新近的第四层次——遗传工程，作为我们文化中模因选择的平行四层次模型。最初的模因是自然地选择的，为无意识选择的模因——或者说，被漫不经心地“驯化”的模因——铺平道路，接着是系统性选择的模因，对此人类远见和计划制定扮演了一个明确角色，但其中底层机制只是隐约得到理解，而多数实验只是在已有主题中搜寻简单变异，最后，到当今，模因工程成了人类的一项主要事业：尝试设计和散布整个人类文化体系，伦理理论，政治观念，司法和政府体系，一个有关如何在社会群体中生活的竞争性设计的丰富宝藏。模因工程是地球进化史上非常晚近的技巧，但它仍比基因工程早了数千年；其广为人知的产品中，包括了柏拉图的《理想国》和亚里斯多德的《政治学》。

我们不止是波普式造物（Popperian creatures），能够提前思考和想象不同的可能未来以及它们的可能后果，我们还是格列高利式造物（Gregorian creatures）[1]，会使用我们的文化在童年期及此后安装在我们头脑里的思考工具（丹内特，1995，pp.377ff.）。我们开始分享一个摸彩袋，里面装着当我们面临生活困境时就会挂在嘴边的熟知格言。甚至精灵故事和伊索寓言也在指导孩子注意力上扮演了一个有价值的角色。

我们很少把自己逼到死角或者锯掉自己坐在上面的那根树枝的理由之一是，我们都听到过某个有趣而容易记住的故事，讲到一个傻小伙恰好就是这么做的。如果我们遵循黄金法则（Golden Rule）或者十诫（Ten Commandments）[2]，就是在用假体性装置强化我们底层的自然本能，这些装置倾向于以某种方式表现我们面临的处境。但这些口头传说大多是以无心插柳的创作方式进化的，这些故事代代相传，而直到最近之前，人们并不清楚了解它们的用处。

---

[1] 在《达尔文的危险观念》第 13 章第 1 节（该节后来重用于《心灵种种》第 4 章）里，丹内特将意识和意向性立场的进化过程分为如下四个阶段：（1）达尔文式造物（Darwinian creatures）：行为模式是“硬连线”的，试错只能通过代际变异和自然选择进行；（2）斯金纳式造物（Skinnerian creatures）：具有表现型灵活性，在个体生活史中能够试错学习。得名自行为主义心理学家斯金纳（B. F. Skinner）；（3）波普式造物（Popperian creatures）：能够对外部世界进行表征，形成认知、信念和预期，预先在若干选项中做出挑选。得名自哲学家卡尔·波普（Karl Popper）；（4）格列高利式造物（Gregorian creatures）：得益于语言和文化传播，能从其他生物那里获取既经测试的知识和经验；人类的独特性在于他们是唯一的格列高利式造物。得名自心理学家理查德·格列高利（Richard Gregory）。——译注

[2] 黄金法则（Golden Rule）是以大同小异的形式存在于世界多种主要文明中的一条简单却极其有效的伦理原则，按积极表述，是指“你希望别人怎么对待你，你就怎么对待别人”，按消极表述，是指“己所不欲，勿施于人”，后者也叫白银法则（Silver Rule）；十诫（Ten Commandments）是传说中摩西（Moses）代表以色列人与上帝在西奈山所立之约，载于旧约之《出埃及记》和《申命记》，构成了摩西律法（Mosaic Law）的一部分，在犹太教和基督教世界的伦理和法律体系中都曾扮演了重要角色；原文分 16 条，后被重组为 10 条，但各教派的版本有所出入。——译注

灵魂工程和理性能力军备竞赛

实际上我采取了一位灵魂工程师的立场，他负责为我们都承认的一种好处而设计我们的规范。

——艾伦·吉巴德，《明智选择，聪明感受》

一旦我们抓住自然动机的漂浮性理由，并与我们在反思过程中想出的其他所有计谋一起表达出来，我们就不再受限于自然选择无效率的、浪费的、无头脑的试错。我们可望用一个由在社会活动中相互说服的理性主体的**反思平衡**（reflective equilibrium）[1]，去取代纯粹的复制能力之间的均衡。我曾提出，从无定向试错向智能（再）设计的这一转变，是进化史上的一个重大转变，开启了完全未曾料到的机会天地，无论是好是坏。

直到伦理学诞生之前，达尔文式研发在没有任何远见的情况下进行了数十亿年，渐进的攀登着不可能之山的坡面（道金斯，1996）[2]。无论何处若生物世系处于适应性地形图上的一个局部顶峰，其成员甚至无法怀疑在某个山谷的远侧是否可能存在更高更好的顶点。在它们的物理地形图上，它们当中看得更远的那些，可能会制定到达河对岸或那边山头上那一小片可食用草的目标，或做些难度相当的事情，但是关于生活意义可能会是什么以及如何可能最好地实现

[1] 反思平衡（reflective equilibrium）是哲学家约翰·罗尔斯（John Rawls）在《正义论》（*A Theory of Justice*）中提出的概念，意思是，个人的道德信念按其一般化程度分很多层次，而不同层次上的原则在具体的案例中相遇时，常会发生冲突，比如一方面你坚信“未经主人允许不得拿走其财物”，另一方面，当你听说某人为救溺水者而将别人的门板拆下来扔进河里时，又觉得他是无辜的，甚至是可敬的，这种时候，个人会通过自我反思而对自己所持道德信念进行调整和一致化——要么调整一般原则使之适应新发现的特殊情况，要么改变原先的特殊判断，或者兼而有之，使之趋向于一个更为自洽和稳定的状态，后者便是罗尔斯所称的反思平衡。——译注

[2]《攀登不可能之山》（*Climbing Mount Improbable*）是道金斯 1996 年的一部通俗作品，从适应性地形图（adaptive landscape）和搜索算法的角度谈论了进化过程。——译注

它之类更遥远的问题，则是不可名状的，直至我们到来。

唯有我们是这样一个物种：其成员能够**想象**物理地形图之外的关于可能性的适应性地形图，他们能越过山谷而“看到”其他可以想象的顶峰。唯有我们在做我们正在做的事情——试图弄明白我们的道德抱负在科学正在揭示的现实世界中是否有任何根基——这一事实，便显示了我们与所有其他物种何等不同。

我们能够构想一个（我们觉得）更好的世界，并渴望去到那里。我们以为这些其他世界可能更好的想法是正确的吗？在何种意义上更好？按谁的标准？按我们的。我们进化出的反思能力同时给了我们——也只有我们——评估目标的机会和能力，而不止是手段。我们必须使用我们的当前价值作为任何预料中的价值重估的起点，但从我们目前所在山顶的视角，我们可以明确表述、批评、修订和——幸运的话——相互赞同一组针对在社会中生活的设计原理。我们可以想象某些完全不同于我们当前处境的诱人的乌托邦巅峰。

我们能达到其中任何一个吗？我们确信自己想要努力一下吗？如果我们达不到，那或许是可悲的，但并不违背理由。如何将政治这门有关可能性的艺术[1]纳入考虑，本身就是我们面临的最困难设计问题之一。我们可能陷于从我们的历史处境看已是最佳的可能世界中，哎，但同样，我们或许能够在我们的当前设计中发现某种调整措施，它有望将我们带到一个更高的山顶。

而且不像任何其他物种，这些是为**我们**准备的问题。我们确实在为它们工作，为它们投入时间和精力。我们收集与它们相关的信息，探索它们的变化，并在知道我们的反思实际上将参与决定我的哪条未来轨迹会成立的情况下争论这些轨迹的优点。

这最终提供了一个让传统道德性问题在其中可以有意义的自然

[1]“政治是一门有关可能性的艺术”，是德国政治家俾斯麦（Otto von Bismarck）的一句名言。——译注

主义框架。我们的进化历程已将我们带到了哲学与政治考察和争议的传统舞台，许多观念在其中竞争我们的赞同。伦理学是个巨大而复杂的领域，我在本书中不会尝试对这里面的争议给出一个判断，甚至不想参与其中，而只想就一些有关上述进化历程的化石遗迹给出少许意见，这些遗迹至今可能仍在以误导性的方式影响着我们的伦理思考。

作为灵魂工程师，我们最迫切的任务之一，是看看我们能否为负责任道德主体这一观念提供一个牢靠基础，这样的主体，不同于合作性的草原犬鼠或忠实的狼或友善的海豚，它能基于对理由的考虑而自由地做选择，并可能对其选择的行动在道德上承担责任。我们已勾勒了构成让这样一个概念得以存身的概念环境——就像我们呼吸的空气——的进化发展过程，但我们还需要更仔细检查一个个体如何可能成长为这样一个尊贵角色。任何人都能真正克服困难而达到这一境地吗？我们不是已从心理学家那里了解到，我们**实际上**和我们自称的理性主体相去甚远吗？

艾伦•凡特（Allen Funt）是二十世纪最伟大的心理学家之一。他的非正式实验和用**偷拍相机**（Candid Camera）所做的演示，对人类心理及其惊人局限性的揭示，不亚于任何学院心理学家的工作。这里是其最佳例子之一（根据我多年后的回忆）：他将一个伞架放在百货商店一个显著位置上，在上面放满了崭新锃亮的高尔夫球车扶手。那是些结实、光亮的不锈钢管子，大约两英尺长，中间有点弯，一端有孔（以便用螺丝拧到高尔夫球车上的带孔槽位上），另一端有个结实的球状塑料把手。

换句话说，这些不锈钢管子几乎是你能想到的最无用的东西，除非你刚好有一辆丢了扶手管的高尔夫球车。凡特在上面挂了个招牌，上面写着（大意）：“五折。限今日！ 5.95 元。”有些人买了它们，当被问到为什么要买时，他们欣然谈及某个答案。他们对这玩意儿是啥没什么概念，但这是个漂亮的东西，而且价钱这么合算！这些人脑子没坏也没喝醉，他们是正常成年人，是我们的邻居，是我们自己。

当我们端详此类演示所打开的深渊时，会笑得发抽。我们或许很聪明，但我们当中没有谁是完美的，尽管你我可能不会掉进高尔夫球车扶手这个老圈套，但我们很清楚，这个圈套的很多变种我们曾掉进过，也无疑会在未来再次掉进。当我们发现自己的理性不完美，我们在理由空间中易受其他事物而非有意识领会的理由驱使时，我们害怕自己终究不是自由的。也许我们是在哄骗自己。也许我们与康德式实践理性机能的相似性还如此不够格，乃至我们自豪地将自己视为道德主体的自我认定，只是个华丽壮观的错觉。

我们在此类案例中的失败确实是自由的失败，未能像我们原本希望的那样，去对生活抛给我们的机会和转折点做出响应。因此之故它们是不祥的，因为这确实是值得我们渴望的各种自由意志之一。注意，如果凡特的被试不是人而是动物——狗或狼或海豚或猿——那他的演示便不会给我们深刻印象。我们预期“较低等”动物会生活在表象世界中，受益于“本能”和在特定背景中极其有效、但在陌生环境中很容易露馅的知觉能力。我们向往一个更高的理想。

随着我们越来越多地了解人类弱点和种种说服技术利用它们的方式，看起来好像我们自夸的自主性只是个缺乏根据的神话。“抽一张牌，随便哪张，”魔术师说，然后老练地让你抽了那张他早就替你选好的牌。推销员知道一百种方法让你解除防备而买下那部车、那套衣服。压低你的声音，这会很管用：**“我在绿页号码里看到你了。”**（你可能希望下次当一位推销员这么向你低语时，你会长点记性。）

注意这里有一场军备竞赛，手段和反手段相互抵消了。对你们当中记得我对它的揭露的人，我多少削弱了上述低语伎俩在你们身上产生的效果。不难看出，充当这场战斗之背景参照的理性典范是这样的：**买主责任自负**（Caveat emptor）[1]，我们如此宣布，让买家小心。这项政策预设了一个前提：买家足够理性而能看透卖家的甜言蜜语，但因为我们非常清楚卖家不会一五一十地说出实情，我们转而采用了**知情同意书**（informed consent）的政策，规定用清晰的语言明确表达某项合约的所有相关情况。

然后我们会发现，这种政策被大钻空子——精细打印伎俩，威严堂皇的官样文章——于是我们可能进而更详细地规定卖家要如何向不幸的消费者填塞信息。不知何时，我们已在对公民进行“婴儿化”的过程中放弃了“达到承担责任的法定年龄（consenting adults）”的神话。当我们听到这样的提议，为特定群体或特定个人分别编写通知，对每个目标群体采用特殊的图像、故事、帮助和警示，我们可能禁不住要谴责这种提议是家长式的，而且对自由意志理想具有破坏性，在该理想中我们都是康德式理性主体，能对我们自己的命运负责。

但同时我们应该承认，我们生活于其中的环境，自文明降生以来已经历了更新，已被精心准备过，变得更舒适，沿路有着许多招牌柱和警示牌，减轻了我们作为不完美决策制定者的负担。我们开心地倚靠这些我们发现颇有价值的假体性辅助——那正是文明生活之美——却看不惯他人所需要的辅助。一旦我们理解了这是一场军备竞赛，便可避免绝对主义，后者只看见两种可能性：要么我们是完美理性的，要么我们根本不是理性的。

这种绝对主义助长了这样一种偏执恐惧，认为科学即将向我们展示，我们的理性只是个幻觉，尽管从某些角度看这是个良性的幻觉。这一恐惧转而为任何许诺会抵制科学这么做的说辞提供了欺骗性

[1] 买主责任自负（Caveat emptor），拉丁文短语，字面意思是“让买家小心”，商店常用的免责声明，类似于汉语里的“出门概不退换”。——译注

吸引力——我们的心灵是神圣和神秘的。我们实际上是非常理性的。比如，我们理性得足以在设计彼此玩弄心智游戏的手段方面表现着实良好，能够找出我们理性防线中越来越细微的裂缝，继续玩着这场永无止境的捉迷藏游戏。

但我们是如何在这方面变得足够好从而能够建立团队的？对此问题的良好回答必须避免所有方面的矛盾［苏伯（Suber），1992］。如果你是自由的，那么你是否对你是自由的这一事实负责，还是那只是运气？你可以因未能让你自己变得自由而受责备吗？如我们在第七章所见，合作者解决承诺问题和建立他们作为道德主体的声誉的能力，将因他们成为社会的可信成员而为他们带来许多利益，但如果你未能获得这样的地位，你的希望——如果有——在哪里？我们应该以轻蔑还是同情的态度看待我们中间的惯常背叛者？

进化过程所创造的边界是渗透性的和渐变的，有着介于有与没有之间的中间情形，但我们无法始终跟随自然之母拒绝分类的做法。我们的道德和政治体系显然迫使我们将人们分为两类：那些能在道德上负责的和那些因为他们达不到标准而被宽恕的。只有前者适合于成为惩罚的候选对象，适合于被要求为其过错承担责任。我们该如何决定将线划在哪里？

我们偶尔做出的愚蠢行动，我们在自己身上发现的习惯和性格缺点，可能会让我们疑虑，任何这种分类除了是个方便的神话之外，还能有什么意义，就像柏拉图关于金属的讨厌神话，那是他在《理想国》里提出的和平倡议，堪称公共关系伎俩的先驱。他说一些人生而为金子，另一些则应该满足于成为银和铜。[1]

比如，政治理论似乎赞同在社会中维持某一程度惩罚的政策，以便赋予禁令以可信度，那确实会（在某种程度上）威慑理性者不去

［1］在柏拉图的理想贵族政体中，人被分为三个等级：作为统治者的哲人王，其灵魂由金子组成，作为哲人王辅佐者的战士，灵魂由银子组成，还有居多数的平民，灵魂由铜组成。——译注

违反它，但这一政策注定是伪善的。我们最终去惩罚的那些人，实际上付出了双重代价，因为他们是替罪羊，被社会故意伤害以便为更有能力自我控制的人树立一个生动案例，但其实并不真正对其所作所为负有责任，尽管我们虚伪地宣称那是出于他们自己的自由意志。那么，成为一个真正可责（culpable）的恶棍的资格实际上到底是什么呢？是否有任何人可能真正符合这些条件？

在我朋友的一点帮助之下

浪漫故事向他担保的事情远远不是真的：仅仅通过相信自己是一种只比小天使低微一点点的造物，人类就以极小程度的改变而在总体上变得明显优越于黑猩猩。

——詹姆斯·布兰奇·卡贝尔（James Branch Cabell），《超越生命》（*Beyond Life*）

假装那样，直到你做到那样。

——一个无名酒鬼的口号

在第四章，我们考虑并拒绝了罗伯特·凯恩停止可能出现的无限退行的尝试，他用的是某个有点像魔法的时刻——自我塑造行动（SFAs）——责任追溯链的截断瞬间，此刻宇宙屏住呼吸，同时一个量子不确定性允许你“自己去做这件事”，从而创造作为负责任道德主体的你自己（而且你原本可以不这么做）。

凯恩的解决方案不会起作用，因为你无法通过诉诸元初哺乳动物，或构造一个“本质的”却不可见的特殊差别，来停止退行。一个用真正量子随机性做选择的人和她使用伪随机性做选择的孪生姐妹，就像元初哺乳动物和元初哺乳动物的母亲，并没有可辨认的差异足以造成这样一种特殊差别。你永远无法断定你成功地有了一次真正的自我塑造行动，所以即便它们确实出现了，它们的道德重要性也经不起检查，而退行仍有可能发生。

那么，如果不是通过自我创造的神奇跳跃，你如何能从那里（无关道德也不自由的婴儿）到达这里（道德主体性）呢？毫不奇怪，我的回答将诉诸运气、环境脚手架和渐进主义这些达尔文主题。凭借一小点运气，和来自你朋友的一点帮助，再投入你自己可观的天赋，你一点一点地逐渐完成了朝向道德主体性的自举过程。

基本过程已在第八章概述过：一个合格的人类自我很大程度上是人际设计过程的无知觉创造物，在此过程中我们鼓励小孩成为交流者，特别是学习我们要求理由和给出理由、论证要做什么和为什么的做法。要让这一努力起效果，你必须从正确的原料开始。比如，如果你用你的狗做尝试，甚至一只黑猩猩，是不会成功的，正如我们从过去一些年中一连串漫长而狂热的尝试[1]中所了解到的。

一些人类婴儿也没有能力应付这一局面。因而，通往做人资格（personhood）的第一个门槛，是其照料者是否成功地将他激活为一个交流者。那些其理性之火因无论何种原因而无法被点燃的人，将无争议地被赋予较低的地位。这不是他们的错，只是他们的运气不好。可是既然我们在谈论运气这个主题，就让我们先尝试校准一下我们的天平。

从宇宙视角看，每个生命体能活着就已经是难以置信的幸运。全部存在过的有机体中的大多数，90% 以上，未留下可成活的后代就死了，但即便追溯到生命在地球降生之初，也没有一个

[1] 教大猿学语言的这些实验心理学尝试多发生在 1960-1980 年代，其中最著名的例子有黑猩猩华秀（Washoe）和尼姆（Nim Chimpsky），大猩猩可可（Koko），倭黑猩猩坎兹（Kanzi），学的都是标准美国手语；在认知语言学家斯蒂文·平克（Steven Pinker）看来，这些尝试是彻底失败的，大猿们尽管学会了许多手势符号，但完全没有掌握任何可以称得上语言的东西，详见《语言本能》（*The Language Instinct*，1994）第 11 章。——译注

你的祖先曾遭遇这一很普通的不幸。你是从一个可上溯数十亿代无间断的优胜者世系中降生的，这些优胜者是每一代幸运者中百里挑一或千里挑一甚至百万里挑一的最幸运者。所以无论你在今天的某个场合有多不幸，你在地球上的出现便见证了运气在你的过去中所扮演的角色。

在第一个门槛之上，人们在思考、交谈和自我控制等进阶才能上，展现了广泛的多样性。这一差异中的一些是“遗传的”——主要归因于组成他们基因组的特定基因集合——而有些是先天的但不是直接遗传的［比如归因于他们母亲的营养不良或药物成瘾，或胎儿酒精综合征（fetal alcohol syndrome）］，而有些则（在我们在第三章里所发现的那种意义上）根本没有原因：它们只是运气的结果。

你所继承的遗产中的这些差异，当然没有一个是你能控制的因素，因为它们在你出生之前就存在了。而且确实，其中一些的可预见后果是不可避免的，但并非全部——而且一年比一年少。生在哪种特定环境中，富裕还是贫穷，纵容还是虐待，也都丝毫不是你自己的所作所为，但它们让你在起跑线上有了领先或落后。

而且这些惊人差异的后果也是不同的——有些不可避免而有些可以避免，有些留下终身伤痕而另一些的影响会随时间而消逝。许多幸存下来的差异，对于我们这里所关心的问题——第二个门槛，道德责任能力的门槛——相对于比如艺术天赋，其重要性无论如何都是可以忽略的。不是每个人都能成为莎士比亚或巴赫，但几乎每个人都能学会读写，从而足以成为有见识的公民。

当 W.T. 格里诺（W. T. Greenough）和 F.R. 福尔克马尔（F. R. Volkmar）（1972）首次展示，被置于有着玩具、练习工具和充沛探索机会的丰富环境中的大鼠，相比在贫瘠而局促环境中养育的大鼠，拥有可测量到的更多神经连接和更大的大脑，一些父母和教育者在热情欢呼这一重要发现上做得过火，开始为孩子是否得到了足够多恰当种类的婴儿玩具而愁得要命。

事实上，我们早就知道，在一间完全没有玩具的空房间里养大的孩子，会有严重发育障碍，但没有人曾说明，有两件玩具还是二十件或两百件玩具，会给婴儿的大脑发育带来任何值得注意的长期差异。这将是极端难以说明的，因为那么多中间插入的影响会造成混淆，有些是有计划的，有些是偶然的，会在每个孩子成长的过程中每年上百次地造成或抵消令我们关切的影响。我们应该尽最大努力去做这个困难的研究，因为**很可能**某项条件扮演了比人们猜想的更重要的角色——因而是我们的避免努力应针对的更适当目标。

但我们已经能够相当确信，这些起始条件差异中的大多数——如果不是全部——将随时间流逝而消失在统计云雾中。就像抛硬币，可能不存在能从结果中得到辨别的显著因果关系。一旦我们已将这些因素充分理顺，从而可能进行仔细的科学研究，我们将能够颇有些信心地判断，哪些干预需要被用来抵消哪个不足，只有这样我们才能处于一个有利位置，去做出那些每个人都迫切想做的有价值判断。

比如，汤姆·沃尔夫（Tom Wolfe）强烈反对用利他林（Ritalin）[1]和其他脱氧麻黄碱（methamphetamines）来治疗儿童的注意力缺乏多动症（ADHD）。他这么表示时并未停下来考虑一下大量相关证据，这些证据显示，**有些**儿童的大脑中有一种可以轻易矫正的——可避免的——多巴胺失衡（dopamine imbalance），给他们的自我控制系统造成了困难，这一关系就像近视会在视觉系统中造成困难一样确切。

> 整整一代美国男孩，从最好的东北部私立学校到最糟糕的洛杉矶和圣迭戈贫民窟带公立学校，现在都沉迷于利他林，他

[1] 利他林（Ritalin）学名苯哌啶醋酸甲酯（methylphenidate），简称哌甲酯，1948 年由 CIBA 公司研制，利他林为其商品名，1955 年经 FDA 许可用于治疗注意力缺乏多动症（ADHD），它通过调节去甲肾上腺素（norepinephrine）和多巴胺（dopamine）这两种神经递质的代谢而起作用。——译注

们的亲人和学校护理每天勤勉地向孩子们发放这种药片。美国是个神奇国度！我就是这意思！没有一个诚实的作家会挑战这一陈述！人类喜剧从未耗尽素材！它从未让你失望！

与此同时，自我的观念——一个会实行自我约束、延迟满足、克制性欲、抑制攻击和犯罪行为的自我——一个能够经由学习、联系、坚忍和面对重大胜算拒绝放弃而变得更有智慧并通过自力发展（bootstrap）[1]而将自己提升至生活巅峰的自我——通过进取心和真正勇气而获得成功的这一老派观念（看在上帝份上，什么是自力发展？）早已经悄悄溜走、溜走……溜走了。（沃尔夫，2000，p.104）

这段体现了他风格的华丽章句里，有一些并非他风格的无心嘲讽。我怀疑沃尔夫会不会赞赏用一种振奋人心的用眼强化训练法和近视者生存之道学习班来代替眼镜的做法。他最终只是宣读了一个老套说辞的21世纪版本：假如上帝想要我们飞，他会给我们翅膀。他被那个想象中的基因决定论恶魔气得发抖，以至看不到，对自我的去神秘化，会加强而非威胁他渴望去保护的自举（bootstrapping）——我们自由的源泉。科学知识将是通往可避免性的康庄大道——也是唯一道路。

也许我们在这里看到了一个隐秘恐惧的隐约轮廓，它隐藏在某些“**让那乌鸦闭嘴！**”的呼叫背后。这种恐惧所针对的，并不是科学将夺走我们的自由，而是科学会给予我们过多自由。如果你的孩子不如你邻居的孩子有那么多“真正的勇气”，或许你可以给他买些人工勇气。为什么不呢？这是个自由国度，自我改进正是我们的最高理想之一。为何所有自我改进都以老派方式做出这一点有那么重要？这些

[1] 考虑到沃尔夫对bootstrap的用法未必与丹内特的相同，这里我按它更常见的含义将其译作“自力发展”。——译注

都是重要问题，而其答案并非显而易见。它们理应得到直截了当的对待，而不是被想要窒息它们的不明智企图所扭曲。

在《活动余地》中，我将遗传和环境上的初始禀赋差异，和一场马拉松的非同步起跑做了对比，一些赛跑者在其他人后面许多米起跑，但都跑向同一条终点线。我认为，这是公允的，因为在这么长的赛跑中，“这样一个相对微小的初始优势算不了什么，因为你可以确信，其他偶然变故会产生甚至更大的效果”（丹内特，1984，p.95）。

这没错，但它低估了非偶然变故在奔向负责任主体性的赛跑中扮演的角色。对做人资格的追求是一种团队努力，教练和支持者在场边扮演着重要角色，用一种（无意识地）设计的脚手架丰富我们的环境从而引出最好的结果。比提供发育上适当的玩具更重要、甚至比适当营养更重要的，是周围人的态度和处世之道，孩子会观察到这些，并最终参与其中。

有大量证据支持这样一个假说：那些与凶暴、爱撒谎和冷漠的父母（玩伴也一样，甚至影响更大）相处的儿童，倾向于永久具有这些性格特征。乌云背后的那一线希望同样重要：我们当中那些幸而成长于自由社会，与明理、诚实和有爱心的人相处的人，倾向于立志追求这些理想。教养确实会带来很大不同。

将教养的效果还原为“道德教育”，仿佛确保你的被监护人成长为负责任成年人的关键是尽职专心于某套教义问答集（catechism），是错误的。手头有一本规诫简明手册（vade mecum）是有用的，但更有效的影响将更早建立，这些影响将引导我们思考每个短暂念头的方式。当我们对我们的前语言儿童说话时，我们半有意识地知道，我们对他们所说的大部分会被当做耳边风，但不是全部。有些会留在他们头脑里。

你想要什么？你害怕那个东西吗？它伤害到哪里了？你知道兔子在哪里吗？你想要愚弄我？“别担心，等她长大点就合身了，”当母亲把尺码太大的旧衣服强加给她的孩子时，会这么说，当大人们把祖传下来尚不合身的心理特质强加给童年的我们时，同样会这么说。无疑，我们会长大到让它不再显得不合身，把它变成我们自己的，把我们变成他们，把我们变成和大人们一样的主体。我们越是认真将我们的孩子当做懂得要求理由和给出理由的主体对待，他们就越会认真地这么对待自己。

这种在推定我们的年轻对话者的设计能力时宁可失之过高（与冷酷现实所能保证的相比）的倾向，是对达尔文研发诀窍兵器库的一个特别强大的补充。因为我们人类不是盲眼钟表匠，而是明眼自我塑造者，而且能对我们看到的做出反思，并就我们希望在未来看到的做出推断，和地球上曾进化出的任何其他生命相比，我们远更容易被重新设计，首先是被他人，然后是被我们自己。

比如，考虑"举止得体"的现象。无须任何指示，正式的或非正式的，我们几乎总是将我们的行为调整得与当前情境下的（我们所认为的）社会要求相协调。撇开少数古怪的、似乎真正不为任何社会压力所动的恣肆无羁者，人们发现，只有凭借非常艰苦而自我克制的努力，才能故意无视周围人们对他的期待。

这一期待的压力在所有方面起着作用。哪个父母不曾在注意到自己孩子在看着的时候，发现新的人格力量，获得克服惰怠、恐惧或脆弱的新胜利？我们的生活充满着让我们向他人**也向我们自己**展示更好自我的场合与机会，这些更好自我因此而更可能在未来出现，因为我们会"随机应变"，所以拥有这样的生活是件好事。［安斯利（2001）对此动态有一个特别富有洞察力的讨论。］

"在日常生活中呈现自我"［高夫曼（Goffman），1959］是一套舞步经过精心（但多半是无意识的）设计的互动舞蹈，在其中我们不仅尝试表现得比实际上更好，而且也参与了诱导出其他人最佳表现的过程。人们不会想要粗心大意地去篡改作为数千年遗传和文化进化果实的整套做法。那可能会抵消大量有价值的研发工作。（**让那乌鸦闭嘴！**）

另一方面，若是凭借洞察和理解而做出的，某些篡改可能增强或提高这些设计，对被错过的机会或被扰乱的知觉做出补偿。而且，一些刻意干预可能有助于消除我们的各种不幸做法，这些做法已经可以看出是自我挫败的。这正是我们进化出的反思能力发挥其作用的地方。想一想非裔美国作家黛布拉·迪克森（Debra Dickerson）在写她父亲时所洞悉到的微妙却又令人震惊的效果：

> 后来，我终于明白了，他既期待也需要黑人失败，否则就没有了证明白人背信弃义和丧失灵魂的证据。他从未理解，他的宿命论是个自我实现、自我挫败的预言。他从未考虑过，他不得不在一定程度上相信白人是优越的，因为他相信黑人无论如何都在生活中没有机会——但他大概会将此归咎于白人天生邪恶的超常力量。在我们自己人之间，会用“白人的冰比我们的更冷”的说法，去描述我们当中许多人不会相信或珍视任何东西，除非那是来自白人的。一些黑人的情况越糟糕，白人看起来就越神奇，尽管是邪恶的神奇。
>
> 所以我父亲就像许多其他黑人，充当了自己的压迫者；他教我做同样的事。正是这一刻我开始对自己关上了大门。或许白人很乐意自己承担这项压迫任务，但他们很少需要这么做。白人不需要在我们的道路上设置障碍，通过“接受”我注定居于每个队伍末尾的位置，我自己已经这么做了。种族主义和系统性不平等是我们所有人生活中非常真实的力量，但宿命论和一种执迷不悟的受压迫欣喜感同样如此。（迪克森，2000，p.40）

何种大范围社会模式会增强自由，并将其更均等地分配到整个地球？何种明文规制与微妙诀窍的组合，更可能让环境氛围变得有益于人类自我发展？在第七章，我考虑了罗伯特·弗兰克的意见，认为自我控制和承诺的问题可以通过促成诸如愤怒和爱慕之类情绪的进化而互相促进地得到解决。

艾伦·吉巴德（Allan Gibbard）通过对一个“灵魂工程师”如何可能想要微调人们体验愤怒、内疚（guilt）和其他情绪的倾向（dispositions）这一问题的探究，扩展了这一观点。吉巴德指出，愤怒“是强烈而不可避免的，它经常有助于以可欲的方式调控行为”（吉巴德，1990，p.298）。

虽然“无论我们的规范是什么，我们都已离不开愤怒”（p.299），但有些文化看来没有为内疚留下任何位置。这提出了一个问题，没了它我们所有人是否可能都会过得更好。一些硬决定论者认为，我们不仅不应哀叹“真正”自由意志之死，我们应该认为这是甩掉了包袱，因为没有了自由意志这一前提，我们便可放弃道德责任、谴责和惩罚的前提，所有人从此以后将生活得更快乐。

我已尽最大努力去切断他们想象中建立的决定论与责任能力之间的联系，但我们仍可与吉巴德一起考虑，道德性本身是不是一个我们应在我们社会中努力加以维持的特性。“这问题部分地是务实的：没有这些特定感觉，或没有支配它们的那些规范，我们会做到最好吗？”（p.295）内疚与愤怒紧密地交织在一起：内疚平息愤怒，而内疚的威胁则避免会引发愤怒的行动。

在一个内疚和愤怒都最大可能地被抑制或——通过一场史诗般的社会改造——被缓解的社会中，人们会倾向于如何在彼此间行事？甚至出于某种理由，让内疚和愤怒偏离平衡，让其中某个有点过火，或许是明智的？硬决定论者会说，如果我们能够摆脱在自己导致伤害时的内疚和被伤害时的愤怒而谈论我们自己，我们的世界将变得更美好。然而，沿此路线的任何可行“疗法”是否比“疾病”更坏，却并不清楚。愤怒和内疚自有其理由，它们已深深根植于我们的心理。

吉巴德认为，比这更好的方针，是去支持会减弱这些情绪所对应规范的强度的那些条件。他对照了“专横（imperious）”与“谦逊（diffident）”的道德规范设计。专横规范要求得很多，因而鼓励了私下保留、伪善和对他人的疑心。他们对人性施加了严苛的张力，并倾向于“有点无效的虚张声势”。他宣称，这是明确无误的设计缺陷，就像把汽车的操纵比设置得过高，致使驾驶者操作过头、又过度矫正、接着又对他们的矫正做出过度矫正，如此反复不已。对机器施加不适当的张力是不安全的，也得不到想要的效果（p.306）。

另一方面，谦逊规范则相对随和，在审慎与私利之间做出妥协，更容易被忍受，因而也更容易被个人所实际采纳。所以吉巴德提出，理性设计者会将愤怒与内疚的规范调整得相当谦逊，成为驾驭天性而非与之对抗的文化教化的一套设定。

考虑被吉巴德称为“私下沉思者（private ruminator）”的个人，他面对着自私自利目标与普遍善意或道德性之间的拉锯竞争。他受公共讨论所驱使而对种种被公开采纳的规范表达了同意，但可能私下有所保留，可能会问自己，如果他有机会不这么做的话，他是否真的会赞同它们。

他或许熟悉罗伯特·弗兰克的断言：做个好人以便**看起来像**好人的做法，（在精明算计之下）是划得来的；但他或许会设想自己是个例外。他已接受了来自朋友的帮助，但有能力疑虑，如果这要求他以帮助他们作为报答，这笔买卖究竟有多好。他是被交谈的情境性需要所哄骗而去做了个好公民吗？这一冲突如何解决，或许严重依赖于社会氛围：

> 如果忠于道德性是促进其更自我中心的目标的最佳途径，那么他的情绪矛盾便化解了。对于专横道德性，不大可能会这

样；而对于谦逊道德性，这看起来更为可能……将一种道德性变得更谦逊的，是它联合了足够多其他动机，从而大半被接受——被现实中的人们所接受，他们的种种动机，他们遵循规范的动机，和他们的欲望、感觉、刺激和渴望之间，既有相连性，也有分立性。（吉巴德，1990，p.309）

工程师和政治家一样关心可能性艺术，而这首先要求我们现实主义地思考人们实际上是什么，是如何变成这样的。拒绝向人类处境的经验事实低头的伦理建构，必定会制造出幻象，这些幻象或许有些审美趣味，但不应被当做现实告诫而严肃对待。

就像进化所创造的所有其他东西，我们是刻意构造的、有点机会主义的计谋皮囊，我们的道德性应建立在对这一现实的领悟之上。哲学家常企图建立一个超级纯粹、极端理性的道德性，完全未被“同情”（康德）、动物“本能”、激情或情绪所玷污。吉巴德实用主义地看待我们作为工程师不得不凭借其而工作的东西，和打算做的事情，正如自然之母向来的做法：从你所拥有的东西开始。

自主性、洗脑和教育

把一个人当做理性主体，即是假定他会实际运用其理性，或同等的，他拥有一个意志。而且除非已经预设了自由观念的前提，他无法假定这一点，自由观念是他何以能够行动，或让自己去行动的条件，这些都只有在这一观念之下才能进行。可以说，它构成了一个人作为理性主体这一想法的存在形态。

——亨利•A. 阿利森（Henry A. Allison），

“唯有在自由观念下我们才能行动”

我勾勒的对自我塑造艺术的解释，说明了它除“纯粹理性”实践之外，还包括一种数量令人不安的无意识或下意识操作。这一过程本身是否破坏了负责任自我这一概念的基础？这是阿尔弗雷德·迈乐（Alfred Mele）在《自主主体》（*Autonomous Agents*, 1995）里用很长篇幅探索的问题。

他主张，在纯粹自我控制之外，还有**自主性**（autonomy），他将其与**他律性**（heteronomy）相比，后者是指一个自我控制主体也（部分地）处于他人控制之下。他提出了一条默认责任能力原则：如果没有其他人对你处于状态 A 负责，你便对此负责。这是对凯恩所害怕的无限退行的极好截断；它允许我们把责任转移给洗脑者（如果那确实存在于你的过去）而不是整个“社会”或者无主体性的环境。

只有当有远见、有意图的主体曾出于他们自己的目的而操纵了你，你才能对你身体所实施的行动免除个人责任；这种情况下，这些不是你的行为，而是你的洗脑者的行为。有道理，但教育者无疑为了他们自己的目标而设计了与我们之间的互动，特别是将我们转变为可靠的道德主体这一目标。我们如何在好的教育、可疑的宣传和坏的洗脑（brainwashing）之间做出区分呢？什么时候你是在受益于来自朋友的一点帮助，而什么时候你是被操纵的冤大头？

迈乐用来表示洗脑的术语是“价值工程（value engineering）”，他鄙夷这种“绕过”人们控制自己精神生活的能力的工程（迈乐，1995，pp.166-167）。如我们在早先各章所见，对我们精神生活的自我控制，在任何情况下都是有限且有疑问的，所以，我们在区分绕过我们能力的工程和以可容忍或可欲的方式挖掘它们的工程时存在困难，是并不让人惊奇的。

为了戏剧化自主性与他律性之间的差别，迈乐构思了有关最小差异主体——安（Ann）和贝丝（Beth）——的一些思想实验。首先假设，安是真正自主的——无论那意味着什么。幸运的安。然后再假设，贝丝完全像安，可以说是她心理学上相同的孪生姐妹，但不知何故她曾在不知情的情况下被洗脑而进入了目前这种或许只是表面上令人羡慕的心理状态。

贝丝拥有与安完全相同的性情，同样头脑开放，同样不沉迷，同样灵活柔韧，但也同样果决，但迈乐指出，她表面上自主，其实是个冒牌货。她就像一张完美的假钞，能轻易换得一块蛋糕还有些找头，但尽管如此，它在最重要意义上，在道德上，是不真实的。

规定如此极端——且极端非现实——条件的思想实验，众所周知是极可能诱骗哲学家想象力的，很有必要去转一下所有旋钮，以种种方式改变各项规定条件，看看实际上是什么泵出了直觉。通常在现实世界里，认为历史背景差异（在这个案例中，是安的教育经历与贝丝的被洗脑经历之间的差异）有关系的理由是，它们会带来性情或性格差异，而后者会在未来造成行为上的差异。

这正是该想象案例中不允许发生的情况，但我们能拿这规定当真吗？有关洗脑的思想实验是流行于关于自由意志的哲学讨论中的流行病，这些思想实验的一项例行——但很少得到说明——特性是，受害者被规定为对干预无知觉。让我们看看，假如我们转动这一旋钮会发生什么。

假设在迈乐（1995，p.169）的例子里，贝丝后来得知了她的秘密历史，并得到一个机会可以要求抵消她所接受的洗脑。假如她追溯性地赞同了这一结果，这么做算数吗？她从此以后就是自主主体了吗？你的直觉或许对此有些踌躇，因为她“赞同”它时的状态（按假设）也是早先洗脑的产物。

你可能希望反驳说，她已被设计成会赞同自己的设计，这对于她完全是个空洞姿态。不是这样。考虑时间可能带来的不同。假设我们等几年再把她的秘密历史告诉她，让她对做道德决定所涉及的种种乱七八糟事情获得许多经验。因为贝丝（按假定）完全和安一样头脑开放，一样具有认知灵活性，所以这些经验对她和对安将同样有效、同样有价值，因此应该对她和对安同样有资格成为赞同的依据。

我们可以沿这条思考路线继续推进，假设我们现在转动安那边的旋钮：我们告诉她（谎称）她是洗脑的受害者。她就这一资料做出反思，并决定赞同她现在的样子——毕竟她应该如此；她事实上就是自主的（无论她自主地成为什么样）。她的行为比贝丝的更算数吗？我看不出任何理由。

或许更一针见血的是，试试做如下假设：通过对安撒谎，我们实际上已将她在自主性方面的处境（和原本可能的相比）变得更差了——假设她会相信我们的谎言，当然！为什么？因为现在她在有关她的过去方面被深刻误导了，无论她是否在做决定时利用了这些错误信息。（很容易想象，这一错误信息可能对她此后在道德主题上的所有想法造成巨大影响。）

但回想一下，在我们告知贝丝她被洗脑之前，贝丝也是被彻底误导的。不是吗？迈乐没有讨论这一点，但想来贝丝的洗脑史大概是对她隐瞒的，在向她揭示她的秘密之前她与安的心理相似性，大概部分地是一套惊人丰富的虚假伪记忆，记录了一段从未发生过的、确保带来自主性的良好道德教育经历。若非如此，她是安的心理双胞胎姐妹这一规定又如何能维持？

那么，谎言和隐瞒会不会恰是洗脑的定义性标志？只要你告诉人们真相（即在你告诉的时候被认为是真相的东西），并避免误导他们，只要你让他们处于这样一种状态，在其中他们在独立评估自己处境方面至少能做得和你介入之前一样好，那么你就是在教育他们而不是给他们洗脑。

一个人的历史可能带来具有道德重要性的差别，同时却不对其未来能力造成差别，这一观念毕竟没有得到迈乐思想实验的支持。从这一点看，他用完美假钞做类比是有益的。伪造是个问题，是因为它对大众对货币健全性的信念与期望的氛围所造成的影响，但这些是一般效果，并非特定票券的效果。

从货币池中识别和剔除完美伪钞是项无意义的工作，因为一张真钞和一张完美假钞的差别（**根据假设**）是个惰性历史事实。合法偿付中存在大量完美假钞的信念，可能会削弱对政府货币政策控制能力的信心，从而扰乱经济，但把假钞找出来并集中销毁（和回收并销毁一大批流通中的美钞相比）则没有任何意义。

再次考虑安和贝丝的情况。如果贝丝得知她被洗脑的真相，这无疑会给她内心带来一些不安的反响，并对她的道德能力造成不知何种后果。但如果安被令人信服地告知有关她自己的相同“真相”，也会在她内心造成完全相同的反响。如果她们之一被损害了，另一个也一样。

如果安的自主性依赖于她对自己过去的信念的真实性，那么贝丝的问题只是她被谎言欺骗了，而不是她被“价值工程”带入了目前这种令人羡慕的意向状态。顺便请注意，这对于任何打算捍卫“**让那乌鸦闭嘴！**”方针的学说预示着什么，坚持该方针的依据是，人们不知道真相会更好：“为了拯救人类自主性，我们不得不摧毁它。”这不是个有说服力的政策声明。

真正自主的主体是理性的、自我控制的和未被严重误导的。相比良好的老派道德教育，我们对“道德药丸”或“洗脑”所感觉到的直觉厌恶，或许是出于这样一种隐约领会：任何这种能够真正保留充分知情、灵活性和头脑开放性的快捷疗法，是完全不可能的，按我们的经验，这些依赖于全面充分的教育。我看不出，**知情条件下**吃一颗药丸来改进一个人的自我控制，比起知情条件下培养对其能力的适度自欺，对其自主性有更多破坏性。

作为一个满法定年龄者，如果你能够知情地以此方式操纵自己，并赞同其后果，无论是前瞻性地还是回顾性地，那么，这就是对你能否正当地以同样方式操纵你孩子的一个极佳测试。在加里森·凯勒（Garrison Keillor）那个神话般的沃伯根湖（Lake Wobegon）小镇[1]上，“所有孩子都高于平均水平”，而这一欢乐神话让孩子们的状况比原本可能的更好——只要他们没有拿这神话太当真。和相信白人的冰更冷相比，这无疑是个进步。

受哈里·法兰克福颇有影响的文章“意志的自由和人的概念”（1971）启发，哲学家们已花了很长篇幅从另一个视角对自主性进行探索。法兰克福清晰连贯地表达了这样一个观念，人——负责任的成年主体——区别于动物或儿童之处在于拥有一个更复杂的心理状态，特别是：高阶欲望。人可以想要一件东西但同时**希望**自己想要另一件东西——并按该二阶欲望而行动。法兰克福宣称，这样一种对他在自身中发现的欲望做出反思然后加以赞同或拒绝的能力，不只是一种成熟的迹象，它是做人资格的判断标准。

这个直觉上很有说服力的观念，已表明对构造能够避免退行和矛盾的阐释体系存在强烈抵制，由大卫·威勒曼（David Velleman）在相对晚近做出的尝试，不无益处地突显了推理的角色和我们不能把自己变得太小的要求：“根据法兰克福，主体的角色，是对竞争行为支配地位的各种动机进行反思，并通过支持它的一些动机反对另一些而确定竞争的结果”（威勒曼，1992，p.476）。一个人如何可能**支持**或**反对**他或她的自己的一些动机呢？

考虑两位罗马天主教僧侣的区别：一位热情似火，赞同自己的独身誓言，并为其意志力量战胜基因天性而欢呼；另一位同样谨守独

[1] 沃伯根湖（Lake Wobegon）是电台主持人加里森·凯勒（Garrison Keillor）在其电台直播综艺节目《草原一家亲》（*A Prairie Home Companion*）里虚构的一个明尼苏达小镇，该节目的一个环节是“来自沃伯根湖的新闻”，在其中凯勒以新闻播报的方式讲一些逗乐故事。——译注

身生活，但把自己的天主教信仰视为一种上瘾。他认为自己被洗脑了，是外部模因的受害者，可他却无法说服自己跳出窠臼并放弃他被教导的原则。这两个类别无疑在许多方面都有着真实的例子，但差别主要在哪里？

两位僧侣都受天主教信条的强烈激励，但一位全心认同他的宗教，而另一位则不是。认同不可能只是珍珠般熠熠放光的笛卡尔自我或非物质灵魂接受一些模因而拒绝另一些的问题而已；一个做出赞同的实体本身必须是某种复杂的模因－大脑结构。

但我们怎么可能识别出这样一个结构——里面有个主体，能够“支持某一方”——而同时却不重新陷入那个笛卡尔神话：一个独立“思考体”在大脑的竞争漩涡里扮演着“老板”或至少交通警和法官的角色？威勒曼给了我们一个让人想起丹尼尔·魏格纳那些实验的例子，其中有一个关于塑造行为的动机、理由、认识之类的被掩盖的、部分甚至完全无意识的阴谋：

> 假设我有一个期待已久的与一位老友的会面，意在解决一些小分歧：但在我们交谈时，他的即兴评论刺激我在逐渐激烈起来的答复中提高了嗓门，直到我们不欢而散。事后的反思让我发觉，在会面前几个星期中不断积累的不满，已在我头脑中结晶成一个为眼下的问题而断绝我们友谊的决心，而正是这一决心给我的评论加上了伤人的利刃……
>
> 但我必须认为是我做了决定或者是我执行了它吗？当我的欲望与信念引发了断绝友谊的意图，当该意图触发了我的凶言恶语，它们只是在行使与普通情况下相同的因果力量，它们这么做时并未从我这里得到任何帮助。（威勒曼，1992，pp.464-465）

如果曾存在这样的帮助会有什么不同？如威勒曼所指出，必须存在一个主体而不只是一个数学点（mathematical point）[1]，因为：

> 当他支持这些动机中的一些时，他是用一个额外的、因而不同于它们自己的力量来支持它们……什么精神事件或精神状态，可能扮演这个总是指导审查而从未接受这种审查的角色？它本身只可能是一个驱动着实际想法的动机。（pp.476-477）

它本身只可能是，如康德在很久前说的，对理由本身的考虑："赋予实际想法以生气的，是对行动与理由相一致的关切"（p.478）。这是从哪儿来的？来自让孩子参与到要求理由和给出理由的实践中的教养过程。意识在这里的角色正是将问题推入深思熟虑的舞台，在那里随着时间流逝正反两面的理由可以得到考虑和权衡。

可是那些耶稣会士又怎么说，他们（据说）认为七年足以让他们将一个孩子养育到能够认同他们的信仰？那是灌输还是教育？我想，对于我在此概述的立场，即允许两位天主教僧侣都没错这一点，是一种力量而非弱点；第一位在相信他拥有足够的自主性去赞同自己的决定并且是当真的时，可能并不是在迷惑自己，而第二位在怨恨自己被灌输时，可能也是对的，而且他们的养育经历之间的差别或许是微不足道的。

人是惊人复杂的存在，对一个人效果良好的，或许对另一个人相当有害。（当然，利他林也是如此；许多获得了处方的人明确无疑的不应该使用它。）那么，这样一个自我的重要作用是什么？这个自我是一个随时间流逝而被赋予了责任能力的系统，因而它能够可靠地承担责任，因而当可归责性（accountability）问题出现时，存在某个人可以出来回答。当凯恩和其他人寻找一个责任所止之处时，他们是对的。只是他们在寻找的是错误种类的东西。

---

[1] 数学点（mathematical point）意指这种对象只有位置没有大小、空间上不延展，也不是由任何物质组成、不具有物理特性。——译注

第九章

人类文化促使能够抓住事情的理由并将其变成我们的理由的强大心智得以进化。我们不是完美的理性主体，但我们生活于其中的社会舞台维持着这样的动态互动过程，该过程既需要也有助于更新和支持我们的理由，并将我们转变成能够对我们的行为承担责任的主体。我们的自主性不依赖于任何奇迹般的因果关系中断，而是依赖于教育和知识分享过程的完整性。

第十章

对自由的真实威胁不是形而上学的而是政治的和社会的。随着我们对人类决策制定了解更多，我们必须设计出没有被有关人类天性的虚假神话所绑架的政府和法律体系，并就此取得同意，这样的体系在面对更多科学发现和技术进步时才是健壮的。我们是否比我们想要的更自由？我们现在比任何时候都更有能力去为我们和我们后代的生活创造条件。

对来源与进一步阅读的说明

唐·罗斯向我指出，史盖姆斯的分析不完全是一般分析，而肯·宾默尔（Ken Binmore）在《博弈论与社会契约》第二卷《公正博弈》（*Game Theory and the Social Contract, Vol.2: Just Playing,* 1998）里提供了一个完全的一般分析（数学难得吓人）。

《活动余地》（丹内特，1984）第四章“自制的自我”里，有一个我的渐进主义自举解释的更早版本。目前版本的解释补充了该解释，但并未以任何方式撤销它。

彼得·苏伯（Peter Suber）1992 年的文章“解放的悖论”（未

出版，但在网上可以找到：http://www.earlham.edu/~peters/writing/liber.htm），为我提供了许多洞见，还有来自詹姆斯·布兰奇·卡贝尔和无名酒鬼的精彩语录，被我用作了篇首箴言。

有关儿童在很宽的心理变量光谱上受其伙伴的影响比父母更强烈的证据，见朱迪斯·哈里斯（Judith Harris）的《教养假定》（*The Nurture Assumption,* 1998）。

对高夫曼“日常生活中的自我呈现”一文有点离题的评论，见罗伯特·赖特《道德动物》（1994），有关欺骗与自欺的那章。

有关精灵故事在创造可靠主体上所扮演的角色，见我的“通过讲故事创造未来”（1996C）。维多利亚·麦克吉尔（Victoria McGeer）的工作是我有关脚手架的评论的主要来源。与此相关的还有关于“儿童的心智理论”的大量文献，该主题由下列学者很好考察过：阿斯廷顿、哈里斯和奥尔森（Astington, Harris, Olson，1988）；巴伦－科恩（Baron-Cohen，1995）；巴伦－科恩、塔格尔－弗拉斯伯格和科恩（Baron-Cohen，Tager-Flusberg，Cohen，2000）。

那些想考察硬决定论及其近亲的吸引力和陷阱的人，应该考虑一下迈克尔·斯鲁特（Michael Slote）的“无须自由意志的伦理学”（1990），苏珊·布莱克摩尔的《谜米机器》（*The Meme Machine,* 1999），德克·佩雷布姆（Derk Pereboom）的《离开自由意志而生活》（*Living Without Free Will,* 2001）。

有关那些需要我们认真对待的诸如道德药丸和无疤痕洗脑之类幻想的极端哲学思想实验的更多讨论，见我的“母牛鲨鱼、磁人和沼泽人”（丹内特，1996B）。

有关休谟，见大卫·威金斯的“自然的和人工的美德：对休谟纲领的一个辩护”（1996）。

第十章

人类自由的未来

The Future Of Human Freedom

这一切到哪里是个头？有关自由意志最有说服力的焦虑来源，莫过于这样一种想象：物理科学把我们的所有行为（无论好坏）淹没在因果解释的酸汤[1]里，将灵魂蚕食殆尽，不留下任何东西可以去赞美或谴责，去尊崇、尊重或热爱。或许在许多人看来都是如此。所以他们试图竖起一道栅栏，确立一些绝对主义教条来遏制这些腐蚀性观念。

这是个注定会失败的策略，是过去千年留下的遗迹。得益于我们对自然不断增长的理解，我们已认识到，这样一个堡垒只能延迟灾难，而且经常把它变得更糟糕。如果你想要生活在海滩，你最好准备着在海滩进退时跟着迁移，因为它确实会进退，缓慢而又确定。防波堤可以"保持"海岸线，但必须通过破坏它的一些特性才能做到，而正是这些特性才让海岸成为如此宜居的地方。

更明智的做法是去研究地理状况，然后就某些有关离海水边缘多远才适合盖房的指导方针达成一致。但时代在变，数十年或数世纪中有意义的方针可能会变得陈旧而需要修正。常有人说，我们必须与大自然合作，而不是和它对抗，可是这当然只是一种适度的修辞；每个人类诡计都阻挠或扭转某种自然趋势；诀窍在于对自然模式如何组合在一起了解得足够清楚，从而我们对之施加的干预能够获得我们想要的结果。

---

[1] 在《达尔文的危险观念》里，丹内特将达尔文进化观念称作"万能酸（universal acid）"，能够腐蚀并穿透它所遇到的任何物质，包括装它的容器，以此强调进化论对于传统世界观的颠覆性，通过"奇怪的推理倒置"，颠倒了传统上对生命世界和文化现象的思考方向，也打破了自然科学与社会科学之间的传统隔阂，将原先被认为隔离于自然科学的因果解释之外的现象也纳入同一套科学体系中之中，这里"酸汤"仿佛就是被达尔文万能酸腐蚀溶解之后的产物。——译注

守住防备潜行开脱的界线

当我们对人们如何构造其心智了解得越来越多，构成我们赞美与谴责、惩罚与治疗、教育与用药等制度之基础的那些假定，将不得不做出调整，以尊重我们所了解的事实，因为有一点是清楚的：基于明显谬误的制度与实践是过于脆弱而难以信赖的。很少有人会愿意把他们的未来赌押在一个他们能看见其中裂缝的脆弱神话之上。

实际上，我们在这些问题上的态度已在过去几个世纪中逐渐转变。我们现在会无争议地免除或减轻许多案件中当事人的责任，而我们的祖先则会以粗暴得多的方式对待他们。这是进步吗？还是我们对罪行都变得软弱了？对于那些害怕者，这一变化看上去像是腐蚀，而对于抱希望者，它看上去像日渐壮大的启蒙运动，但还有一种看待这一过程的中性视角。

在进化论者看来，这是个滚动均衡，永不会长久静止，是一系列创新和反创新、调节和元调节（meta-adjustments）[1]所达致的相对稳定结果，这场军备竞赛产生了至少一种进步：自我知识的增长，在我们是谁和我们是什么、我们能够和不能做什么的问题上不断变得更老练。从这一自我理解出发，我们定型和再定型了我们对自己应该去做什么的结论。

这里有一个从第九章遗留下来有待回答的问题：成为一个可责的恶棍的认定条件，实际上究竟是什么？是否可能有任何人真正满足这些条件？没有人是完美的，况且，一个完美**恶棍**是个有自相矛盾之虞的概念，这一点自从苏格拉底以来便已得到领会。任何打算明知故

[1] 所谓元调节（meta-adjustments）就是对调节机制做出调节，即二阶调节，比如出汗是一种体温调节机制，假如存在一种对出汗机制进行调节（比如控制导致出汗的温度阈值）的机制，便是一种元调节，对一种元调节机制还可能存在更高的调节机制，即元元调节，或三阶调节，人类神经系统的复杂性（因而行为的复杂性）便在于，其调节机制可以有很多层次。——译注

犯去作恶的人，其内部是否必须有某个东西出毛病了？我们应如何在各种开脱症状——他不知道，他无法控制自己——和那些“按他们自己的自由意志”而作恶、知道自己在做什么的人之间划出界线？

如果我们把门槛设得太高，那就人人都能脱身，如果我们把它设得太低，我们会以惩罚替罪羊而告终。瞄准这个问题的种种自由意志主义提议，结果都偏离了靶子：神秘的主体因果，实践理性机能中的量子不确定性，由非物质灵魂所完成的道德悬浮，或其他幽灵般的木偶操纵者——这些说法充其量只能哄骗我们将注意力从难题上转移开，而专注于一个省事的不解之谜。所以让我们回到原来的问题：我们如何划出界线，而什么东西能在来自科学的全部压力面前保持这条界线不撤退？

设想一种资质（aptitude）测试，测量心智灵活性、一般知识、社会理解和冲动控制等等有理由认为是对道德主体性的最低要求的指标。这样一个测试可以将我们对责任能力的默会理解中所隐含的观念变得可操作：正常成年人具有这些能力，而你要么也具有，要么没有。我们可以把测试设计得具有“天花板效应”：满分 100 分，你的得分不可能超过 100，而且多数人都会得 100 分。（我们对该阈值以上的能力差异没有法律上的兴趣。缺乏想象力的史密斯或许未能和他的同伙——聪明绝顶的琼斯——一样清楚地了解自己正在做的事情，但史密斯也了解得相当好，足以让他承担责任。）

这种方针的理由是清楚而熟悉的，而且在诸如汽车驾驶执照这样的简单应用中看来效果不错。你必须满 16 岁（或 15 岁或 17 岁……）而且必须通过一个资质和规则知识测试。从此以后你就获得了在道路上驾驶的自由，并和任何其他驾驶者一样被对待。这样的政策可以在我们对它的公路安全影响了解更多之后做出调整，夜间限制、实习期、对可识别残疾或其他特殊情况的例外规定，都可以在最大化安全性和最大化自由之间的成本收益权衡中得到考虑。

这样一种平衡过程，也可以在有关免除或减轻责任的依据这一更一般问题的争议中看到。当我们对相关无能及其效果的模式了解得更多，我们就为重新确定个人相对于门槛的位置找到了依据，变化往往（但并非总是）朝向豁免某类之前历来被视为显然可责的人。这造成了一种门槛永远在后撤的表象，但我们需要更冷静地检查一下这一表象。

比如，我们完全有可能在不对我们的哲学背景假定做任何修正的前提下，对我们关于谁应被囚禁谁应被治疗的政策做出重大修正。毕竟，当我们发现某一被囚禁的个人被错判时，也并不改变我们关于有罪和无辜的观念。我们将这不幸的人从被认定为有罪者的集合中移除，但不改变集合成员的判定标准。

完全是因为我们坚持自己对罪行概念的标准理解，才让我们认识到这个人终究是无罪的。类似的，基于新证据的力量，一个类别的个体可能从被视为可责者的集合中被移除，而同时不对我们关于道德责任能力的观念做任何改变——特别是不发生任何“腐蚀”。我们只是会发现，我们社会中可负道德责任的人比我们迄今所认为的要少。

那句焦虑的咒语又来了：“可这一切到哪里是个头？”我们是在朝一个百分百“用医学方法处理”的社会前进，在这种社会里没有人是可负责任的，每个人都是其某个不幸背景特性（先天的或后天的）的受害者？不，我们不是，因为存在着对抗这一趋势的力量——不是神秘的形而上学力量，而是容易解释的社会与政治力量——它们和阻止法定驾驶年龄上升到（比如）三十岁的力量实际上是同一种。

人们想要保有责任能力。成为自由社会中一位声誉良好公民所能带来的利益，得到了如此广泛而深刻的领会，因而总是存在一个把自己包含进去的强烈预设。受谴责是我们为获得信任而付出的代价，在多数情况下我们乐意支付它。我们付出高昂的代价，在某桩违法行为中被抓住后接受惩罚和公开羞辱，以此换取一个重新回到游戏中继续玩下去的机会。

所以，守住界线避免潜行开脱的最佳策略很清楚：保护和加强一个人若是声誉良好公民就会参与的那些游戏的价值。是这些利益的腐蚀，而不是人类和生物科学的前进步伐，威胁着社会均衡。（回想一下伴随着苏联的衰败和最终崩溃的那条讽刺标语：他们假装付我们钱，而我们假装工作。）

因为总是存在强大诱惑让你把自己变得足够小，以便将你行为的原因外部化并拒绝承担责任，抵消这些诱惑的方法是，给人们一个他们无法拒绝的提议：如果你想要自由，你必须承担责任。可是那些就是无法自力更生的可怜虫又怎么说，他们抵御诱惑的能力弱小，几乎肯定要过一种犯罪并受惩罚的生活？这样一个仅仅伪装成自由选择的强迫性提议，对他们是不是不公平？

他们无法真正履行承诺，于是就被惩罚。他们或许是有用的替罪羊，因为我们用他们树立的例子让惩罚预期保持生动，而这些预期真正威慑了那些自我控制能力稍好的人，可这不是明显不正当的吗？毕竟，“他们不可能不这么做。”在一种意义上，这句老掉牙的话适合这一情况，但如我们即将看到的，它不是非兼容主义者所担忧的那种意义。

跨越门槛过程的动力学，或许在偶尔会出现在公众面前的极端案例中可以看得最清楚。比如，我们应该对已定罪的恋童癖（pedophiles）做什么？再犯率是惊人的——很明显，你真的无法教会这些老狗新花招——假如给他们自由，他们可能造成的伤害将是更骇人的［昆西（Quinsey）等人，1998］。

然而，存在一种其有效性已为研究所展现的治疗方法，它能赋予恋童癖自我控制能力，从而让他们变得足够安全而能够回到社会（在一些额外监控之下）：去势（castration）。一个可怕症状的可怕矫正。这会是合理的吗？这不是“残忍而不寻常的惩罚”吗？重要的是，许多被定罪的恋童癖自愿接受去势，作为对无限期监禁的远更合意的替代。（把一个性犯罪者释放进一个社区，引起其居民完全合理的害怕和愤怒，并决心组织警戒队以迫使这个危险人物离开本镇，这种时候，你倒较少听到对残忍而不寻常惩罚的抱怨。）

问题远未解决，而且被许多因素复杂化了。去势是通过停止睾酮（testosterone）[1]流入身体而获得其主要效果的，而这可以用化学的或手术的方法做到。化学去势需要反复注射而且一般是可逆的，但药物有一些不良副作用；手术去势是不容易逆转的，但它对行为的主要效果可以通过自我施用睾酮而被绕过——如果他真的想要的话。可是为何他会想要这么做呢？［例如，见普伦特基（Prentky，1997），罗斯勒和魏茨滕（Rosler and Witztum，1998）。］

去势的象征效果，是让这话题如此充满火药味的明显因素。假如手术切除（比如）阑尾也能对接受手术者的自我控制产生同样的戏剧性正面效果，那就很难相信对此选项会有这么多激烈反对。经验告诉我，在此背景中讨论这话题，会让某些读者头脑眩晕。“他竟然提倡阉割！”

不，我将这项政策作为一个严肃的替代选择而提出，但并未对它是不是最佳做法表达任何观点。毕竟，很可能即将出现某种更好且更温和的疗法。此外，为论证起见，暂且假设恋童癖的重犯率是50%（出入不会太大），再假设许多恋童癖自愿接受去势，作为他们为换取自由而甘愿付出的代价。

他们中大约一半将被“非必要地”去势：他们无论如何都不会再犯。问题是我们无法提前（在现在）识别出他们。但可以相信，随

［1］睾酮（testosterone）是一种类固醇荷尔蒙，是主要雄性激素，由男性睾丸大量分泌（女性卵巢和胎盘也可少量分泌），通过血液输送至身体各部分；注射用睾酮可以从其他动物提取，也可人工合成。——译注

着知识增长这一点会得到改进。在此期间我们该做什么？既有强有力的理由避免去势，也有强有力的理由提倡它。我用去势作为一个例子，并提请读者去反思一下，通过关闭他们的头脑而调高他们“内心”的音量，他们感受到的回应这样一个“难以启齿的”提议的冲动有多强烈。

这是问题的一部分。一些人如此确信他们正在被诱入一条通往万劫不复深渊的抹油滑道，他们就是无法让自己去思考这种话题。哲学家被认为超越于这些压力之外，隔绝在象牙塔中，冷静思考着所有可以想象的选项，但这是个神话。事实上，哲学家热衷于扮演早期报警侦察兵的角色，在隐约想象中的灾难有机会进入焦点之前就加以拦截。

去势是个有用的例子，因为它揭示了人们从两个方面考虑同一个主张时所表现出的不一致。有些人热切地为自己寻找处方药以帮助自己遵守规定食谱或控制血压，他们自己无法通过适当练习而掌握，同时他们却拒绝用所有此类高技术拐杖去促进或补充那些面临其他诱惑的人的意志力。假如认识到自身弱点并采取无论何种当前可用的措施去提高他们自己的自我控制能力，对于他们是理性的，也是负责任的，他们又怎么能贬低其他人的同样方针呢？

对于一些由强迫性过度饮食导致的慢性肥胖案例，一种新型胃旁路手术（gastric bypass surgery）看来是个重大突破，这是种极端措施，但在今天许多地方的舆论氛围中，严重超重者若拒不接受这种手术，会被认为是不负责任的［葛文德（Gawand），2001］。随着我们更多了解手术对强迫性过度饮食者和对周边社会及其态度的长期影响，这种看法很可能会改变。

此类态度在为自由选择设定背景条件上起了强有力的作用。比如，诸如食欲过盛（bulimia）和神经性厌食症（anorexia nervosa）之类的饮食机能失调，在穆斯林国家的妇女中要少见得多，妇女的外貌身材吸引力在这些社会中所扮演的角色，比在西方化国家更次要［阿贝德（Abed）、，1998］。如吉巴德所指出，即便社会规范的较小修正，也可对个人如何考虑其所做选择产生深刻影响，而且这是人类选择区别于动物选择的一个关键特性。

假设你背上有块大紫瘢。这是个生物学特性，但也许不是个非常重要的心理学特性。现在改成假设你鼻子上有块大紫瘢。这是巨大得多的不幸，因为尽管两种色瘢在生理上可能都是无害的，但你鼻子上的瘢痕无疑会深深妨碍你的自我形象，因为它影响了别人如何看你和如何对待你，以及你如何对这种对待做出反应，还有他们如何对这些反应做出反应，等等。

一个紫鼻子是巨大的心理障碍。然而，它成为这样一个障碍，本身是件许多人容易认识到的事情，而这可能导致人们赞成那些倾向于将其影响最小化或至少加以引导的社会政策、习惯和态度。起初只是一个器官的生物学表面特征，转变成了一个心理学特性，进而又变成了一个更大范围的政治特性。这种事情在动物世界不会以任何明显的程度发生。

田野生态学家惯常捕捉并标记他们所研究的动物，以便在不同时间再认个体。数千只鸟戴着彩色脚环过日子，或许同样多的哺乳动物耳朵上带着显眼的金属号码标牌忙活生计，谁都知道，这些标记并未严重干扰他们的生活，既未减少也没增加它们的机会。但一个人要是不得不在耳朵上钉着一个金属标签而公开露面，他就不得不对生活希望和计划做出重大调整，由此便会在是否展示这一特性的决定——无论是否自愿承受——上存在一个政治维度。

将人类主体性与动物主体性区分开来的这一对社会与政治反响的敏感性，也为人类责任能力提供了比量子不确定性更可靠的基础。我们当前有关责任能力的实践与设想从中浮现的那个政治协商过程，和决定论或更一般的机械论毫无关系，但确实与对特定主体和特定类型主体的特定特性之不可避免性——或可避免性——的评估有关。

你能不能教会这些老狗新把戏？如我在第三章指出的，存在一种简单明了的意义，在决定论世界中能力在此意义上可以随时间而增长，正如机会和由决定论性质的特定主体利用这些机会所创造的产物也在随时间增长。这种能力随时间的增长，在那种采用狭窄眼光看待决定论定义——"在任意时刻有且只有一个物理上可能的未来"——中的可能性的思维定式下，是完全看不到的。

按照这种眼光，一个决定论世界中，在任一时刻 t，没有东西**可能**做它被决定在时刻 t 去做的事情之外的任何事，而在一个非决定论世界里，在任一时刻 t，一个东西**可能**做这种类型的非决定论所允许的那么多件——至少两件——不同事情，这被认为是一个深刻而不可改变的物理学事实，不会因实践的或知识的或技术的改变而被扰乱。假如我们以这种方式理解可能性，那么人们今天**可能**做的事比他们曾经能够做的事更多这一明显事实，将消失不见，但这一事实不仅明显，也很重要。

的确，每派伦理学家现在都面临着未能正确把握"能够"的这种含义的危险。伦理学中少有的无争议命题之一（也配得上它自己的简单口号），是"**应该意味着能够**"——只有当你有能力去做某事时，你才可能有义务去做这事。如果你确乎没有能力做 X，那么你应该做 X 的说法就是错的。有时人们会认为，正是在这里我们看到了自由意志与责任能力之间的基本（且明显）联系：因为我们只能对我们能力所及的事情负责，并且因为如果决定论为真，我们只能做我们被决定去做的无论什么事，所以从不会有我们应该做其他事的情况，其他任何事都不会是我们能力所及。

但与此同时，更明显的是，**能做之事**在近期人类史上的爆炸性增长，正在让我们的许多有关人类义务的传统道德观念变得陈旧，这完全独立于任何有关决定论或非决定论的考虑。具有道德重要性的"能够”意义不是那种依赖于非决定论的“能够”意义（如果有的话）。

假设一个有资质但生了病的成人，请求你帮助把他活着的身体放进低温生命暂停装置（cryogenic suspension of life）[1]中，希望侥幸在未来某个时候发现该病的治愈方法。这算不算帮助自杀？在今天，有理由说是；到明天则可能明显是正当的，就像协助为某人在即将经历有潜力挽救其生命的手术之前施行药物麻醉一样。

我们过去从不需要操心有关克隆、或无处不在的电子监控、或运动员使用的改变精神状态的药物、或胚胎遗传改进等等做法的伦理学，也从不需要太操心人类主体自我控制能力的有效假体性增强的前景，可是当这样的创新出现时，我们需要准备好一种对责任能力足够健壮的理解，足以优雅的适应这些新情况。

“谢谢，我需要这个！”

令这种适应成为可能的关键视角转换，是由斯蒂芬·怀特（Stephen White）在《自我的统一》（*The Vnity of the Self*, 1991，第八章，“道德责任能力”）中描述的一种倒转。他主张，不要试图用形而上学为伦理学提供基础，把它反个方向：用伦理学来确定我们的“形而上学”判定标准所应有的含义。

首先，说明何以能存在一个内部正当性认定（internal justification），让某些主体能够默许对他自己的惩罚——相当于说，“谢谢，我需要这个！”——然后用这一理解去锚定和支持对我们关键说法——**原本可以不这么做**——的解读：“只有当对某个主体的相

[1] 低温生命暂停（cryogenic suspension）也叫深低温保存（cryopreservation），是在低于 -196℃（液氮的沸点）的环境下保存生物活体组织的方法，已应用于植物种子、血液、精液、卵子、卵巢和睾丸的部分组织、某些胚胎等，但整个人体的保存还只是被当做一种未来可能性而谈论。——译注

关行为的归责和谴责是正当合理的，才能说该主体原本可以做他或她实际所做之外的事”（p.236）。换句话说，自由意志确实值得渴望这一事实，可以被用来以一种形而上学神话未能做到的方式去锚定我们的自由意志概念。

这一基本论证旨在涵盖全部道德赞美和道德谴责，但如果我们聚焦于由权力机构（“国家”）施加惩罚的案例，便可简化论证，这些案例可以作为对更广类型案例的代表，后者还包括那些尽管没有犯罪发生但个体因不端行为而被其他个体谴责的情况。在许多更广泛类型的案例中，除了责骂——或只是怨恨、暗暗诅咒——之外，可能不存在预期惩罚。我们可以通过时不时在一个法律背景（比如国家诉琼斯案）和一个道德背景（比如一位家长告诫一个孩子）中来回切换，来观察该论证的一般性。

怀特主张，惩罚制度的理想将是，每项惩罚在被惩罚者的眼里都是合理的。这预先假定了，有资格被惩罚的主体足够智慧、理性、有知识，因而有能力对这项惩罚所提出的正当性理由做出判断。他们（设想中的）对自己所受惩罚的默许，起到了为设定门槛提供参考点或支点的作用。

那些没有能力做出这样一个判断的人，当然没有能力享受不受监管的公民自由，所以我们不谴责他们（也未必，如果他们是小孩的话）。那些其能力足以领会其正当性并接受它的人，是可责恶棍的明确实例——他们自己也这么说，我们没有说得通的根据不接受他们的说法。剩下的是那些显然有资质但拒绝默认的人。

这些是有疑问的案例，但他们从两方面受到挤压：一方面，他们被认为渴望获得合格公民地位，连同它带来的许多利益，而另一方面，他们害怕惩罚，而要逃脱这惩罚，他们只能把他们的自我宣称得——或暴露得——太小。（如果你把自己变得足够小，你几乎可以外部化任何东西。）怀特狡猾地指出，甚至理性的精神变态者也会有一个内部正当性认定，支持惩罚精神变态者的法律，因为这些法律会保护他免受其他变态者伤害，并承认他尽最大可能追求自己利益的自由。

无论这样一个仪式性的正当性认定是否真正实行，我们都可以想象其场景。假设你是罪犯。相当于国家对你说："你犯罪了。真倒霉，但为了国家好，你因此而被要求接受惩罚。"然后你听到指控、证据和判决。让我们假设，你被控罪名成立。（体制的制衡机制将对国家保持压力，令其妥善处理案件，而你被鼓励利用这一前提进行辩护。）但现在的问题是，你是否能够对你做出的行为负责。

我们可以将此表述为"你本可以不这么做吗？"这个问题，但我们不会接着从形而上学家或量子物理学家那里去寻求证言。我们会寻求有关你的资质的特殊证据，或为你开脱的具体情节。特别地，考虑一种援引在你控制之外的因素——比如在你出生前很久便已存在的因素——的辩护。只有在你不可能对其知情的情况下，这些因素才是相关的。如果你了解或应该了解你盖房子那块土地一百年前就已被工厂废弃物污染了，你就不能援引它作为一个在你控制之外的因素。但你能够了解吗？（"应该"意味着"能够"。）

当我们拥有越来越强大的能力，去获取在我们的行动中起了因果作用的因素的相关知识，我们就对不了解外部（例如被污染的土地）和内部（例如众所周知的人对赚快钱的痴迷——你应该对它做点什么！）相关因素负有越来越多的责任。一个在旧时代过得了关的"我不可能不这么做"的辩护，如今已不再被接受。按社会主流态度，你有义务在所有你希望行使一些责任能力的事情上跟上最新的实用知识。

国家请求你默许对你的惩罚，而你当然可能不默许，但如果国家做得没错，你就应该默许。即，国家可以给你一个它能理直气壮加以辩护的理由。如果你不接受它，那是你的问题。如果有大量民众不接受它，那是国家的问题，他们可能把门槛设得太低了，或以某种其他方式没有妥善制定法律。

我们该如何处理不理想的现实世界中那些处于模糊地带的案例呢？这些案例中人们无法接受惩罚，或者更糟糕，他们的默认只是洗脑或威压的结果。一个缺乏默认他们所受惩罚所需资质的被惩罚罪犯的非空集合的存在是**不可避免的**，但它并非**不可避免地会很大**。实际上，商定门槛的系统有个很好的属性，它能**随时间**而调整，以最小化这个被错误归类者集合。

当我们发现错误的判决，我们把它们当做修订我们政策的依据，而当我们发现那些低于目前得到捍卫的自我控制门槛的个体类别，我们则面临着一个与是否要调整驾驶执照规则同样的政治问题。如果新技术（手术或药物或治疗或假体性装置或教育体系或警告灯或……）能有效调节那些不足者的能力，那我们面临的便是一个好处是否超出伤害的成本收益权衡问题。

恋童癖能不那么做吗？有些能而有些不能，我们应当考虑采取那些能把更多后一类人转入前一类的措施。那些能不那么做的，是那些**一旦**犯错会坚持他们受惩罚**权利**的人。而当他们如此宣称时，我们不应预先判断其做此宣称的能力——尽管这会成为庭审中的一个议题。但任何一个过错的出现本身，会不会说明他们不能不这么做——至少在这种特定情形下不能？

不。这不正当地退回到了对“能够”一词的狭窄理解。我们是用该词的宽阔理解来锚定我们的实践并要求这样的个体负责任的。在（与宽阔理解）相应的意义上，他们能够不这么做。（回想一下第三章里这一现象更琐碎的版本：未能下出王车易位的那个象棋程序，完全能够在所有棋局中下出王车易位——尽管它身处一个决定论世界因而在**完全**相同的情况下将总是不会下出王车易位。）

但是，在已知几乎肯定存在一些确实会再犯的惯犯的情况下，采纳上述政策是不是过于冒险？或许是，但这是一个有关我们准备忍受生活里有多少风险的政治问题，而不是一个有关恋童癖究竟是否拥有某种形而上学意义上的自由意志的哲学问题，甚或一个有关恋童癖为何会那么做的科学问题。

随着我们对容易导致恋童癖的相关条件——神经化学的、社会的、遗传的——（以及这些条件之可避免性的变化着的界限）了解越来越多，我们无疑会缩小将这些人从监禁中释放出去的不确定性，因而也缩小这么做的风险，但风险永远都会存在。这里的政治问题是，作为一个社会，为了维持我们的自由，我们准备忍受多大风险。

我们已在这样的规则下生活了数世纪：没人可以仅仅因为**很可能会实施犯罪**而被惩罚或拘押，但我们始终完全清楚一个事实，这条值得赞美的原则有其风险。当一位向来守法的公民带着危险武器靠近他意欲加害的人，我们该怎么做？我们可能在哪一刻进行干预？这位公民伙伴从哪一刻起丧失了他免受干预的自由？在我们对他采取行动前，他有先动手的权利吗？

随着我们对可能性及其背后的条件了解得越来越多，将出现越来越大的压力，让我们出于公共安全的考虑而调整我们受赞美的原则。注意，我们已经有了一大批服务于这一意图的巧妙的法律创新——它们通过为那些踏上通往主罪行道路的人创立新罪名而保留了上述原则。比如，我们制定了一条法律禁止人们在公共场合携带危险武器，或者创立一条阴谋实施另一项罪行的新罪名。

具有某种特定健康状况的人，在申请一个特定的高风险职位时隐瞒这一事实，已经是一种犯罪。我们有着将知情责任置于个人的种种方式，这样他们可以做出类似恋童癖那种可怕选择的决定[1]。而且——这是要点——如果我们坚持这些创新必须通过“谢谢，我需要这个！”测试的要求，我们便可维持我们对责任能力的直觉，便可阻

[1] 指接受手术或化学去势。——译注

止潜行开脱幽灵。

问问自己：假设你知道（因为许多有益的科学知识），你患有一种疾病，会使你非常可能以某种方式去伤害别人，除非你接受治疗Z，而这会让这样的不幸变得远比过去更**可避免**，再假设经历这一治疗不会让你丧失（几乎）任何能力。你会欣然接受该治疗吗？你会赞同一条将接受该治疗作为你保有自由之条件的法律吗？

换句话说，你确信在这种情况下你拥有先发制人的**权利**吗？在庭审中你可能会说，“尊敬的法官大人，我有一种疾病，它在我控制之外！我不可能不这么做，”但如果你了解治疗机会，这么说是不诚实的。那如果这种治疗必须在达到法定年龄之前的童年期实施呢？我们是否已准备好考虑这种预防性干预的伦理智慧？

在我们采纳这样一种全面的“公共健康”措施之前，需要什么样的证据标准？（我们已经有了要求免疫接种的法律，即便我们心里很清楚，一些儿童会对它们产生不良反应并因此死亡或残疾。）我们知道的越多，能做的也越多，能做的越多，面临的责任也越多。我们可能会怀念旧日好时光，无知在那时比在今天是更好的借口，但我们无法让时光倒转。

是时候重提第一章里那位倒霉父亲的困境了，他对他孩子的死负有责任——是吗？假设每个人有一个断裂点，那些恰好遭遇了他们个人断裂点的人就毁了！仅仅因为某些**其他**人若面临完全相同处境不会崩溃，就让他们承担责任并接受惩罚，怎么可能是公平的？他仅仅是坏运气的牺牲品，不是吗？你没有向诱惑屈服，或者你的弱点没有被某些阴谋利用，仅仅是你的运气好，不是吗？

是的，运气在我们生活中始终是个重大因素，但因为我们知道这一点，我们会采取我们认为适当的预防措施，以便将运气的不幸效果最小化，然后对所发生的无论什么事承担责任。我们可以注意到，如果他把自己变得足够小，他可以外部化他生活中的整个这一幕经历，几乎可以将它变成一个恶梦，一件只是发生在他头上的事情，而不是他做的什么事情。

或者他可以把自己变大，然后面对困难得多的构建一个未来自我的任务，这个自我的履历中有着这一可怕的疏忽行为。这取决于他，但我们可能期望他从朋友那里得到一点点帮助。这确实是凯恩提醒我们注意的那种自我塑造行动的一个机会，而我们人类是唯一有能力做出这些行动的物种，但那并不需要这些行动是未被决定的。

我们比我们希望的更自由吗？

如果我们看出貌似理想的探索会导向何处，或许会对是什么让探索变得理想改变想法。无论如何，如果这种方法能起作用，它起作用的过程一定很慢，需要沿许多路线辛勤探索。

——艾伦·吉巴德，《明智选择，聪明感受》

尼古拉斯·麦克斯韦（Nicholas Maxwell，1984）将自由定义为“在一定范围的环境条件中取得有价值东西的能力”。我想这差不多是对自由可能做出的最佳简短定义了。特别是，它恰当地对何为有价值这个问题保持了完全开放。我们对自己所持有的关于是什么让生活值得去过的最深层信念做出反思的独一能力，迫使我们去认真对待这样一个发现：对于我们能够考虑什么并不存在可以感知的限制。一切都可以去争取。对于某些人，这是个可怕的前景，打开了通往虚无主义（nihilism）和相对主义（relativism）的大门，撇开了上帝的戒律，面临一头扎进无秩序状态的风险。**让那乌鸦闭嘴！**

我想他们对自己的人类伙伴应该更有信心，并感激于他们何等惊人的敏锐和机灵，被自然和文化装备得何等精良，从而能够构造和参与到经良好设计的社会安排之中，正是这些安排最大限度地扩展了所有人的自由。这样的安排远远不是无秩序的，而是——也必须是——经过精巧调整而在保护和活动余地之间取得了稳定的平衡。如果我们无法取得普适性（智人的沙文主义词汇，指在该物种范围内得到承认），我们或许至少能够渴望艾伦·吉巴德所称的“适用于最广阔教区的教区制度”（吉巴德，1990，p.315）。

但或许我们能够获得真正的普适性。我们在其他领域已经做到了。哲学家的问题是要设法完成从“是”到“应该”的转变——或者更精确地说，要说明我们可能如何超越特定习俗或政策已经拥有广泛社会支持这一“纯粹历史”事实，而到达赢得所有理性主体同意的规范。这一行动已经有了为人所知的成功实例。自举在过去已经起了作用，它同样可以在此时起作用。我们不需要一个天钩。

考虑画直线这个奇特问题。一条**真正的**直线。我们是怎么做到的？当然，我们使用直尺。但我们从哪里弄到直尺的？数个世纪中我们不断改良我们的技术，以便做出越来越直的所谓直尺，让它们在受监控的试验和相互矫正中互相竞争，由此不断提高精确度门槛。我们现在有了在其整个长度上精度在百万分之一英寸以内的大型机器，我们也能毫无困难地利用当前的制高点去领会实践上不可企及但很容易想象的**真正**直尺规范。

通过我们的创造性活动，我们发现了这一规范——或者如果你喜欢，也可以叫它永恒的柏拉图直线形式（Platonic Form of the Straight）[1]。我们也发现了算术，还有其他许多永恒的绝对真理系统。如吉巴德所言，我们可能不会在对伦理系统的探索中发现相似的极限点，但一旦我们具备自由社会所需要的理想条件，在其中自由探

[1]“形式（form）”是柏拉图实在论（Platonic realism）的中心概念，也叫理念（idea），是一种纯粹、绝对、完美、永恒的“存在”，就像几何学中的点、直线、三角形等抽象对象，而人在日常生活中所接触和感知的，只是它们的不完美投影，柏拉图认为只有前者才是真实而本质的，后者是衍生的、表面的；这是一种相对纯粹的本质主义哲学。——译注

索可以发生，那我就看不到先验的理由去排除这样的前景。

这些人类发现——抑或它们是发明？——中所隐含的规范性，本身就是遗传和文化进化过程的果实之一，该过程将我们设计成了现在的样子，它利用了数十亿机缘偶得的碰撞并放大了它们，如弗兰西斯·克里克（Francis Crick）所称，是一部“凝固机遇”的历史，机遇被凝固在了我们的当前状态之中。我们历时数千年的模因工程的社会过程至今仍在继续。它没有可用来撬动世界的阿基米德杠杆，但它或许可以对改进我们对自己和所处环境的理解有所帮助。

如我们所见，发现真相所必需的**思想**与**行动**的自由，是更为广阔的政治或公民自由理念的一个先导，一个显然容易散布的模因。它远比狂热更具有传染性，谢天谢地。真相已广为流传，再也藏不回去。愚民政策从长期看没有取胜的可能。你很难消除教育对人们的影响。随着通信技术让领袖们对其人民屏蔽外部信息变得越来越困难，随着二十一世纪的经济现实让教育是任何父母在孩子身上所能做的最重要投资这一事实变得越来越清楚，自由闸门将在全世界各地打开，伴随着骚动的效果。

流行文化的所有糟粕，堆积在自由社会各角落里的所有渣滓，将连同现代教育、妇女平等权利、更好的医疗服务、工人权利、民主观念和对别种文化的开放性等等珍宝，一起泛滥于这些相对原始的地区。正如前苏联的经历再清楚不过地显示的，资本主义和高科技的最糟糕的那些特性，是这场模因种群爆炸中表现最健壮的复制子之一，因而存在着大量仇外情绪、卢德主义（Luddism）和守旧的原教旨主义的“清洁”诱惑滋长的沃土[1]。

---

[1] 卢德主义（Luddism）是1810年代英格兰工业革命期间，由纺织业中受新型机械化纺织工厂冲击的传统手工业者发起的反机器运动，参与者被称为卢德分子（Luddites）结伙破坏机器和工厂，卢德（Ludd）一名来自他们为自己虚构的英雄人物卢德将军（General Ludd）或卢德王（King Ludd）。——译注

正如贾瑞德·戴蒙德（Jared Diamond）在《枪炮、细菌和钢铁》（1997）中说明的，是欧洲人携带的细菌把西半球人口带到了灭绝边缘，因为那里的人们缺乏让他们对这些细菌产生耐受力的历史。在下一个世纪中，将是我们的模因，既像补药又像毒药，将肆虐整个尚未准备好的世界。不能假定其他人也拥有我们对过度自由的耐受力，也不能简单地把这能力当做另一种商品出口给他们。

任何人类都具有实际上无限的受教育能力，这给了我们成功的希望，但设计和实施驱除灾祸所必需的文化免疫接种，同时尊重那些需要接种者的权利，将是一件极为复杂的急迫任务，不仅需要更好的社会科学，也需要敏感性、想象力和勇气。公共卫生领域扩展到包括文化健康，将是本世纪最大的挑战。[前面两段取自丹内特（1999B）。]

人类自由是脆弱的

鲸徜徉于大洋，鸟翱翔于高空，而根据一个古老笑话，体重500磅的大猩猩可以坐在任何它想坐的地方，但这些造物中没有一个拥有人类所拥有的那种自由。人类自由不是个幻觉，它是一种客观现象，区别于所有其他生物学状况，而且仅见于一个物种：我们。人类主体的自主性与其他自然装置的区别，不仅从人类中心视角是可见的，从可采取的最客观诸立场（此处的复数形式很重要）也是可见的。

人类自由是真实的——就像语言、音乐和货币一样真实——因而可以从一个严肃的科学立场出发加以客观研究。但也像语言、音乐、货币和其他社会产物一样，其持久性受到我们对其所持信念的影响。所以并不奇怪，我们冷静研究它的企图，会被对我们会笨拙地杀死显微镜下标本的焦虑所扭曲。

人类自由比这个物种更年轻。其最重要的一些特性只有几千年历史——进化史上的一眨眼——但在这一短短时间里，它已经以和诸如富氧大气层的形成和多细胞生命的创造那样的伟大生物转变同样显著的方式改造了这颗星球。

自由必须和生物圈的所有其他特性一样进化出来，今天它仍在继续进化。在世界的一些幸福部分，自由如今是真实的，那些热爱它的人对它的热爱是明智的，但它远非不可避免，远非普遍。如果我们更好地理解自由如何产生，我们便能更好地将它保留到未来，保护它免受它许多天敌的伤害。

我们的大脑是由自然选择所设计的，而我们大脑的全部产物也同样是被设计的，在一个短暂得多的时间跨度上，由一个并未豁免于可辨认因果关系的物理过程所设计。那么，我们的发明，我们的决定，我们的罪行与胜利，如何可能不同于美丽但无关道德的蜘蛛网？一个作为和解礼物而带着爱心制作的苹果派，与一个由进化过程“巧妙”设计来吸引食果动物为获取一些果糖而散布其种子的苹果，如何可能在道德上有任何不同？

如果这些只是被当做反问句对待，暗示着只有一个奇迹才能将我们的创造物与物质机制的盲目而无意图创造物区分开来，我们就会继续在自由意志和决定论的传统问题上绕圈，继续陷在难解奥秘的漩涡之中。人类行动——爱与创造力的行动，也是罪恶与罪过的行动——距离那些原子事件（无论会不会随机转向）实在太过遥远，以至我们无法一看便知如何将它们归入一个单一而连贯的框架。

数千年来，哲学家曾试图通过大胆一跃（或两跃）跨过这一鸿沟，要么将科学放回它自己的位置，要么将人类自尊放回它自己的位置——或者宣称（正确但缺乏说服力地）非兼容主义只是表面的，但并未深入细节。通过尝试回答这些问题，通过勾勒一条可将我们从无意义原子一路带到自由选择行动的非神秘路径，我们为想象力开启了线索。自由意志与科学（无论是决定论的还是非决定论的——这不会带来差别）的兼容性，并非如它一度看上去那么难以令人信服。

本书所考察的主题不只是学术难题、趣味盎然的待解概念谜语或尚未被优秀理论所把握的奇特现象。许多人视之为生死攸关的问题，因为人们的恐惧倾向于放大不同分析意图所传达的含义，并扭曲争议，而将其变成或好或坏的生硬宣传工具。

“自由”一词所引起的情绪共鸣，如同“上帝”一样，总是会吸引一群虔诚信徒，急切地扑向任何错误举动、任何威胁、任何让步。结果是，传统往往可以坐享免费安乐窝，或差不多这样。人们倾向于认为，作为一种策略性智慧，传统所采纳的教条最好留着别去细究，即便这么做是可能的，因为那只会是在捅马蜂窝。于是传统思想便继续存在，很大程度上免受挑战，并随时光流逝而罩上了一件珠光宝气的貌似无懈可击的虚假外衣。

在许多其他思想家的帮助之下，我已尝试说明，我们可以而且应该将这些神圣庄严但又脆弱不堪的传统替换成一个更自然主义的基础。放弃诸如设想中决定论与自由相冲突这样得到尊重的规诫，放弃将奇迹般运行的自我或灵魂当做责任所止之处而带来的虚假安全，确实有点让人心惊胆战。哲学分析本身不足以在我们的思想中促成如此戏剧性的转变，即便它在根本上是正确的，而这本由哲学家写的书最基本的特征，是由非哲学家们的工作给它注入的卓越性。

在我看来，哲学家**作为哲学家**，除非认真关注了像丹尼尔·魏格纳和乔治·安斯利这样的心理学家，罗伯特·弗兰克这样的经济学家，理查德·道金斯、贾瑞德·戴蒙德、爱德华·O. 威尔逊和大卫·斯隆·威尔逊这样的生物学家，以及其他其观念在本书中扮演了突出角色的学者，便不能自称在自己的主题上履行了他们的专业职责。

当然，我不是持有这一观点的唯一哲学家。像乔恩·埃尔斯特（Jon Elster）、艾伦·吉巴德、菲利普·金切尔（Philip Kitcher）、亚历山大·罗森伯格（Alexander Rosenberg）、唐·罗斯、布赖恩·史盖姆斯、金·斯特林和艾略特·索布尔这样的杰出哲学家，在阐明科学和哲学问题的过程中，在挖掘这些哲学矿藏的丰富来源方面，比我走得更远。

在本书的论述过程中，我不仅是将注意力挥霍在了非哲学家的观念上，我还忽略了不少很有声望的哲学家的观念，绕开了一些在我自己学科中激烈的争议，没有过多提及。对这些辩论的主体们，我还欠一个解释。有人很可能会问，用来演示他们精心构造的分析之靠不住的我的反驳、我的证据、我的哲学论证，又在哪里？我给出了少许：比如奥斯丁的推杆、凯恩的实践理性机能和迈乐的自主性，都得到了哲学家们通常会期望的那种详尽分析。

至于其他的，我决定将举证责任推给他们。开展一项哲学争论需要一定数量的共同背景假设，而我确信——不是证明了——我的通俗故事和观察对他们的一些起始假设（enabling assumptions）提出了挑战，让他们的争论变得可有可无，尽管这些争论对那些卷入其中的人很有趣。

我原本可以确切地说出如何与为何是这样，但那要花去上百页或更多密密麻麻的文本注释和论证，最终将其判定为虚假警报，一个需要避开的扫兴结局。对我来说这是个冒险决定，因为他们随时可以演示，我糟糕地低估了他们共同前提假定的不可避免性，但这是个我打算去冒的风险。

我在本书中的目标是要演示，如果我们接受达尔文“奇怪的推理倒置”，我们便可在道德与意义、伦理与自由的问题上建立起最好最深刻的人类思想。进化视角远非这些传统探索的敌人，而是一个不可或缺的盟友。我并未寻求用某个达尔文主义替代品去取代卷帙浩繁的伦理学成果，而是要将这些成果置于一个配得上它的基础之上：一个有关我们在自然中位置的现实主义的、自然主义的、且有望统一的图景。

认识到我们作为会反思、会交流的动物之独一性，不需要任何在达尔文面前挑衅地挥舞拳头的人类“例外主义（exceptionalism）”，或者避开从清晰连贯且扎根于经验的思想体系中所收获的洞见。我们能够理解我们的自由何以比其他生物更多，并看到这一提升了的能力如何带来了道德含义：**贵族义务**（noblesse oblige）[1]。我们处于决定接下去做什么的最佳地位，因为我们拥有最广阔的知识和相应的观察未来的最佳视角。等待着我们星球的将是个什么样的未来，取决于共同商议说理的我们所有人。

[1] 贵族义务（noblesse oblige）原本是指高贵的出身和地位要求一个人表现出高贵的行为举止，并承担相应的道德责任。后来“贵族”身份的含义扩大为包括财富、权力、社会地位、知名度等等构成社会影响力的因素。——译注

对来源与进一步阅读的说明

罗伯特·凯恩的专题选集《牛津自由意志手册》（*Oxford Handbook of Free Will,* 2001），收集了近些年该哲学主题上重要作者的一些新撰写的文章，读者借此可以对本书所涉及的主题进行有益的交叉比对。

昆西等人在《暴力犯罪者：风险评估与控制》（*Violent Offenders; Appraising and Managing Risk,* 1998）中很好地考察了惩罚与累犯这个复杂话题，该书是对累犯预测与处置的一个统计手段高超且视野开阔的概述，并对精神变态者给予了特别关注。其中最引人注目的发现之一是，在监禁期间接受了社会敏感性和人际关系训练的精神变态者，获释后更可能实施暴力犯罪："于是我们推测，患者从强化教程中学到了许多，但变态犯罪者将他们的新技能用在了完全出人意料的用途上"（p.89）。

哲学家需要重新思考他们在讨论精神变态者和其他疑难罪犯时通常会援引的起始假设（一些过度简化）。如同往常，哲学家脱离事实基础的苍白想象力，是个过于迟钝的工具，不足以在如此微妙而重要的问题中派得上什么用场。。

斯蒂芬·怀特的《自我的统一》（1991），特别是第八和第九章，包含了对一些我在这里仅以粗线条描绘的话题的尖锐而详细的分析，其中展开的论证将满足那些怀疑者，特别是对他所提议的反转的必要性与稳妥性的怀疑。我尤其赞赏他对处理这些问题的早期哲学尝试的缺点的分析。

韦恩·摩尔（Wayne Moore）的《机械精确性的建立》（*Foundations of Mechanioal Accuracy,* 1970）是一本有关产生了当今（好吧，是 1970 年代）平直度和精确性标准的自举过程历史的令人着迷的著作。

本书的一些读者觉得缺少一个对人类创造性和创作能力的解释。这是我在2000年向美国哲学协会（American Philosophical Association）东部分会所做主席演讲（丹内特，2000B）的主题。

菲利普·佩蒂特（Philip Pettit）在《自由理论：从心理学到政治主体性》（*A Theory of Freedom: From the Psychology to the Politics of Agency,* 2001）里，罗伯特·诺齐克（Robert Nozick）在他最后一部著作《恒常》（*Invariances,* 2001）最后一章“伦理学的谱系”里，都对自由意志与政治自由的关系进行了考察。阿马蒂亚·森（Amartya Sen）在《以自由看待发展》（*Development as Freedom*, 1999）中说明了文化尤其是政治和经济组织在维护和增进自由上所扮演的角色。

就在我即将完成本书时，我通过邮件收到了梅林·唐纳德（Merlin Donald）的新书《如此罕见的心智：人类意识的进化》（*A Mind So Rare: The Evolution of Human Consciousness*, 2001）。唐纳德在第一页上就清楚表明了，他将该书设想为一份针对我的《意识的解释》（1991A）和《达尔文的危险观念》（1995）的解毒剂。然而，唐纳德此书的最后一章“意识的凯旋”完全可以充当本书的最后一章。这怎么可能呢？因为和许多其他人一样，唐纳德大大低估了从达尔文“奇怪的推理倒置”中所能获得的奖赏。他在序言中说：“本书提出，人类心智不像地球上的任何其他东西，这不是因为其生物学性质，后者并无质的独特性，而是因为它产生和吸收文化的能力”（p.xiii）。确实如此。

术语对照表
（按原文排序）

A

绝对主义	absolutism
行动	act, action
参与者	agent
主体性	agency
算法的	algorithmic
利他主义	altruism
泛灵论	animism
前件	antecedent
表象	appearance
进路	approach
资质	aptitude
军备竞赛	arms race
人工智能	Artificial Intelligence, AI
原子主义	atomism
自主的	autonomous
避免	avoid, avoidance
避免者	avoider

B

鲍德温效应	Baldwin effect
贫瘠机会	bare opportunities
有益自私性	benselfishness
大爆炸	Big Bang
盲眼钟表匠	blind watchmaker
自举	bootstrapping
洗脑	brainwashing
责任止于此	Buck Stops Here

C

漫讽	caricature
笛卡尔剧场	Cartesian Theater
王车易位	castled
去势	castration
因果网络	causal fabric
因果关系	causation
叙事重心	center of narrative gravity
混沌	chaotic
自洽	coherent
承诺问题	commitment problem
兼容主义	compatibilism
兼容	compatible
构形	configuration
有意识	conscious
意识	consciousness
后件	consequent
康威生命世界	(Conway's) Life World
连续谱	continuum
潜行开脱	Creeping Exculpation
何人得益？	Cui bono?
死胡同	cul-de-sac
可责的	culpable

D

达尔文原教旨主义者	Darwinian fundamentalist

决策制定 decision-making
自由度 degree of freedom
斟酌 deliberate, deliberation
德谟克利特宇宙 Democritean universes
设计立场 design stance
决定论 determinism
谦逊规范 diffident norms

E

活动余地 elbow room
情绪 emotion
本质主义 essentialism
真核革命 eukaryotic revolution
可避免性 evitability
可避免的 evitable, avoidable
进化博弈理论 evolutionary game theory
进化稳定策略 evolutionarily stable strategy, ESS
指数贴现 exponential discounting
无中生有 ex nihilo

F

机能兼性 facultative
实践理性机能 faculty of practical reason
公允 fair
宿命论 fatalism
固定反应模式 Fixed Action Patterns, FAPs
迫着 forced move
漂浮性理由 free-floating rationale
吃白食者 freeloaders
自由意志 free will

G

盖革计数器 Geiger counter
基因决定论 genetic determinism
基因中心主义 genocentrism
内疚 guilt

H

硬决定论 hard determinism
热寂 Heat Death
他律性 heteronomy
内平衡 homeostasis
宿主 host
双曲贴现 hyperbolic discounting
四维超立方体 hypersolids

I

识别谓词 identification predicates
观念性动作 ideomotor
幻觉 illusion
专横规范 imperious norms
非兼容主义 incompatibilism
非决定论 indeterminism
惰性历史事实 inert historical facts
不可避免性 inevitability
不可避免的 inevitable, unavoidable
通俗谓词 informal predicates
先天诱发机制 Innate Releasing Mechanisms, IRMs
意向性立场 intentional stance
意向性系统 intentional system
跨期议价 intertemporal bargaining
跨期冲突 intertemporal conflicts

J

原来如此故事 Just So Story
公正 justice

L

拉普拉斯妖 Laplace's demon

自然律 laws of nature
自由意志主义 libertarianism
巴别库 Library of Babel
德谟克利特库 Library of Democritus
孟德尔库 Library of Mendel
世系 lineage

M

物质主义 materialist
机械论 mechanism
减数分裂 meiosis
模因 meme
模因学 memetics
形而上学 metaphysical
心智 mind
模态逻辑 modal logic
道德悬浮 moral levitation
道德性 morality
自然之母 Mother Nature

N

自然主义 naturalism
必然性 necessity
新达尔文主义 neo-Darwinism
虚无主义 nihilism
非算法的 non-algorithmic, nonalgorithmic

O

本体论 ontology
末端开放 open-ended
有机体 organism

P

恋童癖 pedophiles
做人资格 personhood
多态陷阱 polymorphic traps
多态性 polymorphism
可能性 possibility
可能世界 possible worlds
实践上的 practical
元初哺乳动物 Prime Mammal
囚徒困境 Prisoner's Dilemma
假体性的 prosthetic

Q

量子随机性 quantum randomness

R

存在理由 raison d'être
随机背离 random swerve
准备电位 readiness potential, RP
理由 reason
配方 recipe
还原论 reductionism
反思平衡 reflective equilibrium
停止退行 regress-stopping
规律性 regularity
相对主义 relativism
复制子 replicator
表征 representation
思想体 res cogitans
责任能力 responsibility
机器人 robot
拇指法则 rule of thumb

S

凸显 salience
自我塑造行动 self-forming actions, SFAs
机缘偶得 serendipity

同时性	simultaneity
处境－反应机	situation-action machine
怀疑论	skepticism
天钩	skyhook
仓促决定	snap decision
规格	specs
掘土蜂式	sphexish
灵魂	soul
状态描述	state description
充分性	sufficiency
至善	summum bonum
易感性	susceptibility
易感	susceptible
共生	symbiosis

T

思想实验	thought experiment
公地悲剧	tragedy of the commons
试错	trial and error
转座子	transposons

U

终极责任能力	Ultimate Responsibility
不确定性	uncertainty
通用图灵机	Universal Turing Machine
用户错觉	user illusion
效用理论	utility theory

V

稀渺	Vanishing
浩瀚	Vast
无知之幕	Veil of Ignorance
虚拟机	virtual machine
视觉中心	vision center
三维像素	voxel

W

意志力	willpower

人名对照表

（按原文排序）

阿贝德，里亚德赫	Abed, Riadh
安斯利，乔治	Ainslie, George
埃金斯，凯瑟琳	Akins, Kathleen
阿利森，亨利	Allison, Henry A.
阿尔瓦雷斯，乔治	Alvarez, George A.
艾波雅，布莱恩	Appleyard, Brian
阿斯廷顿，詹内特	Astington, Janet
奥格，罗伯特	Aunger, Robert
奥斯丁，约翰	Austin, John
阿维塔尔，伊藤	Avital, Eytan
贝克，尼科尔森	Baker, Nicholson
斑比	Bambi
巴伦－科恩，西蒙	Baron-Cohen, Simon
贝希，迈克尔	Behe, Michael
本尼迪克特，大卫	Benedictus, David
贝里，迈克尔	Berry, Michael
宾汉姆，保罗	Bingham, Paul
宾默尔，肯	Binmore, K. G.
布莱克摩尔，苏珊	Blackmore, Susan
布恩，詹姆斯	Boone, James L.
玻尔	Bohr
博尔赫斯，豪尔赫·路易斯	Borges, Jorge Luis
博伊德，罗伯	Boyd, R.
博耶，帕斯卡	Boyer, Pascal
布赖，林恩	Bry, Lynn
布尔克特，瓦尔特	Burkert, Walter
卡贝尔，詹姆斯·布兰奇	Cabell, James Branch
凯撒，尤里乌斯	Caesar, Julius
卡尔文，威廉	Calvin, William
坎贝尔，唐纳德	Campbell, Donald
卡特米尔，马特	Cartmill, Matt
卡托	Cato
奇泽姆，罗德里克	Chisholm, Roderick
丘奇兰德，帕特里夏	Churchland, Patricia S.
丘奇兰德，保罗	Churchland, Paul
克拉克，托马斯	Clark, Thomas
克娄巴特拉	Cleopatra
克洛克	Cloak, F. T.
科尔曼，玛丽	Coleman, Mary
康拉德	Conrad
康威，约翰·何顿	Conway, John Horton
科米尔，凯瑟琳	Cormier, Catherine A.
克里克，弗兰西斯	Crick, Francis
克罗宁，海伦娜	Cronin, Helena
丘比特	Cupid
达尔文，查尔斯	Darwin, Charles
道金斯，理查德	Dawkins, Richard
德克	Deecke, L.
德谟克利特	Democritus
丹内特，丹尼尔	Dennett, Daniel C.
登斯莫尔，香农	Densmore, Shannon
迪普，大卫	Depew, David
德·瓦尔，弗兰斯	De Waal, Frans B. M.
戴蒙德，贾瑞德	Diamond, Jared

卡茨，莱昂纳德	Katz, Leonard D.	穆勒	Müller
凯勒，加里森	Keillor, Garrison	奈斯，伦道夫	Nesse, Randolph
肯尼迪，约翰·菲茨杰拉德	Kennedy, John F.	尼采	Nietzsche
金斯波兰尼，马塞尔	Kinsbourne, Marcel	诺齐克，罗伯特	Nozick, Robert
金切尔，菲利普	Kitcher, Philip	奥斯瓦尔德，李·哈维	Oswald, Lee Harvey
科恩休伯	Kornhuber, H. H.	奥尔森	Olson, D.R.E.
克里普克	Kripke, Saul	奥本海默，保罗	Oppenheim, Paul
拉普拉斯，皮埃尔－西蒙	Laplace, Pierre-Simon	帕姆奎斯特，雷切尔	Palmquist, Rachel
雷塞尔，保罗	Layzell, P.	帕吉尔斯	Pagels
利，埃格伯特	Leigh, E. G.	皮尔，D. K.	Pearl, D. K.
刘易斯，大卫	Lewis, David	皮尔，朱迪亚	Pearl, Judea
列万廷，理查德	Lewontin, Richard	彭罗斯，罗杰	Penrose, Roger
利贝特，本杰明	Libet, Benjamin	佩雷布姆，德克	Pereboom, Derk
路德，马丁	Luther, Martin	佩辛，安德鲁	Pessin, Andrew
莱尔	Lyer	佩蒂特，菲利普	Pettit, Philip
麦凯	MacKay, D. M.	菲利普斯，伊莫	Phillips, Emo
麦肯齐，罗伯特·贝弗利	MacKenzie, Robert Beverley	平克，斯蒂文	Pinker, Steven
马梅利，马泰奥	Mameli, Matteo	柏拉图	Plato
马克思，卡尔	Marx, Karl	波普，卡尔	Popper, Karl
麦克斯韦，尼古拉斯	Maxwell, Nicholas	庞德斯通，威廉	Poundstone, William
梅纳德·史密斯，约翰	Maynard Smith, John	普伦特基	Prentky, R. A.
麦克唐纳，约翰	McDonald, John F.	品钦，托马斯	Pynchon, Thomas
麦克法兰，大卫	McFarland, David	奎因	Quine, W.V.O.
麦克吉尔，维多利亚	McGeer, Victoria	昆西，维农	Quinsey, Vernon L.
麦克劳林，	McLaughlin, J. A.	拉夫曼，戴安娜	Raffman, Diana
迈乐，阿尔弗雷德	Mele, Alfred	雷恩	Raine, Adrian
门肯，亨利	Mencken, H. L.	拉马钱德兰，维莱亚努尔	Ramachandran, Vilayanur
梅特卡夫	Metcalfe, J.	拉维扎，马克	Ravizza, Mark
米尔顿，凯瑟琳	Milton, Katherine	罗尔斯，约翰	Rawls, John
米契尔	Mischel, W.	伦勃朗	Rembrandt
摩尔，乔治·爱德华	Moore, G. E.	伦德尔，保罗	Rendell, Paul
摩尔，韦恩	Moore, Wayne R.	赖斯	Rice, Marnie E.
莫亚，安德烈斯	Moya, Andrés,	里克森，彼得	Richerson, P.

参考文献

Abed, Riadh, "The Sexual Competition Hypothesis for Eating Disorders," *British Journal of Medical Psychology*, 17:4, 1998, pp. 525–547.

Ainslie, George, *Breakdown of Will*, Cambridge: Cambridge University Press, 2001.

Akins, Kathleen, "A Question of Content," in *Daniel Dennett*, Andrew Brook and Don Ross, eds., Cambridge: Cambridge University Press, 2002, pp. 206–246.

Allison, Henry A., "We Can Act Only under the Idea of Freedom," *Proceedings of the American Philosophical Association,* 71:2, 1997, pp. 39–50.

Astington, Janet, P. L. Harris, and D.R.E. Olson, eds., *Developing Theories of Mind*, New York: Cambridge University Press, 1988.

Aunger, Robert, ed., *Darwinizing Culture:The Status of Memetics as a Science*, Oxford: Oxford University Press, 2000.

——, *The Electric Meme: A New Theory of How We Think and Communicate*, New York: Free Press, 2002.

Austin, John, "Ifs and Cans," in *Philosophical Papers*, J. O. Urmson and G. Warnock, eds., Oxford: Clarendon Press, 1961.

Avital, Eytan, and Eva Jablonka, *Animal Traditions: Behavioral Inheritance in Evolution*, Cambridge: Cambridge University Press, 2000.

Baker, Nicholson, *The Size of Thoughts: Essays and Other*

Lumber, New York: Random House, 1996.

Baron-Cohen, Simon, *Mindblindness: An Essay on Autism and Theory of Mind*, Cambridge, MA: MIT Press, 1995.

Baron-Cohen, Simon, H. Tager-Flusberg, and D. Cohen, eds., *Understanding Other Minds: Perspectives from Developmental Cognitive Neuroscience*, Oxford: Oxford University Press, 2000.

Behe, Michael, *Darwin's Black Box: The Biochemical Challenge to Evolution*, New York: Free Press, 1996.

Berry, Michael, "Regular and Irregular Motion," copyright American Institute of Physics, available on his Web site: http://www.phy.bris.ac.uk/staff/berry-mv.html, ISSN 0094-243X/78/016/$1.50, 1978.

Bingham, Paul M., "Human Uniqueness: A General Theory," *Quarterly Review of Biology*, 74, 1999, pp. 133–169.

Binmore, K. G., *Game Theory and the Social Contract*, Vol. 2: *Just Playing*, Cambridge, MA: MIT Press, 1998.

Blackmore, Susan, *The Meme Machine*, Oxford: Oxford University Press, 1999.

Boone, James L., and Eric Alden Smith, "A Critique of Evolutionary Archaeology," *Current Anthropology*, 39, Supplement, 1998, pp. 104–151.

Boyd, R., and P. Richerson, "Punishment Allows the Evolution of Cooperation (or Anything Else) in Sizable Groups," *Ethology and Sociobiology*, 13, 1992, pp. 171–195.

Boyer, Pascal, *Religion Explained: The Evolutionary Origins of Religious Thought*, New York: Basic Books, 2001.

Burkert, Walter, *Creation of the Sacred: Tracks of Biology in Early Religions*, Cambridge, MA: Harvard University Press, 1996.

Cabell, James Branch, *Beyond Life: Dizain des Démiurges*, R. M. McBride, 1919, reprint 1929.

Calvin, William, *The Cerebral Symphony: Seashore Reflections on the Structure of Consciousness*, New York: Bantam, 1989.

Campbell, Donald, "On the Conflicts Between Biological and Social Evolution and Between Psychology and Moral Tradition," *American Psychologist*, Dec., 1975, pp. 1103–1126.

Cartmill, Matt, *A View to a Death in the Morning: Hunting and Nature through History*, Cambridge, MA: Harvard University Press, 1993.

Chisholm, Roderick, "Human Freedom and the Self," The Lindley Lecture, University of Kansas, reprinted in *Free Will*, Gary Watson, ed., Oxford: Oxford University Press, 1964, reprint 1982.

Churchland, Patricia S., "On the Alleged Backwards Referral of Experiences and Its Relevance to the Mind-Body Problem," *Philosophy of Science*, 48, 1981, pp. 165–181.

Churchland, Paul, *The Engine of Reason, The Seat of the Soul.* Cambridge, MA: MIT Press, 1995.

Clark, Thomas, "Review of *The Volitional Brain*," in Libet et al., 1999, pp. 271–285.

Cloak, F. T., "Is a Cultural Ethology Possible?" *Human Ecology*, 3, 1975, pp. 161–182.

Coleman, Mary, "Decisions in Action: Reasons, Motivation, and the Connection Between Them," Ph.D. dissertation, Philosophy Department, Harvard University, 2001.

Cronin, Helena, *The Ant and the Peacock: Altruism and Sexual Selection from Darwin to Today*, Cambridge: Cambridge University

Press, 1991.

Darwin, Charles, *On the Origin of Species by Means of Natural Selection*, London: Murray (Harvard University Press facsimile edition), 1859.

Dawkins, Richard, *The Selfish Gene*, Oxford: Oxford University Press, 1976, 2nd ed. 1989.

——, *The Extended Phenotype: The Gene as the Unit of Selection*, San Francisco: Freeman, 1982.

——, "Viruses of the Mind," in *Dennett and his Critics*, Bo Dahlbom, ed., Oxford: Blackwell, 1993.

——, *Climbing Mount Improbable*, New York: Norton, 1996.

Dennett, Daniel C., "Why the Law of Effect Will Not Go Away," *Journal for the Theory of Social Behaviour*, 5, 1975, pp. 169–187.

——, *Brainstorms: Philosophical Essays on Mind and Psychology*, Montgomery, VT: Bradford Books, 1978.

——, *Elbow Room: The Varieties of Free Will Worth Wanting*, Cambridge, MA: MIT Press and Oxford University Press, 1984.

——, *The Intentional Stance*, Cambridge, MA: MIT Press, 1987.

——, "The Interpretation of Texts, People, and Other Artifacts," *Philosophy and Phenomenological Research*, 50, 1990, pp. 177–194.

——, *Consciousness Explained*, Boston: Little, Brown, 1991A.

——, "Real Patterns," *Journal of Philosophy*, 88, pp. 27–51, reprinted in *Brainchildren*, 1991B.

——, "Learning and Labeling" (commentary on "The Cognizer's Innards," by A. Clark and A. Karmiloff-Smith), *Mind and Language*, 8:4, 1993, pp. 540–547.

——, *Darwin's Dangerous Idea: Evolution and the Meanings of Life*, New York: Simon & Schuster, 1995.

——, *Kinds of Minds: Toward an Understanding of Consciousness*, New York: Basic Books, 1996A.

——, "Cow-sharks, Magnets, and Swampman," *Mind & Language*, 11:1, 1996B, pp. 76–77.

——, "Producing Future by Telling Stories," in K. Ford and Z. Pylyshyn, eds., *The Robot's Dilemma Revisited: The Frame Problem in Artificial Intelligence*, Norwood, NJ: Ablex, 1996C, pp. 1–7.

——, "Appraising Grace: What Evolutionary Good Is God? " (review of *Creation of the Sacred: Tracks of Biology in Early Religions,* by Walter Burkert), The Sciences, Jan./Feb., 1997A, pp. 39–44. (A longer version, entitled, "The Evolution of Religious Memes: Who—or What—Benefits? " with a reply by Walter Burkert, appears in Method and Theory in the Study of Religion, 10 (1998), pp. 115–128.

——, "How to Do Other Things with Words," Royal Institute Conference on Philosophy of Language, Supplement to *Philosophy*, 42, John Preston, ed., Cambridge University Press, 1997, 1997B, pp. 219–235.

——, "The Case of the Tell-Tale Traces: A Mystery Solved; a Skyhook Grounded," http://ase.tufts.edu/cogstud/papers/behe.htm, 1997C.

——, *Brainchildren: Essays on Designing Minds*, Cambridge, MA: MIT Press, 1998A.

——, comment on Boone and Smith 1998, "A Critique of Evolutionary Archaeology," *Current Anthropology*, 39, Supplement, 1998B, pp. 157–158.

——, review of *Having Thought: Essays in the Metaphysics of Mind*, by John Haugeland, *Journal of Philosophy*, 96, 1999A, pp. 430–435.

——, "Protecting Public Health," in "Predictions: 30 Great Minds on the Future," *Times Higher Education Supplement*, March, 1999B, pp. 74–75.

——, "Making Tools for Thinking," in *Metarepresentations: A Multidisciplinary Perspective*, Dan Sperber, ed., Oxford: Oxford University Press, 2000A.

——, 2000B, "In Darwin's Wake, Where Am I?" American Philosophical Association Eastern Division Presidential Address, published in *Proceedings and Addresses of the American Philosophical Association*, 75, Nov. 2001, pp. 13–30. Also available on http://ase.tufts.edu/cogstud.

——, "Collision Detection, Muselot, and Scribble: Some Reflections on Creativity," in *Virtual Music*, David Cope, ed., Cambridge, MA: MIT Press, 2001A.

——, "The Evolution of Culture," *The Monist*, 84:3, 2001B, pp. 305–324.

——, "The Evolution of Evaluators," in *The Evolution of Economic Diversity*, Antonio Nicita and Ugo Pagano, eds. London: Routledge, 2001C.

——, "The New Replicators," in *Encyclopedia of Evolution*, M. Pagels, ed., Oxford: Oxford University Press, 2002A.

——, "The Baldwin Effect: A Crane, not a Skyhook," in *Evolution and Learning: The Baldwin Effect Reconsidered*, Bruce Weber and David Depew, eds., Cambridge, MA: MIT Press, 2002B.

——, forthcomingA, "Altruists, Chumps, and Inconstant Pluralists" (commentary on Sober and Wilson 1998), *Philosophy and Phenomenological Research*.

——, forthcomingB, review of Avital and Jablonka 2000, *Journal of Evolutionary Biology*.

——, forthcomingC, "From Typo to Thinko," in *Evolution and Culture*, edited by Steven Levinson, Cambridge, MA: MIT Press.

——, forthcomingD, *The Science of Consciousness: Removing the Philosophical Obstacles*, 2001 Jean Nicod lectures, delivered in Paris in November 2001, Cambridge, MA: MIT Press.

Dennett, Daniel C., and Marcel Kinsbourne, "Time and the Observer: The Where and When of Consciousness in the Brain," *Behavioral and Brain Sciences*, 15, 1991, pp. 183–247.

Densmore, Shannon, and Daniel Dennett, "The Virtues of Virtual Machines," *Philosophy and Phenomenological Research*, 59, 1999, pp. 747–767.

De Waal, Frans B. M., *Good Natured: The Origins of Right and Wrong in Humans and Other Animals*, Cambridge, MA: Harvard University Press, 1996.

Diamond, Jared, *Guns, Germs, and Steel: The Fates of Human Societies*, New York: Norton, 1997.

Dickerson, Debra J., *An American Story*, New York: Pantheon, 2000.

Donald, Merlin, *A Mind So Rare: The Evolution of Human Consciousness*, New York: Norton, 2001.

Dooling, Richard, *Brain Storm*, New York: Random House, 1998.

Drescher, Gary, *Made-Up Minds: A Constructivist Approach to*

Artificial Intelligence, Cambridge, MA: MIT Press, 1991.

Fischer, John Martin, and Mark Ravizza, *Responsibility and Control: A Theory of Moral Responsibility*, New York: Cambridge University Press, 1998.

Frank, Robert H., *Passions within Reason: The Strategic Role of the Emotions*, New York: Norton, 1988.

Frankfurt, Harry, "Alternative Possibilities and Moral Responsibility," *Journal of Philosophy*, 65, 1969, pp. 829–833.

——, "Freedom of the Will and the Concept of a Person," *Journal of Philosophy*, 68, 1971, pp. 5–20.

Frayn, Michael, *Headlong*, London: Faber and Faber, 1999.

French, Robert M., *The Subtlety of Sameness: A Theory and Computer Model of Analogy-Making*, Cambridge, MA: MIT Press, 1995.

Gallagher, Shaun, "The Neuronal Platonist," in conversation with Michael Gazzaniga, *Journal of Consciousness Studies*, 5:5–6, pp. 706–717.

Gawand, Atul, 2001, "The Man Who Couldn't Stop Eating," *The New Yorker*, July 9, 2001, pp. 66–75.

Gazzaniga, Michael, *The Mind's Past*, Berkeley: University of California Press, 1998.

Gibbard, Allan, *Wise Choices, Apt Feelings: A Theory of Normative Judgment*, Cambridge, MA: Harvard University Press, 1990.

Giorelli, Giulio, "Sì, abbiamo un anima. Ma è fatta di tanti piccoli robot" (interview with Daniel C. Dennett), *Corriere della Sera* (Milan), April 28, 1997.

Goffman, Erving, *The Presentation of Self in Everyday Life*, New York: Anchor Doubleday, 1959.

Goldschmidt, Tijs, *Darwin's Dreampond*, Cambridge, MA: MIT Press, 1996.

Gopnik, Adam, "Culture Vultures," *The New Yorker*, May 24, 1999, pp. 27–28.

Gould, Stephen Jay, *Ever Since Darwin*, New York: Norton, 1978.

Gray, Russell D., and F. M. Jordan, "Language Trees Support the Express-train Sequence of Austronesian Expansion," *Nature*, 405, 2000, pp. 1052–1055.

Greenough, W. T., and F. R. Volkmar, "Rearing Complexity Affects Branching of Dendrites in the Visual Cortex of the Rat," *Science*, 176, 1972, pp. 1445–1447.

Haig, David, "Genomic Imprinting and the Theory of Parent-Offspring Conflict," *Developmental Biology*, 3, 1992, pp. 153–160.

——, *Genomic Imprinting and Kinship*, New Brunswick, NJ: Rutgers University Press, 2002.

Haig, David, and A. Grafen, "Genetic Scrambling as a Defence against Meiotic Drive," *Journal of Theoretical Biology*, 153, 1991, pp. 531–558.

Hamilton, William D., *Narrow Roads of Gene Land*, Vol. 1: *Evolution of Social Behaviour*, Oxford: W. H. Freeman, 1996.

Hardin, Garrett, "The Tragedy of the Commons," *Science*, 162, 1968, pp. 1243–1248.

Harris, Judith, *The Nurture Assumption: Why Children Turn Out the Way They Do*, New York: Touchstone (Simon & Schuster), 1998.

Hart, H.L.A., and A. M. Honoré, *Causation in the Law*, Oxford: Clarendon Press, 1959.

Haugeland, John, *Artificial Intelligence: The Very Idea*,

Cambridge, MA: MIT Press, 1985.

——, *Having Thought: Essays in the Metaphysics of Mind*, Cambridge, MA: Harvard University Press, 1999.

Hofstadter, Douglas, *Le Ton Beau de Marot: In Praise of the Beauty of Language*, New York: Basic Books, 1997.

Holmes, Bob, "Irresistible Illusions," *New Scientist*, 159:2150, 1998, pp. 32–37.

Honderich, Ted, *A Theory of Determinism: The Mind, Neuroscience, and Life-Hopes*, Oxford: Oxford University Press, 1988.

Honoré, A. M., "Can and Can't," *Mind*, 73:292, 1964, pp. 463–479.

Hooper, Lora V., Lynn Bry, Per G. Falk, and Jeffrey I. Gordon, "Host-microbial Symbiosis in the Mammalian Intestine: Exploring an Internal Ecosystem," *BioEssays*, 20:4, 1998, pp. 336–343.

Hume, David, *A Treatise of Human Nature*, L. A. Selby-Bigge, ed., Oxford: Clarendon Press, 1739, reprint 1964.

James, William, *The Will to Believe and Other Essays*, New York: Dover, 1897, reprint 1956.

——, *Pragmatism*, introduction by H. S. Thayer, Cambridge, MA: Harvard University Press, 1907, reprint 1975.

Jensen, A. R., "g: Outmoded Theory or Unconquered Frontier?" *Creative Science and Technology*, 11, 1979, pp. 16–29.

Kane, Robert, *The Significance of Free Will*, Oxford: Oxford University Press, 1996.

——, "Responsibility, Luck, and Chance: Reflections on Free Will and Indeterminism," *Journal of Philosophy*, 96, 1999, pp. 217–240.

——, ed., *The Oxford Handbook of Free Will*, New York: Oxford University Press, 2001.

Kant, Immanuel, "Idea for a Universal History with a Cosmopolitan Purpose," translated by H. B. Nisbet, in *Kant's Political Writings*, Hans Reiss, ed., Cambridge: Cambridge University Press, 1784, reprint 1970.

Kass, Leon R., "Beyond Biology" (review of Staying Human in the Genetic Future, by Brian Appleyard), *New York Times Book Review*, Aug. 23, 1998, pp. 7–8.

Katz, Leonard D., "Toward Good and Evil: Evolutionary Approaches to Aspects of Human Morality," *Journal of Consciousness Studies*, 7:1–2. Also appears as *Evolutionary Origins of Morality: Cross-Disciplinary Perspectives*, Leonard D. Katz, ed., Bowling Green, OH: Imprint Academic, 2000.

Kornhuber, H. H., and L. Deecke, "Hirnpotential?nderungen bei Willkürbewegungen und passiven Bewegungen des Menschen: Bereitschaftspotential und reafferente Potentiale," *Pflügers Arch. ges. Physiol.*, 284, 1965, pp. 1–17.

Kripke, Saul, "Naming and Necessity," in *Semantics of Natural Language*, D. Davidson and G. Harman, eds., Dordrecht: Reidel, 1972.

Laplace, Pierre-Simon, *A Philosophical Essay on Probabilities*, translated by F. W. Truscott and F. L. Emory, New York: Dover, 1814, reprint 1951.

Leigh, E. G., *Adaptation and Diversity: Natural History and the Mathematics of Evolution*, San Francisco: Freeman, Cooper, 1971.

Lewis, David, *Counterfactuals*, Cambridge, MA: Harvard University Press, 1973.

——, "Causation as Influence," *Journal of Philosophy*, 97, 2000, pp. 182–197.

Lewontin, Richard, Steven Rose, and Leon Kamin, *Not in Our Genes: Biology, Ideology, and Human Nature*, New York: Pantheon, 1984.

Libet, Benjamin, "The Experimental Evidence for Subjective Referral of a Sensory Experience Backwards in Time: Reply to P. S. Churchland," *Philosophy of Science*, 48, 1981, pp. 182–197.

——, "The Neural Time Factor in Conscious and Unconscious Mental Events," *Experimental and Theoretical Studies of Consciousness*, Ciba Foundation Symposium #174, Chichester: Wiley, 1993.

——, "Neural Time Factors in Conscious and Unconscious Mental Function," in *Toward a Science of Consciousness*, S. R. Hameroff, A. Kaszniak, and A. Scott, eds., Cambridge, MA: MIT Press, 1996.

——, "Do We Have Free Will?" in Libet et al., 1999, pp. 45–55.

Libet, Benjamin, Anthony Freeman, and Keith Sutherland, *The Volitional Brain: Towards a Neuroscience of Free Will*, Thorverton, UK: Imprint Academic, 1999.

Libet, Benjamin, C. A. Gleason, E. W. Wright, and D. K. Pearl, "Time of Conscious Intention to Act in Relation to Onset of Cerebral Activities (Readiness Potential); the Unconscious Initiation of a Freely Voluntary Act," *Brain* 106, 1983, pp. 623–642.

MacKay, D. M., "On the Logical Indeterminacy of a Free Choice," *Mind*, 69, 1960, pp. 31–40.

MacKenzie, Robert Beverley, *The Darwinian Theory of the Transmutation of Species Examined* (published anonymously "By a Graduate of the University of Cambridge"), London: Nisbet & Co.

Quoted in a review in *Athenaeum*, 1868, 2102, Feb. 8, 1868, p. 217.

Mameli, Matteo, "Learning, Evolution, and the Icing on the Cake" (review of Avital and Jablonka 2000), *Biology and Philosophy*, 17:1, 2002, pp. 141–153.

Marx, Karl, *Capital*, translated by Samuel Moore and Edward Aveling, Moscow: Progress Publishers, 1867, first English edition 1887.

Maxwell, Nicholas, *From Knowledge to Wisdom: A Revolution in the Aims and Methods of Science*, Oxford: Blackwell, 1984.

Maynard Smith, John, "Models of Cultural and Genetic Change," in his *Games, Sex and Evolution*, Hemel Hempstead, UK: Harvester, 1982, reprinted 1988.

Maynard Smith, John, and E?rs Szathmáry, *The Major Transitions in Evolution*, Oxford: Freeman, 1995.

Maynard Smith, John, and E?rs Szathmáry, *The Origins of Life: From the Birth of Life to the Origin of Language*, Oxford: Oxford University Press, 1999.

McDonald, John F., "Transposable Elements, Gene Silencing and Macroevolution," *Trends in Ecology and Evolution*, 13, 1998, pp. 94–95.

McFarland, David, "Goals, No-Goals, and Own Goals," in *Goals, No-Goals, and Own Goals: A Debate on Goal-directed and Intentional Behaviour*, Alan Montefiore and Denis Noble, eds., London: Unwin Hyman, 1989, pp. 39–57.

McGeer, Victoria, "Psycho-practice, Psycho-theory, and the Contrastive Case of Autism," *Journal of Consciousness Studies*, 8, 2001, pp. 109–132.

McGeer, Victoria, and Philip Pettit, "The Self-Regulating Mind,"

Language and Communication, 22:3, 2002, pp. 281–299.

McLaughlin, J. A., "Proximate Cause," *Harvard Law Review*, 39:149, 1925, p. 155.

Mele, Alfred, *Autonomous Agents: From Self-Control to Autonomy*, Oxford: Oxford University Press, 1995.

Metcalfe, J., and W. Mischel, "A Hot/Cool System Analysis of Delay of Gratification: Dynamics of Willpower," *Psychological Review*, 106, 1999, pp. 3–19.

Milton, Katherine, "Civilization and Its Discontents," *Natural History*, March, 1992, pp. 37–42.

Moore, G. E., *Ethics*, New York: H. Holt, 1912.

Moore, Wayne R., *Foundations of Mechanical Accuracy*, Bridgeport, CT: Moore Special Tool Co, 1970.

Moya, Andrés, and Enrique Font, eds., *Evolution: From Molecules to Ecosystems*, Oxford: Oxford University Press.

Nesse, Randolph, ed., *Evolution and the Capacity for Commitment*, New York: Russell Sage, 2001.

Nozick, Robert, *Invariances: The Structure of the Objective World*, Cambridge, MA: Harvard University Press, 2001.

Pearl, Judea, *Causality: Models, Reasoning, and Inference*, Cambridge: Cambridge University Press, 2000.

Penrose, Roger, *The Emperor's New Mind: Concerning Computers, Minds, and the Laws of Physics*, Oxford: Oxford University Press, 1989.

——, *Shadows of the Mind: A Search for the Missing Science of Consciousness*, New York: Oxford University Press, 1994.

Pereboom, Derk, *Living without Free Will*, Cambridge: Cambridge

University Press, 2001.

Pessin, Andrew, and Sanford Goldberg, eds., *The Twin Earth Chronicles*, Armonk, NY: M. E. Sharpe, 1996.

Pettit, Philip, *A Theory of Freedom: From the Psychology to the Politics of Agency*, Oxford: Oxford University Press, 2001.

Pinker, Steven, *How the Mind Works*, New York: Norton, 1997.

Popper, Karl, "Indeterminism in Quantum Physics and Classical Physics," *British Journal for the Philosophy of Science*, 1, 1951, pp. 179–188.

Poundstone, William, *The Recursive Universe: Cosmic Complexity and the Limits of Scientific Knowledge*, New York: Morrow, 1985.

Prentky, R. A., "Arousal Reduction in Sexual Offenders: A Review of Antiandrogen Interventions," *Sexual Abuse: A Journal of Research and Treatment*, 9, 1997, pp. 335–348.

Pynchon, Thomas, *Gravity's Rainbow*, New York: Viking, 1973.

Quine, W.V.O., "Propositional Objects," in his *Ontological Relativity and Other Essays*, New York: Columbia University Press, 1969, pp. 147–155.

Quinsey, Vernon L., Grant T. Harris, Marnie E. Rice, and Catherine A. Cormier, *Violent Offenders: Appraising and Managing Risk*, Washington, D.C.: American Psychological Association, 1998.

Raffman, Diana, "Vagueness and Context Relativity," *Philosophical Studies*, 81:2–3, 1996, pp. 175–192.

Raine, Adrian, et al., "Birth Complications Combined with Early Maternal Rejection at Age 1 Year Predispose to Violent Crime at Age 18 Years," *Archives of General Psychiatry*, 51, 1994, pp. 984–988.

Ramachandran, Vilayanur, quoted in *New Scientist*, Sept. 5, 1998, p. 35.

Rawls, John, *A Theory of Justice*, Cambridge, MA: Harvard University Press, 1971.

Ridley, Mark, *Animal Behaviour*, Boston: Blackwell Scientific Publications, 1995 (2nd ed.).

Ridley, Matt, *The Origins of Virtue*, New York: Viking, 1996.

——, *Genome: The Autobiography of a Species in 23 Chapters*, London: Fourth Estate, 1999.

Rosler, A., and E. Witztum, "Treatment of Men with Paraphilia with a Long-acting Analogue of Gonadotropin-releasing Hormone," *New England Journal of Medicine*, 338, 1998, pp. 416–422.

Ross, Don, and Paul Dumouchel, "Emotions as Strategic Signals," available at http://www.commerce.uct.ac.za/economics/staff/personalpages/dross/emote10.rtf.

Ryle, Gilbert, *The Concept of Mind*, London: Hutchinson, 1949.

Sanford, David, "Infinity and Vagueness," *Philosophical Review*, 84, 1975, pp. 520–535.

Sartre, Jean Paul, reprint 1966, *Being and Nothingness*, translated by Hazel Barnes, Philosophical Library, New York: Simon & Schuster, 1943.

Sellars, Wilfrid, "Empiricism and the Philosophy of Mind," in his *Science, Perception, and Reality*, London: Routledge & Kegan Paul, 1963, pp. 127–196.

Sen, Amartya, *Development as Freedom*, New York: Knopf, 1999.

Skyrms, Brian, "Sex and Justice," *Journal of Philosophy*, 91, 1994A, pp. 305–320.

——, "Darwin Meets *The Logic of Decision*: Correlation in Evolutionary Game Theory," Philosophy of Science, 62, 1994B, pp. 503–528.

——, *Evolution of the Social Contract*, New York: Cambridge University Press, 1996.

Slote, Michael, "Ethics without Free Will," *Social Theory and Practice*, 16, 1990, pp. 369–383.

Sober, Elliott, and David Sloan Wilson, *Unto Others: The Evolution and Psychology of Unselfish Behavior*, Cambridge, MA: Harvard University Press, 1998.

Sperber, Dan, ed., *The Epidemiology of Ideas*, special issue of The Monist, 84:3, 2001.

Sterelny, Kim, and Paul E. Griffiths, *Sex and Death: An Introduction to Philosophy of Biology*, Chicago: University of Chicago Press, 1999.

Stich, Stephen, *Deconstructing the Mind*, Oxford: Oxford University Press, 1996.

Suber, Peter, "The Paradox of Liberation," available at http://www.earlham.edu/~ peters/writing/liber.htm, 1992.

Taylor, Christopher, and Daniel Dennett, "Who's Afraid of Determinism? Rethinking Causes and Possibilities," in *Oxford Handbook of Free Will*, Robert Kane, ed., New York: Oxford University Press, 2001.

Thompson, Adrian, P. Layzell, and R. S. Zebulum, "Explorations in Design Space: Unconventional Electronics Design through Artificial Evolution," *IEEE (Institute of Electrical and Electronics Engineers) Transactions on Evolutionary Computation*, 3, 1999, pp. 167–196.

Turing, Alan, "On Computable Numbers, with an Application to the *Entscheidungsproblem*," *Proceedings of the London Mathematical Society*, 2:42, 1936, pp. 230–265.

Van Inwagen, Peter, *An Essay on Free Will*, Oxford: Clarendon Press, 1983.

Velleman, David, "What Happens When Someone Acts?" *Mind*, 101, 1992, pp. 461–481.

Wagensberg, Jorge, "Complexity versus Uncertainty: The Question of Staying Alive," *Biology and Philosophy*, 15, 2000, pp. 493–508.

Weber, Bruce, and David Depew, eds., *Evolution and Learning: The Baldwin Effect Reconsidered*, Cambridge, MA: MIT Press, 2002.

Wegner, Daniel, *The Illusion of Conscious Will*, Cambridge, MA: MIT Press, 2002.

White, Stephen L., *The Unity of the Self*, Cambridge, MA: MIT Press, 1991.

Whitehead, Alfred North, *Adventures of Ideas*, New York: Macmillan, 1933, reprint 1967.

Wiggins, David, "Natural and Artificial Virtues: A Vindication of Hume's Scheme," in *How Should One Live? Essays on the Virtues*, Roger Crisp, ed., Oxford: Clarendon Press, 1996, pp. 131–140.

Williams, George, "Reply to Comments on 'Huxley's Evolution and Ethics in Sociobiological Perspective,'" *Zygon*, 23:4, 1988, pp. 437–438.

Wolfe, Jeremy M., George A. Alvarez, and Todd S. Horowitz, "Attention Is Fast but Volition Is Slow," *Nature*, 406, 2000, p. 691.

Wolfe, Tom, *Hooking Up*, New York: Farrar, Straus & Giroux, 2000.

Wright, Robert, *The Moral Animal: The New Science of Evolutionary Psychology*, New York: Pantheon, 1994.

——, *Nonzero: The Logic of Human Destiny*, New York: Pantheon, 2000.

Zahavi, Amotz, "The Theory of Signal Selection and Some of Its Implications," in *International Symposium on Biological Evolution, Bari, 9–14 April 1985*, V. P. Delfino, ed., Bari, Italy: Adriatici Editrici, 1987, pp. 305–327.

图书在版编目（CIP）数据

自由的进化 /（美）丹内特著；辉格译．—太原：山西人民出版社，2014.3

书名原文：Freedom Evolves

ISBN 978-7-203-08477-8

Ⅰ.①自… Ⅱ.①丹…②辉… Ⅲ.①思维科学－通俗读物 Ⅳ.①B80-49

中国版本图书馆 CIP 数据核字（2014）第 023719 号

版权合同登记号 图字：04-2014-002

自由的进化

著　　者：丹尼尔·丹内特（美国）
译　　者：辉　格
责任编辑：何赵云
装帧设计：陆红强
选题策划：北京汉唐阳光

出 版 者：山西出版传媒集团·山西人民出版社
地　　址：太原市建设南路 21 号
邮　　编：030012
发行营销：0351-4922220　4955996　4956039
　　　　　0351-4922127（传真）　4956038（邮购）
E-mail：sxskcb@163.com 发行部
　　　　sxskcb@126.com 总编室
网　　址：www.sxskcb.com

经 销 者：山西出版传媒集团·山西人民出版社
承 印 者：北京市通州兴龙印刷厂

开　　本：655mm×965mm　1/16
印　　张：26.5
字　　数：340 千字
印　　数：1—10000 册
版　　次：2014 年 3 月　第 1 版
印　　次：2014 年 3 月　第 1 次印刷

书　　号：ISBN 978-7-203-08477-8
定　　价：58.00 元
